权威·前沿·原创

皮书系列为

“十二五”“十三五”国家重点图书出版规划项目

贵安新区发展报告（2016~2018）

ANNUAL REPORT ON DEVELOPMENT OF GUIAN NEW AREA (2016-2018)

主　编／朱桂云　吴大华

图书在版编目(CIP)数据

贵安新区发展报告. 2016－2018 / 朱桂云，吴大华主编. －－北京：社会科学文献出版社，2018.12
（贵州蓝皮书）
ISBN 978－7－5201－3938－0

Ⅰ. ①贵… Ⅱ. ①朱… ②吴… Ⅲ. ①区域经济发展－研究报告－贵州－2016－2018 ②社会发展－研究报告－贵州－2016－2018 Ⅳ. ①F127.73

中国版本图书馆 CIP 数据核字（2018）第 265035 号

贵州蓝皮书
贵安新区发展报告（2016 ~2018）

主　　编 / 朱桂云　吴大华

出 版 人 / 谢寿光
项目统筹 / 邓泳红　陈　颖
责任编辑 / 薛铭洁　祝　祺

出　　版 / 社会科学文献出版社 · 皮书出版分社（010）59367127
地址：北京市北三环中路甲 29 号院华龙大厦　邮编：100029
网址：www.ssap.com.cn
发　　行 / 市场营销中心（010）59367081　59367083
印　　装 / 三河市龙林印务有限公司

规　　格 / 开 本：787mm × 1092mm　1/16
印 张：29.25　字 数：486 千字
版　　次 / 2018 年 12 月第 1 版　2018 年 12 月第 1 次印刷
书　　号 / ISBN 978－7－5201－3938－0
定　　价 / 128.00 元

皮书序列号 / PSN B－2015－459－4/12

国家级新区绿色发展丛书

《贵安新区发展报告》编委会

《贵安新区发展报告》编辑部

主要编撰者简介

吴大华　法学博士，法学博士后，经济学博士后，博士生导师，博士后合作导师。现任贵州省社会科学院院长、党委副书记。兼任中国法学会常务理事，中国法学会民族法学研究会常务副会长，中国人类学民族学研究会副会长暨法律人类学专业委员会主任，中国世界民族学会副会长，中国民族团体联合会常务副会长，国家民委法律顾问，国家民委决策咨询委员会委员，贵州省人大常委会咨询专家，贵州省人民政府法律顾问室法律顾问等。系国务院政府特贴专家（1999），第三届“全国十大杰出中青年法学家”（2002），全国首届杰出专业技术人才（2002），教育部第四届“高校优秀青年教师奖”（2002），全国“十大教育英才”（2004），“新世纪百千万人才工程国家级人选”（2007），国家“万人计划”哲学社会科学领军人才（2014），全国文化名家暨“四个一批”人才（2014），中国社会科学院首届“十大杰出法学博士后”（2017），贵州省核心专家（2013）。在《人民日报》《光明日报》《经济日报》《中国法学》《民族研究》等刊物上发表论文400多篇。出版《民族法学通论》等个人专著13部，合著70余部，主编、参编教材15部，主持国家社科基金重大项目、重点项目、年度项目、委托项目和后期资助项目6项，省部级以上课题15项。

罗以洪　管理科学与工程博士，贵州省社会科学院区域经济研究所副研究员、大数据政策法律创新研究中心副主任，中国区域经济学会少数民族地区经济专业委员会理事，贵州省大数据管理局专家库专家。研究方向为：区域经济、大数据、供给侧结构性改革、工业经济、民营经济、创新管理等，在国家自然基金委员会A类核心期刊《管理科学学报》《技术经济》《经济日报》等发表文章10多篇，出版专著1部。负责并参与了“贵州省‘十三五’工业发展规划”“贵州省数字经济规划”“贵州省‘十三五’现代服务业发展总体规划”等多项经济发展规划课题，主持了1项国家课题，3项省级课题，承担的科研项目阶段性成果得到了省级主要领导的肯定性批示，负责执行主编《贵安新区发展报告（2015~2016）》《贵安新区发展报告（2016~2018）》《贵州省民营企业社会责任蓝皮书（2017~2018）》《贵州省民营经济改革开放40年（1978~2018）》等。

摘　要

《贵安新区发展报告（2016～2018）》由总报告、分报告、专题报告、案例报告、附录等部分组成。总报告主要回顾了2016～2017年贵安新区以习近平新时代中国特色社会主义思想为指引，认真落实习近平总书记视察贵安新区重要讲话精神，围绕“一年有框架、两年有效果、三年有形象、五年大发展”的总体要求，充分发挥后发优势，努力探索“贵安样本”，各项开发建设工作取得的显著成效、面临的新形势新机遇及主要挑战与困难，提出了促进贵安新区快速发展的可行性措施。分报告对新区大数据、大生态、大健康、大旅游、大开放、装备制造业、大学城发展、全面深化改革、自然资产、数字经济、绿色产业、绿色金融、绿色人居、新能源建设等进行了总结分析，指出存在的问题和不足，提出了发展建议。专题报告着重对新区山水林田湖生命共同体、绿色交通及基础设施、绿色消费及文化建设、基层治理、新型城镇化发展进行了深入探讨，提出了相关发展思路和对策建议。2016～2017年，贵安新区贯彻落实新发展理念，守好发展与生态两条底线，在经济发展总量、质量、产业结构优化、基础设施建设、脱贫与民生事业发展、社会治理及社会稳定、生态建设、改革创新、招商引资及对外开放水平等方面取得了显著成就，实现了生态文明建设的新跨越。在新时代条件下，新区紧紧围绕大数据、大生态战略，全力以赴发展数字经济，坚持主导产业，加快产业结构调整与转型升级，加快建设山水田园生态城市建设，结合乡村振兴战略，推进城乡融合发展，坚持开放带动，扎实抓好开放创新平台建设，围绕全面深化改革，最大限度激发“改革红利”，苦干实干，精准发力、全面发力，为开创百姓富、生态美的多彩贵州新未来做出贵安贡献，助推我国经济社会发展实现历史性突破，谱写贵安新区发展迈向新时代。

关键词： 贵安新区　绿色发展　新时代

Abstract

The Report on Development of Guian New Area (2016 - 2018), which includes the general report, subject reports, special reports and appendix. The general report mainly reveiws that during 2016 - 2017, governments throughout Guian New Area regarded the Xi Jingping thought on socialism with Chinese characteristics for a new era as guidance, conscientiously fulfilled the spirit of the speech when the President Xi Jingping visited, put forward some feasible measures to improve the pace of fastening progress of Guian New Area regarding to the outstanding achievements, the new situations and opportunities as well as the major challenges and difficulties in Guian New Area while giving full play to late-mover advantages and exploring the "Guian Sample" in light of the general requirements of "make the framework in one year, make effect in two years, make image in three years, make great development in five years". The subject report mainly summarizes and analyses in the following aspects: the Big Data, the Big Health, the Grand Tour, the Great Opening Up, the Equipment Manufacturing Industry, the Development of University Town, the Comprehensively Deepening Reform, the Natural Capital, the Digital Economy, the Green Industry, the Green Finance, the Green Human Settlements and the Construction of New Energy in Guian New Area. Besides, this part points out the problems and shortages as well as development advices. The special report focuses on constructing Mountain, Water, Forest, Land and Lake into a Life Community, the Green Transport and Infrastructure, the Local Governance, the Development of New Urbanization in Guian New Area and puts forward the development ideas and countermeasures. The Guian New Area implemented Five Development Concepts, kept the bottom lines of development and ecology, made great achievement in Economic Growth and Quality, Industrial Structure Optimization, Infrastructure Construction, Poverty Reduction and Livelihood, Social Governance and Social Stability, Ecological Construction, Innovation, Attract Investment and Opening-up Policy, achieved a new leap in ecological civilization construction in 2016 - 2017. By relying on Big Data and Big Ecological Strategy, stressing on digital economy, insisting on leading industry, accelerating industrial structure transformation and upgrading, accelerating the construction of landscape and idyll cities, combining with the strategy of rural vitalization, promoting merging and developing of the city and villages, driving by opening up, completing the construction of open innovation platform, focusing on comprehensively deepening reform, motivating the maximum dividends of reform, working hard, exerting precisely and comprehensively, making Guian's own great progress on improving people's livelihood and creating ecology happy homeland, promoting China's economic and social development, goverments will achieve a historic breakthrough and write a new chapter in Guian New Area's development into a new era.

Keywords: Guian New Area; Green Development; New Era

目　录

Ⅰ　总报告

Ⅱ　分报告

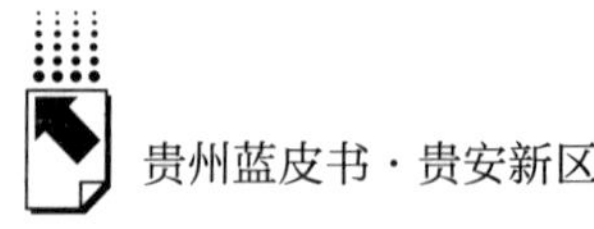

Ⅲ　专题报告

Ⅳ　案例报告

Ⅴ　附录

皮书数据库阅读使用指南

CONTENTS

Ⅰ General Report

Ⅱ Subject Reports

Ⅲ Special Reports

Ⅳ Case Report

Ⅴ Appendix

总 报 告

General Report

B.1

贯彻落实新发展理念 实现生态文明新跨越

——2016~2017 年贵安新区发展报告

《贵安新区发展报告》课题组*

摘　要： 2016~2017 年，贵安新区贯彻落实新发展理念，守好发展与生态两条底线，在经济发展总量、质量、产业结构优化、基础设施建设、脱贫与民生事业发展、社会治理及社会稳定、生态建设、改革创新、招商引资及对外开放水平等方面取得了显著成就，实现了生态文明建设的新跨越。在新时代条件下，新区应认真贯彻落实中央、省委的决策部署，紧紧围绕

* 课题组组长：吴大华，贵州省社会科学院院长，二级研究员，省核心专家、经济学博士后、博士生导师。课题组成员：罗以洪，执行组长，贵州省社会科学院区域经济研究所副研究员、博士；黄勇，贵州省社会科学院区域经济研究所所长，研究员，省管专家；潘善斌，贵州民族大学教育评估中心副主任（主持工作），法学博士，教授，博士生导师；陈加友，贵州省社会科学院工业经济所副研究员，博士。

大数据战略行动，全力以赴发展数字经济，围绕主导产业，加快产业结构转型升级，加快山水田园生态城市建设，围绕乡村振兴战略，推进城乡融合发展，围绕开放带动，扎实抓好开放创新平台建设，围绕全面深化改革，最大限度激发“改革红利”，把各项工作抓紧抓实，努力探索推出“贵安样本”，为开创百姓富、生态美的多彩贵州新未来做出贵安贡献。

关键词： 新时代 贵安新区 绿色发展 贵安样本

2016年以来，贵安新区坚持习近平新时代中国特色社会主义思想，贯彻落实党的十九大精神及习近平总书记在贵州代表团的讲话精神、习近平总书记视察贵安新区的重要指示精神，以新发展理念为引领，坚决落实党中央、国务院和省委、省政府各项决策部署，围绕打造全省发展战略支撑和重要增长极，坚守发展和生态两条底线，强力推进大扶贫、大数据、大生态三大战略行动，坚持稳中求进、稳中求快、稳中求好，统筹做好兴产业、强功能、促改革、增效益、惠民生、防风险各项工作，新区开发建设的各项工作取得了新的成效，圆满实现了“五年大发展”的发展目标。

一 两年来的发展成效

2016~2017年，新区上下以习近平新时代中国特色社会主义思想为指引，认真落实习近平总书记视察新区重要讲话精神，新区围绕“一年有框架、两年有效果、三年有形象、五年大发展”的总体要求，充分发挥后发优势，全面贯彻中央和省委、省政府各项决策部署，在新区党工委正确领导下，各项开发建设工作取得显著成效。

（一）经济增速位居全国前列，“贵安速度”不断续写

在几年来打下的坚实基础上，新区发展开始进入快速发展轨道。2016年

全年完成地区生产总值240亿元，同比增长40.6%，其中直管区完成113.2亿元，同比增长74.13%；全社会固定资产投资完成750亿元，同比增长21.9%，其中直管区完成615亿元，同比增长50%；直管区一般公共预算总收入完成17.85亿元，同比增长103.6%；直管区城镇、农村居民可支配收入分别达到25317元、11327元，同比分别增长10%、15%；直管区金融机构存、贷款余额分别达到195亿元、130亿元，同比分别增长3.31倍和13.31倍。2017年直管区地区生产总值完成150.4亿元，增长32.8%（见图1），其中一、二、三产分别增长6%、38.8%和26.5%；工业总产值完成200.7亿元，增长270%，其中规模以上工业总产值完成182.1亿元，增长779.6%；社会消费品零售总额完成90亿元，增长757.1%。一般公共预算财政总收入完成30.7亿元，增长71.7%；一般公共预算收入完成16亿元，增长38.6%；税收收入完成14.7亿元，增长41.6%，占一般公共预算收入的91.6%，其中国税完成4.4亿元，地税完成10.3亿元；一般公共预算支出完成41.7亿元，增长78.2%；年末金融机构存贷款余额分别达231亿元和138亿元，分别增长15%和12%，贵安新区经济增速在全国新区中位居前列。

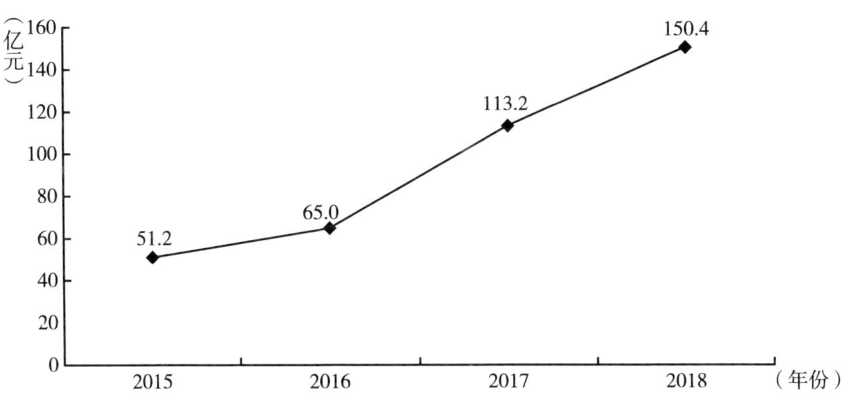

图1　贵安新区直管区近几年GDP变化

资料来源：贵安新区2014～2017年工作报告。

（二）现代新兴产业快速崛起，“贵安质量”态势明显

近年来，贵安新区紧紧围绕“工业提质增效、转型升级、提高企业核心

竞争力”为目标，以“千企改造”工程为平台，依托大数据切实推进电子信息制造业、新材料产业、高端装备制造业等战略性新兴产业，推动改造项目顺利实施，促进新区企业转型升级。精心谋划，精心打造，加快建设五大新发展理念先行示范区，开发建设取得新成效，新区经济发展质量显著提升向新台阶迈进。新区千方百计兴产业，初步构建了以大数据为引领的电子信息、高端装备制造、大健康医药、文化旅游、现代服务业为主的战略性新兴产业框架。富士康、三大运营商、华为、五龙汽车等相关项目加快推进，一大批企业落户新区，2016 年新区新增市场主体 4116 户，新增注册资金 1308 亿元，同比分别增长 68%、323%。新增 4 个区域总部入驻新区；聚集孵化平台 11 家、服务机构 30 家，在孵企业 393 家；大数据产业规模达 250 亿元。2016 年云漫湖国际休闲旅游度假区开园并获国家旅游局评选旅游服务最佳景区，车田景区获批 4A 级景区，旅游总收入实现 20 亿元，实施了培育企业上市“春蕾行动计划”，有 1 家企业在“新三板”挂牌交易，新区上市企业实现零的突破。2017 年，华为、苹果、腾讯、中航发等一批知名企业正式落户新区，长江汽车首台纯电动商务客车下线，华芯通芯片项目进展顺利，“两大一超”等项目加快推进；综保区（电子园）、高端园、数字经济园等产业平台功能加快完善，分别入驻企业 92 家、39 家和 51 家，综保区获批国家新型工业化产业示范基地；2017 年全年新增市场主体 4984 户，增长 21%；大数据产业规模实现 341.8 亿元；接待国内外旅游人数、旅游综合收入分别增长 27.5% 和 29.6%，云漫湖又获批国家 4A 级景区；新区三次产业增加值比例调整为 3.6∶61.8∶34.6，产业结构更趋优化，新区以电子信息、高端装备制造、大健康医药、文化旅游、现代服务业为主的产业格局基本形成；开投公司实现经营收入 91 亿元，利润总额近 12 亿元；电投公司顺利获得 AA 评级。

（三）基础设施建设加速推进，“智慧贵安”加快呈现

2016 年，投资 300 多亿元，新建续建城市道路 28 条、总长近 180 公里。启动建设与贵阳、安顺、黔南连接的 10 条互联互通道路，沪昆高铁开通运营，轨道交通 S1 号线开工建设。启动一期 15.9 公里城市地下综合管廊建设。大学城入驻师生 15 万人，新开工建设功能性设施 270 万平方米，中国—东盟教育交流周永久会址、群升豪生大酒店等一批高端服务设施投用。生态城（中心

区）高标准启动贵安高铁站、两河一湖、规划建筑艺术馆、市民中心、绿色金融港等一批重大项目。综保区贵安云谷 50 万平方米综合体主体工程基本完成，龙山工业园建设顺利推进，启动实施七星湖产业园，建成公租房 31.97 万平方米，泰豪 e 时代、富贵安康小镇、实验幼儿园等一批服务配套设施投入使用。2017 年，城市功能加快完善。轨道交通 S1 号线、贵安高铁站、贵阳市域快铁西南环线等重大项目顺利推进，实施市政道路工程 38 个，贵师大附属小学、幼儿园实现开学招生，绿色金融港、同济贵安医院、市民中心、城市规划建筑艺术馆等配套项目即将建成，碧桂园·贵安 1 号、中铁建·山语城、群升·大智汇等城市综合体一期开盘即售罄，完成城建投资 189 亿元，大学城、中心区、产业城等板块城市框架基本形成，其中大学城入驻师生 15 万人、区域人口达 18 万人。

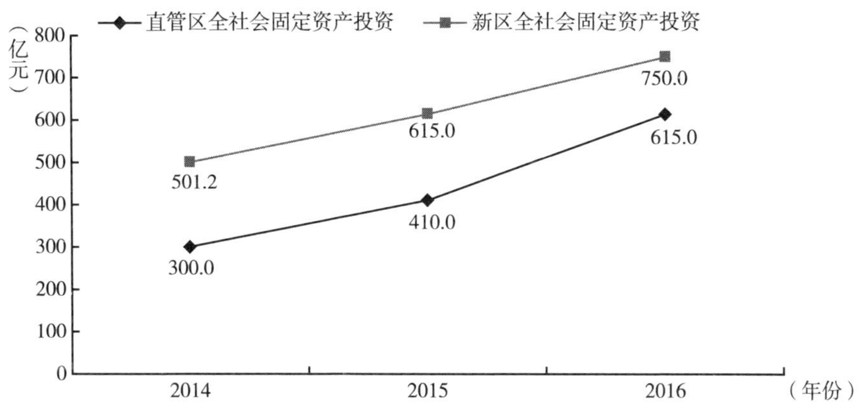

图 2　贵安新区及直管区近几年固定资产投资变化

资料来源：贵安新区 2014～2017 年工作报告。

（四）精准脱贫质量不断巩固，“美丽贵安”风格展现

2016 年，实施高标准脱贫十大工程，17 个贫困村贫困户人均收入超 6000 元、集体经济收入达 10 万元以上，实现村集体经济和贫困户高标准脱贫“双提升”。实施美丽乡村建设“六大工程”，20 个升级版美丽乡村示范点建设加快推进，发展农民专业合作社 224 家、家庭农场 212 家。总面积 400 万平方米的 14 个新型生态智慧社区启动回迁 10 个，安置近 2000 户。2017 年，扎实推

进脱贫攻坚“春季攻势”、“夏季大比武”和“秋季攻势”，高峰镇尧上村村民委员会获“全省脱贫攻坚先进集体”。积极探索“一化三新”城乡统筹发展模式，14个新型安置社区启动回迁6个。启动实施11个村环境综合整治，开展“美丽乡村比美丽”活动，高峰镇王家院村入选第十一届“中国十佳小康村”。完成农村土地确权登记，农村土地承包经营权证颁发工作全面铺开，建成保障性住房2454套。

（五）公共服务能力不断提升，“和谐贵安”成效显著

率先普及十五年免费教育，2016年，贵州电子科技职业学院、北师大贵安附属学校实现招生，提质改貌4所中小学工程基本完成。推进城乡居民医疗、养老和最低生活保障制度全面并轨，同济贵安医院建设顺利推进，中心敬老院完成主体工程。城镇新增就业3568人，农村劳动力转移就业8643人。“十件民生实事”全面完成，人民群众幸福感、获得感持续提升。2017年，完成10所中小学改造升级。新增就业3万人，荣获省级创业型城市称号。城镇、农村居民人均可支配收入分别达27137元和12517元，分别增长9%和10%。完善和落实安全生产“四链”管理责任，狠抓安全隐患排查治理，2016～2017年，未发生较大以上事故，安全生产形势稳步向好。启动《贵州贵安新区管理条例》调研起草工作，普遍建立法律顾问制度，行政执法“三项制度”改革试点扎实推进。狠抓矛盾纠纷排查化解，强化应急处置，严厉打击各类违法犯罪，圆满完成党的十九大、全国和全省“两会”、省第十二次党代会等重要时期和敏感节点的信访维稳任务，营造了安全稳定的社会环境。

（六）绿色生态基底不断筑牢，“绿色贵安”优势凸显

严格实施生态文明建设“1+9”等系列制度，建立完善“河长制”考评体系。深入实施“五区八廊百园”、“十河百湖千塘”工程和“绿色贵安三年会战”。2016年，启动直管区88个可绿化山头共2.16万亩绿化建设，投入26亿元打造212公里城市道路绿廊，完成绿化4.2万亩，森林覆盖率提升6个百分点。建成月亮湖、七星湖等公园一期，环城水系、大学城“两河两园”和6个河湖治理等重点工程加快推进，国家海绵城市建设试点完成投资13.73亿元。停产或关闭48家位于饮用水源二级保护区的排污企业，完成农村“煤改

气”工程1.4万户，率先在全省全面淘汰燃煤锅炉。2017年，全面启动安平生态示范区规划建设，严格落实河长制，海绵城市建设完成23个项目。深入推进“绿色贵安三年会战”，加快月亮湖、星月湖等公园建设，完成绿化2万亩，森林覆盖率增长3个百分点。狠抓中央环保督查问题整改，全面开展环保百日攻坚行动，拆除松柏山水库一级水源保护区内建筑5.6万平方米，取缔关停饮用水源保护区排污企业60家。环境空气质量优良率达98.1%，全年优良天数358天。地表水环境水质总体保持稳定，7个地表水主要河流断面均达到或优于Ⅲ类水质标准。新区入选2017年全球避暑名城，“爽爽新城”成为贵安又一亮丽名片。

（七）内外发展动能不断增强，“开放贵安”谱写新篇

2016年，获批国家首批双创示范基地、国家服务贸易创新发展试点，八大国家级试点试验政策红利叠加释放。稳妥推进开投公司向城市综合开发运营商转型，华芯通公司研发团队框架基本组建完成，电投、综保公司加快推进优化整合，农投公司完成公司组建运营。扎实推进供给侧结构性改革，率先推进配售电侧改革试点。率先开展国家相对集中行政许可权试点，走出“一章审批、一网审管、一单规范”改革新路，行政许可精简为94项，审批集中率达95%，审批提速80%。全面推进“互联网+政务服务”，在全国率先构建审批服务“六朵云”，率先实施“一号申请、一窗受理、一网通办”政务服务改革试点。公共资源交易项目全部集中在公共平台交易，全年完成交易额352.43亿元，节约增值11.44亿元。完善专家咨询、风险评估、集体决策等重大行政决策机制，制定一批政府权力清单、责任清单，大力推进政府投资项目“转投固”，行政效能大幅提升。2017年，发展动力加快释放。实施了75项改革，形成63项改革成果，10大国家级试点试验扎实推进。开投公司加快实体化市场化转型，华芯公司探索国有控股混合所有制员工持股试点。深化“放管服”改革，审批服务“六个一”改革新模式得到李克强总理批示肯定。加快应用PPP建设模式，用好产业投资基金，加快土地一级开发，着力加强债务管控，扎实推进项目审计和“投转固”，投融资水平不断提高。

坚持广招商、招大商，探索“核心+配套”“资本+股权”“基金+项目”“项目+总部”“政策+项目”等招商引资新模式。2016年，全年新引

进500强企业9家，引进项目128个，招商引资实际到位资金207亿元，实际利用外资3亿美元。成功举办民博会、贵洽会、全球智能终端峰会暨人工智能院士论坛、虚拟现实峰会、世界酒店与旅游教育论坛、绿色数据中心论坛、国家级新区生态文明论坛等重大开放活动，新区知名度与影响力不断提升。2017年，通过坚持广招商、招大商，共引进500强企业2家，招商引资实际到位资金132.8亿元。贵阳海关驻贵安新区办事处挂牌成立，服务贸易做好“七道加法题”，核心企业达368家。进出口贸易总额完成25.1亿美元，增长13.5倍，进出口规模位列全省第二；实际利用外资3.5亿美元，增长17.3%。

二　面临的新形势新机遇

我国经济社会发展已经进入新时代，在新的历史条件下，面对新的发展时期，新区发展的内外环境发生了变化，机遇前所未有，新区面临能够大有可为、奋发有为的战略机遇期。

（一）世界经济发展呈现新趋势

2017年开始世界经济出现较为明显的复苏趋势，世界经济发展格局正在发生重大变革，对中国经济的增长起到一定助推作用。在单边主义、贸易保护主义等影响下，2018年的世界经济前景依然复杂多变，但积极乐观因素也有所增加，尤其是对外经贸的平稳运行。党的十九大指出了我国经济已由高速增长阶段转向高质量发展阶段，经济发展在一定程度上弱化了片面对GDP发展速度的重视，经济发展从数量型转移到质量型。

1. 发达经济体总体走“好”，为新区“走出去”战略创造了更多机遇

目前世界各种形式贸易保护主义有所抬头，我国面临新的贸易规则和标准的挑战，经济全球化加速发展，各个主要经济体之间相互依赖性逐渐增强。部分发达国家经济回升，私人消费支出上涨、固定资产投资回升、企业赢利能力改善，因“特朗普新政”驱动，美国经济实现较快增长，欧元区经济延续稳健增长，日本经济出现明显起色，新兴经济体发展普遍企稳。在外部需求总体向好和内部改革持续推进共同作用下，2017年来多数新兴经济体内生增长动

力增强，逐步摆脱了持续多年的低迷状态。俄罗斯、巴西、南非新兴国家经济显著回暖，超出了市场预期。经济全球化继续深化，区域经济合作仍将进一步加强，国家经济发展大环境的变化为贵安新区加快实施“走出去”战略创造了更多发展机遇。

2. 依靠创新、绿色、共享、科技进步的趋势明显

以大数据、人工智能、生物科技、量子技术等为引领的全球科技创新和新兴产业发展不断取得新突破，以新技术产业化推动各个经济体的跨越发展，各个发达国家纷纷制定和实施了绿色、低碳发展战略，美国、日本、韩国、德国、俄罗斯等将以先进制造业为主的工业作为获取区域核心竞争力的关键，全球范围内新兴产业发展正进入加速成长期，贵安新区坚持以创新、绿色、科技引领为主的新型工业发展战略符合国际发展的总趋势，创新能力的提升将使贵安新区在新一轮的产业调整中赢得新的发展空间。

（二）我国经济发展进入新时代

2017 年中央经济工作会议提出，我国经济发展也进入新时代，基本特征就是我国经济已由高速增长阶段转向高质量发展阶段。这是保持经济持续健康发展的必然要求，是适应我国社会主要矛盾变化和全面建成小康社会、全面建成社会主义现代化国家的必然要求，是遵循经济发展规律的必然要求。这一重要论断充分说明：第一，我国经济发展已经进入一个新阶段、新时代。这个阶段的主要目标和任务就是高质量发展，因此必须牢牢把握这个方向，将其作为当前和今后一个时期确定发展思路、制定经济政策、实施宏观调控的根本要求。第二，我国还处在高质量发展阶段的“转向”过程中，现在还不是真正的高质量发展阶段。贵安新区一定要从这个实际出发，珍惜机遇、加倍努力、攻坚克难。

1. “新时代”的重大论断使新区经济高质量发展进入新时代

党的十九大报告提出，“加快建设制造强国，加快发展先进制造业”，“促进我国产业迈向全球价值链中高端，培育若干世界级先进制造业集群”。以制造业为主的工业是实体经济的支柱，是立国之本、兴国之器、强国之基。我国研发投入持续快速增长，产业结构向全球价值链高端攀升，新常态下经济面临新旧动能转换，中国正从制造业大国向制造业强国迈进。在相关政策指引之下，我国工业重点在朝五个方向发展转变：信息化与工业化深度融合，强化基

础工业能力，推进绿色制造，重点领域产业技术创新，发展服务型制造。以此为契机，贵安新区坚持以大数据为引领的电子信息、高端装备制造、大健康医药、文化旅游、现代服务业五大主导产业，为新时代取得产业竞争优势奠定了坚实基础。

2. 新区经济高质量发展拥有一系列国家政策红利

2015 年 5 月，国务院印发了《中国制造 2025》（国发〔2015〕28 号），强调以加快新一代信息技术与制造业深度融合为主线，以推进智能制造为主攻方向，以满足经济社会发展和国防建设对重大技术装备的需求为目标，强化工业基础能力，提高综合集成水平，促进产业转型升级。2016 年 12 月，国务院颁布《“十三五”国家战略性新兴产业发展规划》（国发〔2016〕67 号），提出构建现代产业体系，进一步发展壮大新一代信息技术、高端装备、新材料、生物、新能源汽车、新能源、节能环保、数字创意等战略性新兴产业，推动更广领域新技术、新产品、新业态、新模式蓬勃发展，建设制造强国。近年来，国家实施“一带一路”、长江经济带、珠江—西江经济带、京津冀协同发展等区域发展战略，为贵安新区扩大开放合作创造了广阔的空间。国家实施创新驱动、大数据、制造强国和网络强国等战略，全面实施“中国制造 2025”，为贵安新区经济做大总量、转型升级发展创造了宝贵契机。国家实施新一轮西部大开发战略，为贵安新区构建现代产业体系等提供了良好条件。国家不断加大对贵州经济发展的支持力度，2012 年发布的《国务院关于进一步促进贵州经济社会又好又快发展的若干意见》中对财税、投资、金融、产业、土地、人才、对口支援等方面提出了一系列具体政策支持。2016 年，国务院发布了《国务院关于同意设立贵州内陆开放型经济试验区的批复》提出“改造提升传统动能，着力建设内陆投资贸易便利化试验区、现代产业发展试验区、内陆开放式扶贫试验区”。2017 年，国务院批复同意了《西部大开发“十三五”规划》，并指出推进兰州—西宁、呼包银榆、黔中、滇中、川南等次级增长区域发展。国务院于 2015 年 8 月底印发的《促进大数据发展行动纲要》明确提出“推进贵州等大数据综合试验区建设”，党中央、国务院对贵州选择发展大数据给予充分肯定和大力支持。一系列国家政策的出台为贵安新区进一步实施先进制造带来了有利机遇，也为新区围绕五大主导产业的经济高质量发展指明了方向，新区发展面临千载难逢的机遇。

（三）贵州经济发展进入后发赶超新阶段

自2010年以来，贵州省陆续出台一系列产业政策措施，包括园区政策、农业发展、工业发展、服务业发展、要素保障、两化融合、军民融合、民营经济等，这些政策的落实为新区产业转型升级和经济高质量发展带来重要保障。

1. 三大战略行动为新区发展提出了新要求

省第十二次党代会明确提出“全力实施大扶贫、大数据、大生态三大战略行动”，是践行新发展理念、准确把握习总书记“善于运用辩证思维”要求做出的战略抉择。贵安新区地处黔中经济区核心区，是全国主体功能区规划重点开发区域和新一轮西部大开发重点经济区。多项国家、省级层面的战略部署使贵安新区将在国家、省级层面得到更多政策、资金等的重点支持，这为新区抢抓国家新的区域发展战略，快速融入长江经济带、珠江经济带、西江经济带、中孟缅印经济走廊带来了前所未有的重大机遇。在推进三大战略行动中，要坚持经济发展与保护生态双赢目标，着力打通相关产业，加快实现生态产业化、产业生态化。因地制宜地优选生态项目搞好产业开发，为脱贫攻坚提供有生态保障的经济支撑。按照大数据产业的总体布局，形成以大数据为核心的生态产业集群，促进经济的高质量发展。按照经济与生态要同步发展的正确方向，把“大生态”做成“大产业”，真正实现百姓富、生态美，需要深入贯彻绿色发展理念，为新区工业节能减排、淘汰落后产能等创造良好环境，促进节能环保、新能源、新材料等战略性新兴产业加速发展。

2. 经济高质量发展要求为新区产业提质增效提供了重要契机

贵州省经济发展各项政策的制定，为贵安新区经济发展带来了政策机遇，促进产业以高端化、信息化、智能化、绿色化、集约化为方向，深入推进两化融合，制定大数据与工业深度融合专项行动方案，促进工业企业提质增效，加快工业转型升级。重点围绕装备制造、电子信息、新材料等重点领域，开展大数据专项行动，引导传统制造企业提高数字化、智能化、网络化水平发展。随着供给侧结构性改革、放管服改革、“双千工程”等的深入推进，贵安新区新经济、新业态、新技术将加速发展，企业赢利能力和活力将进一步增强，新投产项目、新入规企业、新兴产业发展逐步发力，为下阶段贵安新区的经济增长提供了有利的内生动力和潜在增长点。

综合起来，目前是实施贵安新区经济转型发展、绿色发展、创新发展的最佳窗口期，提前布局、先期谋划，以创新求发展、以质量求发展、以绿色求发展，促进新区经济的加快前进，有力推动新区经济社会进入良性发展快速轨道。

三 迎接新的挑战与困难

尽管全球经济总体上向好，国内外及新区经济形势依然严峻，新区经济和重点产业发展仍然面临挑战，新区发展面对一系列不容忽视的困难、问题和发展短板，需高度重视。

（一）宏观形势复杂严峻

自2008年金融危机后，世界经济进入新调整期，全球经济增长乏力，世界经济在未来一段时间仍将处于低水平徘徊和缓慢增长阶段，外部环境的不确定性因素增多、外需严重不足，单边主义、贸易保护主义抬头，部分地区动荡不安，制约开放型经济发展。中国经济总体回落，经济增速回落趋势较为明显，整体经济形势严峻，内需不足，国内经济进入转变经济发展方式的攻坚阶段，在经济新常态下，我国经济结构调整带来的经济阵痛导致全国经济整体下行压力加大，加之受世界经济大环境，特别是与美国经济贸易关系的影响，我国实体经济发展面临产业竞争大、市场风险大等困难，受此影响，贵安新区经济增长不稳定性因素增加，新区新兴产业及整体经济与发达地区差距在拉大，经济发展面临着结构调整和经济增长的双重压力。

（二）竞争压力不断增大

目前新区经济发展的基础相对薄弱，新旧动能尚未实现平稳接续，经济增长动力仍显不足，竞争压力不断增大。一是产业竞争能力仍然不足。大数据电子信息、先进制造、节能环保、新能源、数字创新等新兴产业规模较小，新区基础设施建设还不完善，产业整体竞争实力还不强。新区按照全省“千企改造”“千企引进”要求，注重产业转型升级、培育高新技术产业和战略性新兴产业，实施供给侧结构性改革，经济增长速度较快，但与全国新区间的对比发展看，贵安新区产业发展基础仍然不够牢固，产业经济规模较小，结构层次和产业层不高，部分产业处于产业价值链低端，产业结构、产品结构亟待优化，一些传统产业需要转型升级。新区的资源优势还没有得到充分利用，产品高附加值低，产业链条短，尚未形成完整的产业体系，经济增长内生动力不足，对新经济的拉动力还很有限，新动能培育任重道远。二是创新能力亟待提高。从创新及人才方面看，创新能力不足和创新人才匮乏的结构性矛盾难以适应新区高质量发展的要求。战略性新兴产业的发展对创新能力有较高要求，但新区目前科技进步贡献率、研发投入占 GDP 比重、对外技术依存度、获得的专利数等指标和全国比较都不占优势。受投资环境、地理位置、企业发展前景及工资待遇等因素影响，一些企业招聘很难招到复合型、创新型高级人才，企业难以适应现代企业制度要求，严重制约了企业的转型和升级。在用工上，高新技术企业很难在本地找到符合用工要求的人员，新区高新技术产业在人力资源上无比较竞争优势，新区要完成高质量发展的历史性任务，就更应当重视创新型技术及人才的引进、培育，坚持以创新谋发展，大幅提升产业创新能力，提升新区的综合竞争力任务艰巨。

（三）产业规模亟待扩张

新区入驻企业少，产业基础薄弱，经济总量小，产业规模较小，工业经济带动作用还不够明显，高新技术产业、战略性新兴产业新增长点作用尚未发挥，斯特林、华为、富士康等企业的产能还没有完全释放，三大运营商没有形成有效产出，其他如高端装备、新医药等主导产业尚未形成增长点，还没有形成产业规模和集聚效应。由于经济总量小，产业结构不尽合理，财税贡献有限，新区的产业规模还亟待扩大。

（四）配套功能亟须完善

新区重点项目推进较好，但项目落地情况不容乐观，特别是部分配套设施建设较缓慢问题严重，功能性配套设施建设起步晚，城市功能不完善，教育、医疗、居住、商业、公共交通等配套设施欠缺，人气商气不旺，城市建设任务艰巨。乡村建设欠账多，城乡发展不充分的问题较突出。部分园区在水、电供应上明显不足，园区入驻企业生产用电无法很好保证，影响园区入驻标准厂房企业的正常生产经营。

（五）行政效能有待提升

新区整体发展环境有较大改善，但部分发展环境还不够优化，制约发展的体制机制障碍还不同程度存在，企业、群众办事难的问题仍然突出，影响了行政效能的整体提升。干部队伍还不能完全适应新区开发建设的需要，部分体制机制还不健全，有些政策措施落实不够到位，效能建设任务艰巨。公共服务与群众对美好生活的需要还有差距，社会治理基层基础工作有待加强。少数干部研究问题、破解难题能力不强，一些部门攻坚克难、敢闯敢拼的精气神有所减弱。科技创新能力还不强，部分重点领域改革相对滞后，开放水平还不高，改革开放任务艰巨。安全生产事故时有发生，一些领域信访维稳压力较大，社会治理任务艰巨。

（六）局部环保压力突出

新区发展进程中的生态环境建设与保护问题还较为突出，政府主导下的社会协同治理与市场化机制相结合的生态环境综合治理体系还未真正构建起来，保证环境质量和生态功能不下降为底线的基础尚不牢固，防范环境风险和保障生态安全的能力不强、水平不高。经济社会的快速发展和城镇建设空间的不断扩张，将加剧资源环境需求和污染排放，对新区的生态和水环境系统带来较大压力。生态规划协同、推进河长制、大数据管控、绿色金融发展、生态建设市场化、生态共建共享、考核评价等方面系统完备的生态文明制度体系改革任务繁重，海绵城市、环城水系、山头绿化、百园建设、绿地系统、综合治理、绿色产业、绿色文化等工程实施基础和条件亟待提升。新区在对能耗、地耗、水耗等方面的绿色发展指标构建及考核方面尚不完善，绿色发展考核、绿色发展引领导向、主体责任压紧压实、领导干部生态环境保护和自然资源资产审计、最严格考核问责制度以及在对造成资源环境生态严重破坏的终身追责等方面有待完善和落实。

四　对策建议

2018 年是贯彻党的十九大精神的开局之年，是改革开放 40 周年，是决战脱贫攻坚、决胜全面小康和实施“十三五”规划承上启下的关键一年。未来三年，是新区加快发后赶超、率先全面小康的关键时期。面对新时代、新定位、新要求，新区要高举中国特色社会主义伟大旗帜，以习近平新时代中国特色社会主义思想为指导，全面贯彻党的十九大精神和习近平总书记在贵州省代表团重要讲话精神，坚持“高端化、绿色化、集约化”发展，坚决贯彻落实省委、省政府决策部署，紧扣社会主要矛盾变化，按照高质量发展要求，以供给侧结构性改革为主线，坚决打好“三大攻坚战”，强力推进三大战略行动，坚持提能提质提效、加快发展，牢牢把握战略机遇，保持强大战略定力，切实提升战略思维和战略谋划能力，大力培育和弘扬新时代贵州精神，努力探索推出“贵安样本”，为开创百姓富、生态美的多彩贵州新未来做出贡献，续写新时代贵安发展新篇章。

（一）紧紧围绕开启高质量发展新时代，打造全省发展战略支撑和重要增长极

要始终坚持以习近平新时代中国特色社会主义思想为指引，大力培育和弘扬新时代贵州精神，继续发扬“创新创业创出新路、敢闯敢试敢为人先”的贵安精神，为全省后发赶超跑出加速度、勇当生力军。始终坚持以习近平总书记在视察新区时提出的“高端化、绿色化、集约化”重要指示精神为根本遵循和行动指南，加快推进经济高质量发展，进一步增强机遇意识、忧患意识、使命意识，以更高站位、更大担当、更实作风，全面推行运用“五步工作法”，凝聚广大干部群众的智慧和力量，真抓实干、苦干实干，按照省委、省政府提出的“加快打造全省发展战略支撑和重要增长极”为决策部署，以供给侧结构性改革为主线，以经济高质量发展为目标，白纸绘蓝图、苦干谋发展，在继续保持贵安速度的同时，更加注重发展质量，加快打造全省发展战略支撑和重要增长极，全力奏响新时代黔中崛起的最强音。

（二）紧紧围绕构筑数字经济发展新未来，全力推进大数据战略行动

坚持“理念引领、集聚先行、应用主导、产业融合、协同发展”的发展思路，加快推进国家大数据综合试验区核心区建设，保持大数据先行优势，把

大数据打造成为引领新区经济社会高质量发展的强大引擎。加快推进大数据与实体经济融合发展。扎实开展“千企融合”行动，着力打造大数据应用场景，实施工业、农业、金融、物流等领域的大数据融合示范工程。加快推进大数据提升政府治理能力，抓好政府数据“聚通用”，加强政府数据开放共享体系建设，进一步推动政务数据一体化。加快推进大数据保障和改善民生，提高民生服务的精准化、公平化、共享化水平。加快推进大数据政策完善、数据中心建设、生态体系建设、招商引资引智、强化发展保障等“五大工程”。创新大数据产业集聚及服务贸易发展体制机制，用足用好先行先试政策，在重点领域和关键环节率先突破，加快发展数字经济。

（三）紧紧围绕发展现代高端新产业，加快战略性新兴产业集聚发展

准确把握新常态下引领性的经济社会发展要素，因地制宜、审时度势选择好持续支撑新区发展的主导产业，建立现代产业体系。大力发展大健康医药产业，把大健康医药作为大数据产业的姊妹篇，围绕打造国际健康城和构建“黔中综合健康养生圈”，大力发展以“医”为支撑的医药医疗产业、以“养”为支撑的保健养生产业、以“管”为支撑的健康管理服务产业，加快构建以医疗医药为基础、以健康养生为核心、以运动康体为补充、以健康管理为支撑的大健康产业体系，大力发展高端装备制造产业，围绕打造以民用航空、智能装备、医疗器械为主导的高端绿色制造产业集聚基地。大力发展文化旅游产业。围绕创建国际休闲度假旅游区，大力发展以山地为特色的文化旅游业。大力发展现代服务业，把高端服务业作为新区聚财气、聚商气的关键一招，大力发展高端商贸、金融、物流等现代服务业，壮大总部经济，加快建设中心区 CBD 千亿元商圈。强化招商引资力度，着力加快完善电子信息产业园、高端装备制造产业园的服务功能，加快产业要素集聚，加快推进产业结构转型升级。

（四）紧紧围绕建设山水田园生态新城市，大力推进山地新型城镇化

优化城市空间布局，完善城市功能配套，提升城市公共服务水平，建设具

有贵安特色的山水田园现代化城市。坚持低冲击开发模式，创建“五位一体”风貌管控机制。加快贵安科技新城建设，推动建园向建城转变，强化产业带动城市的引擎作用，推进产城融合发展。加快花溪大学城建设，提升大学城综合功能，教育、科技、创新引领发展的功能充分发挥。加快清镇职教城建设，推进产教深度融合，打造宜学、宜居、宜游、宜业之城。加快平坝新城建设，推进贵安一体化进程，引领带动黔中经济区发展。加快天河潭新城建设，初步构建集特色商贸产业和旅游为主的商贸旅游服务新城。加快贵安生态新城建设，加快创建生态文明示范区和国家海绵城市建设示范区，把海绵城市建设作为引领生态文明建设的 1 号基础工程，推进全域生态化建设，加快打造优美的生态环境，加快创建国家级绿色低碳示范新区，探索建设“会呼吸的城市”。

（五）紧紧围绕形成城乡融合发展新格局，稳步推进实施乡村振兴战略

坚持农业农村优先发展，促进城乡之间要素流动，以城带乡、以乡促城，以产业兴旺为重点、生态宜居为关键、乡风文明为保障、治理有效为基础、生活富裕为根本，协调推进农村经济建设、政治建设、文化建设、社会建设、生态文明建设和党的建设，促进乡村全面发展。在完善农村基础设施上更加用力，加大农村电网改造和管护力度，改善提升农村通信条件。深入实施绿色农产品“泉涌”工程，以现代高效农业园区建设和农业嘉年华活动为载体，发展观光农业、体验农业，打造一批农旅一体、文旅一体精品项目，推动农业接二连三融合发展。坚持以工补农、以城带乡，推动形成工农互促、城乡互补、全面融合、共同繁荣的新型工农城乡关系。启动建设特色小镇试点，围绕旅游公路环线规划建设一批产业型、资源型、生活型特色小镇。深入推进农村“三变”改革、农村金融改革、农村治理方式变革，激活主体、激活要素、激活市场，让农业成为有奔头的产业，让农民成为有吸引力的职业，让农村成为安居乐业的美丽家园。

（六）紧紧围绕打造内陆开放型经济新高地，扎实夯实开放创新平台

以开放促改革，以开放促发展，着力打造贵州内陆开放型经济试验区核心

区和引领区。主动融入国家“一带一路”和长江经济带战略，加快上海自贸区可复制、可推广经验在新区落地，开展有利于总部经济发展的金融业务等方面改革，加快建设综合保税区、东盟教育交流周永久会址、中印 IT 产业园、瑞士产业园、韩国产业园、中国台湾产业园、浦东（贵安）产业园、中关村（贵安）科技园等平台建设，构建开放型经济新体系。促进“1+8”平台协同发展。充分发挥好贵安新区作为国家级新区的引领示范作用，努力当好“火车头”“排头兵”，推动与省内另 8 个国家级开放创新平台在规划建设、基础设施、产业布局、生态环境、改革创新、招商引资等方面的资源共享、协调联动，最大限度地共同争取国家政策支持。同时，强化对非直管区规划建设统筹，深入推进“五联十同”机制落实，促进政策支持、资源配置、项目建设、要素保障、招商引资等共同发力，大力优化政务服务环境，实施市场准入负面清单制度，改善营商环境，努力实现各功能板块更好更快发展。

（七）紧紧围绕激发内生发展新动能，全面深化供给侧结构性改革

按照“四个有利于”的要求，以问题为导向，坚持以供给侧结构性改革为主线，以推进国家试验示范试点任务为重点，以体现新区特点为突破，统筹协调推进全面深化改革。力争在政府性投入靠 PPP、产业投入靠基金、国企发展靠改革“三靠”上取得重大突破，积极实施一批供给侧结构性改革、一批生态文明体制机制改革、一批扩大内陆开放体制机制改革、一批推进城乡统筹体制机制改革“四个一批”改革，构建世界一流的发展环境，使改革含金量充分展示，让人民群众享有更多的获得感，最大限度激发“改革红利”。

参考文献

习近平：《决胜全面建成小康社会　夺取新时代中国特色社会主义伟大胜利——在中国共产党第十九次全国代表大会上的报告》，中共中央办公厅，2017。

中共贵州省委：《关于认真学习贯彻党的十九大报告和习近平总书记在参加贵州省代表团讨论时重要讲话精神的通知》，贵州省委办公厅，2017。

陈敏尔：《紧密团结在以习近平同志为核心的党中央周围　决胜脱贫攻坚　同步全面小康　奋力开创百姓富生态美的多彩贵州新未来——在中国共产党贵州省第十二次代

表大会上的报告》，贵州省委办公厅，2017。

贵安新区党工委办公室：《贵安新区 2016 年工作总结及 2017 年工作打算》，贵安新区管委会办公室，2017。

孙登峰：《贵安新区 2017 年年度工作报告》，贵安新区管委会办公室，2017。

贵安新区党工委办公室：《贵安新区 2017 年工作总结及 2018 年工作打算》，贵安新区管委会办公室，2018。

孙登峰：《贵安新区 2018 年工作报告》，贵安新区管委会办公室，2018。

分 报 告

Subject Reports

B.2
2016～2017年贵安新区大生态战略实施发展报告

潘善斌*

摘　要： 2016～2017年，贵安新区以五大新发展理念为引领，坚持以山水林田湖综合治理保护为统揽，大力实施大生态战略行动，积极打造生态文明建设的贵安范本，努力实现百姓富、生态美的有机统一。作为唯一承担生态文明示范区战略使命的国家级新区，贵安新区应进一步落实贵州省委省政府关于生态文明建设的决策部署，坚决扛起生态文明建设的政治责任，加快推进生态文明示范区建设，推动新区大生态战略行动取得新成效。

关键词： 贵安新区　大生态战略　机遇　挑战

* 潘善斌，贵州民族大学教育评估中心副主任（主持工作），贵州省社会科学院法治研究与评估中心研究员，法学博士，教授，博士生导师，研究方向：生态法研究。

2016年8月，中办、国办印发《关于设立统一规范的国家生态文明试验区的意见》，贵州省成为首批三个国家生态文明试验区之一。2017年10月，《国家生态文明试验区（贵州）实施方案》明确提出建设“多彩贵州公园省”总体目标和“完善绿色制度、筑牢绿色屏障、发展绿色经济、建造绿色家园、培育绿色文化”的基本路径。2016年9月，中共贵州省委十一届七次全会通过的《中共贵州省委贵州省人民政府关于推动绿色发展建设生态文明的意见》，提出“要把‘绿色+’理念贯穿各个方面、融入所有发展，注重大生态与大扶贫、大数据、大旅游、大健康、大开放相结合”。2017年4月，中共贵州省委第十二次代表大会将“大生态”确立为未来五年三大战略行动之一。“大生态”战略就是要“将生态文明建设融入经济建设、政治建设、文化建设、社会建设各方面和全过程”，确保生态文明建设与其他各项建设协同共进，推动形成人与自然和谐发展现代化建设新格局，生态优先、绿色发展正在成为多彩贵州的主旋律。

2017年6月，贵安新区出台《关于贯彻落实省第十二次党代会精神　坚持高端化绿色化集约化发展　加快推进五大新发展理念先行示范区建设实施方案》，确立“牢牢守住发展和生态两条底线，坚持高端化、绿色化、集约化发展，深入推进大扶贫、大数据、大生态三大战略行动”目标要求。坚持发展和生态两条底线，是贵安新区贯彻落实习近平总书记“高端化”“绿色化”“集约化”重要指示的具体实践，也是贵安新区推动大生态战略行动的目标指向。两年来，贵安新区牢牢守住发展和生态两条底线，奋力推进贵安新区大生态战略行动，将绿色理念贯穿于新区开发建设的全过程和全方位，以山、水、林、田、湖、草综合治理保护规划为统揽，深入推进大生态战略实施，在制度建设、环境监管、环境治理等方面坚持对标对表，走出一条绿色发展新路，取得了一系列标志性的成就，把国家和省赋予的重大试点任务抓深、抓细、抓出成效，高起点谋划、高标准设计、高质量建设生态文明贵安样板。

一　大生态战略实施取得的主要成就

（一）生态文明建设和环保规划获批

2017年3月，贵州省人民政府正式批复《贵安新区生态文明建设规划》

和《贵安新区环境保护规划》。两个规划的获批，标志着贵安新区生态文明建设和环境保护工作取得新的进展，为贵安新区大生态战略行动实施提供法定依据和明确指向，为贵安新区生态文明建设、大生态战略行动实施提供了行动依据和行动指南。

（二）一系列意见方案纲领性文件出台

2017 年 1 月，在贵安新区批复设立三周年之际，新区生态文明示范区建设推进大会召开。2 月，新区制定了《贵安新区贯彻落实五大发展新理念　推动国家生态文明示范区建设的实施方案》。该方案提出了总体要求、工作原则、工作目标、重点任务（创新七大改革、实施八大生态工程）、配套措施等，是新区大生态战略行动实施纲领性的文件。4 月，出台《贵安新区全面推行河长制工作方案》，建立党政同责的河长制和区、乡（镇）、村三级河长体系，明确了新区 14 条主要河流（湖库）的区级河长和单位责任。为落实好河长制，新区出台了《贵安新区全面推行河长制工作考核暂行办法》《贵安新区全面推行河长制工作信息报送共享及通报制度》《贵安新区全面推行河长制工作会议制度》《贵安新区全面推行河长制工作河长巡河工作办法》《贵安新区全面推行河长制工作督查督办制度》《贵安新区各级河长及河长工作领导小组成员单位职责》《贵安新区全面推行河长制区级验收办法》等七个配套文件。6 月，新区出台《关于贯彻落实省第十二次党代会精神　坚持高端化绿色化集约化发展　加快推进五大新发展理念先行示范区建设实施方案》，确立“牢牢守住发展和生态两条底线，坚持高端化、绿色化、集约化发展，深入推进大扶贫、大数据、大生态三大战略行动”目标要求。7 月，省政府印发《贵安新区建设绿色金融改革创新试验区任务清单》，提出了建立多层次绿色金融组织机构体系、加强绿色金融产品和服务方式创新等 12 项大任务。9 月，新区编制完成《贵安新区直管区山水林田湖生态保护修复实施方案》和《贵安新区直管区山水林田湖生态保护修复规划》。方案和规划为“贵安新区成为资源能源富集、生态环境脆弱、经济欠发达地区转型发展和绿色崛起的先进典范”目标的实现提供了有力支撑。11 月，新区阶段性编制完成《安平生态区生态文明建设规划》，规划建设安平生态区，打造“万亩樱林一湖春色·两泓碧水四季田园”的美丽画卷。安平生态区具有贵安新区直管区（引领发展）和生态保护一级管控（禁止开发）双重属性，建设安平生态区，是贵州省、贵安新区探索生态高敏感地区绿色发展新模式，破解保护与发展关系的重要试验田，对于落实《国家生态文明示范区（贵州）实施方案》具有重要现实意义和历史意义。2017 年底，贵安新区编制完成海绵城市总体规划、专项规划、建设规划、设计导则、标准图集、施工验收规范及 40 多项管控制度，海绵城市理念已融入贵安新区道路建设、园区建设、社区建设等方面。《贵安新区六个万亩农业产业工程实施方案》已编制完成，将为新区“万亩樱花、万亩葡萄、万亩果蔬、万亩茶园、万亩草场、万亩香稻”工程的实施提供科学高效的指导。该方案秉承“创新、协调、绿色、开放、共享”五大新发展理念，要求按照“农业＋旅游、教育、文化、体育、健康养生”产业扶贫新模式，建设高端化、绿色化、集约化的农业产业园。围绕生态文明建设，新区还出台了《贵安新区 2017 年“美丽乡村比美丽”创建活动方案》《贵安新区直管区畜禽养殖禁养区划分方案》《贵安新区禁限燃放烟花爆竹的规定》《贵安新区环境信访有奖举报制度》《贵安新区环境保护攻坚行动方案》《贵安新区危险化学品安全综合治理实施方案》《贵安新区容错纠错实施办法（试行）》《贵安新区行政执法全过程记录办法》《贵安新区“六大攻坚战”工作目标任务“双挂钩”考核办法（试行）》等规范性文件，有力支撑大生态战略实施。

（三）一批生态文明建设标志性成果产生

作为全国首批 16 个海绵城市建设试点之一、国家农村综合改革美丽乡村建设标准化试点、国家新型城镇化综合试点、国家绿色数据中心试点地区、国家绿色金融改革创新试验区等，贵安新区在大生态建设的各个领域产生了一批标志性成果，大生态战略行动实施成效明显。

1. 围绕中央环保督察组意见整改初步到位

围绕中央环保督察组意见，新区制定了《贵安新区贯彻落实中央环境保护督察反馈意见问题整改方案（整改措施清单）》，防治整改措施涵盖水源、土壤以及空气领域。环境监测数据显示，2017 年贵安新区环境质量形势良好，地表水、环境空气等指标稳定达到相应环境质量标准。新区直管区环境质量保持稳定，环境空气质量稳定Ⅱ类及以上功能区要求，优良率 100%，达标率 100%；饮用水源稳定达到Ⅱ类，地表水稳定达到Ⅲ类水环境质量要求。如围绕松柏山水库违法建设问题，先后开展了10次大型联合执法专项行动，安全拆除松柏山生态园、松柏山观荫塘、茅草村、党武村等处51栋违法建筑，面积1万余平方米，修复生态河道10万余平方米。至2017年末，该片区违法建筑已实现“清零”。

2. 环境保护工作成效显著

2017年，新区大力推进规划环评工作，重点推进玲珑水乡·樱花风景旅游区旅游规划、生物医药产业园、贵州产投贵安新区科技产业园的规划环评。积极参与项目前期立项论证，严格执行《贵安新区直管区生态环境保护负面清单制度》和项目预评估制度，2017年共审核预评估表40个，其中，否决项目8个，涉及总投资28.83亿元。积极推进直管区大气污染防治工作，淘汰燃煤锅炉，推广清洁能源，全年共计淘汰锅炉54台，139.5蒸吨；在大学城、产业园区等使用天然气作为主要能源的基础上，进一步推动乡镇居民和企业使用天然气等清洁能源；开展联合执法，积极推进扬尘污染防治工作，对违法行为进行严肃查处，共查处企业8家，罚款34.547万元，有效控制了建筑扬尘污染。明确新区14条主要河流（湖库）的区级河长和单位责任。各乡镇（大学城、园区）分别制定河长制工作方案，明确新区26条河流（干流和支流）及28个湖库（含人工湖）的乡、村级河长，明确各村各部门职责，落实河库管理措施。出台《贵安新区环境信访有奖举报制度》，全年共接到信访投诉共39件，其中关于水环境污染问题10件、大气环境污染问题19件、固体废物问题2件、噪声污染问题5件，其他问题3件。所有案件均按期办结，办结率100%。积极与省相关部门对接，协调删除了8.79平方公里（主要涉及云漫湖及VR小镇、中心城区、贵安综保区及麻线河流域）生态红线，增补9.69平方公里（涉及红枫湖饮用水源二级保护区及高峰山）生态红线范围，为新区下一步开发建设和实施“三线一单”管理奠定了基础。建成贵安数字环保云平台，通过贵安数字环保云平台下设的自动办公系统，所有文件（涉密件除外）均通过OA办公系统流转，大大缩减了流程步骤和所需时限；基本建成“数字环保”二期水智慧监管系统，能满足企业注册及环保局统计业务需求。此外，结合“双随机”、后督察检查，逐步实现对所有排污单位的全覆盖监管。2017年累积出动748人次，检查企业367家次，下达《环境监察执法通知书》65份，立案查处企业15家，处罚金额达190.29万元。

3. 海绵城市建设进一步推进

新区以“打造全国海绵城市贵安样本”为目标，坚持低冲击开发模式，积极建设海绵城市，探寻厚植生态文明理念的城市发展模式，打造一个会“呼吸”的绿色家园。截至2017年12月底，新区海绵城市建设已完工项目23个，完工区域面积6.62平方公里，在建项目52个，在建区域面积12.93平方公里，累计完成投资34.24亿元。

4. 美丽乡村建设有了新进展

2017年，贵安新区完成美丽乡村项目投资9362.18万元，完成20个村寨的美丽乡村建设任务。新区始终坚持低冲击开发模式，项目建设主要依托原有地形地貌，注重山地特色和延续历史文脉，促进产、城、景、文融合，打造特色新型城镇化新标杆。2017年7月，住建部发布《关于拟公布第二批全国特色小镇名单的公示》，贵安新区高峰镇榜上有名。

5. 绿色产业不断助力绿色崛起

新区始终把战略性新兴产业作为发展方向，积极实施“大数据+产业”工程，推进产业供给体系升级，以大数据为引领的电子信息、高端装备制造、大健康医药、文化旅游、现代服务业五大主导产业初步形成闭合的产业链条。2017年12月29日，贵州长江汽车有限公司首台纯电动商务客车下线交车活动在贵安新区高端装备制造产业园举行，是新区绿色产业发展的重要标志。2017年，新区引进的重点项目包括阿里、中科院生物医学大数据中心、FAST天文大数据中心、超级计算中心、立凯贵安新区电池新材料生产项目、中航精铸年产100万片发动机涡轮叶片制造项目、新特新能源汽车研发试制项目等，涉及高端装备制造、电子信息、新医药大健康等高新技术产业，五大主导产业已成为贵安新区绿色发展的亮丽名片。截至2017年底，贵安新区新签约项目共计159个，项目投资额达383.698亿元，大数据电子信息业项目94个、高端装备制造业项目11个、大健康医药业项目13个、文化旅游业项目6个、现代服务业项目35个。

6. 绿色金融试验区建设成效初现

围绕《贵安新区绿色金融港开发建设三年行动实施方案（2015～2017年）》和《贵安新区建设绿色金融改革创新试验区任务清单》要求，新区着力构建以绿色金融为主体，以绿色产业、绿色建筑、绿色能源、绿色交通、绿色消费为支撑的绿色金融改革创新试验区“1+5”工程体系，打通绿色金融支持绿色生产、绿色生活、绿色消费无缝衔接通道。新区绿色金融港投用在即，将成为贵安新区乃至全省绿色金融业态聚集发展、建设国家绿色金融改革创新试验区的物理载体。新区已先后与38家金融机构对接，有22家金融机构明确了入驻新区绿色金融港的意向，其中包括建设银行等在新区设立的绿色支行。

二 大生态战略实施面临的机遇与挑战

（一）机遇

作为唯一承担生态文明示范区建设战略使命的国家级新区和作为全国首批16个海绵城市建设试点之一、国家农村综合改革美丽乡村建设标准化试点、国家新型城镇化综合试点、国家绿色数据中心试点地区、国家绿色金融改革创新试验区，贵安新区总体上处于大有可为的重要战略机遇期、多重利好政策叠加期和加快发展黄金期。《国家生态文明试验区（贵州）实施方案》和《关于印发〈贵州省贵安新区建设绿色金融改革创新试验区总体方案〉的通知》的实施，赋予了贵安新区更多的制度创新的权力，为新区加快建成“功能完善、环境优美、幸福宜居、特色鲜明的国际化山水田园生态城市”提供坚实基础和保证。

（二）挑战

1. 绿色发展的制度建设任务繁重

作为唯一承担生态文明示范区建设战略使命的国家级新区，新区应在生态文明体制改革综合试验方面走在全国前列，并为贵州乃至全国提供可借鉴、可复制、可推广的生态文明建设制度体系。在生态规划协同、推进河长制、大数据管控、绿色金融发展、生态建设市场化、生态共建共享、考核评价等方面系统完备的生态文明制度体系改革任务繁重，海绵城市、环城水系、山头绿化、百园建设、绿地系统、综合治理、绿色产业、绿色文化等工程实施基础和条件亟待提升。

2. 大生态共建共治格局有待形成

政府、企业、市民是大生态战略行动的三大主体，缺一不可。大生态战略贵安行动全域共建共享格局尚未形成，在坚持协调协同、发挥各方共商共建共治共享生态文明的积极性、打造生态文明建设的利益共同体和命运共同体、形成“我参与、我共享、我快乐”的良好氛围方面有待进一步提升。

3. 压紧压实生态责任机制有待完善

新区在对能耗、地耗、水耗等方面的绿色发展指标构建及考核方面尚不完善，节能减排、耕地保有量、森林覆盖率、万元GDP能耗、碳排放强度等体现生态效益和环境效益等指标纳入绩效考核体系，《贵安新区生态文明建设目标评价考核办法》尚未出台，绿色发展考核、绿色发展引领导向、主体责任压紧压实、领导干部生态环境保护和自然资源资产审计、最严格考核问责制度以及在对造成资源环境生态严重破坏的终身追责等方面有待进一步完善和落实。

三　进一步推进大生态战略实施对策

（一）扛起生态文明建设政治责任

中央环境保护督察发现的问题表明，贵安新区在扛起生态文明建设的政治责任方面尚有许多工作要做。应清醒认识新区生态环境保护的重要性、脆弱性，以及当前生态环境问题的严峻性、复杂性，切实解决思想认识不到位、存在盲目乐观情绪等问题，坚决纠正把发展和保护割裂甚至对立看待的错误观念，进一步筑牢绿色发展理念，牢固树立绿色政绩观，增强守住两条底线的自觉性和坚定性。要认识到，生态环保是新区建设中的“必答题”而不是“选择题”，发展和保护是“有机统一的”而不是“割裂对立的”，抓生态环保是新区发展“重大机遇”而不是“包袱”。认真贯彻落实贵州省委省政府关于解决突出环境问题、落实环境保护主体责任的安排部署，抓紧整改督察组交办、省内自查发现的各项环境问题，全力推进环保基础设施建设和生态修复，严厉打击新区破坏生态环境各类违法行为，妥善解决历史遗留环境问题，规范污染源的环境管理，合理运用经济、行政、法律等手段，营造良好的环境守法秩序。

（二）强化生态文明建设规划引领作用

应全面强化规划引领作用，进一步完善城乡空间规划体系，积极推行经济社会发展、城乡建设、土地利用、生态环境保护等“多规合一”，促进产业发展和城市规划与生态环境保护协调发展，强化源头防控，防止“污染围城”问题。严格落实主体功能区规划，推进形成科学合理、主体功能定位清晰的国土空间开发利用格局。严格控制开发强度，着力提高开发水平，坚决守住开发强度的警戒线。严格执行《贵安新区直管区生态环境负面清单制度》，杜绝高污染、高耗能企业入驻，做好环境保护源头把关。

（三）推进生态文明建设法治化建设

加快制定和修订生态环境保护、资源能源节约、循环经济等重点领域的制度，形成完善的生态环境保护制度体系。严格执法，对污染环境、浪费资源、破坏生态等违法行为实行零容忍。强化司法保护，健全完善行政执法与刑事司法衔接机制，严厉打击生态环境犯罪行为。加强生态法治宣传教育，强化企事业单位和其他生产经营者环保主体责任意识，提高从业人员守法经营环保责任观念，使尊法用法守法成为广大干部群众自觉意识和行为准则。

（四）强化资源环境生态红线管控机制

划定饮用水源保护污染高风险区，分类严控环境准入，加快建立体现资源环境生态红线管控要求的政策机制，形成源头严防、过程严管、责任追究的红线管控制度体系，包括红线管控目标确定及分解落实机制、准入制度建设、加强监管、统计监测能力建设、资源环境承载力监测预警机制及建立红线管控责任制等。完善经济激励政策，扩大生态产品供给，以精明增长战略统筹新区城市发展、产业发展与生态红线区保护三大要素，完善生态补偿机制及其他相关配套经济激励政策和精明增长扶持性政策。

（五）加强生态环境监管能力建设

建立和完善严格监管所有污染物排放的环境保护管理制度，统一监管和行政执法的城乡环境治理体制，加强乡镇一级环境管理能力，实现对新区 21 个乡镇环境监管的全覆盖。加快建立统一协调的区域联防联控工作机制，实施统一规划机制、重大项目环境影响评价会商机制、联合监测机制、联合执法监督机制、环境信息共享机制和区域大气污染预警应急机制，并将大气污染联防联控作为优先领域予以加强。开展环境监察、环境监测（监督性监测管理）标准化建设，规范执法行为，提高环境监督执法能力和应对突发性污染事件的快速反应能力。依托新区大数据产业基地建设的技术优势，利用自动监测、卫星定位系统、物联网、大数据等新兴技术，构建智慧环保管理系统，提高环境监管工作效率，促进环保工作规范化、标准化与自动化、系统管理功能整合。坚持全面设点、全区联网、自动预警、依法追责，形成政府主导、部门协同、社会参与、公众监督的生态环境监测新格局。推进环境信息公开，完善公众参与制度。建立信息管理机制，实现环境信息统一管理、统一发布和信息共享，进一步加强联防联控的工作机制。

（六）加快推进宜居家园建设

大力进行环境保护宣传教育和加强社区建设等多种措施，提高生态环境保护意识，培育可持续消费意识。发展固废回收利用静脉产业，加快建立完善“户分类、组集中、村收集、镇运输、区处理”的垃圾收集、转运和处理系统，形成相应环保社会服务产业就业市场，提高城乡居民生活垃圾分类收集率和生活垃圾资源化率，降低垃圾产生量，树立干净整洁的城区、乡村风貌。积极培育生态文化、生态道德，强化社会各方面在生态文明建设中的责任，完善公众参与制度，加快形成生态文明建设人人参与、生态文明成果人人共享的生动局面。加快贵安新区生态博物馆的规划建设，充分挖掘新区山水田园文化、屯堡文化、佛教文化等优秀传统民族文化的精髓与内涵，构建新区多元生态文明道德文化体系，向公众广泛传播生态文明理念，大力营造生态文明的浓厚文化氛围。

参考文献

中共中央办公厅、国务院办公厅：《国家生态文明试验区（贵州）实施方案》，

2017。

中共贵州省委、贵州省人民政府：《关于推动绿色发展建设生态文明的意见》，2016。

贵安新区管委会：《贵安新区贯彻落实五大发展新理念　推动国家生态文明示范区建设实施方案》，2017。

贵安新区管委会：《贵安新区进一步加强中央环境保护督察发现问题整改工作实施方案》，2017。

贵安新区管委会：《贵安新区生态文明建设规划》《贵安新区环境保护规划》，2017。

B.3
2016～2017年贵安新区大健康实施发展报告

罗先菊*

摘　要： 大健康是经济发展、社会进步必然产物，是一种全局理念。为贯彻“健康中国”战略，贵安新区通过强化组织领导，狠抓园区项目建设，注重招商引资，突出特色优势，重视人才支撑等举措，“一城、三园、六基地”的产业布局正在加快形成，取得了明显成效。但由于行业整体处于起步阶段，面临着基础配套尚不足支撑产业发展需要，生活配套服务设施尚未建立，产业发展必需的金融、信息、法律、认证评价等现代服务业发展滞后等问题。为此，针对存在的问题和发展趋势，本报告提出了促进贵安新区大健康加快发展的五大对策。

关键词： 贵安新区　大健康　发展趋势　对策

党的十九大报告明确提出，“实施健康中国战略，为人民群众提供全方位全周期健康服务”。“大健康”理念将从理论付诸实践、医疗卫生体制改革将全面破解“世界难题”、从田野到餐桌的食品安全防线将实现全面构建，这是十九大报告为全体国民描绘的“健康中国”总体路线图。未来，中国将沿着十九大画出的健康中国路线图扎实前行。所谓大健康，就是围绕人的生老病死、衣食住行，对生命实施全面、全程、全要素呵护，既追求个体身体、生理

* 罗先菊，贵州省社会科学院对外经济研究所助理研究员，研究方向：应用经济学。

健康，也追求精神、心理以及家庭、人群、社会等各方面健康。实现大健康，需要树立大健康理念，发展大健康产业，创新大健康技术，完善大健康服务，进行大健康教育。①

一 贵安新区大健康实施的基本情况

2016～2017年，贵安新区重点布局“新医药产业园、生物科技产业园、医疗器械及医用材料产业园”，重点建设“研发孵化基地、医药生产基地、医疗器械及医用材料产业基地、生物科技产业基地、医疗健康养生养老服务基地、贸易物流基地”，培育大健康产业集群，形成“一城、三园、六基地”的产业布局。②

（一）新医药产业园

新医药产业园地处贵安新区的平坝新城，整体规划面积9.29平方公里。园区东接清镇医药产业园，西接安顺西秀医药产业集群，以“医药研发、产业孵化、医药制造、医药交易物流服务”为重点发展方向；建设“新医药研发孵化中心、医药生产基地、医药贸易物流中心、康健服务基地”，形成从产品研发、产业孵化、生产制造到贸易物流的完整产业链。加强配套设施建设，完善公共服务体系，聚焦重点项目，形成特色突出、全国一流的新医药产业园区，包括研发中心、产业孵化中心、现代中药、特色苗药、大健康产品等。

（二）生物科技产业园

生物科技产业园在羊艾食品医药工业园基础上进行升级改造，以健康、高效、安全为引领，以基因重组技术、原生质体融合技术等高新技术为支撑，以基因工程药物、生物疫苗及诊断试剂、新型制剂为重点发展方向，引进国内外知名的生物科技研发机构和生产企业。建设西南地区具有影响力的生物科技产

① 闫希军：《积极发展大健康产业》，《人民日报》2013年9月26日。

② 李中迪：《高端筑巢引来金凤凰》，《贵州日报》2016年7月8日。

业园，打造西南地区生物科技的核心区，引领西南地区生物科技发展方向。2017 年，该园区平安康健、彝药堂两家企业已初步建成投产。

（三）医疗器械及医用材料产业园

医疗器械及医用材料产业基地纳入贵安新区高端制造产业园规划范围，地处贵安新区湖潮乡、马场镇、党武镇。医疗器械及医用材料产业园发展依托贵安新区及其周边的配套产业优势，以高端医疗设备、高值医用耗材、医药包装材料为重点，将贵安新区打造为西南最大、国内有影响的高端医疗器械集聚地和医用材料配套基地。重点发挥贵州三大军工企业优势，促进军民技术融合，重点开发生产医用氧气加压舱、电动轮椅智能控制系统、可穿戴医疗保健设备等高端医疗设备。通过招商引资，吸引有能力的知名医疗器械企业进驻园区，重点发展新型数字医学影像设备、新型放疗、基因组分析仪等高端诊疗整机设备，推进关键技术的研发和核心部件自主生产，占领产业链高端环节。对接医疗市场终端向基层下沉带来的新需求，重点开发安全可靠的社区和农村基层应用的普及型诊疗设备；积极发展远程医疗专用设备和数字化家庭诊疗设备。

（四）医疗健康养生养老服务基地

依托贵安新区良好的生态环境优势和政策高地优势，以“大健康”为主线，引进国内外知名的医疗美容、医院、养生养老等服务机构，打造西南地区知名的“综合医疗养生养老服务基地”，使贵安新区成为国内有影响的医疗康健服务示范基地，打造“健康贵安”国际品牌。该基地包括综合医疗中心、移动医疗服务中心、高端医疗美容中心、医疗养生养老度假中心、中医药旅游服务基地和户外运动基地等。

二　贵安新区大健康实施的举措和成效

贵安新区启动建设以来，紧扣国家赋予内陆开放型经济新高地、西部地区重要经济增长极、生态文明引领区三大战略定位，牢牢守住两条底线，充分发挥资源优势和区位优势，把大健康新医药产业作为五大主导产业之一狠抓发展，2016～2017 年各项建设工作正加快推进，产业发展已初显成效。

（一）强化组织领导，加快培育大健康产业

首先，成立贵安新区大健康产业发展领导小组，由贵安新区主要领导担任组长，成立了六个专项组，分别负责“医、疗、健、管、食、游”相关产业发展事宜。其次，按照“一区多园”的管理模式，组建贵安新区大健康产业园区管委会，负责大健康产业发展的具体工作；建立协调咨询机制，组建大健康产业发展专家咨询委员会，对大健康产业发展的重大问题提供咨询。再次，明确园区建设主体，由贵安医投公司负责新医药产业园的开发建设、招商引资与经营管理等业务；由开投公司作为生物科技产业城项目业主，建投公司负责项目代建工作。

（二）狠抓园区项目建设，增强大健康产业发展劲头

为推动贵安新区大健康产业向高端化、集约化和绿色化发展，不断提升产业凝聚力和核心竞争力，贵安新区区域内重点规划布局新医药产业园、生物科技产业园、医疗器械及医用材料产业园。2017 年，新医药产业园区《控制性详细规划》《城市设计》《产业规划》已完成，园区路网工程项目前期工作已基本完成；生物科技产业园规划方案已通过专家评审，正在进行征地拆迁、土地报批等前期工作，预计年内能实现开工建设。同时，贵安新区纳入贵州省大健康产业“6 个 50”重点工程的项目共 8 个，总投资 126.3 亿元，其中完工项目 1 个，即贵安新区湖潮车田生态体育公园；开工项目 3 个，同济贵安医院门/急诊、医技综合楼、行政楼以及第一住院楼等建筑已全面封顶，正在和即将进行砌体分隔、安装工程施工，医院装修以及外立面幕墙施工，并完成了三轮次医院基础性专业技术人才的招聘招考工作，共录取医护人员 273 人；贵州玲珑水乡·樱花公园正在进行景观提升改造；贵阳中医学院附属贵安新院（贵州大数据生命健康医院）正在进行基础施工；贵安生物科技产业城和贵安新区万水千山国际温泉休闲度假城一期温泉酒店 2 个项目正在开展前期工作。其他未纳入“6 个 50 工程”的项目也在顺利推进中，如中国贵安·四季禾图生态农业文化旅游产业园正在进行育苗工作；贵澳农业园一期已建成正式营业。

（三）注重招商引资，夯实大健康产业发展基础

贵安新区先后赴北京、天津、成都等地开展招商工作，与天津医药集团、

北京昭衍新药研究中心股份有限公司、加拿大洛斯特制药（维壹生物科技公司）等多家国内外企业进行了意向洽谈，重点拜会企业70余家，涉及植物提取行业的龙头企业、研发机构、检测机构，以及设备生产制造商。重点与美国赫斯提亚公司、韩国绿十字公司、贵州金之键、昆明制药集团、陕西步长制药、北京悦康制药、桂林莱茵、康宝莱、乐康瑞德、湖南绿蔓、东莞波顿等进行深入交流。自新区成立以来共签约大健康新医药项目17个，协议总投资287亿元，到位资金8.2亿元。截至2017年底，已有宁方（贵州）生物工程有限公司、贵州生命肽科技有限公司、贵州康贵源生物科技有限公司、贵州骏驰黔江中医药科技发展有限公司、贵州彝药堂生物科技有限公司、贵州佰世合意农业股份有限公司等企业落户园区。

（四）突出特色优势，集聚发展大健康养生旅游

自贵安新区成立以来，旅游产业体现出发展快、变化大的特点，区内万亩樱花园、东方瑞士小镇、贵澳农旅示范园区、六月六旅游文化街、高峰花海、北斗七寨等一批重大旅游项目已初见规模。2016年4月省旅发领导小组批准贵安车田景区和贵安平寨湿地生态旅游景区入选省级“100个”旅游景区，在近两年开始打造的还有贵安羊昌河、麻线河和马场河流域现代农业示范园区等3个综合体。上述这些景区、园区现还在继续开发之中。旅游品牌不断提升，“民博会”、酒店论坛、樱花节、搜寨寻宝、乡村草莓音乐节等系列活动如火如荼地逐渐开展，以“日新月异”来形容贵安新区直管区的旅游产业发展并不过分，“万水千山·美丽贵安”旅游品牌正不断唱响。充分发挥贵安新区旅游资源优势，促进大健康养生旅游产业集聚发展。

（五）重视人才支撑，增强大健康产业发展动力

人才是第一生产力。贵安新区已出台《关于加强贵安新区直管区队伍建设打造人才特区科技高地的实施意见》《贵安新区引进高层次人才实施办法（试行）》《贵州贵安新区高层次人才认定办法（试行）》，通过实施创新性人才团队引进计划、人才引进培养“双万工程”，积极推进人才柔性流动，吸引医药健康产业高端人才，对医药研究和产业发展贡献较大的管理人才、技术人才、营销人才，给予特殊津贴和奖励。发挥行业平台作用，加强与国内外医药

行业高端人才的对话交流。① 支持校企合作培养医药健康领域专业技术人才，支持贵州医药类院校开展委托培训，鼓励在医药企业和关联服务行业建立实训基地，积极争取与国内外知名院校开展校际合作，建立人才联合培养制度，共同建设一批人才培训机构，积极培养技术技能型、复合技能型和知识技能型产业人才，满足新区大健康产业发展需求。

三 贵安新区大健康实施面临的问题和困难

2016～2017 年，贵安新区大健康产业在领导高度重视，狠抓园区建设，注重招商引资和人才保障等多措并举下取得了明显成效。但由于行业整体处于起步阶段，面临着基础配套尚不足以支撑产业发展需要，生活配套服务设施尚未建立，产业发展必需的金融、信息、法律、认证评价等现代服务业发展滞后，产业发展急需的教育培训、知识产权与技术交易等服务体系几乎还是空白，医药流通业发展水平低；民族药（苗药）发展面临着诸多瓶颈；项目用地供应不足，园区项目建设推进较慢；创新能力不足等问题。

（一）项目用地供应不足，园区项目建设推进较慢

为推动贵安新区大健康产业向高端化、集约化和绿色化发展，不断提升产业凝聚力和核心竞争力，贵安新区区域内重点规划布局新医药产业园、生物科技产业园、医疗器械及医用材料产业园等三大园区。贵安新区大健康产业三大园区的建设可谓从零起步，由于项目用地供应不足，园区项目建设推进较慢。例如，新医药产业园选址在非直管区平坝夏云工业园内，项目建设用地指标由安顺市平坝县负责协调解决。依据贵安新区管理委员会与平坝区人民政府签订相关合作协议，平坝县应在 2014 年 7 月底前完成不少于 1300 亩供地（包括 1000 亩工业用地和 300 亩商业用地）；2014 年底前再完成不少于 3000 亩工业用地的供地；2015 年 6 月底前提供不少于 700 亩商业配套用地，以平衡园区建设资金。截至目前，平坝方尚未提供任何用地，导致园区项目建设后续工作无法推进。同时，生物科技产业园规划区域为原花溪区羊艾产业园范围，该区域

① 李中迪：《高端筑巢引来金凤凰》，《贵州日报》2016 年 7 月 8 日。

土地性质情况复杂，用地报批工作和土地出让程序无法在短期内开展，导致园区基础设施建设工作进展缓慢。生物科技产业园2015年以来，先后对接或走访了四川好医生药业集团有限公司、北京天坛医院、北京亿阳集团、国药控股医药物流中心、中国医药集团联合工程有限公司、成都天河中医科技保育有限公司、澳大利亚植物研究院、北京大学天然药物与仿生药物重点实验室等国内外知名大健康新医药企业或机构数十家，但由于园区建设尚未正式启动，暂不具备入驻条件，仅与13家企业签署了框架协议。生物科技产业园面临的已招商企业难以落地问题也是贵安新区大健康产业面临的共性问题。项目建设进程，将对企业入驻、投产，对招商等产生重要影响，应引起高度重视。

（二）基础设施配套尚未完善，整体配套能力弱

截至2017年底，贵安新区大健康产业园区水、电、气等生产配套设施不完善，电力、厂房、给排水系统等设施跟不上企业需求；医疗、教育、娱乐、物流、公交等设施仍处于建设期，导致企业入驻的生活成本偏高。例如，由于园区未铺设天然气管道，使初期入驻的骏驰黔江科技公司无法进行产品试制及生产，园区管委会积极为企业申请18万元燃气管道安装费用，燃气管道已基本铺设完毕。生物科技产业园管委会针对平安康健公司用电问题，协调土储中心、供电部门和美洁纸厂等单位，及时解决该公司的用电困难。基础设施配套的不完善，使招商引资项目落地开工率较低，导致项目洽谈多、签约少，签约多、落地少，项目推进不理想。同时，大健康产业发展必需的金融、信息、法律、认证评价等现代服务业发展滞后，产业发展急需的教育培训、知识产权与技术交易、信息处理、产品质量检验检测、质量可追溯平台、中药材交易体系等服务体系几乎还是空白，医药流通业发展水平低；民族药（苗药）发展面临着诸多瓶颈。

（三）产业扶持政策缺乏，招商引资难度加大

2016年以来，省内外各地都在加大力度推进园区建设，在招商引资方面拼政策拼优惠，招商竞争激烈。贵安新区还没有出台在大健康产业招商引资方面的优惠政策，导致在招商引资上吸引力不够，集聚力不强。同时，各园区建设推进缓慢，标准厂房、园区路网和给排水系统等基础配套尚不足以支撑产业

发展需要，生活配套服务设施尚未建立，许多大健康产业在谈项目难以落地，这对后期进行以商招商等造成了严重影响。此外，因受国际、国内宏观经济下行以及市场低迷等综合因素的影响，企业投资积极性不高，导致签约多、落地少、推进不理想的情况依然存在，特别是“招好商、招大商”的难度更大。

（四）人才资源匮乏，智力支撑不足

人才是支撑大健康产业发展的重要保障。由于大健康产业的特殊性，其从业人员需要一定医学知识储备和技能，人才现状与市场需求有较大的差距。《2016贵州省人才需求白皮书》根据贵州省人才信息管理系统，采集到全省各地、各单位需求岗位共5561个，需求人数共16341人，需求领域包括大健康医疗产业、大数据信息产业、现代山地高效农业和文化旅游等17类产业（行业），其中大健康医疗产业人才需求达1104人，占需求总人数的19.85%，学历要求大部分居于硕士及以上，需求量居第二。① 贵安新区正在全力培育发展的大健康产业可谓在一张白纸上白手起家，唯有引进大量专业人才和高层次人才，为产业发展提供智力支撑，才能促进大健康产业快速发展。但由于一些主客观原因，贵安新区在大健康专业人才引进方面不甚理想。例如，贵安新区首家三甲公立综合性医院——同济贵安医院，经过三年的建设，即将投入运营，目前就存在着大量的人才缺口。

（五）观念滞后，居民大健康意识有待进一步提高

目前，健康安全面临着诸多新的挑战，不良的生活方式、工作压力和环境污染成为疾病的危险因素；人口结构变化引起的老年疾病、慢性病、精神疾病正在大量增加。疾病模式也正发生着变化，由儿童传染病为主转向以成人慢性病为主，肝癌、食道癌、胃癌、中风、慢阻肺、溺水和跌落等导致的死亡损失明显提高。然而，由于生活的快节奏、高强度的工作压力，以及健康养生知识的缺乏等，居民生活习惯中重医疗、轻养生保健的意识较为普遍，古老的“治未病”的理念并未深入人心。在消费人群中，大多数老年人较注重养生，

① 罗先菊：贵州省社科规划办、2015年度贵州省社科规划青年课题“新常态下贵州大健康产业发展研究”（项目编号为15GZQN12）。

但是缺乏科学规范的养生指导和消费意识，而大多数作为经济社会发展中坚力量的中青年人缺乏养生意识，相当部分的人群处于亚健康状态。[①]

四 贵安新区大健康实施发展的形势分析

大健康产业承载的是人们对美好生活的向往与追求。纵观全球市场，涵盖第一产业、第二产业、第三产业的大健康产业已成为未来最具有发展潜力的新兴产业。在国际上，大健康产业已成为许多发达国家国民经济的重要支柱，越来越多企业和机构开始主打健康牌、养生牌。而我国也从国家层面提出“健康中国”战略，大力推进健康中国建设。可以说，贵安新区大健康产业面临着良好的发展形势。

（一）国家领导高度重视，“健康中国”上升为国家战略

2008 年，为积极应对我国主要健康问题和挑战，卫生部启动了“健康中国2020”战略研究，首次将健康纳入产业化战略发展研究。[②] 2012 年8 月，历时三年多完成的《“健康中国2020”战略研究报告》正式发布，该报告明确提出到2020 年我国主要健康指标基本达到中等发展中国家的水平，人均预期寿命将从2005 年的73 岁增加到2020 年的77 岁，卫生总费用占GDP 的比重要增加到6.5%～7%，提高两个百分点。这一政策可谓将“健康强国”作为一项基本国策，提高到一个国家战略的高度，未来政府医疗健康投入将持续增加。[③] 随后，国务院于2013 年9 月公布了《关于促进健康服务业发展的若干意见》，提出到2020 年，基本建立覆盖全生命周期、内涵丰富、结构合理的健康服务业体系，打造一批知名品牌和良性循环的健康服务产业集群（包括医疗护理、康复保健、健身养生）等众多领域，总规模达到8 万亿元以上。[④] 2016 年，“健康中国”被写入“十三五”规划。接着，习近平总书记在2016 年8 月和2017 年8 月全国卫生与健康大会上连续强调，“没有全民健康，就没

---

① 罗先菊：贵州省社科规划办、2015 年度贵州省社科规划青年课题“新常态下贵州大健康产业发展研究”（项目编号为15GZQN12）。

② 《“健康中国2020”战略研究报告》，《中国药房》2012 年第36 期。

③ 《“健康中国2020”战略研究报告》，《现代养生》2013 年第2 期。

④ 《关于促进健康服务业发展的若干意见》，《健康报》2013 年10 月15 日。

有全面小康。要把人民健康放在优先发展的战略地位，以普及健康生活、优化健康服务、完善健康保障、建设健康环境、发展健康产业为重点，加快推进健康中国建设，努力全方位、全周期保障人民健康，为实现‘两个一百年’奋斗目标、实现中华民族伟大复兴的中国梦打下坚实健康基础。”2017 年 10 月 18 日，党的十九大报告中在“提高保障和改善民生水平，加强和创新社会治理”部分，首次提出“实施健康中国战略”，并从八个方面发力。

（二）大健康产业成为国家战略性投资重点

大健康产业从概念走向实践，其巨大的发展空间引领我国越来越多的企业跨界布局投入大健康产业中，推行“大健康产业战略”。2016 年以来，国内有数百家药企进入大健康产业，其中 30 多家为上市公司。广药集团近年来开始实施“大健康产业战略”，于 2012 年投资设立了王老吉大健康公司，向药酒、药妆、保健品、食品、运动器械等多个领域扩张，希望到 2015 年将王老吉品牌下属产品的销量提升到 500 亿元。江中集团的“十二五”规划是依托“中药食品化”发展战略，以 OTC 为基础大力发展保健食品和功效食品，进入大健康产业领域，步入跨越式发展的快车道，力争在“十二五”末期实现百亿元目标。另外，双鹭药业、复星医药、康美药业、云南白药也在近两年积极挺进大健康产业。除药企外，阿里巴巴、腾讯、苹果等 IT 巨头也纷纷抓住这一时机，“跨界”布局，抢占中国大健康产业市场，推动中国大健康产业的多元化发展。还有保险业也开始布局大健康产业，《国务院办公厅关于加快发展商业健康保险的若干意见》推动了各大保险公司积极布局大健康产业。由于大健康产业对国民经济的贡献蕴含着无限前景，大健康产业的发展将成为我国国民经济的一大支柱，未来大健康产业将持续是我国的投资主线。①

（三）大健康产业与互联网信息技术产业融合发展

随着科技革新浪潮和消费者需求的改变，大健康产业与互联网信息技术产业的融合已是大势所趋，尤其以移动医疗和处方药电商为代表。较之医药行

① 罗先菊：贵州省社科规划办、2015 年度贵州省社科规划青年课题“新常态下贵州大健康产业发展研究”（项目编号为 15GZQN12）。

业，来自百度、阿里巴巴和腾讯的互联网企业对投资互联网医疗更加主动。移动互联网和大数据对于医疗行业的颠覆性冲击将是未来医疗健康市场的一个主要趋势。借助于健康大数据可以提升诊断和治疗水准：一是大数据的发展和应用促进了更加精密的医疗检测设备的开发和应用；二是大数据的推广促进了医疗和健康两大产业的融合，患者健康信息的收集更加专业化和普及化。还有移动应用、在线协作/互动、远程医疗等新技术，也将把人类健康管理水平推向一个前所未有的高度，其中健康管理、植入治疗、医疗机器人、辅助康复装置等技术使医疗行业成为互联网信息技术硬件创新重要的板块。另外在处方药电商领域，业内主流的医药流动企业和主要互联网电商几乎都完成了对处方药电商的前期布局。与互联网信息技术结合后，大健康产业将进一步发展升级，医疗、保健、医药、卫生等整个大健康产业链将产生巨大变革。首先是产业升级。大健康产业与互联网信息技术的对接将带动新一轮产业升级，一方面不断满足传统健康需求，另一方面不断开发新的健康需求。其次是产品升级。科技的发展不断推动新产品的诞生和完善，未来的健康保健产品必然更加绿色化、安全化和个性化。再次是市场升级。当前我国健康保健市场并不规范，诸多问题层出不穷。未来，政府将大力支持大健康产业发展，并规范健康保健市场，促进健康产业市场进一步升级。①

（四）大健康产业消费端化成为未来发展的趋势

消费端化原本是互联网信息技术产业的名词，但自从移动医疗兴起之后，这一名词正日益被大健康产业借用来表示未来发展的趋势。大健康产业消费端化使医疗行业正日益从消费者被动接受诊疗向主动预防和病后管理发展。消费者对自身的健康将扮演一个更为积极的角色，这与原来的被动接受有着很大的差异，原有的运营模式和服务体系势必受到冲击。消费者将不再等到自身患有疾病再去接受诊疗，而是在疾病发生之前即会观察和留意自身的健康状况。在病后管理，特别是慢性病管理上将不再频繁地前往医院，而是更多地选择在家康复。

---

① 罗先菊：贵州省社科规划办、2015年度贵州省社科规划青年课题“新常态下贵州大健康产业发展研究”（项目编号为15GZQN12）。

消费端化的服务模式要求医疗机构在服务上能与患者有着更好地沟通。首先，诊疗将更为精准和有效。医生将不仅仅根据过往的病例来对病人进行治疗，而是更多地综合来自设备的数据和其他可共享的信息。病后的管理也将更有针对性，通过智能手机可以给病人提供随时的指导，而不只是简单地告知病人一些要点。其次，信息流通将更为透明。无论是产品还是服务，未来的价格将更为透明。消费者将根据自己的需求去理性地选择服务机构和产品。这将推动服务机构在未来以提升服务为核心，提高服务的附加值来吸引客户。

（五）技术创新成为大健康产业企业发展的核心竞争力

科技是第一生产力，技术创新是企业持续发展的根本保障。大健康产业是人类追求自身生命和生活质量的重大经济行为的表现，并且总是不断汲取、集成和体现着当代最重要的技术成果。随着我国经济进入新常态，产业效率高效化促进企业不断进行技术创新提升自身竞争能力，我国大健康产业企业将把更多的精力放到产品创新与质量控制两个方面，企业对专利保护意识的增强，对产品稳定性、均一性的要求更高，产学研联盟的意愿更强烈，技术推广将进入实效阶段，全方位与国际接轨，参与国际经济大循环，形成独特的竞争优势，进一步推动中国大健康产业的发展。①

五　加快贵安新区大健康实施发展的对策建议

贵安新区大健康产业尚处于起步建设阶段，许多项目还处于前期阶段，园区入驻企业不多。为了促进贵安新区大健康产业更好更快发展，加快形成“一城、三园、六基地”的产业布局，将贵安新区打造成为集医药产业、健康养生产业、医疗服务产业于一体、国内外知名的“国际智慧健康城”，本报告提出以下对策建议。

（一）加强统一领导和协调，着力推进项目建设

大健康产业依托的载体——“一城、三园、六基地”可谓从零起步，现

① 罗先菊：贵州省社科规划办、2015 年度贵州省社科规划青年课题“新常态下贵州大健康产业发展研究”（项目编号为 15GZQN12）。

在投产运营的项目较少，处于开工建设阶段的项目较多，个别项目尚未开工。由于项目建设进程将对企业入驻、投产，后期招商等产生重大影响，对尚未按计划开工的项目及实施进展缓慢的项目，应逐一排查，认真梳理问题，及时沟通、协调解决。例如，关于新医药产业园项目尚未启动建设问题，要尽快与平坝县沟通、协调好土地供应问题；关于生物科技产业园项目建设工期不明确问题，生物科技产业园区管委会要与生物科技产业园项目建设领导小组和生物科技产业园产业发展领导小组进一步沟通、协调，尽快确定生物科技产业园的建设方案；关于基础设施和生活设施配套问题，及时协调项目建设中水、电、气等要素保障，确保同济贵安医院（一期）项目、贵阳中医学院附属贵安新院（贵州大数据生命健康医院）尽快建成投入使用。

（二）强化招商引资准备，创新招商引资模式

招商引资工作作为一个城市发展的先行军，对大健康产业的发展起着重要的支撑作用。外来资金的引入，有利于基础设施的完善，以及大健康产业链的快速成长。针对现在的招商难题，贵安新区首要的是强化招商引资准备：一是重点强化园区软、硬环境建设，特别是基础设施建设、信息平台网络建设、中介组织以及相关金融服务业等的完善，通过环境改善和资本流向的有机结合，使园区成为招商引资的“高地”；二是加快制定《贵安新区大健康产业招商引资目录》和招商路线图，完善招商引资政策。其次是要创新招商引资模式，大力推行委托招商、中介招商、以商招商、以企招商、网上招商等新型招商方式，提高招商引资效率。根据目标招商区域，设立招商机构或招商总代理，对引进成功项目按投资额度的一定比例进行奖励；由“招商引资”向“招商选资”转变，重点引进高产值、低能耗、低污染企业，突出引荐龙头企业项目；围绕现代中药、医疗健康服务、高端医疗器械、贸易物流等方向进行招商，建立健全产业链条。再次是提高整体素质，打造招商引资精良团队。招商工作的专业要求不断提高，区域之间的招商竞争日益激烈，建设一支有韧性、懂经济、会谈判、沟通能力强的高素质专业招商队伍势在必行。

（三）强化政策落实，打造“健康贵安”品牌

大健康医药产业作为具有巨大市场潜力的新兴产业，受到各级政府的高度

重视，出台了一系列支持其发展的政策。强化政策落实，发挥其政策效应显得尤为重要。贵安新区作为国家级新区，生态环境和中药资源优势明显，要素聚集能力较强，政策优势突出。应充分挖掘和利用各项政策优惠措施，落实《贵安新区大健康医药产业发展规划（2015～2020年）》，加快各类医药园区和基地建设，将贵安新区建设成为集医药产业、健康养生产业、医疗服务产业于一体、国内外知名的“国际智慧健康城”，打造独具特色的“健康贵安”品牌。同时，在对国内外国家级新区考察学习的基础上，围绕贵安新区大健康产业布局，尽快研究出台贵安新区关于支持大健康产业发展的相关政策。

（四）注重人才保障，充分发挥第一资源效益

人才是经济社会发展的第一资源。贵安新区应加快制定出台《关于加强贵安新区直管区人才队伍建设打造人才特区科技高地的实施意见》，通过实施创新性人才团队引进计划、人才引进培养“双万工程”，积极推进人才柔性流动，吸引医药健康产业高端人才，对医药研究和产业发展贡献较大的管理人才、技术人才、营销人才，给予特殊津贴和奖励。发挥行业平台作用，加强与国内外医药行业高端人才的对话交流。支持校企合作培养医药健康领域专业技术人才，支持贵州医药类院校开展委托培训，鼓励在医药企业和关联服务行业建立实训基地，积极争取与国内外知名院校开展校际合作，建立人才联合培养制度，共同建设一批人才培训机构，积极培养技术技能型、复合技能型和知识技能型产业人才，满足新区大健康医药产业发展需求。①

（五）促进联动发展，打造“大健康＋”产业体系

瞄准大健康产业服务需求和关键环节，依托大数据、大扶贫、大旅游，打造“大健康＋”产业体系。首先是“大健康＋大数据”，构建“数字健康”产业链。依托大数据产业发展，把物联网、云计算等最新信息技术与医、养、健、管为支撑的大健康医药全产业链相融合，构建集原料种植、加工生产、物流仓储、产品展销、资本服务、品牌传播等于一体的“数字健康”产业链。其次是“大健康＋大扶贫”，打造产业扶贫的“火车头”。将大健康产业与大

① 李中迪：《高端筑巢引来金凤凰》，《贵州日报》2016年7月8日。

扶贫机制有效链接，探索建立了“龙头企业＋合作社＋基地＋农户、农业扶贫园区＋龙头企业＋合作社＋基地＋农户、乡村党政＋企业＋合作社＋基地＋农户、农户互助合作、技术部门＋乡镇政府（合作社、协会）＋基地＋农户、政府＋银行＋企业＋合作社＋农户”等产业化扶贫链接模式。[①] 再者是“大健康＋大旅游”，开拓健康旅游新兴产业。自贵安新区成立以来，旅游产业体现出发展快、变化大的特点，区内万亩樱花园、东方瑞士小镇、贵澳农旅示范园区、六月六旅游文化街、高峰花海、北斗七寨等一批重大旅游项目已初具规模。旅游品牌不断提升，“民博会”、酒店论坛、樱花节、搜寨寻宝、乡村草莓音乐节等系列活动如火如荼地逐渐开展，“万水千山·美丽贵安”旅游品牌正不断唱响。

① 罗先菊：贵州省社科规划办、2015 年度贵州省社科规划青年课题“新常态下贵州大健康产业发展研究”（项目编号为 15GZQN12）。

B.4
2016～2017年贵安新区大旅游战略发展报告

邓小海　邹莎*

摘　要： 大旅游是基于旅游业本身的高度综合性和关联性而提出一种指导旅游发展的理念。贵安新区具备了发展大旅游的资源条件、交通区位条件和政策条件。近年来，贵安新区以大旅游为战略定位、以改革创新为动力、以融合发展为路径、以平台建设为支撑，不断推进大旅游战略发展，旅游经济指标持续增长，旅游影响品牌持续打造。当前，贵安新区大旅游战略面临着重大机遇，然而大旅游发展基础依然薄弱、结构不够优化、带动力不足。因此，贵安新区要采取“改革驱动，创新发展”“全域带动，协调发展”“社会参与，共享发展”“合作共赢，开放发展”“品质提升，绿色发展”等措施，不断推进大旅游战略发展。

关键词： 贵安新区　大旅游　新发展理念

---

* 邓小海，贵州省社会科学院农村发展研究所副研究员，旅游发展研究中心副主任，博士，研究方向为旅游经济管理；邹莎，湖南省新化县思源学校，研究方向为语文教育。本报告为贵州省哲学社会科学规划课题“新时代贵州乡村旅游提质增效研究”（18GZYB09）、贵州省社会科学院2018年创新工程重大支撑项目“贵州与瑞士比较专题研究”、贵州省社会科学院2018年度创新工程协同创新项目“贵州生态文明建设试验区体制创新研究”阶段性研究成果。

一 贵安新区大旅游战略发展的基础条件

（一）大旅游的基本内涵

大旅游是基于旅游业本身的高度综合性和关联性而提出的一种指导旅游发展的理念，对内它拓展了旅游业自身边界、上下延伸了旅游产业链，对外它跳出了单纯的就旅游而谈旅游的局限性，强调旅游业作为经济社会有机系统的重要组成部分及其发展与经济社会发展的良性互动。大旅游理念适应了现代旅游业的发展，能够有效指导地方发展迎合旅游市场多元化和个性化需求的旅游业态。

1. 旅游业内部视角

从旅游业内部视角来看，大旅游理念强调旅游业作为独立的产业门类，其内部个各构成系统、要素间的深度挖掘和融合，不断拓展其要素构成，如将传统的旅游业“六要素”拓展为现今的“十二要素”①，不断丰富旅游业态，满足旅游者综合性、多样化需求。

2. 旅游业外部视角

从旅游业外部视角来看，大旅游理念突出旅游业发展与其他产业的融合互动，强调旅游产业对相关产业的关联带动作用；强调旅游业在推动地方经济社会发展中的综合效益，包含社会效益和生态效益，其不仅仅只是关注旅游业带来的经济效益，也要充分重视旅游业发展对地方形象、环境改善等方面的效益。

（二）贵安新区大旅游发展的基础条件

1. 资源条件

贵安新区国土面积1795平方公里（含直管区470平方公里、非直管区1325平方公里），辖21个乡镇。贵安新区资源种类层次分明，整体价值突出，山川名胜秀美、屯堡文化独特、佛教文化悠久、乡村田园多彩。在2016年的

---

① 传统旅游六要素指“食住行游购娱”，现今的旅游十二要素在传统的基础上增加了“商养学闲情奇”。

旅游资源大普查中，贵安新区共发现十二个大类旅游资源单体822处，[①] 其中五级资源2处、四级资源11处、三级资源124处，优良级资源占16.7%，615处为新发现，新发现占79.2%。每百平方公里拥有三级以上旅游资源数为7.63处，比全省每百平方公里拥有三级以上旅游资源多3.4处，旅游资源相对集中，并且旅游资源种类丰富，组合程度较好，便于旅游开发，形成全域旅游大格局，可见，依托丰富的旅游资源，贵安新区具备发展康体旅游、养生旅游、会奖旅游、休闲旅游、都市田园旅游和山水休闲旅游的有利条件，为大旅游战略发展奠定了坚实的旅游资源基础。

2. 交通区位条件

旅游产业的发展有赖于良好交通区位条件。贵安新区位于黔中经济区核心地带，处于贵阳市与安顺市的接合部，距离贵阳市中心约40公里，距离安顺市中心60公里。自成立以来，贵安新区累计固定资产投资达到1700多亿元，累计建成包含“七横四纵”在内的700多公里城市路网。依托贵广高铁和在建的沪昆高铁、成贵高铁、渝黔高铁以及新区轻轨，将逐次形成贵安“半小时经济圈”、成渝经济区“2小时经济圈”和直通京津冀、长三角、珠三角“7小时交通圈”。日趋完善的“大交通”格局成为贵安新区大旅游发展强有力的支撑。

3. 政策条件

贵安新区高度重视旅游发展，在2014年国家发改委批复的《贵州贵安新区总体方案》中就将国际休闲度假旅游区作为贵安新区三大战略之一。为实现上述发展目标，新区主要领导先后多次对旅游发展做出批示，仅2017年新区党工委书记和新区管委会主任就分别对旅游工作做出批示，并进一步充实了以新区管委会主任为组长的旅游工作领导小组。为规范和指导旅游业发展，贵安新区先后制定和出台了《贵安新区旅游安全管理办法（试行）》《关于推进旅游业供给侧结构性改革的实施方案》《贵安新区乡村旅游点星级划分与评定标准（试行）》《贵安新区旅游资源保护与开放实施细则》等文件。为加快推动旅游业发展，贵安新区出台了包含《贵安新区国际休闲旅游度假建设发展

① 按照贵州省旅游资源大普查分类方法，普查将旅游资源分为文景观、水域风光、生物景观、天象与气候、遗址遗迹、建筑与设施、旅游商品、人文活动、康体养生、乡村旅游、红色旅游、山地体育12个主类构成的旅游资源。

优惠政策及奖励办法》等在内的一系列行业发展和创新创业优惠政策，建立旅游文化产业发展专项扶持资金。

二 贵安新区大旅游战略发展的做法与成效

（一）贵安新区大旅游战略发展的做法

1. 以大旅游为战略定位

贵安新区秉持新发展理念和山地旅游战略，积极构建旅游开放新格局，依托贵广、沪昆高铁及贵阳龙洞堡国际机场等通道，打造“一程多站式”国际旅游线路。优化全域旅游总体布局，按照“三全三化”的思路（“全域景观化、全域特色化、全域生态化”），发展“七型旅游”（工旅、文旅、农旅、教旅、休闲观光、欢乐度假、会展）。大力实施“旅游＋”融合发展，形成“旅游＋”综合体系，立足于“双轮驱动”发展（产业融合发展与全域旅游发展双轮驱动），在城镇化建设与美丽乡村建设中融入智慧旅游元素，将直管区按照全域景区标准打造，努力实现“处处是景，满眼皆画”的目标。

2. 以改革创新为动力

提高旅游行业管理水平，建立健全景区产权制度，实现景区“三权分离”。健全旅游发展考核评价体系，把旅游业发展情况纳入新区经济社会发展总体目标责任体系进行考核，强化目标任务分解。完善新区旅游监管服务体系和质量标准体系。

积极推动“市场导向、企业主体、政府引导”经营模式，坚持市场导向，不断打造贵安新区旅游精品线路，创新区域旅游经济发展模式。促进景区旅游基础设施建设和旅游项目建设，突出景区“一湖一景，一特一品，快进慢游”为标准的“吃、住、行、娱、购、游”综合体，不断增强贵安景区的吸引力。

3. 以融合发展为路径

融合发展是现代大旅游发展的必然路径。贵安新区将“旅游＋”发展理念贯穿于旅游发展的整个环境，不断创新旅游发展形式，推出旅游新业态。

旅游+大数据，加快发展大数据产业。依托大数据产业基地，加快建设旅游云。建设旅游公共服务信息系统，推进“智慧旅游”电子商务系统建设。推进“智慧旅游”系统建设，开发网络虚拟旅游平台，实现精细化服务，推动传统的旅游服务模式逐步向智慧旅游服务模式转型发展。

旅游+大健康，依托大健康医药产业园区，结合地区特色自然人文景观，向市场提供运动康体、养生美食购物、养老养生、疗养度假等多内容的养生度假旅游产品。

旅游+大教育，以花溪大学城和清镇职教城为基础，加快建立旅游高端人才教育培训聚集区，加快建立全省旅游发展人才数据库，并为全省旅游发展提供强大的人才支撑，为旅游人才供需提供教育培训服务支撑。

旅游+大工业，依托贵安新区八大产业园，开展集旅游、工业、文化、动漫于一体的园区旅游模式。积极推进贵安新区旅游产品转型升级，探索工业旅游产品融合发展新模式，打造贵安“数据旅游”工业旅游新品牌。

旅游+大扶贫，以乡村旅游发展实现农旅融合，带动贫困人口脱贫。

旅游+大生态，以山水田园生态城市为目标，积极推进大生态与旅游融合发展，倾力打造特色化城市文化生态、田园化城市生态。

4. 以平台建设为支撑

为推动大旅游发展，贵安新区以平台建设为支撑，努力打造100个景区建设平台、大型活动（赛事）平台和旅游扶贫平台，依托三大平台，实现新区旅游快速发展。

（1）100个景区建设平台

当前，贵安新区有2个景区被纳入贵州省100个旅游景区名录，即贵安平寨生态湿地旅游景区和贵安车田景区；后备景区1个，贵安万水千山国际山地旅游度假区。100个景区建设成为新区旅游投资的引擎，带动全区旅游景区建设和旅游发展。据不完全统计，仅2016年上述三大景区建设实际完成投资就达125901.8万元，占年度计划投资的158.97%；共接待游客121.32万人次，实现旅游收入4.46亿元。

（2）大型活动（赛事）平台

大力发展会展经济，初步形成“国际性会展+山地旅游”的贵安模式。创新“政府主导、市场运作、展会结合”的办会模式以及通过会后的影响力，助推贵安新区旅游商品的成熟，促进旅游体制机构的完善。成功举办2016中国（贵州）国际民族民间文化旅游产品博览会、中国酒店品牌建设国际论坛、首届国际乡村旅游创新发展主题论坛、VR峰会旅游论坛、中韩时装秀、乡村旅游葡萄节、搜寨寻宝乡村旅游节、八大美院书画展等十余项文化旅游活动。5708厂已被定为民博会永久会址，贵安的“国际会展＋山地旅游”品牌成为展示贵州国际化的窗口。

（3）旅游扶贫平台

结合“四在农家·美丽乡村”六项行动计划，按照景区建设标准加快美丽乡村建设，并配套建设精品客栈村、特色产业村、旅游产业村等旅游村寨。通过打造一批以屯堡文化、宗教文化、少数民族风情等多元文化融合为特色的美丽乡村集群，激活农村经济发展，促进农民增收致富。逐渐形成了云漫湖国际休闲旅游度假区、车田景区、平坝农场万亩樱花园、贵州记忆文化景区、北斗七寨、龙山景区、月亮湖湿地公园、高峰花海、贵澳农旅产业示范园等一批乡村旅游景区（点），加快推进旅游与农业深入融合，带动发展农家乐、精品民宿80余家，解决贫困户就业300余人，间接带动从业人员1000多人。

（二）贵安新区大旅游战略发展的成效

1. 旅游经济指标增长

旅游实现井喷增长。2016年，贵安新区接待国内外旅游者达到380万人次，同比增长90%；全年实现旅游总收入20亿元，同比增长78.6%。2017年，贵安新区接待国内外旅游者达到484.5万人次，同比增长27.5%；全年实现旅游综合收入25.92亿元，同比增长29.6%。①

游客结构不断优化。贵安客源市场仍集中在贵阳、四川、重庆等地，游客量提升相比上年同期大幅增长，其他地区游客量有不同程度的增加，如香港、澳门、台湾等，人均消费较上年有较大幅度增长，由2015年的250元左右提高到2017年的534.98元左右。

① 2016年资料来源于贵安新区旅游文化产业发展中心2016年工作总结，2017年数据根据2018年政府工作报告数据计算得出。

2. 旅游影响品牌打造

通过精细打造，贵安新区旅游品牌形象逐步形成。仅2016年，新区旅游就获得包含2016中国旅游商品大赛银奖等在内的国家级殊荣多项。此外，还成功举办2016中国（贵州）国际民族民间文化旅游产品博览会、中国酒店品牌建设国际论坛、首届国际乡村旅游创新发展主题论坛、VR峰会旅游论坛、中韩时装秀、乡村旅游葡萄节、云漫湖风筝节、搜寨寻宝乡村旅游节、高峰乡村草莓音乐节、八大美院书画展等十余项文化旅游活动。5708厂已被定为民博会永久会址，贵安的“国际会展＋山地旅游”品牌成为展示贵州国际化的窗口。

三 贵安新区大旅游战略发展面临的机遇与困难问题

（一）贵安新区大旅游实施的机遇

1. 国家层面的机遇

改革开放以来，经过近40年的努力，我国旅游业发展迅速，实现了从无到有、从小到大的历史性跨越，目前正从“景点旅游”朝着“全域旅游”转变。如今，我国旅游业正大步迈入蓬勃兴起的大众旅游时代。2017年，我国国内外旅游接待人数52.71亿人次，旅游总收入5.40万亿元，旅游业对GDP的综合贡献达到9.13万亿元，占到GDP总量的11.04%；旅游综合贡献达到7.34万亿元，占GDP总量的10.8%；旅游带动7990万人就业，占全国总就业人口的10.28%，其中：旅游直接就业达到2825万人。可见，旅游业已成为我国重要的经济增长点，也成为促转型、调结构的利器，成为重要的经济调节工具，在与农业、工业融合发展和促进地区均衡发展等方面发挥着极其特殊的作用。为此，国家出台了包含《关于促进旅游业改革发展的若干意见》（国发〔2014〕31号）、《关于进一步促进旅游投资和消费的若干意见》（国办发〔2015〕62号）等一系列促进旅游业发展的政策文件。

2. 省级层面的机遇

省委、省政府提出大力实施大旅游战略，相继出台了《贵州省“十三五”旅游业发展规划》《关于推进旅游业供给侧结构性改革的实施意见》《贵州省进一步扩大旅游文化体育健康养老教育培训等领域消费的实施方案》等规划和方案，为各地加快旅游发展指明了发展路径。加快贵安新区大旅游发展，走旅游产业高端化、国际化发展路子，对集聚新区发展内力、挖掘新的经济增长点、助推贵安新区旅游业提档升级具有重要意义。同时，贵安新区作为国家级新区，在旅游发展的各项政策方面享有更多优惠。

（二）贵安新区大旅游实施的困难问题

1. 大旅游发展基础薄弱

（1）旅游发展硬件配套不足

交通基础设施不完善，部分景区通达性仍然不够，路网还有待进一步完善优化。信息基础设施不健全，网络平台景区信息、旅游资讯等信息更新慢、传播扩散面较小。配套服务设施跟不上，景区休憩区域、旅游公厕等场所卫生条件较差，部分景区周边配套不足。

（2）旅游软件配套急需改善

主要表现为：①外拓市场、内优服务上还有差距。全区宣传营销工作主要面向本地游客和周边如贵阳、重庆、昆明等地游客市场，针对全国及国际庞大的游客群体，旅游市场开拓程度还不够；同时，面对日益增长的游客群体，旅游质量服务有待提升。②旅游人才缺乏。贵安新区从批准设立到现在仅 4 年左右，旅游发展起步晚，旅游人才培养积淀较为薄弱，并且旅游人才结构不尽合理。

2. 大旅游结构不够优化

贵安新区旅游发展结构不够优化，集中体现在景区结构不均衡、产品结构不合理和客源结构不均衡等方面。目前，贵安新区仅有一家 A 级景区，大多景区仍存在小、散、弱的现象，与大旅游战略极不相符。本地游客占据了大部分客源份额，外地游客较少，比例仅在 20% 左右，远低于全省平均水平。新区旅游产品、业态整体开发不足，旅游产品结构上自然观光类旅游产品占大头，服务体验、休闲度假、养老养生、运动康体类产品较少。

3. 大旅游带动力不足

由于新区旅游发展起步较晚，旅游总量远低于贵阳、安顺，也与全省平均水平差距甚远。贵安新区旅游带动不足，突出表现为：收入结构不合理，门票收入占比高，相关业务、增值服务收入少。人均消费水平低，2016 年贵安新区人均旅游花费为 526 元左右，与全省的 947 元差距依然巨大（见表 1）。旅游市场开拓能力弱，目前新区旅游企业有 20 余家，仅占全省旅游企业总数的 1.3%。在旅行社的培育方面还需要加大力度。

表 1　2016 年旅游指标比较

指标＼地区	旅游收入（亿元）	地区产值（亿元）	旅游收入占 GDP 的比重（%）	人均旅游花费（元）
贵安新区	20	240	8.33	526
安 顺 市	545.96	701.35	77.84	1009.49
贵 阳 市	1389.51	3157.70	44.00	1254.82
贵 州 省	5027.54	11734.43	42.84	946.81

资料来源：安顺市、贵阳市、贵州省资料来源于各地《2016 年国民经济和社会发展统计公报》，贵安新区资料来源于《贵安新区 2017 年年度工作报告》和旅游发展中心 2016 年工作总结。

四　贵安新区大旅游战略发展的对策建议

（一）改革驱动，创新发展

1. 深化旅游管理体制改革

坚持改革创新、扩大开放，着力破除制约大旅游战略发展的体制性障碍和机制性约束，建立与大旅游战略发展相适应的旅游管理体制和运行机制。进一步打破行政区划壁垒，加大整联力度，转变旅游行政管理职能。进一步简政放权，下放旅游行政管理权限，推进旅游执法重心下移。按照“政企分开”“政事分开”原则，加大对旅游行业协会的扶持力度，发挥行业协会在旅游管理中的重要作用。

2. 深化旅游投融资体制改革

以资本为纽带，整合旅游资源和产业化发展，探索成立旅游投资公司，构建现代企业制度，规范市场化运营机制。鼓励推动社会资本进入大旅游发展模式，完善旅游投融资结构安排。支持物权入股参与旅游开发经营，鼓励支持集体与个人以旅游资源、集体土地使用权、土地承包经营权、林权等物权入股方式参与旅游开发经营。支持旅游企业采取项目特许权、经营权、旅游景区门票质押担保等方式扩大融资规模，引导信贷资金采取银团贷款、集合信托等方式支持重大山地旅游项目建设。

（二）全域带动，协调发展

1. 强化旅游经济的产业融合联动效应

（1）加快旅游产业多元融合。加强旅游业与三次产业的融合发展，不断丰富旅游产品供给、创新旅游业态，优化旅游产品体系。旅游业与第一产业的融合发展，开发形式多样的观光、果林采摘、乡村旅游产品；旅游业与第二产业的融合发展，在振兴旅游装备业和休闲制造业基础上，实施旅游制造业培育工程，加快引进或合作开发先进旅游装备制造技术，重点开发生产一批体育运动装备、户外运动与野营设备、旅游房车、观光缆车和索道、高科技游乐设施和旅游保健防护用品等旅游产品，力争形成一批国内知名品牌；旅游业与第三产业的融合发展，推动特色潜力行业发展。积极推动旅游＋民族文化、旅游＋运动休闲等融合发展。

（2）强化旅游经济的带动效应。突出旅游在地区经济社会发展中的带动功能，把旅游产业化与旅游扶贫结合起来，着力拓宽旅游扶贫渠道。结合国家“十三五”规划纲要和国家旅游局实施美丽乡村旅游扶贫工程的决定，加强旅游业对改善民生、优化产业结构、改善发展环境的作用。依托现代高效农业示范园区建设，积极支持有条件的贫困乡镇创建休闲农业示范园区，大力发展农旅结合的农业观光、美丽乡村体验、户外运动休闲和农产品加工业，依托点、线、面联动协同发展的规划布局，打造一批各具特色的田园风光、民族风情、休闲农庄、家庭客栈、农家餐饮等乡村旅游业态，带动农民增收脱贫。

2. 构建“旅游＋”产业体系

深入领会和贯彻“产业围绕旅游转、产品围绕旅游造、结构围绕旅游调、功能围绕旅游配、民生围绕旅游兴”的精髓，依托100个旅游景区建设，推动农业、工业、体育、文化与旅游融合发展，着力构建“旅游＋”的产业发展体系。结合新区旅游景区景点、大学城现有体育配套设施资源，大力发展野外拓展、徒步骑行、汽车露营等山地户外体育旅游活动，建设一批旅游健身步道和山地自行车道。结合100个旅游景区、100个现代高效农业园区和乡村旅游示范点建设，大力发展农业体验旅游。大力培育发展山地旅游装备、山地户外旅游运动、户外休闲用品和特色旅游商品制造业。打造一批康复休养与旅游观光相结合的旅游产品，推动大健康旅游发展。推进智慧旅游一站式服务平台建设，指导景区、餐饮、购物、娱乐等旅游企业加快电子商务平台建设，促进新区智慧旅游建设。

3. 延长旅游产业链条

进一步锤炼、拉伸旅游产业链的“强度”和“长度”，围绕旅游要素开发出一系列反映贵安特色、符合游客需求的特色产品。举办名优特色小吃、民族菜系比拼等“饕餮”大赛，提升餐饮吸引力；培育一批主题型、度假型、精品型酒店，为游客提供多元化的住宿选择和体验；开通一批重点景区之间的旅游直通车、观光巴士、公交专线，将“快旅慢游”服务体系构建推向纵深。

（三）社会参与，共享发展

1. 培育旅游市场主体，鼓励旅游市场主体创新发展

旅游经济发展的主体是旅游企业。作为旅游产品的供给者，其发展和改革的核心是培育独立的、多元化的市场主体。要大力发展各类社会企业，充分发挥其作为产品供给者的作用，运用市场规律促进其竞争、发展。同时，鼓励旅游市场主体创新发展，旅游是一个关联性极强的产业，因此，产业融合既是旅游经济发展的趋势，也是旅游经济市场主体创新发展的内在要求。

2. 优化旅游收益分配模式，搭建全民受益平台

继续撬动民间资本参与贵安新区旅游经济发展，推进大旅游建设步伐。继续把100个旅游景区建设作为重要平台，把全域旅游、全民参与作为基本方针、把自然景观旅游与民族乡村旅游作为基本业态、把外拓市场、内优服务作为基本抓手、把旅游体制创新和大数据应用作为基本引擎，围绕“国际休闲旅游度假区”的目标，着力抓好旅游经济新业态建设，加快形成与旅游资源相适应的旅游产品体系。

引导和鼓励农民成为旅游发展和经营主体。农民作为“三农”的主体，农业增收、农村经济发展与农民的脱贫致富是联系在一起的。乡村旅游是有效

利用特色资源与旅游业融合发展形成的载体，具有提高农业附加值、拓宽收入来源、优化乡村环境、改善乡村基础设施等多重效益，但只有当农民成为旅游经济开发和经营的主体，并形成一定的规模，这些效益才能够同时作用于乡村。因此，农民不应该只是出租资源、拿租金的旁观者，而应该是主要的开发者和经营者、脱贫致富的实践者。在“政府主导、企业主体、媒体主推、群众主动”的全域旅游工作模式下，新区要积极整合农业、扶贫、小城镇和美丽乡村建设等方面的资金，形成政府主导、多部门联合推动乡村旅游发展的格局，吸引社会资本参与大旅游发展。

（四）合作共赢，开放发展

1. 加强区域合作

贵安新区应该紧紧把握内陆开放型经济试验区的千载良机，以营造更优越的发展环境，引进更多的外来资金和企业，吸引更多的人才和游客。强化与贵阳、安顺、遵义、昆明、重庆等周边的旅游合作，加快建设包含资源开发、市场营销、环境维护、市场建设等在内的合作机制建设。

2. 优化旅游经济空间结构

以国际化的视野、更加开放的姿态主动接轨全球化，着力打造休闲、度假、文化、避暑养生和商务会展等旅游产业群，形成贵州旅游服务中心枢纽，最终形成由点到线，由线到面，由面到域的大旅游发展格局。打造完善资源独特、主题突出的经典精品旅游线路。着力构建布局合理、功能完善、特色鲜明、类型各异、错位发展的旅游城镇体系。突出旅游城镇的民族文化和城镇特色，按照品牌引领、景城一体、功能提升的要求，实施“旅游+新型城镇化”行动，加快建设一批各具特色的旅游城镇，形成一批具有国际影响力的特色精品旅游小镇，为发展全域化旅游提供重要支撑。

（五）品质提升，绿色发展

1. 推动旅游产品升级

（1）打造旅游景区，丰富旅游业态。充分利用区内丰富的自然景观和散落的民族乡村旅游资源，打造一批精品项目化的旅游项目。将游览和娱乐相结合，丰富文化和游览内容，打造国内一流的自然景观旅游产品；将自然景观与户外赛事相结合，积极开发户外体育旅游、高山湖泊体育旅游，打造一批国内外知名的户外体育运动产品，积极发展登山、探险、漂流、低空飞行等运动类产品，打造国际一流的户外运动天堂。充分挖掘贵安丰富的山地风光和民族风情，打造“春赏花、夏避暑、秋风情、冬康养”的四季旅游产品，精心描绘“花、山、水、景”四幅画卷，实现游客全季节体验。

（2）推动旅游基础设施提档升级。旅游精品景区项目打造工程：以建设国际休闲旅游度假区为目标，加强重点旅游景区和精品旅游线路建设，加大建设和投入力度，加强旅游环境整治，着力提升服务质量，建立景区现代管理制度，加快推进旅游景区的转型升级。

旅游大数据应用工程：加快建立健全旅游目的地管理系统，推进大数据在景区管理、乡村旅游、宾馆饭店、旅行社、旅游交通、旅游商品等领域的服务应用。大力推进旅游互联网+行动计划，实施旅游电子商务工程，加强旅游消费和体验线上线下联动，实现旅游与金融服务、旅游交通、物流配送等的衔接融合，优化完善覆盖全区范围的旅游电子商务平台，助推旅游精准扶贫工作的实施。

2. 提高旅游公共服务质量

（1）优化旅游环境，提升游客满意度。环境就是品牌，环境就是竞争力。突出游客满意导向，营造便捷、安全、舒适、文明的旅游环境。旅游是一项系统工程，优化旅游环境涉及行业内外和多个相关部门，旅游部门在其中要发挥好牵头和指导协调作用，加大市场监督力度，切实解决游客反映的突出问题，形成齐抓共管的工作格局。

（2）提高旅游公共服务水平。提升交通便捷度、推进交通设施建设，进行旅游厕所革命，全面满足游客的如厕要求，全覆盖旅游景区、旅游街区、旅游城区咨询服务，完善旅游信息服务体系，全面提升主客旅游满意度。

不断完善不同交通方式的衔接。推进市政公路与景区间的衔接，推动城市公交系统覆盖周边景区和景点。同时按照旅游产业发展要求，将通往旅游区的标识纳入道路交通规划，加快完善旅游交通引导标识系统。

加快旅游集散中心和旅游咨询服务中心建设，为游客提供咨询、交通、救援等服务，受理游客投诉。搭建“智慧旅游网络信息服务平台”，实现旅游营销、旅游信息服务的融合。加快推进重点游客聚集区、3A 级以上旅游景区、3 星级以上星级饭店免费无线网络全覆盖。

（3）加大财政金融扶持力度。积极探索 PPP 模式融资建设旅游公共服务，建设高标准、融旅游咨询服务、智慧旅游体验、餐饮、购物、娱乐等多种功能于一体的旅游综合服务中心。

整合具有旅游功能的公共资源，搭建旅游产业投融资平台，吸引社会资本参与，积极争取国家和省旅游基金合作。涉及旅游企业的土地、房产、山林、水体等资产，简化登记确权手续，快速发证。积极尝试债券融资、股权融资、众筹和 PPP 模式等新的融资形式，提高旅游企业投融资水平。鼓励农村集体和农民土地、住宅、林木等资产以入股、租赁等多种方式参与乡村旅游开发。发挥小额信贷的杠杆作用，撬动信贷资金投入旅游产业。

参考文献

严伟：《“大旅游”产业理论及其实践研究》，《改革与战略》2009 年第 2 期。

舒小林：《大旅游理念下贵州旅游业发展研究》，《技术经济与管理研究》2013 年第 7 期。

《2016 年我国旅游总收入预计达 4.69 万亿元》，2017 年 1 月 13 日，http：//news.xinhuanet.com/fortune/2017－01/13/c_ 1120306667.htm。

《2017 年全国旅游总收入 5.40 万亿元同比增长 15.1%》，2018 年 2 月 6 日，http：//finance.sina.com.cn/roll/2018－02－06/doc－ifyreuzn3768204.shtml。

B.5
2016 ~2017年贵安新区大开放实施发展报告

朱　薇*

摘　要： 2014年1月国务院批复在贵州设立贵安新区。贵安新区作为贵州省“1+7”国家级对外开放平台之一，本着打造国家层面具有竞争力和影响力“升级版”对外开放平台的信念，新区在3年的创新开拓和实践探索中，产业集聚和创新开放能力得到显著提升。但仍存在诸多影响提升参与国际竞争能力、资源汇聚的障碍和问题，在一定程度上限制了新区的开放发展。因此，在未来的发展中要提升对技术、人才、信息、服务和资本等创新类资源的引进，通过积极而强有力的政策支持、放松管制等措施打造更加宽松的创新环境，为新区的发展开拓空间、释放活力，从而增强贵安新区的国际竞争力和影响力。

关键词： 贵安新区　大开放　机遇

中国的对外开放始于20世纪70年代末，由于发展基础、地理区位、开放政策和要素禀赋的不同，我国各地方对外开放经济发展不平衡。在新的发展形势要求下，我国必须在更宽的领域、更深层次上更大范围内提高对外开放水平，特别是让更多内陆边陲地区赶上东部沿海地区开放的步伐，进一步促进区

* 朱薇，贵州省社会科学院区域经济研究所副研究员，博士，研究方向：区域经济、产业经济发展。

域间协调发展，从而更好地推动建设全面小康社会。在此背景下，西部内陆区域对外开放的需求日益迫切。2014 年 1 月，国家批复同意设立贵安新区，同时确立了贵安新区的三大定位："西部地区重要的经济增长极、内陆开放型经济新高地、生态文明示范区。"历经 3 年多的建设发展，新区公共配套建设陆续建成，各基础设施已初具规模，各大产业园区框架基本成型，内陆开放成为必然趋势。

一 基本概况

自 2000 年 1 月贵州实施西部大开发战略以来，"后发赶超，砥砺前行"，贵州经济社会发展成就显著，进入了历史发展的最好时期。这些年来，贵州虽然面临着全国宏观经济下行的巨大压力，但总体经济上仍实现了快速平稳增长。不过与此同时，贵州地方经济发展也存在着产业结构单一，经济总量小，工业化与城镇化发展水平普遍较低等因素的制约。

经济总量较小但增速快。自 2007～2011 年五年期间，贵州地区生产总值就从 2884.11 亿元增长到 5701.84 亿元，地区国民生产总值实现翻番。仅 2015 年，全省地区生产总值完成 10502.56 亿元，增速居全国第二位，同比增长 10.7%，固定资产投资增速居全国第一位，规模以上工业增加值位居全国第五位，金融机构贷款余额位居全国第四位。全省的经济增速虽快，但经济总量从全国来看仍较小，2017 年国内生产总值 880885 亿元，贵州省仅占全国的 1.54%（见表 1）。从人均水平来看，2017 年全省人均地区生产总值为 37956 元，同期全国人均国内生产总值为 67451 元，是贵州省人均生产总值的 1.78 倍。由此看出贵州省区域经济发展水平相对比较落后。

基础设施公共服务得到全面改善。截至 2017 年底，贵阳—长沙高速铁路建成通车，至此贵州省高速铁路通车里程达到 1676 公里，全省铁路里程达到 4006 公里，铁路出省通道增至 12 个，实现了与东中部等地区的高铁互联互通。同年，贵州高速公路通车里程达到 5833 公里，全省 88 个县（市、区）全部贯通高速公路，成为西部第 1 个、全国县县通高速公路为数不多的省份。航空方面：龙洞堡机场三期扩建工程开工，新工程将加密航线 56 条，从而提升机场旅客吞吐量达到 1563 万人次，贵州"一枢九支"民用航空体系初步形成。

表1　2006～2017年贵州省GDP占全国GDP比重

单位：亿元，%

指标	年份											
	2006	2007	2008	2009	2010	2011	2012	2013	2014	2015	2016	2017
贵州省GDP	2338.9	2884.1	3561.6	3912.7	460202	5701.8	6852.2	8086.9	9251.0	10502.6	11734.4	13540.8
全国GDP	217656	268019	316751	345629	408903	484123	534123	588018	635910	676708	743585	880885
贵州省占全国比重	1.08	1.08	1.13	1.13	1.13	1.18	1.28	1.38	1.46	1.55	1.58	1.54

资料来源：根据2006～2017年中国及贵州省国民经济和社会发展统计公报整理得出。

继2014年打破零的突破后，城内高等级航道目前已达690公里，预计2018年实现全线通航的黄金水道——乌江现已实现基本通行，这对实现贵州水运北入长江具有重大意义。基础信息工程设置建设全面推进：贵州省互联网交换中心建成运行，通信光纤达到60万公里，4G网络实现乡镇有效全覆盖，三网融合加快实施，出省带宽突破3000Gbps，“云上贵州”数据总存储能力达到3000T。

加快提升产业结构调整步伐。在如今严峻复杂的宏观经济形势下，全省着力打造培育五大新兴产业：现代山地高效农业，以绿色有机无公害为标准；电子信息产业，以大数据为引领；文化旅游业，以民族和山地为特色；医药养生产业，以大健康为目标；新兴建筑建材业，以节能环保低碳为主导。贵安新区将充分发挥自身优势，抓住这五大产业发展的良好势头和机遇，以中高端产业及高端环节发展为着力点，塑造新区对外开放的坚实基础。

二　贵安新区大开放的机遇与挑战

（一）机遇

（1）开放契机—实施双边自贸协定。自中国加入WTO以来，受限于进展缓慢的多哈会谈，发展自由贸易区逐步成为世界各国经贸发展的政策重点。2015年12月，中国国务院印发《关于加快实施自由贸易区战略的若干意见》，提出“要进一步优化自贸区建设布局和加快建设高水平自由贸易区，并就健全保障体系、完善支持机制以及加强组织实施等做出具体部署”，这标志着中国自由贸易区战略逐渐走向成熟。截至2017年底，中国已签署14个自由贸易协定，范围涉及22个国家和地区，其中已有12个自由贸易协定在实施中。对于贵安新区而言，加快实施中国自由贸易协定，有助于提高新区对外开放水平和质量，从而助推开放型经济空间的拓展。更有利于贵安新区发挥比较优势，积极吸收国际先进技术和管理经验，利用自由贸易区各种便利措施推进国际产能合作，更好地满足新区在产业升级、结构调整、基础设施等方面的需求。

（2）市场机遇—新型城镇化建设提升。自2012年党的十八大明确指出“新型城镇化”概念，2013年“加快城镇化建设速度”被列为经济工作六大任务之一，全国大范围推进城镇化及新农村建设，已经成为中国各级政府的重大发展战略之一。如今，在产业关联效应及生产要素激活作用推动下，新型城镇化的井喷式发展正在成为中国社会发展及经济增长的强大引擎。相比全国其他地区，贵州贵安新区的城镇化发展水平较低，存在着体制不健全、基础设施薄弱、区域发展不平衡等一系列问题，但随着新区建设的不断开展深入，通过新型城镇化的带动，山地城镇化建设必将得到快速推进，从而助推新区发挥后发优势，加快自身发展。

（3）区域协同联合发展趋势加速。中国经济发展过程中，东西部区域经济发展严重失衡。随着国家加大促进区域协调发展力度，经济增长“东慢西块”和投资“北上西进”模式显现，我国四大经济板块间发展差距呈现“先扩后缩”的态势，区域经济发展呈现新趋势。“十三五”期间，我国区域发展战略将由促进地区经济发展、发挥地方优势，向促进区域协调发展、加强区域整合转变。各级政府将通过引导合理流动的生产要素，使有可能失去比较优势的东部地区产业，转而在西部地区重新获得产业优势。贵安新区也将在这种跨区域的产业梯度转移和推进效应中发展新的生产力。

（二）挑战

（1）敏感脆弱的生态环境制约。地处中国西南地区腹地的贵州省拥有较为独特的喀斯特地形，其中占全省土地总面积73%的碳酸盐岩裸露面积，达到13万平方公里，是全国喀斯特地貌最发达的省份。全省喀斯特分布区达

95%的县（市、区、特区，包括贵安新区），其中国民生产总值、农村人口、耕地、粮食产量分别有95.7%、88.3%、91.7%、94%出自在有喀斯特地貌分布的县份。全省的城建、工业、交通、农业、生态、旅游等各个方面都直接或间接地受到喀斯特地貌影响，贵州最大和最基本的省情之一就是独特的喀斯特地貌结构。独特的喀斯特地貌导致脆弱生态环境：首先，生态环境系统的物质能量转换途径单一而且脆弱是喀斯特地貌的一大特征，导致地区生态环境非常容易受外部环境的影响，尤其当岩溶喀斯特森林脆弱的植被极易遭受外界毁坏，脆弱的难以恢复的植被一旦遭到人为毁坏，原本脆弱的生态系统之间物质能量的交换就会被迫暂时停止，甚至中断。所以，特殊的整体生态环境要求人们在产业建设、开发等各方面必须要把脆弱的生态意识放在首位，坚持适度、适宜的原则。

（2）难以发挥的内陆区位优势。贵州省虽占有西南地区南下出海“交通枢纽”的区位优势，但长年的发展滞后，真正的区位优势并未完全发挥。数据显示，2013年，贵州省总体货运量仅为72703万吨，货物周转量仅为1294.61亿吨公里。比较周边的省份货物周转量和货运量分别是贵州的（倍数），湖南（2.54倍、2.96倍）、重庆（1.2倍、1.78倍）、四川（2.31倍、1.74倍）、云南（1.43倍、1.05倍）、广西（2.08倍、2.98倍），贵州省最少。对于不沿边、不沿江、不沿海的“三不沿”贵州，受区位劣势影响对外开放程度较低，内河航运的客、货运量仅分别占全省总量的0.87%和1.87%，省会贵阳经陆路交通线到我国最近的海港及边贸城市均超过800公里，导致交通运输成本比东中部地区大得多。贵州难以发挥“交通枢纽”的内陆区位优势，根本在于长期以来滞后的交通基础设施建设，导致高昂的物流成本，从而使贵州货物中转和南下出海的节点作用难以发挥。

（3）省域企业境外投资数量小。截至2017年，从向境外投资看，全省共有94家对外投资企业，投资遍及欧洲、亚洲、拉丁美洲、大洋洲、北美洲、非洲六大洲24个国家及地区，涉及进出口贸易、矿产资源勘查和开发以及矿产品加工、房地产开发等产业，外商投资企业合同外资实际到位金额8.24亿美元；中方投资总额81358.1万美元；外商投资企业投注差外债实际到位金额12.09亿美元；外商投资企业境内（利润）投资实际到位金额11.35亿美元。其中，中方协议投资额中民营企业对外投资累计超过5.8亿美元，约占全省对外投资累计中方协议投资总额的70%。

(4) 人才素质科技水平较低。贵州省人才数量和素质不高，相比于川渝滇三个省市，贵州省人口的文化素质最低，高技能人才比全国平均水平低7.1个百分点，只占技能人才总数的18.5%，缺乏大专以上的高素质人才。2010年的第六次全国人口普查数据显示：贵州省拥有的各种受教育程度人口中(每十万人)，大专及以上学历5292人，位列全国末位，远低于全国平均水平(8930人)。当前，贵州产业发展受到人才不足的严重制约，复合型、高层次的技术带头人严重短缺，人才结构满足不了产业发展需求，特别是一些科技型企业家、企业科技创新领军人物、职业经理人严重短缺。由于贵安新区产业的高端化发展，其所对应的人才必须具有研发能力强、技术本领过硬的特点，存在产业高端发展与高水平人才缺乏的矛盾，而当前高层次、复合型技术人才流动性低，为高等院校、国内大型国有企业以及科研院所所掌握，不利于新区产业发展的快速壮大。

以上分析表明，贵安新区在创建发展中既存在有利因素，也有不利因素，但总体上具有很大的发展机遇和空间。长远来看，未来几年中国和贵州的宏观经济环境呈现平稳发展态势，这为贵安新区的发展提供了良好的优势前提；贵安新区发展面临的现有不利因素，大部分集中在一些具体领域，可以针对性地采取措施加以克服解决，从而控制、减少新区建设方面的消极影响。当然，加快贵安新区经济社会发展，在提升产业层次、夯实产业基础、完善交通和产业园区等基础设施、提高人力资源和科学技术水平、创造良好的投资环境、加强区域合作等方面还有大量工作要做。同时也需要结合贵安新区经济社会的发展内、外部环境，完善和制定一系列规划，以明确新区经济社会发展的定位、总体思路、主要任务、发展目标及措施保障等，充分发挥规划的指导作用，适时出台、实施精准强效的政策措施，为新区“后发赶超”提供强有力的政策支撑。

三 2017年发展现状

(一)经济基础建设成效显著

(1) 贵安新区2012年底启动建设时主要经济指标：固定资产投资22亿

元，城镇居民人均可支配收入16173元，一般公共预算收入0.83亿元，农村居民人均可支配收入5391元，地区生产总值20亿元。截至2016年贵安新区建设情况：2000万元以上工业累计完成总产值220亿元，同比增长11.5%；财政、金融、居民收入快速增长，财政总收入8.6亿元，同比增长12.37%；财政总支出20亿元，同比增长2.7%；完成工业增加值56亿元，同比增长12.1%；金融机构各项贷款余额为9.5亿元，同比增长23.3%；金融机构各项存款余额42.5亿元，同比增长29.1%；50万元以上固定资产投资累计完成615亿元，同比增长24%；城镇和农村居民可支配收入分别达到22000元和9600元，同比增长8%和13%；完成地区生产总值170亿元，同比增长20%，其中直管区完成地区生产总值65亿元，同比增长20%。

（2）对外贸易发展稳步推进。2013年，贵安新区出口6039万美元，2014年累计完成出口额4167万美元，比2013年的外贸出口额有所下降。2015年5月底贵州省政府出台《支持贵安综合保税区加快发展的意见》，指出要重点发展保税物流、保税服务和保税加工三大业务，发挥好贵安综合保税区开放引领和改革示范作用，尽快建成在国家层面具有竞争力和影响力的内陆开放型经济新高地。意见的实施进一步加强了贵安新区对外开放平台和载体建设，提升新区产业体系不断完备。即将到来的“十三五”贵州攻坚发展契机，将是贵安新区对外贸易井喷式增长时期。

（二）基础设施建设稳步发展

贵安新区经过3年的发展，基础设施建设卓有成效。新区连接建成市政管网899公里，涵盖气、电、水、污、信等；建成自来水厂1座，日供水量20万吨；运行污水处理厂5座。截至2017年，新区已建成近600公里城市骨干路网，启动轨道交通项目6个，贵安高铁与市政接驳工程—城市轨道交通S1号线前期工程有序推进中；沪昆高铁贵安段—环城快铁贵安段、湖林铁路东移改线2017年建成通车。电建方面，新建10kV以上输电线路350公里，建成110kV以上输变电站6座，提升变电容量43倍。电网方面，新区总计铺设光纤144887.6芯公里（对），建成综合通信管道6516.91公里，全网WiFi覆盖工程涉及大学城、新区行政中心、大数据产业孵化园及平寨社区等主要节点。顺利推进建设中的“群升·大智汇”城市综合体获批创建国家级大学科技园，占地866667平方米，总投资170亿元，总建筑面积400万平方米。位于新区东部的清镇职教城，已入驻师生7万人，现有学校19所。新区建设的城市综合体、地下综合管廊、金融港等一批重大功能性项目，将为贵安新区的开放战略实施打下坚实基础。

（三）开放型体制机制建设

（1）开发建设模式开放。新区在建设中不断深化改革管理体制机制，探索创建了“综保区＋产业园＋公司”“镇城合一”“镇园合一”等模式，同时为了进一步降低企业成本，提高经济运营效益，新区实行经济管理权限“下放下沉”至园区等制度，促进经济发展第一线。以贵州省委、省政府的要求为准绳，为满足新区建设发展的阶段性需求，贵安新区国有大型新区开发建设投资有限公司组建成功。

（2）商事制度开放。新区在商事制度组建方面，订立“提质增效”的目标，在深入推进改革创新的同时，做好基础设施硬件环境改造，开展一系列举措，增强新区发展要素及吸引力，从而优化新区发展软环境。

（3）管理体制开放。新区在体制机制建设上，借鉴国际自由贸易区先进做法，以适应“内陆开放型经济新高地”建设为首要目标，以国内各地新区发展经验为基础，实行“扁平化、大部门制”管理体制，“统分结合”协调共进。

（四）开放创新平台建设快速推进

（1）多方共建三大产业园区。贵安新区和浦东新区、韩国及印度工业联合会联合打造浦东国际产业园、中韩产业园及中印IT产业园，以“强强联合、优势资源整合、实现双赢”为原则。

（2）初步建成贵安综合保税区。贵安综合保税区于2015年1月正式获批建设。综合保税区建设以贵安建筑风貌原则为指引，着重体现贵安符号、贵安元素，注重生态循环利用，充分考虑周围环境的承载力，把绿色、循环、低碳的理念融入综合保税区建设和运营的各个方面，设计规划突出生态理念，绿地率达到16.5%。

（3）搭建多形式交流合作平台。首先，以贵州丰富多彩的民族文化为依

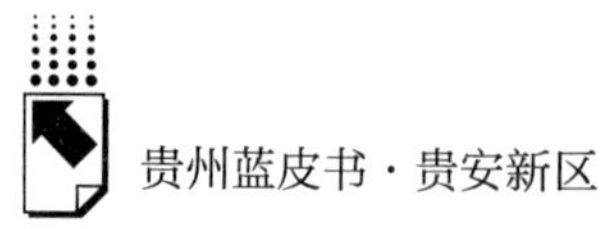

托，成功举办多届“世界民族民俗博览会”；其次，以大数据智能终端制造产业为助力，多次成功举办“大数据智能终端高峰论坛”；再次，以全省举办生态文明贵阳国际论坛为契机，办好独具特色的贵安分论坛。同时，于2016年底成功建成贵安新区瑞士风情小镇，并建成中国—东盟教育交流周永久会址。

（五）产业发展体系逐步形成

贵安新区以“发挥特色、因地制宜、因势利导”为原则，重点发展五大新兴绿色产业，分别是：以大数据为引领的电子信息、高端装备、文化旅游、新能源新材料及大健康生物医药产业。新区力争工业生产总值在2020年达到3500亿元，从而推动地区生产总值达到1800亿元，其中战略性新兴产业增加值占国民生产总值的80%以上。

（1）大数据相关产业架构逐步形成。贵安新区以“开放创新前沿区科技成果孵化区、绿色环保居住区、IT产业引领区、新兴产业示范区、高端服务业集聚区”为战略目标，努力将新区建设成为国内首屈一指的大数据应用服务示范基地、大数据产业发展集聚区和大数据绿色资源中心，其中重点发展数据文化、电子器件、高端服务等大数据产业，并规划建设32平方公里的电子信息产业园，包括11.47平方公里的大数据产业基地，打造“中国智慧园、生态科技城”。

（2）国际休闲商务旅游产业初步构建。贵安新区以“打造国际休闲旅游商务产业”为目标，逐步配套旅游景观建设与城市建设、产业发展、民族文化、生态保护等各方面融合起来，实现新区建设全域景观化、景观功能化。

（3）大健康生物医药产业园启动建设。贵安新区以《贵州省新医药产业发展规划（2014～2017年）》的要求为目标，充分发挥中药资源丰富、要素聚集能力强和生态环境的产业优势，推动新区大健康生物医药产业园建设。截至2017年底，新区获得签约招商十多个项目，签约总投资200余亿元，包括云南白药、中英贵安国际智慧健康示范城、新西兰养生、贵安新区生物医药技术中心等。

（六）生态文明制度初步构建

（1）焕然一新的生态改造建设。新区以良好的生态环境作为城市建设、生产生活、产业发展的底线，构建规划管控、多规融合以及景观设计的生态原则体系，关闭了直管区21家砂石厂和2家煤矿企业，总投入15亿元，同时关停、搬迁较落后产能及有污染企业130家。新区在建设中进一步探索具有生态脆弱区域特征的喀斯特岩溶、山地特色生态文明创新建设之路，以“全面促进资源节约利用，构建生态文明制度体系，推进绿色发展”为目标。完善“四大制度”、构建“三大体系”、推进“四大计划”，弘扬绿色文化，推动能源生产与消费革命、倡导绿色生活，将贵安新区建成“国家生态文明示范区”和具有国际影响力的“山水田园生态城市”。

（2）宜人宜居的绿色生态水景体系。近年来，新区科学规划、严格管控基本农田、水源、生态治理、风景名胜、滨湖湿地在内的5个保护红线区，并明确城镇开发边界。率先开展“低冲击”开发模式，以5A级景区标准严格规划构建包括八个绿廊、五个生态保护区以及百个（130个）以上各类公园为核心的生态绿地系统。

（3）富有特色的森林生态公园。新区以“生态修复”“培育生态经济”为己任，大力开展封山育林、退耕还林还草和宜林荒山植树造林活动，以期扩大新区林草植被覆盖率、提高土地综合效益。以此推进大松山生态观光园、高峰山公园、松柏山国家湿地公园、北斗湖湿地公园等十大生态公园和七星湖公园、月亮湖公园、红枫湖国家湿地公园、星月湖公园等市级公园，包括一批民族、历史、动漫、音乐及体育主题的公园建设。

四　贵安新区实施大开放中存在的问题

近年来贵州省在深化改革，扩大开放，促进开放型经济发展等方面采取了很多有力措施、取得了很大的成绩，贵安新区贡献尤为突出。但由于区位条件制约、历史欠账较多、开放意识不强、开放观念不到位等多种原因，一些地方、一些部门在对外开放上口号喊得响，实际落地东西少，全省对外开放程度仍然较低。在新时期面临着国际经济总体复苏疲软，货币市场波动，贸易保护主义盛行、贸易摩擦形势严峻，国内低成本优势削弱等负面因素，一些领域的对外开放甚至停滞不前。贵安新区对外开放面临着以下主要困难和问题。

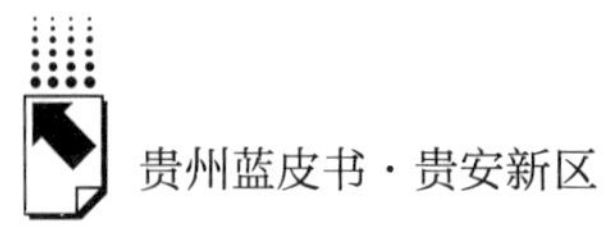

（一）欠缺法制保障体系，基础环境配套滞后

新区在法制环境上法律法规尚不健全，还没有制定专门的外来投资保障与促进条例，各级政府中部分干部法治理念不强，拍脑袋决策，随意办事，出了问题又推诿扯皮等。政务服务不到位在一定程度上伤了外来投资者的心，影响了外来投资者的积极性，甚至出现了撤资、撤项目的现象。通过与部分来新区投资外商沟通交流，反映比较多的有如下问题：一是部门承诺不兑现困扰企业发展。一些部门为完成招商引资任务而做出过多承诺，一旦项目落地，承诺无法兑现，企业进退维谷；二是调整规划使企业蒙受损失；三是政府收了土地购置费迟迟不供地；四是政策缺乏延续性；五是诉讼纠纷久拖不决；六是主动服务意识不强。一些部门主动服务意识差，直接影响企业的发展，等等。

（二）外贸依存度低，难以形成外向型经济发展格局

新区利用外资主要存在以下问题：一是利用外资的总量较小，对经济发展的拉动作用较弱；二是利用外资的主要来源地较为单一，大部分是周边省份投资，来自港澳台及欧美等其他国家和地区的外资占比较小；三是引进项目和企业规模较小，引进的龙头项目及配套项目不多，导致产业链的集聚、拉长效应难以发挥，从而影响其集群和纵深发展；四是引进项目和企业的技术层次较低。

（三）开放平台建设滞后，各项设施效用难以发挥

近年来贵州省的基础设施建设，尤其是以高铁、高速公路、航空为代表的交通建设取得了突飞猛进的发展，但由于贵州属于内陆山区，远离出海口，水运除赤水河可直通长江外，乌江、南北盘江—红水河等近 1100 公里航道因水利枢纽未建通航设施造成断航，出省水运通道变成区间通航，空运虽已建成一枢纽十六支航空网络，但全省仅有贵阳龙洞堡机场一个一类开放口岸，且尚未开通国际货运业务，物流多依赖于公路、铁路，因为地质因素，高铁、高速公路桥隧占比高，施工难度大，前期投入大，直接导致交通物流成本相对较高。贵安新区地处贵州省中部，许多企业生产出来的产品经长途运输后成本增加，不具有价格竞争优势；新区正大力发展山地特色高效农业，昂贵的物流也成了

一只“拦路虎”。开放平台少，产业园区进出口业绩小，外贸企业报关不便，营商成本偏高。

（四）对外开放人才匮乏，缺少智力支撑

人才是决定一个地区发展的核心要素之一，创新驱动实质上是人才驱动。近年来贵州省加大对外开放力度，引进外来人才工作得到一定发展，但与先进省市相比还有较大差距，与贵州省外向型经济发展还有很多不适应的地方。贵安新区，作为才建设几年的新区，对外开放专业人才结构严重失衡，缺乏人才且层次较低。熟悉国际金融、出口退税政策、进出口业务、商务外语、国际贸易法律等方面的高层次复合型人才无论是有关机构还是企业都严重缺乏，直接影响企业出口外贸，致使商机延误。各类专业性人才每逢新区内开展大型国际性活动，都需要从省外临时外聘。外向型经济类、国际化专业人才的匮乏正成为制约贵安新区对外开放和外向型经济发展的一根软肋。

五　加快贵安新区对外开放的建议

（一）推进省三大战略融合发展，实现政策红利最大化

2016 年获批的国家大数据（贵州）综合试验区、贵州内陆开放型经济试验区、国家生态文明试验区，可以说是国家给予贵州省的系列大礼包，是贵州省在新的历史时期进一步加大开放推动跨越的最大政策红利，标志着贵州省的大开放、大数据、大生态工作站到新的起点上，建议贵州省人民政府切实加强研究，吃透国家文件精神，加强组织领导，完善工作机制，落实工作责任，将任务分解到各部门，明确时间节点，趁热打铁与国务院有关部门积极沟通争取支持，确保各项政策措施落到实处和目标任务按时完成。各级各部门要组织干部职工认真学习，统一认识，牢固树立从我做起的意识，与省委、省政府保持高度一致，齐心协力推进贵州省大开放、大数据、大生态事业融合发展。

（二）“取长补短”打开创新方式，扩大招商引资优化对外贸易结构

投资在很长一段时间内依然是贵州省快速发展的关键所在，要坚持多

种引资形式并举，产业资本和金融资本并进，利用外商直接投资和间接投资并重，不断扩大招商引资规模。一是要创新引资方式，创新合作方式，扩大对外交往，拓展外资的来源市场，积极争取国家有关部门的支持，扩大利用外国政府贷款和国际金融组织贷款的规模；二是要深化改革，提高外商投资的便利化水平；三是要优化投向，引导外资进入重点领域和优势产业，促进传统产业提质升级，积极培育新兴产业；四是要用大数据等手段促进物流发展，降低物流成本，营造更好的营商环境。在外贸方面，要不断优化结构，增强抵御市场风险能力，打牢外贸增长基础。要加大对外贸企业的扶持力度；依托海关特殊监管区和产业园区，积极推动符合贵州省特点的内陆型加工贸易发展；是支持扩大服务贸易；积极调整进出口商品结构。

（三）强化法制建设，优化投资环境，提升各级政府服务

为营造公正严明的法治环境，建议在深入调研的基础上，尽快出台《贵州省外来投资保障与服务条例》，让招商引资工作有法可依，为外商在贵州省投资的合法权益提供法治保障，让他们吃下定心丸。各级各部门要进一步树立投资环境是发展的生命线，抓环境就是抓发展，营造环境就是培育优势，优化发展环境就是增强发展后劲的意识。一是要营造公平稳定的政策环境。保持政策的稳定性和连贯性，提高政策的透明度。各级政府和党政领导要带头讲诚信，切实改变招商引资中言而无信、说了不算、朝令夕改的行为，提高政府的公信力。还要尽快消除个别地方“开门招商，关门打狗”的不良现象。二是要营造便捷高效的服务环境。进一步深化行政审批制度改革。改进工作作风，提高办事效率和服务质量，提高外商投资便利化水平。三是要营造统一开放、规范有序、平等竞争的市场环境。建立社会信用体系和统一的信用信息平台，建立企业竞争预警监测服务体系。建立和完善失信惩戒机制，形成守信受益、失信受损的社会氛围。四是要加强投资软环境质量监督。通过督查评估，大力宣传环境建设的先进典型，曝光一批有损投资环境形象的案例案件，严肃查处相关责任人。提升全体公民的环境文明意识，在全社会形成“人人代表贵州形象、处处都是投资环境”和“人人关注环境、处处培育环境、共同优化环境”的良好氛围。

（四）大力推进对外开放人才队伍建设

首先是招商引资、招人聚才并举，择天下英才而用之，实行更加开放的人才政策，不唯地域引进人才，广泛吸引各类创新人才特别是世界水平的科学家、网络科技领军人才、卓越工程师、高水平创新团队，促进贵州省新兴产业的跨越式发展。要积极营造尊重、关心、支持引进人才创新创业的良好氛围，对引进人才充分信任、放手使用，让各类人才各得其所，让各路高贤大展其长，通过他们在贵州扎根、成长、发展的故事来现身说法，形成引进人才的良好氛围。其次是涉及对外开放的各级商务、海关、出入境检查检疫、招商引资等部门应当加大对基层业务机构和外向型企业的业务培训和指导力度，提升外向型经济业务水平。加强开放型经济的企业主体队伍、公共服务队伍和专业化服务队伍建设。继续加大对商务从业人员涉外专业知识培训，在人员交流和培养上，适当倾斜，为进出口企业、外贸管理部门提供更多的学习提高机会。坚持把开放意识强、政治素质优、勤学善谋的优秀干部充实到重要的开放合作岗位中，把具有丰富经济工作经验、熟悉国家产业政策的专业型人才吸纳到开放合作的第一线。再次，制定规划，加大投入，不断组织选派政府和企业中的优秀中青年干部到沿海经济发达地区和国外培训学习、挂职锻炼，以此打开眼界，树立开放意识，培养更多通晓国际规则和涉外经济的管理和技术人才，努力提高全省各级干部在新形势下推进开放合作的能力和水平。

参考文献

程健、韦寅蕾、邢珺：《内陆地区扩大开放的问题与对策》，《经济纵横》2014 年第 4 期。

程健、张义均：《加快转变经济发展方式视野下内陆开效模式的困局与创新》，《工业技术经济》2013 年第 8 期。

张婷、程健：《内陆开放型经济的困局及其模式创新》，《国际经济合作》2015 年第 1 期。

丁瑶：《内陆地区推进开放型经济面临的问题及其对策建议》，《改革》2008 年第 6 期。

郵书钦：《巴西玛瑙斯自贸区发展实践与借鉴》，《对外经贸实务》2015 年第 4 期。

李文龙、罗玄元、黄维德：《地区新型工业化研究》，海天出版社，2004。

《中共天津市委关于加快推进滨海新区开发开放的意见》，2005 年 11 月 10 日。

王静：《大连市发展开放型经济的 SWOT 分析》，《科技信息》2014 年第 15 期。

邓珂、耿迪：《长吉图开放当先持续发力‘十二五’期间长吉图区域发展成果盘点》，《吉林日报》2015 年 12 月 29 日。

龙海波：《加快推进云南沿边开放的思路与建议》，《中国经济时报》2014 年 10 月 31 日。

李瑞琴：《产品内贸易与传统贸易模式对发展中国家经济增长影响的差异性研究基于中国的实证研究》，《世界经济研究》2010 年第 2 期。

熊晓琳：《加工贸易与地区经济增长——基于我国省际面板数据的研究》，《统计研究》2008 年第 12 期。

张幼文：《跨越时空：入世后改革开放的新阶段》，上海社会科学院出版社，2001。

邓吉昌：《经济全球化背景下中国开放型经济的发展》，《技术经济与管理研究》2003 年第 5 期。

曾志兰：《中国对外开放思路创新的历程——从外向型经济到开放型经济》，《汉江论坛》2003 年第 11 期。

薛荣久：《我国‘开放型经济体系’探究》，《国际贸易》2007 年第 12 期。

刘新智、刘志彬：《开放型经济的运行机理及其发展路径研究——以吉林省为例》，《西南农业大学学报》2008 年第 6 期。

刘新智：《开放型区域经济发展理论研究》，东北师范大学博士学位论文，2006。

王玉华、赵赵平：《中国开放型经济发展模式探析》，《商业研究》2012 年第 6 期。

张八五：《关于发展内陆开放型经济的思考》，《中国经贸导刊》2015 年第 4 期。

张八五：《依托两大平台实施五项举措推动宁夏内陆开放型经济加快发展》，《新商务周刊》2014 年第 12 期。

《中国共产党第十八届中央委员会第五次全体会议公报》，2015 年 10 月 29 日。

郭声琨：《深入贯彻落实科学发展观加快实现富民强桂新跨越——在中国共产党广西壮族自治区第十次代表大会上的报告》，《当代广西》2011 年第 23 期。

殷阿娜：《中国开放型经济发展绩效评估及对策研究》，辽宁大学博士学位论文，2014。

胡承宁、李本经：《贵州贵安新区：新的区域经济增长极》，《贵州大学学报》（社会科学版）2014 年第 2 期。

郭安丽：《贵安新区获批上升为国家级新区梯队》，《中国联合商报》2014 年 1 月 27 日。

吕宝林：《贵州后发赶超的新引擎》，《甘肃日报》2014 年 6 月 21 日。

卢向虎：《西部国家级新区管理体制之比较》，《城市》2015 年第 8 期。

《中共贵州省委关于制定贵州省国民经济和社会发展第十三个五年规划的建议》，《当代贵州》2015 年第 45 期。

《中共中央关于制定国民经济和社会发展第十三个五年规划的建议》，《新长征》2015 年第 12 期。

王新伟、吴秉泽：《贵安新区引领黔中绿色发展》，《经济日报》2014 年 2 月 18 日。

周力：《开放经济与节能减排的协调机制》，南京农业大学，2009。

赵国梁、许邵庭：《坚定不移守底线走新路奔小康奋力实现‘十三五’时期经济社会发展历史性新跨越》，《贵州日报》2015 年 11 月 14 日。

王博、张永利：《邢台：谋建邢东新区提升承载力》，《河北日报》2016 年 3 月 2 日。

B.6
2016 ~2017年贵安新区装备制造业发展报告

罗以洪*

摘　要：　党的十九大将加快建设制造强国，加快发展先进制造业作为建设现代化经济体系的重要举措，我国将高端装备制造作为建设制造强国和网络强国的重要抓手。贵安新区高端装备制造产业发展迅速，各项工作取得了显著成效，但也存在产业基础薄弱、区域内多重竞争加剧、企业运行压力较大等困难，通过制定切实有效的产业政策、布局未来产业发展重点、打造"贵安制造"品牌、培育制造企业综合竞争力等措施，有力地促进贵安新区装备制造产业向绿色、智能等高端发展。

关键词：　贵安新区　装备制造　贵安制造　高端发展

全球高端装备制造业主要涉及航空装备、卫星制造与应用、轨道交通装备业、海洋工程装备和智能制造装备业五个重点领域。从全球产业布局来看，美国的航空、卫星、海洋工程、智能制造装备产业处于国际领先；欧洲高端装备产业的五大领域发展全面，实力雄厚；俄罗斯航空与卫星制造业拥有深厚的积淀，日本在轨道交通抓过南北与智能制造装备产业方面国际领先；中国在轨道交通与卫星制造业上成效突出。

---

* 罗以洪，贵州省社会科学院区域经济研究所副研究员、大数据政策法律创新研究中心副主任，博士，研究方向：区域经济、工业经济、民营经济、大数据、创新管理。

一　国内外装备制造业发展现状分析

高端装备制造业是国民经济的支柱产业和先导产业，我国《国务院关于加快培育和发展战略性新兴产业的决定》将高端装备制造作为未来很长一段时期内提升中国制造业核心竞争力、促进产业结构优化升级的重要抓手，并作为未来国民经济发展的支柱产业进行扶持和发展。

（一）国外高端装备制造业发展

1. 美国高端装备制造业

美国的航空产业、卫星及应用装备、轨道交通装备、海洋工程和智能装备制造业目前在全球都处于顶端地位，高端装备制造产业基地主要分布在东部各州及西部的加利福尼亚州。主要包括庞巴迪的轨道交通设备，GE 的轨道交通设备，西科斯基公司的直升机，洛克希德公司的航天航空，轨道科学公司的卫星制造，劳拉公司的卫星制造，摩托罗拉公司的导航设备，波音公司的飞机制造，诺斯罗普公司的雷达与军舰制造等。

2. 欧盟高端装备制造业

欧盟的高端装备制造业主要分布在西欧的英国、法国、德国、意大利、瑞士、荷兰，与北欧的瑞典、挪威等发达国家。一是确定优先发展领域。欧盟委员会围绕“如何重启工业投资”设计了一套较为系统的实施框架。二是提出工业 4.0 发展战略。在德国政府推出的《高技术战略 2020》中，工业 4.0 作为十大未来项目之一，联邦政府投入 2 亿欧元，其目的在于奠定德国在关键技术上的国际领先地位，夯实德国作为技术经济强国的核心竞争力。

3. 俄罗斯高端装备制造业

俄罗斯高端装备制造产业在航空、卫星及应用上很突出，航空及卫星基地基本都分布在俄罗斯西南部。一是发展飞机先进制造。俄罗斯的多家知名飞机制造商如米格、苏霍伊、图波列夫、伊留申、米里和卡莫夫等都聚集在俄罗斯西南部。二是发展卫星通信。在卫星发射方面，俄美合资、俄罗斯控股的国际发射服务公司（ILS）在国际商业发射市场份额上仅次于阿里安公司，其总部也坐落于俄罗斯的西南部。

4. 日本的高端装备制造业

日本是仅次于美国的制造业大国，也是较为成功地运用法律、政策等手段实现装备制造业振兴的国家，“二战”后日本实现制造业的现代化，政府实行了一系列的产业振兴政策，以保护并支持国内产业的健康发展。

（二）国内高端装备制造业发展

中国装备制造产业已初步形成五大产业集聚区，其中环渤海和长三角是装备制造产业发展的核心圈，东北和珠三角地区为两翼支撑，以四川和陕西为代表的西部地区为支撑，中部地区快速发展，中部和西部地区为重要补充的大装备发展格局。

1. 高端装备制造业发展迅速

2015 年以来，我国装备制造业厚积薄发，已到加速释放成长潜能的阶段。主要表现在：生产、出口增速加快回升，汽车工业增速继续回暖趋稳，机械工业延续分化走势，船舶工业将逐渐好转。一方面我国重工业化进入提速阶段，高铁的建设、风电等新能源业务的后发优势等正在加速我国重化工业的发展趋势，从而对装备制造业的发展形成强大的引擎；另一方面，经过多年的技术积累，高端装备制造业已形成了较强的自主创新能力。2017 年，我国高端装备制造业发展强劲，整体增速快于装备制造业，在工业中的比重不断提高，成为拉动全国工业经济增长的主要动力，是我国制造业转型升级主战场，已初步形成了高端装备制造产业格局。

2. 智能制造呈加快发展趋势

随着“十三五”将智能制造提高到新的高度，各领域智能制造推进路线进一步明确，国家将构建开放、共享、协作的智能制造产业生态，促进新一代信息通信技术、高端装备、节能与新能源汽车等产业不断发展壮大，逐步形成新型制造体系，进一步依托智能制造创新产业业态和发展模式，培育出行业新的增长点。

3. 高端装备创新发展出现新起色

为应对国内外市场需求的变化，装备制造业不断转型升级，高端装备发展取得明显成效，高端装备制造业产值占装备制造业比重逐步提高。我国将深入实施创新驱动发展战略，着力打造发展新引擎和支撑平台，加快培育经济增长新动力。以科技创新为核心，以公共服务平台为支撑，以重大专项为抓手，以产业化应用为目标的高端装备创新发展加快推进，产业创新能力不断增强，为构建我国制造业竞争新优势、建设制造强国奠定更为坚实的基础。

4. 地方政府积极发展高端装备制造业

尽管已成为制造业大国，但“大而不强”的矛盾依然困扰着我国制造业。数据显示，在高端装备领域，我国80%的集成电路芯片制造装备、40%的大型石化装备、70%的汽车制造关键设备及先进集约化农业装备仍然依靠进口。中国装备自给率虽然达到85%，但主要集中在中低端领域。高端装备制造业作为新兴产业，其技术先进、发展方向多变、资金与技术投入巨大，但并不是所有地区都适宜发展高端装备制造业，各级地方政府在考虑高端装备制造业规划发展的同时，也需综合考虑如何确定地方产业的战略定位，如何选择好产业重点发展方向。

二　贵州省装备制造业发展现状及规划

（一）贵州省装备制造业发展现状

近年来，贵州省紧紧围绕主基调，深入实施主战略和大扶贫与大数据两大战略行动，以推进供给侧结构性改革为主线，以转型升级提质增效为主攻方向，着力培育发展新动能，释放新需求，创造新供给，不断调整优化经济结构，经济发展质量和效益明显提高。2012～2017年，贵州全行业资产总额从614.6亿元增长到1322亿元，资产总量翻了一番，利润总额从8.53亿元增长到38.4亿元，提升了4.5倍；主营业务收入从434.2亿元增长到1170亿元，提升了2.7倍。装备制造业生产经营环境稳步回暖，在规模总量壮大的同时，质量效益逐步提升，盈利能力有效改善，市场竞争力逐渐加强，尤其是新能源汽车产业实现快速发展，在装备制造业中占比达到23.28%，较2012年提高了7.9个百分点；电气机械和器材制造业在装备制造业中占比达到22.58%，较2012年提高了10.5个百分点。①

① 《贵州省装备制造业创产值1500亿元》，人民网－贵州频道，2018年1月25日，http：//gz.people.com.cn/n2/2018/0125/c194827－31183482.html。

2016 年，全省规模以上装备制造业实现工业增加值 296.5 亿元，同比增长 15.3%。[①] 2017 年，全省装备工业完成规模以上企业达到 733 家，完成工业总产值 1458 亿元（不含电子信息），增加值 323.8 亿元，增速 13.8%，高于全国装备工业平均增速 3 个百分点。[②] 2017 年，全省规模以上制造业比上年增长 11.8%，重点监测的制造业中，电子、汽车等行业形势较好，汽车制造业增长 19.1%，计算机、通信和其他电子设备制造业增长 86.3%，电气机械和器材制造业增长 35.1%。[③]

（二）贵州省装备制造业“十三五”规划

为推动贵州省新兴产业转型升级、加快发展，由贵州省经济和信息化委印发了《贵州省“十三五”新兴产业发展规划》，《规划》确定了“十三五”期间贵州省高端装备制造产业多个产业发展方向与重点。

1. 明确发展定位

重点发展航空航天装备，加快发展智能制造装备，积极发展轨道交通装备，大力推进卫星应用，着力发展新能源装备和高端基础件，积极培育绿色船舶、3D 打印技术装备、海洋能源工程装备，实施网络协同制造示范工程，构建智能制造网络化协同服务生态圈，促进高端装备制造向精密化、智能化、信息化和绿色化方向发展，打造一批创新能力强、产业配套完备、具有军民深度融合、技术双向互动的高端装备制造产业集群，到 2020 年，贵州省高端装备制造业力争实现工业总产值 800 亿元。

2. 明确发展重点

（1）航空航天装备。重点发展无人机、教练机、轻小型通用飞机等整机，推进航空装备生产、维修和试训一体化。发展中小推力航空发动机、发动机叶片、机载设备、大型覆盖件、特种合金大型铸锻件等民用航空整机制造及配套

---

① 贵州省经济和信息化委员会：《2016 年贵州工业产业发展概况》，http://www.gzjxw.gov.cn/zwgk/zdgk/tjxx/201703/t20170307_1993474.html。

② 贵州省经济和信息化委员会：《2017 年贵州工业发展报告》—《2017 年贵州省装备工业发展报告》，第 71 页。

③ 贵州省经济和信息化委员会：《2017 年贵州工业发展报告》—《2017 年贵州省工业发展综述》，第 4 页。

产业。积极争取通航整机制造项目落地。推进航天器卫星通信系统、导航系统、定位系统等民用空间基础设施建设，扩大卫星应用系统芯片产品、天线产品的开发应用。围绕北斗卫星应用，推动航天技术在国土资源测绘、城市规划管理与监测、抢险救灾、交通运输、物联网、远程服务等领域的产业化应用及示范推广。开展航天技术及产品在“智慧城市”试点、“天网工程”“智能交通”等方面的应用。

（2）智能制造装备。着力提高应急装备、数控机床、工程机械、特色农机、建材机械等整机产品的数控化、智能化水平，加快研发高精度、高可靠性的智能装备新产品。在化工、医药、特色食品、新型建材等传统特色优势行业，加快实施以工业机器人、高档数控机床等智能化装备应用为主的技术改造。在航空航天、工程机械、数控机床、高端基础件、医药、特色食品及磷化工等领域，建立一批柔性化生产线，开展机器人核心技术的研发和产业化应用，按“互联网＋”的发展模式推进智能制造机器人在重点领域的应用，开发移动终端、穿戴式植入式智能机器人服务等增值服务产品。推动智能设备终端接入贵州工业云平台，打造数据驱动的智能工厂。重点发展增材制造术应用及装备，大力培育基于云制造模式的3D打印创意应用产业。提高智能型中高压电气成套开关及装备、智能化变电站等产品技术水平与规模。

（3）轨道交通装备。大力发展80吨以上大轴重长编组重载货运列车、时速120公里以上高速重载货运列车等新型产品。加快贵州轨道交通产业基地项目建设进度，建设轨道交通车辆制造基地，形成新造、大修城市轻轨列车能力。重点发展城市轨道B型车辆、轨道交通控制系统、自动售检票系统、中央空调系统节能成套技术与装备，大力发展交通装备配套用转向架、齿轮箱、轻量化车体内装饰与制动系统等关键零部件及高速重载铁路专用轴承钢、铸钢轮对、高速重载火车闸瓦、铁路专用雷达测速仪及磁电传感器部件等轨道交通装备及装置产业化产品，积极推进牵引系统、制动系统、转向系统、运控系统、自动防护系统等开发和生产。积极拓展轨道交通设备的工业设计、质检、组装、修理、配件等生产型服务业，打造轨道交通生产、制造、配套及服务产业链。

（4）新能源装备。加快风电整机成套装备产业基地建设，扩大现有大中型风电锻件、风电叶片等优势产品生产规模。做大单晶硅、多晶硅光伏发电设备制造产业，推进薄膜太阳能电池产业，积极开展太阳能并网工程。加强核电技术攻关，提高核电站设备关键零部件配套能力，以第三代主蒸汽安全阀和稳压器安全阀为切入点，重点发展核岛和常规岛各系统、各种类型安全阀和为核电配套的高附加值特种阀门。

（5）高端基础件。重点开展高速高精数控机床轴承、工程机械用高压液压元件、高端紧固件标志性基础件的技术创新，重点提升材料成形工艺的精密化与绿色化水平，提高绿色铸造、锻压、精密可控热处理等标志性基础制造工艺，加大对传统制造工艺和设备的数字化控制技术和先进适用技术改造，推进机械基础件向长寿命、高可靠性、轻量化、减免维护、再制造的方向发展，促进基础工艺向绿色、降耗、改善环境的方向发展。

三　贵安新区装备制造业发展成效

2016～2017年，贵安新区以“兴产业、强功能、做环境、聚人气、促创新、抓形象”为主线，进一步加大高端装备制造产业园区各项工作的推进。2017年1～12月，园区完成固定资产投资36.16亿元，实现产值53.35亿元，同比增长18.6%，工业总产值约30亿元，同比增长187.1%，实现税收约1亿元，完成招商引资项目签约19个，签约金额65.65亿元，园区就业人数3000余人，同比增长200%。

（一）重点项目有力推进

高端园区重点在建项目5个，项目推进进展顺利。

1. 新能源汽车项目

新能源汽车产业项目总装车间于2017年5月1日第一个桩基开始施工，截至2017年12月项目土建部分完成投资约13.5亿元，项目已完成了总装车间、销售展示中心、厂区东大门等工程建设工作，冲压车间基础完成了26%，于2017年12月29日实现了首台车下线目标。

2. 标准厂房二期项目

截至2017年12月，项目土建部分完成投资约2.35亿元，已完成征地约320亩，具备七栋厂房施工工作面，计划于2018年底前完成全部项目建设内容。

3. 贵安新区中国航发高温合金涡轮叶片生产基地项目

项目公司已注册成立，规划方案已通过新区规委会审定，项目征收已启动，已完成放线、摸底工作，计划于2018年10月完成项目一期建设，达到设备进场调试条件，2018年12月实现项目一期投产。

4. 贵安新区电池新材料生产项目

在拆迁方面已完成了整体工作量的95%，在抓紧完成剩余土地征收工作，项目一期场平工作基本完成，加紧办理项目备案、土地出让等各项前期手续。计划于2018年9月达到设备进场条件，2018年11月完成设备调试并达到试生产条件。

5. 亚玛顿超薄双玻太阳能组件项目

项目一期租用标准厂房部分已正式投产，二期自建厂房部分规划方案已通过新区规委会审定，加紧开展了征地及各项前期手续办理工作。征拆方面涉及土地总面积260亩，已征收60亩，占总量的23%，涉及房屋48个编号，已签约7个编号，占总量的14.58%，前期手续方面在对接新区行政审批局办理项目备案手续。

（二）产业发展较快增长

截至2017年底，高端园区已入驻企业47家，其中，工业制造类29家、服务贸易类16家、建筑施工企业2家。一期标准厂房已入驻企业39家，其中已投产企业32家，在建企业7家。超薄双玻太阳能组件项目、FAI计量单元产业化项目、联影医疗影像大数据中心及设备制造项目、中德西格姆精密制造项目、乾新光纤高科技产业项目、新能源汽车车桩网一体化大数据运营示范、白山云云链服务全球中心项目等32个项目已建成投产。2017年1～12月，园区入驻企业实现产值约53.35亿元，就业人数3000余人，完成亚玛顿超薄双玻太阳能组件及玻璃智能化生产、贵安新区中国航发高温合金涡轮叶片生产基地项目、量子防务军民融合创新平台、乐恩鼻腔护理产品生产等19个招商引资项目，签约额约65.65亿元，贵安新区电池新材料生产项目、贵安新区中国航发高温合金涡轮叶片生产基地项目、新特新能源汽车研发试制项目等具有引领性、示范性的重大项目已签约落地。

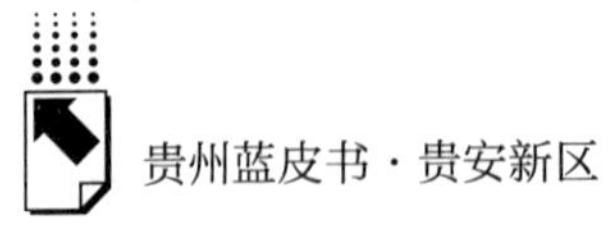

（三）园区服务不断优化

园区积极开展金融服务、资金扶持、人才培训、创业服务、落地服务，不断完善园区配套软环境，创建良好的营商安商环境，千方百计帮助入驻企业发展壮大，园区生产生活服务设施已正式投入使用，同时正不断完善园区配套软环境建设。

1. 强化金融服务

为解决园区入驻企业融资难、融资贵的问题，高端管委会、产投公司和金投公司联合拟定了《贵安新区产业园区综合金融服务方案》。通过对园区入驻企业进行走访了解和尽职调查，并组织银行、园区管委会及律师等相关专家对项目进行多次评审，联合金融机构积极开展园区综合金融服务，目前贵阳银行已为园区授信 10 亿元融资贷款额度，并审议通过乾新高科、福爱电子、泰和刀具、精工利鹏及中德西格姆等企业 6300 万元的融资发放请求。

2. 加大资金扶持

积极开展第二批园区企业融资贷款工作，园区认真研究各项产业政策，积极对接新区、省发改委、经信委等单位，为入园企业争取各项扶持资金。2017 年，园区帮助招商引资项目兑现新区优惠政策，积极协调新区管委会相关主管部门，为白山云、东太平洋、宏巨鑫、量子动力等企业兑现招商引资扶持资金 1885.75 万元；累计协助入园企业争取国家和省级扶持资金共计 5626 万元，其中：2017 年为 4 家入园企业争取到省级扶持资金共计 320 万元。

3. 加强人才培训

与印度国家信息技术学院（NIIT）、轻工职业学院合作，通过建立培训服务基地和人才就业平台，满足企业升级中对企业管理人员、高端技术人才和技术工人的各种需求，提高大学生就业能力。截至 2017 年 12 月，园区培训规模已达 1248 余人，其中，花溪大学城在校大学生 745 余人，新区企业 503 余人。

4. 提升改造用电保障

经过对园区原有电力基础设施进行全面摸底后，根据企业生产需求，园区制定了合理、经济的改造提升方案，于 2017 年 10 月中旬完成园区供电系统的提升改造，实现园区“零停电”，确保入园企业生产经营效益。

5. 加大创业服务

为致力于制造智能化、数字化的创客团队提供创业综合服务平台，积极打造高端智造众创空间，并于2015年11月被贵州省科技厅认证为贵安新区第一家省级众创空间，于2016年9月被国家科技部列为第三批国家级众创空间。截至2017年底，高端智造众创空间已累计入驻36家创客团队，其中9家已孵化成功，并注册为公司。

6. 强化落地服务

实行分管领导项目责任制和重点项目专人一对一服务制，帮助企业办理各项前期手续，通过定期召开现场项目协调会，及时协调解决企业进场装修、设备安装等问题，确保产业项目快速落地生产。新区积极引进中检集团中国质量认证中心，建立优质的技术、质量服务评价体系，为新区企业提供认证、检测、培训等一系列服务，增强新区企业的资质创新能力和核心竞争力。

（四）搭建园区综合服务信息平台

为满足园区企业需求，做到精准服务、精准调度、精准管理、精准招商，建立“分享经济”运行圈，积极搭建园区综合服务信息平台。启动了综合服务大数据信息平台的建设，园区综合服务信息平台门户网站版式及内容已通过园区第三次党工委会议审议，门户网站及手机App已完成上线测试，服务信息平台的建设进一步提高了服务效率、实现了更加智能的园区运营、管理。

（五）积极推进“五创园区”建设

将高端园区打造为“五创园区”，即创建具备“文明、特色、诚信、智慧、创新”五大发展要素的高端装备制造产业园区。园区已初步拟定“五创园区”实施方案，并根据实施方案开展了一系列“五创园区”建设工作。一是完善工作机制，加大对“五创”工作建设的投入，建立相应的考评机制和激励机制；二是提高队伍素质，进一步加强队伍建设，不断提高思想理论水平和工作能力；三是狠抓工作落实，千方百计地解决与企业生产经营、职工工作学习和生活密切相关的热点、难点问题；四是加强调研实践，对“五创”工作中出现的新情况、新问题进行调查研究，增强各项建设工作的针对性、实效性。

四　贵安新区装备制造业发展存在的主要困难

（一）产业基础薄弱

新区入驻企业较少，产业发展基础薄弱，还没有形成规模和集聚效应，经济总量小，产业培育任务艰巨。高端装备制造业属于新兴产业，新区引进产业的整体规模仍然较小，不仅落后于东部地区，也与天府新区、两江新区等存在较大差距。产业集聚效应差，园区内企业多为低端加工制造业，门类杂、产业关联弱；产业层次不高，现有规模以上企业主要以煤炭、建材为主，两个行业总产值占比接近60%。

（二）区域内多重竞争加剧

由于地理环境毗邻，要素禀赋类似，高端装备制造业也属于各个地方政府优先引进的产业，主导产业存在重叠，贵安新区与省内其他城市，尤其是贵阳市、安顺市、遵义市的竞争不可避免；新一轮西部大开发确定了五个西部重点城市新区，未来，由新区引领的区域竞争格局也将日趋明显；贵安新区坚持转型发展、跨越发展、高端发展，其高端装备制造产业从行业上必然与东部发达地区，周边省市产业发展基础较好的四川、重庆、湖南形成竞争态势，贵安新区的竞争优势体制尚未有效建立。

（三）企业运行压力较大

由于国际经济疲软、市场经济下行等原因，市场对新区高端装备制造产业园区相关企业产品需求量萎缩，市场需求减少，园区企业固定资产投资增速放缓，增加了企业的运行负担。已投产项目目前大多仅进行中、低产出强度生产，且项目从签约落地到建成投产周期较长，导致产能释放缓慢，园区整体工业总产值不高。企业科技创新能力不强，核心竞争能力体现不足，部分重点领域改革相对滞后，开放水平不高、改革开放任务艰巨。受资本要素成本不断上涨压力影响，不少创新型中小企业常常因为缺乏一个快速有效的投融资平台而错失发展良机，解决企业融资压力已成为迫在眉睫的难题之一。

（四）配套设施不完善

高端园区还存在功能基础设施不齐全、整体公建配套设施建设进度较缓等问题。功能性配套设施建设起步晚，生活和商业设施缺失缺位，人气商气不旺、城市建设任务艰巨。高端园区生产生活配套设施还不完善，周边缺乏教育、医疗、娱乐等资源，无法满足入园企业员工的日常生活需求，难以使企业人才扎根新区，制约了园区企业发展。

（五）产投公司经管水平有待提升

根据新区党工委、管委会安排，按照“两块牌子，一套人马”的运营管理思路，贵安新区产业投资公司与高端装备园区管委会一体化运作，既承担了园区基础设施开发建设和产业投资等园区开发工作，又承担了规划、招商引资、企业服务、产业扶持和培育等政府经济管理工作。经过四年多努力，高端园区产投公司的经营管理水平稳步提升，但仍然存在一些问题。主要表现在：一是公司作为园区运营主体，承担了大量政府职能工作，管理职责尚不明确，制约了园区发展；二是园区招商引资项目引领性、示范性不够，招商引资力度不够，招商效果不佳；三是园区公建配套供给不足，生产性、生活性服务配套设施建设滞后；四是干部员工队伍年轻，工作经验不足；五是代建项目尚未移交，加重了资金占用成本；六是项目建设工期紧，土地手续办理周期长等客观原因，导致部分项目前期手续不完善。

五　加快发展贵安新区装备制造业的政策措施建议

（一）坚持规划引领，制定切实可行的产业政策

工业转型升级和先进制造业提升是一项复杂的系统工程，离不开政府的统筹指导和强力推动。贵安新区要打好大数据综合试验区和生态文明综合试验区建设等“王牌”，进一步落实国家关于供给侧结构性改革和“中国制造2025”的总体部署，以大数据为主的智能制造、绿色制造等为切入点，始终把先进制造业转型升级列入重要议事日程，完善各项推进机制，协调解决产

业结构调整、工业园区转型升级、工业土地二次开发利用与优势制造业提升中的重大问题。按照构建现代工业体系要求，在整合现有规划基础上，加强研究“十三五”“十四五”期间工业发展总体规划、工业布局规划以及战略性新兴产业完善及发展，充分发挥规划对贵安新区工业转型升级的引领作用。突出以土地产出率、社会贡献率、单位产值税收、能耗、安全等绿色制造指标为考核重点，建立科学合理的政绩评价考核体系，制定有利于抓落实的阶段化目标、项目化措施，引导各部门真正把工作着力点转到加快制造业转型升级上来。

（二）布局未来产业发展重点，提升制造业核心竞争力

一是淘汰落后产业。坚决淘汰一批落后产能和劣势产业，特别是高耗能、高污染、高危险和低效益的企业、产品和工艺，提高产业发展质量，提高产业综合效益。二是加快发展一批战略性新兴产业。加快新一代信息技术、智能制造装备、新能源与智能互联网汽车、生物医药与高端医疗器械、航空航天等产业发展。三是促进传统产业转型升级。在整合原贵阳、安顺传统制造产业基础上，改造提升一批传统优势产业，包括汽车、新材料等。四是努力培育一批生产性服务业。重点培育包括研发设计、检验检测、供应链管理、新兴金融、电子商务等生产性服务业。五是促进大数据与制造业的深度融合。依托大数据综合试验区建设契机，建议重点聚焦集成电路设计、智能制造装备、智能机器人、高端诊疗设备、3D 生物打印、智能可穿戴设备、智能汽车、新能源汽车、再制造技术、AR/VR 等前沿技术，组织机构和企业主动跟踪、参与国内重大技术创新，前瞻性储备好、处于技术萌芽期、爬升期和膨胀期的优质项目，积极引进先进技术企业入驻贵安新区，捕捉并储备未来新区制造业的突破口。

（三）营造良好创新生态系统，打造“贵安制造”品牌

一是加大对核心企业的支持。加大对有重大技术突破、有重大市场发展前景的高科技核心企业和产业的支持力度，通过设立各类地方级创新工程来推动中小型科技企业新兴企业的核心技术创新，让中小型科技企业成为大众创业、万众创新的主要力量。二是创新扶持政策。在扶持策略上要从“抓大放小”

向“抓大带小”转变，将更多的资金和政策用于支持中小企业发展，通过设立中小企业创新基金、贷款优惠、提供技术创新奖金等鼓励企业参与到相关重大创新的配套合作中。将省内高校、科研机构作为重要的创新源，鼓励高校、科研机构与企业合作，联合开展技术开发、技术改造和产品研制，使高校有产业化基地，企业有基础研究储备，推动创新生态系统的网络化发展。大力促进贵安新区制造企业创新模式从“大而散”的产业链内置模式向“大而强”的产业创新生态系统实质性转变，积极打造“创意设计、精致制造、文化品位、用户体验”的“贵安制造”新形象。

（四）培育民营、中小型制造企业综合竞争力

优化中小企业发展环境，充分激发全社会创新创业活力和动力，引导更多民营制造企业进入高新技术产业、生产性服务业。引导中小企业专注细分市场，进一步提高“专精特新”和“小巨人”企业中制造类企业占比，继续实施“星光行动”培育计划，促进大企业与中小企业协调发展。引导大企业与中小企业建立合作共赢的协作关系，支持中小型制造企业与国企开放性、市场化重组，公平市场准入，拓展中小型制造企业市场空间。大力扶持初创期创新创业型企业和创客群体，适当降低财政支持门槛。加大早期市场培育和企业行为引导力度，通过建立首购制度、完善保险补偿机制、实施示范工程等，为新技术、新产品、新模式提供早期市场机会。

（五）加大金融业对制造业转型升级的支持力度

不断改善金融市场和金融环境，有序引导金融资本、商业资本、民间资本进入实业，找准金融支持实业转型升级的“着力点”，让金融业真正能够服务于实体经济。组建既有政府主导的大规模产业基金，又有小微市场化基金进行的创投风投，形成对实体产业丰富多样多元资本供给生态圈。在政府、企业、社会中介等机构的共同参与下，建立齐抓共管的“银行＋政府＋担保＋保险＋创投＋科技服务中介”统一结合的科技金融体系。鼓励、扶持有条件的制造业企业通过资本市场或互联网金融融资，统筹运用各级财政资金，加强对企业融资的补贴和扶持，有效降低融资综合成本。加强金融风险防范，维护金融稳定，建立风险监测体系。

（六）加大招商力度，加快产业聚集

园区要进一步搞好招商引资、选商引产工作，引进和培育更多的市场主体，增加市场活力、动力和竞争力，创造更多的新产品、新技术和新市场，提高经济发展质量和效益。一是制定园区年度精准招商工作方案，重点围绕新能源新材料、军民融合和智能装备三大产业，积极跟进重点在谈项目，争取早日落地投产，发挥综合效益。紧盯世界500强、国内外上市公司和成长性好的新兴产业，引进科技含量高、市场前景好、附加值高的大项目、好项目形成产业聚集发展；二是立足园区已有项目，争取扩大现有项目投资规模，积极推进亚玛顿智能玻璃项目二期扩建工作等，壮大产业基础；三是积极挖掘产业链价值，抓好抓实与新能源汽车产业配套的中聚电池生产项目及为涡轮叶片生产项目配套的金轮坤天涡轮叶片涂覆基地项目。按照“大项目—产业链—产业聚集—产业生态”的发展模式，引进龙头企业，以龙头带动上下游全产业链发展，构建多头并进聚集发展的格局。

（七）让项目建设尽早发挥经济效益

园区要进一步加快项目建设进度，让园区项目建设尽早发挥经济效益。一是强化责任意识，充分发扬“担担子”“钉钉子”的精神。根据园区全年建设目标，成立各建设项目进度控制小组，对各项任务进行层层分解，制定建设专项管理方案，细化进度目标，按进度总计划控制节点工期，对项目进度实施动态监控，一旦发现进度脱节或延误，及时采取有效纠偏措施和对策，逐一进行重点突破，全面保障施工进度。确保新能源汽车项目厂房、园区北部路网、二期15万平方米标准厂房全面建成投用，中国航发高温合金涡轮叶片生产基地项目一期、电池新材料生产项目一期建成投产，三期15万平方米标准厂房启动建设。二是加大征拆协调力度。成立专班进一步做好与土储中心、各乡镇的沟通协调工作，派专人跟进项目征拆进度，全力突破在征拆工作中遇到的重点、难点问题，保证项目建设有序推进。三是确保质量安全。以狠抓建设进度为目标，保障安全质量为主线，进一步提高施工工效。

（八）发展好现代服务业完善园区生产服务功能

紧紧围绕二、三产业联动，以服务、配套来培育和支撑产业项目的发展。

围绕园区三大产业方向，按照“关联、协同、配套”基本要求，针对“重点、节点、突破点”，引进研发型、创业型、服务型、贸易型项目落户园区。大力推进服务业与大数据产业、高端制造业的互动发展，加速推进现代服务业功能区与公共服务平台建设。鼓励工业企业向价值链两端延伸，在生产、营销、设计、开发、物流等环节开展服务外包，提升生产性服务业专业水平、创新能力和辐射能力。重点发展工业设计、科技服务、金融保险、总部经济、现代物流、电子商务、会展服务、软件和信息技术服务等行业，培育发展互联网金融、互联网物流等新兴服务业态。加快推进综合型生产性服务业聚集区建设发展，提升产业园区配套支撑能力。同时，构筑“四个平台（金融平台、增信平台、管理平台、信息平台）、三只资金（园区投贷联动引导基金、企业互助保证金、投融资专项资金）、一个主体（园区中小企业信用共同体）”的多方共赢的园区综合金融服务平台（简称“431融资模式”），缓解入园企业资金压力。

参考文献

邹凤：《“大数据＋”引领产业创新发展——聚焦贵安新区高端装备制造产业园大数据产业》，《当代贵州》2017年第28期。

江小国、刘凤芸：《“一带一路”背景下我国高端装备制造产业“走出去”布局与对策》，《经济纵横》2017年第5期。

王成刚、石春生、孙红烈：《中国高端装备制造企业组织创新的影响因素》，《科技管理研究》2017年第15期。

贵州省经济和信息化委员会：《贵州省“十三五”新兴产业发展规划》，2017。

施炎：《基于空间差异的我国高端装备制造产业集聚度测度研究》，辽宁大学硕士学位论文，2016。

国务院：《“十三五”国家战略性新兴产业发展规划》，2016。

中国社会科学院城市发展与环境研究所：《贵安新区“十三五”产业发展规划研究》，2016。

苏玲：《上海高端装备制造产业发展的创新生态研究》，上海工程技术大学硕士学位论文，2015。

B.7
2016 ~2017年贵安新区大学城发展报告

刘杜若*

摘　要： 贵安新区大学城位于贵安新区东南部，是贵安新区核心职能聚集区的五大新城之一，规划面积63.46平方公里，其中建设区30.37平方公里，生态保护区33.09平方公里，规划总人口50万人，其中学生25万人，定位为贵州省的“人才高地、科创基地、生态园地”。2016年，贵州省委、省政府主要领导高度重视大学城建设发展，三次研究大学城，要把大学城建设成为一流现代化新型城市，为大学城注入了强劲的动力。

关键词： 大学城　现代化新城　贵安新区

一　引言

长期以来，贵州省属高等院校大多处在贵阳市城区中心地段，由于城市建设的不断拓展，学校的校园面积大都呈现不断缩小的态势，老校区周边嘈杂拥挤、人货混杂，无法为师生提供良好的教学科研环境。这种状况已成为阻碍全省教育科研发展的关键瓶颈。为破除瓶颈，推动贵州科研教育水平提高和教育事业跨越式发展，2010年省委、省政府选址党武乡建设高校聚集区，将贵阳

* 刘杜若，贵州省社会科学院对外经济研究所副研究员、贵州与瑞士发展比较研究中心副主任，博士，中国社会科学院世界经济与政治研究所·贵州省社会科学院博士后科研工作站博士后研究人员，研究方向：劳动力市场。

市区内的五所省属高校整体迁移。2013 年 4 月 1 日，国家级新区贵州省贵安新区成立并接管大学城，大学城迅速成为贵州省强功能、聚人气，最迫切、最急需的核心功能板块。通过 7 年努力，如今 9 所高校入驻，入驻师生近 15 万人，区域人口达 18 万人，骨干路网覆盖区域 42 平方公里，建成区域面积超过 13 平方公里，累计完成投资 680 亿元。贵安新区大学城已经成为贵州省科教资源最为集中和科技创新最为活跃的重要区域。大学城的建设者们坚持“人才高地、科创基地、生态园地”的发展定位，按照“高端化、绿色化、集约化”的发展理念，积极探索“大学城 + 大学生 + 大数据 + 大创意”模式，实施“强功能、兴产业、聚人才、提品质、抓双创、建新城”六大举措，为把大学城建成为一流现代化新型城市努力奋斗。

二　大学城2016～2017年建设发展亮点

（一）绿色引领——建设生态之城

中央城镇化工作会议强调“体现尊重自然、顺应自然、天人合一的理念，让城市融入大自然，让居民望得见山、看得见水、记得住乡愁”。大学城坚持“高端化、绿色化、集约化”要求，总规划面积 63.46 平方公里，划定生态保护区 33.09 平方公里。

1. 以规划为龙头，推动绿色发展

大学城遵循绿色低碳的建设理念，2016 年初启动大学城规划提升工作。经过多轮比选，在广泛征求高校校长、教师、学生及社会各界意见、多次讨论并修改完善后，《大学城总体规划》于 2016 年 10 月完成。总规划面积 63.46 平方公里，其中城市建设用地为 31.41 平方公里（不含马场片区 1.94 平方公里），生态保护区 30.09 平方公里，以“人才高地、科创基地、生态园地”为规划理念和目标定位，空间结构和功能布局为“一脉一芯两谷三片区”，“一脉”即松柏山脉（松柏山水源生态涵养区），“一芯”即高校聚集智芯，“两谷”即思雅河文化创意谷和翁岗河科技创新谷，“三片区”即北部综合服务片区、党武文创旅游片区和金牛湖科学城片区。

《大学城总体城市设计》《大学城控制性详细规划》于 2016 年 12 月通过

新区规委会审议，2017年6月《大学城控制性详细规划》公示完成，并已获批准。在保留自然山水肌理的同时，强化了城市的空间立体性、平面协调性、风貌整体性。各项有关规划制定实施的落脚点，都是要用好生态特色，保持共生共存的原生态自然风貌，把好山好水融入大学城中。

2. 遵循自然规律，实施绿色工程

2016年，大学城统筹推进产业发展、城市开发和生态保护，注重生产、生活、生态“三生融合”发展，实现生产空间集约高效、生活空间宜居适度、生态空间山清水秀。实施大学城“山、水、林、田、湖”生态保护和修复工程，启动建成主题鲜明、景致优美、集休闲、娱乐、游憩、绿色、环保于一体的思雅河、翁岗河、金牛湖公园、弘文公园“两河两园”一期工程。同时实施“绿色大学城”三年行动计划，大学城内各高校也加快各自区域内山头绿化建设，山头景观提升涉及山头近60座，其中有44座需人工改造，总面积约1300公顷，预计总投资28亿元。大学城内各高校还大力提倡低碳出行、风光互补、中水回用等，将能源节约与环境美化、环境保护相结合。

（二）产城融合——建活力之城

为构建一流的产业发展体系，大学城依托贵安数字经济产业园建设，打造大学城数字经济产业集聚区，围绕“一区、两园、三镇、四基地”的产业布局，做强载体，做实平台，加大招商引资力度，着重推进项目落地，以“大数据”为主导的关联产业快速集聚，经济发展基础进一步夯实。

1. 政府主导产业园区建设

按照“两城、三园、多散点”布局双创平台，建成创客联盟总部基地，依托校内双创资源，建设校办创客空间；谋划启动师大联合创新中心，建设“两大一超”即FAST数据中心、上海生命科学研究院贵安新区生物医学大数据中心、贵安超算中心。完善“高校苗圃、双创加速、产业放大”三级孵化体系，形成梯度专业扶持。充分依托数据存储“大数据库”和大学城“大人才库”优势资源，贵安数字经济产业园一期29万平方米（含办公、酒店、商业街、公寓、展厅等）投入使用，二期占地300亩，正在进行规划设计。

2. 招商引资规模效应显现

通过编制招商引资项目、以情招商、以商招商等形式抓实招商工作，2017

年大学城招商引资项目共200个，已签约项目107个，在谈项目36个，意向性57个，总投资764.26亿元。已入驻双创园企业8家，入驻数字经济产业园企业70家。招商引资企业兑现5家，兑现资金2408万元，正在积极办理大周互娱公司申请人才引进、融资奖励资金290万元、上海新致软件服务器购置补贴120万元、上海贝格第二批用工补贴370万元、HTC威爱教育落户奖励500万元等政策兑现。

3. 有序推进服贸工作

围绕强载体、做平台、抓项目、建机制，有序推进服贸工作。落地数据宝平台项目、新致云数据产业园项目、空中网项目、腾讯众包小镇、贝格大数据小镇、大数据技术服务中心项目、贵安数字泛娱乐智造中心项目、达内教育集团、韩国现代汽车首个海外大数据中心等服贸项目。联合北京亿蜂共同打造服务外包基地，与大学城双创园共同打造2700平方米的服务众包平台。通过与贵州师范大学、贵州财经大学、贵州轻工职业技术学院等高校开展紧密合作，采取3+1、2+2模式，引进中外联合办学项目，推动服务贸易人才的培养，落地微软IT学院、IBM学院、印度NIIT培训学院等专业机构，培训学员共计1200余人。

（三）项目推动——建宜居之城

着眼于给大学城师生提供良好学习环境、便利生活条件，大学城把抓项目建设作为城市建设的总抓手，针对广大师生提出的交通出行、入学就医、生活便利等问题，大学城抓痛点、攻难点、补弱点，全力以赴推进基础设施、公共服务、商业配套等建设项目。2017年，大学城在建项目32个，拟建项目20个，在建项目总投资399亿元，拟建项目总投资429亿元，建成区达11平方公里。

1. 基础设施建设取得重大突破

在已建成25公里市政路网基础上，续建人才路、文化路、科技路、博士路、花燕路南段5条道路，总长约18公里。新建王羲之路、花燕路南段延伸线，总长约1.6公里。筹备祖冲之路、科学路、松柏环线、创业路、思雅路南延伸段、思雅路北延伸段、思杨路北延伸段7条道路。大学城通车里程达32公里，完成博士路、花燕路等城市道路建设后，通车里程将达45公里。大学城垃圾收运站土建施工及设备安装已完成，大学城北枢纽站正在编制区域交通组织专项设计，待审查通过后深化设计方案。大学城全域 WiFi 工程一期已完成，覆盖师大、医科大、中医、轻工、财大及栋青路沿线，二期已启动。天网工程二期正有序施工。思丫河截污管道工程已完成管沟开挖 1.6 公里、管道铺设 1.1 公里。

2. 社会管理和公共服务设施不断完善

建设完成“天网工程”，实现了无线 WiFi 全覆盖。成立治安巡防队，实现网络化、网格化管理。大学城社区医院投入使用；开工建设 1500 张床位的贵阳中医学院附属贵安医院，贵州医科大学大学城医院提升为二级医院；师大附属贵安第一幼儿园 179 名学生入学；师大附属贵安第一小学 475 名学生入学；第一初中完成教学楼地下室施工，为大学城师生学习生活营造全方位多层次配套服务。

3. 商住产业配套有序推进

以商圈建设为切入，科学规划商业网点布局，拟引进奥特莱斯、恒信汽车、大润发超市、维也纳酒店等项目，重点建设集购物、服务、特色餐饮、图书城等为核心，具有较强市场吸引力和辐射力的商业项目。群升·大智汇综合体（20#、25#、28#、29#地块）、碧桂园学府 1 号一期、中影贵安国际影视城、东盟小镇等项目正在有序施工，其中群升·大智汇综合体 25#地块、碧桂园学府 1 号一期、中影贵安国际影视城已开盘，售出住房 8000 余套、公寓 1000 余套。恒大花溪童世界一期约 748 亩，二期 518 亩用地已完成土地挂牌。大学城·活力汇项目正在办理前期手续，即将开工建设。中国—东盟教育交流周永久会址及配套酒店已建成并投入使用。

（四）人才高地——建科技之城

经过 7 年发展，大学城坚持“人才高地、科创基地、生态园地”发展定位，积极探索“大学城 + 大学生 + 大数据 + 大创意”发展模式，用创新思维培养学生，塑造全方位、复合型人才。

1. 校地联动，共建平台载体

大学城按照“多校一园区模式”，与高校联合共建贵州科教创新基地。与贵州师范大学达成共识，共建贵州省校企科技创新基地。落地“两大一超”（即生物医学大数据中心、FAST 天文大数据中心、贵安超算中心）新区大数据科技基础设施项目。按照“一校一品”模式，发挥各高校专业特色优势，共建孵化园区，与贵州医科大学共建大健康展示中心，与贵州财经大学、贵州师范大学共建创业大学。同时以“互联网+”为手段，重点打造O2O模式的大型综合检验检测服务平台，实现高校信息资源的共享。贵州省仪器公共在线服务平台正式上线，平台整合大学城各高校及服务机构201家，入网大型科学仪器设备3000余台，在线服务订单近800个，公开检测服务1731项。

2. 以人才为中心，推动就业

实施“324”人才培养工程，每年引进10家以上大数据人才培训机构。推动发起“助训贷款”项目，采取“一次核定、差异授信、余额控制、随到随贷、循环使用”的动态管理，推进专业培训先学习后还款模式。引进合作办学，落地NIIT学院、微软IT学院、贝格大数据公司、数据宝公司等培训机构及大数据企业，为大学城培养大数据人才3425人。举办2018年春季招聘会，共有270余家省内外企业参加本次招聘会，提供万余个就业岗位，6000余名应届毕业生参加招聘会，2546人与企业达成就业意向。其中，500余名大学毕业生与新区59家企业达成初步就业意向。

3. 以需求为导向，构建校企合作

根据企业研发需要，大学城将各高校学科链与企业上下游产业链相对接，以此助推校企的全方位战略合作。与NIIT学院“订单式”合作共建大数据人才联合培养模式。搭建企业博士后流动站平台，如贵州数据宝科技有限公司与贵州师范大学共建研究生、博士生工作站，实现企业与高校创新创业人才互通。建立网上人才市场，及时发布企业需求和毕业生求职意向，用大数据手段实现人才需求精准匹配。

4. 出台落户政策，让师生留下来

出台了《关于鼓励促进师生落户大学城政策措施》，主要给予师生购房、租房、家居、物管、培训等补贴。师生落户政策申报系统基本搭建完成，截至目前已兑现六批次726人，共计3728万元。

（五）“双创”平台——建创新之城

2016年5月，贵安新区被列为全国首批28个“双创”示范基地。同年8月，《贵安新区国家双创示范基地工作方案》正式出台，提出把新区建成全国大数据创新创业首选地、大创意产业转化目的地、大学生实训实践集聚地的“三大三地”总体目标。现落户大学城创业企业及创业团队390余家，带动就业3000余人，孵化平台29个，设立创业服务机构69个，培养创业导师302名。

1. 抓实载体建设

作为贵安新区“双创”的主战场，大学城管委会创新体制机制，与贵安新区创新创业服务中心合署办公，构建了贵安新区创新创业服务中心。依托各高校的教育、科研、人才资源，由大学城管委会与贵州轻工职业技术学院联合打造了政、校、企三方合作示范基地和大学生创新创业孵化器，促进产学研合作及科技成果转化。在建立4000平方米贵安创客联盟总部基地的同时，建成40000平方米的大学城双创园，承担大数据和大健康产业加速、高校师生创意创业孵化、双创综合服务职能。截至目前，110家大数据企业和高校师生创业团队入驻办公，带动大学生就业1530人。打造双创贷金融服务品牌。新增农商银行、贵安发展村镇银行及贵州银行3家投融资机构，专门为高校学生“订单式”定作“大学生双创贷”，贵安发展村镇银行计划为大学城授信2亿元，已放贷3073笔，共计金额3434.2324万元；贵州银行现已放贷11笔，共计金额294万元。完善贵安新区创新创业服务中心，入驻包括行政审批、国地税、公积金与社保中心等一批政务服务部门。

2. 抓实双创活动

依托大学城各高校、园区企业，举办创客嘉年华及论坛培训活动、全国职业院校技能大赛“四合天地”杯大数据与应用赛项、第七届全国大学生电子商务“创新、创意及创业”挑战赛贵州赛区选拔赛等，累计开展创新创业活动144场，其中创新创业活动论坛、讲座、培训共84场；双创赛事45场；创客嘉年华15场。以政务部门服务+双创超市服务模式，搭建双创服务组织，发放双创宣传册12000余份，加强双创政策宣传，狠抓双创奖励扶持政策落实。

3. 抓实创客项目和就业引导

引进百度、阿里、亿峰等一批国内孵化器项目，启动20万平方米的大数据众包基地、27万平方米的北斗物联网集聚区、26万平方米的活力汇等项目。设立创业服务超市，为创业者提供精准化一站式服务。举办春季招聘会，共有270余家省内外企业参加本次招聘会，提供5200余个就业岗位，6000余名应届毕业生参加招聘会，2546 人与企业达成就业意向。其中，500 余名大学毕业生与新区 59 家企业达成初步就业意向。

三 大学城建设发展的优势与存在的问题

大学城是贵州实现后发赶超的智力保障，也是贵安新区科教功能的核心板块，当前，大学城建设发展既取得了突破性进展，但随着战略作用和功能的提升，也逐步暴露出一些问题，优势和挑战相互交织。

（一）大学城的优势

1. 区位的优势

大学城原属贵阳市南部中心区域，是贵阳市花溪区南部新城核心区，划归贵安新区管理后，属贵安新区核心功能区之一。在区位上位于贵安新区直管区与非直管区接壤地带，是贵安新区连接贵阳市的桥头堡，距贵阳市中心区 28 公里，龙洞堡国际机场 35 公里，南环线、轻轨 S4 线、环城快铁穿境而过，栋青路、思孟路、思杨路、花燕路、思雅路、甲秀南路、黔中大道等城市骨干道路业已形成。

2. 教育科研资源的优势

大学城规划入驻 12 所省属高校，涵盖理、工、农、医、文、经、管、教育、历史等九大学科门类，拥有 3 个院士工作站、1 个博士后流动站、5 个博士学位授权点、1 个博士培养项目、38 个一级学科硕士学位授权点、238 个二级学科硕士学位授权点、15 个专业学位硕士点、27 个国家级重点实验室、研究中心、科研基地和学科，若干省部级科研机构或研究基地。从大学城高校聚集区的构成来看，除了本土的 12 所高校外，未来将引进 5～7 家国外教育机构到大学城合作办学。最丰富的教育资源、最优质的人力资源、最强大的科研力量是推动大学城产学研一体化发展的基础和保障，也是建设发展的动力源泉。

3. 国家级新区政策的优势

贵安新区是国家“十二五”时期规划的西部五大新区之一，是实现贵州后发赶超、跨越发展的主战场，自筹建以来，得到国家和省委省政府大力的政策和资金支持。大学城是全国唯一一个位于国家级新区的大学城，不仅享受其他大学城的优惠政策和扶持，还享受国家级新区的政策支持，多重政策利好。

4. 后发赶超的优势

20 世纪 90 年代初，全国开始探索建立大学城，其中既有成功典范，也有失败之例。贵安新区大学城建设虽然起步较晚，但有国内外著名大学城建设的成功经验可借鉴，不论是战略定位、总体规划，还是整体布局、运行机制、功能定位都可以做到更加合理、优化。贵安新区大学城能在短期内屹然崛起，正是贵州“跨越式发展”后发优势的有力印证，也是贵州经济文化社会发展的一个缩影。

（二）大学城存在的问题

1. 城市规划先天不足，区域划分不清

大学城建设最初目的主要是为了破除高校校园建设用地制约樊篱，按照高校聚集区进行规划，因此未对市政设施、公共配套等进行充分考虑，加之高校建设进度较快，现有高校集聚区已形成一定规模，但整体前期规划不足、区域功能划分不清、区域协调度不高。同时，区内高校办学方向、学科设置、文化脉络等风格迥异，造成整体规划融合性较差、管控不严谨、配套不健全，建筑风貌不成体系。

2. 城市功能不完善，配套建设需要再提速

大学城内区域联动的交通体系尚未完全形成，垃圾收集系统、电力供应等市政设施难以满足高校师生需要。大学科技园、大学生创业园所需要的硬件设施建设滞后。教职工居住、就医、文化休闲、子女入学、娱乐购物等公务服务配套设施匮乏，“学生住读、教师走教”情况较为普遍，公用设施太少，服务功能不健全。

3. 政产学研结合不够，资源整合共享不高

大学城党工委、管委会承担区域建设、发展和管理服务职能，但在内部机构设置上存在部门设置缺失问题，导致现行行政机构无法向辖区内服务对象提供完整的公共管理和社会服务保障，在统筹产学研统筹协调发展方面显得力不从心。同时，区内高校校本观念较强，校际交流、资源共享、协同创新一体化体系尚未全面形成，缺乏统一的协调管理机构和机制；大学城和发达地区高等教育院校与架构合作程度低，高校资源潜力尚未充分发挥，区域优势互补良性

互动机制尚未全面实现。

4. 大众创业万众创新的实践效果尚未凸显

大学城大部分企业没有设立技术研发机构，自身创新意识还存在不足，研发投入较少；担负知识和技术传播任务的高校教育门类不全，力量薄弱，服务能力不强。科技政策体系不够健全，技术创新投入相对不足，科技资源的配置不尽合理，科技成果转化及产业化率不高，城内还没有完全形成大众创业万众创新的社会氛围。

四　大学城建设发展趋势展望

大学城"十三五"时期工作的总体思路是，坚持"人才高地、科创基地、生态园地"定位，探索"大学城＋大数据＋大创新"发展模式，全面推进城市现代化和新型城镇化两个维度，以"智能＋生态"作为建设发展主路径，统筹生产、生活、生态三大布局，政府、高校、企业三大关系和规划、建设、管理三个环节，着力提高城市建设发展的系统性，努力把大学城建设成为贵州现代化建设的一颗明珠。

（一）强化规划引领，走科学发展城市化之路

2015年6月，习近平总书记视察贵安新区时强调指出："新区的规划和建设，一定要高端化、绿色化、集约化，不能降格以求。项目要科学论证，经得起历史检验。"因此，大学城的规划要引入国际规划设计先进理念，一流规划设计单位和规划团队。一是全面优化提升控规和城市设计。尊重自然、顺应自然、保护自然，采取低冲击、紧凑型开发模式和组团式空间布局，"不摊大饼、只蒸小笼"，充分应用智慧城市、生态城市、海绵城市等建设理念，充分保护好、利用好山地特色的自然风貌、现代本土的建筑风貌、多姿多彩的文化风貌。大学城要按照2016年《大学城总体城市设计》《大学城控制性详细规划》抓好实施，同步完成大学城城市风貌、道路风貌、生态风貌、文化风貌导则编制，形成"五位一体"城市风貌体系。二是建立公开的规划信息服务平台和数字化规划管理系统。严肃法定规划权威，强化风貌导则和城市设计的管控作用，实现精细化、动态化、全覆盖管理。

（二）完善城市功能设施，走智能型城市化发展之路

坚持“绿色、循环、低碳”理念，充分运用物联网、云计算、大数据等先进技术，加快智能交通、智能管网、智能电网、智能水务、智能网络等基础设施建设，将各类基础设施整合衔接、集成管控，推进基础设施全域智能化、功能高端化。一是构建便捷的交通体系。建立与贵阳市、新区中心区互联互通的市政道路、快速通道、轨道交通一体化交通体系，建立大学城区域便捷公交系统和全域慢行系统，建设综合智能交通信息系统，实现交通诱导、指挥控制、调度管理和应急处理的智能化。二是全面实施城市地下综合管廊建设工程。统筹综合管廊规划建设、管理维护、应急防灾等全过程。加强城市电力设施建设，应用先进的通信技术、传感器技术、信息技术，完善智能电网基础通信，发展智能电网高级应用，促进电网设备间的信息交互，实现电网安全可靠、经济运行、节能降耗以及优质服务。构建覆盖供水全过程、保障供水质量安全的智能供排水和污水处理系统，建设智能水务管理系统平台和数据中心，实现水资源信息互通、资源共享及业务协同，提升供排水安全保障和水资源管理的支撑能力。三是宽带网络设施建设。大力推进光纤宽带网络、下一代网络（IPv6）、4G 网络、无线宽带网络建设，着力实施“光网城市”工程，加快推动功能性信息服务平台、网络信息安全保障体系建设，推广应用信息终端和信息普遍服务，建成“宽带、融合、泛在、共享、安全”的新一代信息基础设施。

（三）统筹政产学研，走资源共享城市化之路

坚持以企业为主体、市场为导向、政府引导、院校支撑的合作机制，开展多层次、全方位、可持续的政产学研合作。一是着力提升高等教育水平。做大做强高校集聚区，引进国际国内知名大学和科研院所开展教育、科研、项目合作，推进理工类、高科技大学建设，设立与地方经济社会发展和新兴产业发展相适应的专业学科和科研机构，鼓励高校创新办学理念、学科设置、课程设置。二是构建产学研合作联盟。借助企业的市场、资金、人力、技术资源，联合高校院所整合优势学科和优势技术资源，组建一批产学研合作联盟、校企联盟等。围绕特色产业发展，面向基层寻找科研课题攻关克难，共同承接国家、

省、新区重大科研课题。三是共建技术创新研发平台。加大政府资金引导力度，联合企业、高校院所根据市场需求以共同出资或技术入股的形式共建重点实验室、院士工作站、技术研发中心等产学研联合体。鼓励高校与企业开展技术合作，建立和完善知识产权保护和协调工作机制。四是打破校际“围墙”，培育新型人才。鼓励采取跨校联合培养等方式，大力培养具有统计分析、计算机技术、经济管理等多学科知识的跨界复合型人才。支持各高校轮流举办以人才、创新、教育、科研等不同形式的主题活动，成立校际合作联盟，逐步实现学分互认、课程互选，鼓励学生跨学校、跨院系、跨专业选修课程；鼓励和引导教师多开课、开好课；鼓励高校之间互聘教学水平高、教学效果好的教师，建立“新区统筹、高校参与，齐抓共管”的工作体系。

（四）大众创业万众创新相结合，走多元型城市化之路

在创新发展上先行示范，用创新的思路培育以大数据为引领的新产业，形成以创新为主要引领和支撑的经济体系和发展模式。一是建立健全门类齐全、特色突出的孵化服务系统。推进大学科技园、大学生创业园；打造大学城双创园孵化平台，鼓励大学生自主创业，吸引创业团队入驻大学城双创园。以数字经济产业园为依托打造大数据及其衍生产业创业基地，以两河两园文化创意产业基地打造创意创梦实践实训基地，以金牛湖国际科学城为核心打造创业创新示范区，引进知名孵化平台来新区落户。二是加快政府主办的孵化器由工业房地产运营模式向完全市场化运作机制转型。支持国有孵化器引入社会资本，实行混合所有制，按照现代企业制度完全市场化运作。支持现有孵化器、加速器的运营主体创新服务模式，将现有载体转型提升为具备创业培训、投资功能等综合服务功能的新型创新创业载体。支持企业利用自有的工业房地产、商业房地产建设各类创新创业载体，支持各类主体在大学城收购或租用闲置厂房、办公用房实施创新创业项目。支持载体“内培外引”。“引进来”与“走出去”并重，大力引入国内外知名创新型孵化器运营机构进入大学城建设载体，鼓励本土孵化器运营机构赴国内外创新创业活跃地区开展异地孵化。三是建设“贵安双创网”创新创业应用服务平台。满足创业者对政策、政务、服务、项目申报、人才资金等方面的需求，搭建中小企业产业信息大数据服务平台，为创新创业企业提供所需的各环节基础性信息。

参考文献

陈秉钊、杨帆、范军勇：《知识创新区：科教兴国与“大学城”后的思考》，《城市规划学刊》2005年第2期。

程斯辉、余学敏：《论建设大学城的几个问题》，《教育研究》2002年第9期。

高璐敏：《集聚、辐射与创新：大学城对其周边区域经济的影响——以上海松江大学城为个案》，《东北师范大学学报》（哲学社会科学版）2014年第1期。

何心展：《大学城对高等教育与区域经济协调发展的促进作用》，《宁波大学学报》（教育科学版）2002年第1期。

陆青：《大学城与城市新区发展》，《东北大学学报》（社会科学版）2003年第2期。

苗硕、盛喆：《大学城科技创新功能推动区域经济转型增长——以郑州高新区大学城为例》，《河南师范大学学报》（哲学社会科学版）2014年第6期。

潘懋元、高新发、胡赤弟、张慧洁：《大学城的功能与模式》，《高等教育研究》2002年第2期。

唐静、朱智广：《创业教育对大学生创业影响的实证研究：以广州大学城十所高校为例》，《常州大学学报》（社会科学版）2010年第3期。

肖玲：《大学城建设对广州城市发展的促进分析》，《地理科学》2003年第4期。

徐海星：《加快建设一流现代化新型城市——访花溪大学城党工委副书记、管委会主任罗松华》，《当代贵州》2017年10月22日。

周华庆、乐晓辉、张惠璇、杨家文：《社区公交服务供给与公交社区规划——以深圳大学城为例》，《城市发展研究》2016年第10期。

B.8

2016~2017年贵安新区全面深化改革发展报告

陈加友*

摘　要： 国家级新区是由国务院批准设立，承担国家重大发展和改革任务的国家级综合功能区，在带动区域经济发展、引领全面改革开放、推动体制机制创新、促进产城融合和城乡一体发展等方面发挥着重要作用。贵安国家级新区作为贵州省改革"试验田"和"排头兵"，以五大新发展理念为引领，坚持战略导向、问题导向和需求导向，将全面深化改革工作贯穿于新区建设发展始终，积极探索先行，全面深化改革蹄疾步稳、有力有序、纵深推进，改革红利不断凸显，促进经济社会实现跨越式发展，主要指标均实现持续大幅增长，为"十三五"期间实现井喷式增长打下坚实的基础。

关键词： 贵安新区　深化改革　报告

一　贵安新区全面深化改革成效

2016年以来，新区深入贯彻落实省委常委会议精神，建设五大新发展理念先行示范区迈开了坚实步伐，先后召开了35次全面深化改革领导小组会议学习贯彻落实中央、省委全面深化改革领导小组会议精神，审议改革事项约

* 陈加友，贵州省社会科学院对外经济研究所副研究员，博士、博士后，研究方向：区域经济发展、产业经济学。

167 项，创造出一批“全国率先”“全国首个”，一些重点领域和关键环节改革取得突破，得到党中央、国务院有关领导的肯定，改革成果红利不断释放，为经济发展注入了新的动能和活力。

（一）围绕创新发展理念全面深化改革聚合力

1. 创新管理体制

两级扁平化管理体制和大部门制改革向纵深推进，为新区的开发建设和公共管理提供良好的组织机制保障。编制的有限倒逼大部制改革，贵安新区不断优化现有内设机构、派驻机构设置，理顺部门职能，实现部门职能、机构与人员合理配置。大部制管理模式催生了新活力，支撑和保障了整个贵安新区的有序运作。按照“小政府、大社会、强基层”的思路，实行贵安新区管委会和乡镇两级扁平化管理体制，压缩了管理层级，拓宽管理幅度，精减管理人员，推进权力中心下移，构建富有弹性的新型行政管理模式，实现行政决策层与执行层直通，提高行政效率，降低行政成本。

2. 创新园区发展机制

开展贵安综合保税区、贵安电子信息产业园体制机制创新试点，设立园区管委会，贵安综合保税区党工委、管委会与贵安新区电子信息产业园党工委、管委会合署办公，实行一个机构、一体运管、一套人马、两块牌子，授权综保区管委会行政职能覆盖综保区和电子园规划范围；授权综保区（电子园）管委会统一行使园区行政管理、财务管理、开发建设、运营管理、招商引资、制度创新、综合协调等职能。将贵州贵安电子信息产业投资有限公司和贵安综合保税区有限公司从贵安新区开发投资有限公司剥离，作为新区管委会直属企业，委托园区管委会行使出资人权益并管理。除规划、土地、环保、产业协调等重大事项由新区管委会统筹外，将园区能够自行决策事项的管理权限全部下放，给予园区最大的发展自主权，不断增强园区发展活力，提高运行效率，为国家级新区园区管理体制改革提供经验和示范。

3. 建成全国审批最少新区

开展国家相对集中行政许可权试点，全国率先试点推进“审批局外无审批”，在全国率先走出“六个一”的改革新路，得到李克强总理、杨晶国务委员批示肯定。先后获省政府批准划转行政审批事项 331 项，集中行使新区内设机构95%的行政许可权，成为全国审批最少新区。在全国率先探索建设集审批、监管、服务和监督于一体的大数据云平台，初步构建了审批云、监管云、监督云、招商云、证照云、分析云等“六朵云”。在全国率先探索编制行政许可事前审批和事中事后监管“标准清单”。在全国率先探索力度空前的取消办证、改为备案、自主办证、承诺办证、证照合发、严格准入等“六个一批”“证照分离”改革新模式。深入推进投资项目审批改革，提出19项试点措施，项目审批时限可缩短到40天以内，相对法定时限提速85%以上。

4. 探索国有企业“三转三变”改革

推进贵安开投公司向投、融、建、产、管、运“六位一体”城市综合开发运营商发展。探索“三转三变”的公司市场化运营模式，探索“三转三变”改革。加快开投公司向市场化、实体化转型，探索转业务形态、转运营模式、转管理方式，平台公司向市场主体转变、融资建设向投资实体转变、生产管理向资本管控转变改革，打造以资本管控为核心的大型综合集团公司。探索外部独立董事制度改革，借鉴“淡马锡”经验，在一、二级子公司中选择1~3家开展外部独立董事改革试点，研究外部独立董事从加入董事会到在董事会中占绝大多数对投资决策的影响和效果，探索一条可借鉴、可复制的外部独立董事制度。改革人力资源管理和薪酬体系。按照“人员能进能出、收入能高能低、干部能升能降”的原则要求，改革现有人员进出机制、职务晋升机制、薪酬制度，激发国企创新活力。目前贵安开投公司资产总额达2499.32亿元，净资产1200亿元以上，新增融资到位资金343.67亿元，实现收入63.54亿元，实现净利润1.89亿元。开展贵州贵安文化旅游投资集团有限公司管理模式创新试点，按照整合化、效率化、扁平化原则，开展“三线一池”创新试点，提升文旅投集团自主决策、自主经营能力以及开发建设能力，加快国际旅游休闲度假区开发建设速度。

5. 依托“大数据+大开放”全力抢占新经济制高点

抢抓贵州省建设全国首个国家级大数据综合试验区发展机遇，先后制定出台大数据战略行动实施意见、贵安云谷三年会战方案、大数据双创三年会战方案等，不断完善顶层设计，积极探索大数据全产业链、全治理链、全服务链“三链融合”发展贵安模式，依托“大数据+大开放”加快构建以大数据引领的电子信息、高端装备制造、大健康医药、文化旅游、现代服务业五大产业为主的现代产业格局，以大数据为引领的现代产业体系加快形成，大数据产业规模达到250亿元。规划建设集成电路产业园、高端装备制造产业园、大数据孵化园、贵安云谷等产业平台，探索“核心+配套”“资本+股权”“基金+项目”“项目+总部”“政策+项目”模式广招商、招大商，加快补齐产业短板，催生衍生和关联业态。大数据产业发展集聚区、南方数据中心示范基地和绿色数据中心加快推进，三大运营商、苹果、华为、腾讯、百度及中科院、国家天文台、公安部等一批行业级、国家级数据中心、灾备中心陆续落地，数据宝、空中网、华域医疗等一批数据应用型服务型企业先后投入运营，以五龙新能源汽车、中德西格姆、联影医疗、中航精铸发动机涡轮叶片等为代表的高端制造业迅速壮大，高通与新区共同组建了贵州华芯通半导体技术有限公司，研发设计ARM架构服务器芯片。建成数字经济产业园、电商科创园等创业平台和孵化器200万平方米，联合NIIT、IBM、微软等国际知名企业强化人才培育，为产业发展提供智力支撑。引进阿里巴巴、启迪控股、上海贝格、白山云科技等优秀团队，探索“人才+项目+团队”和“人才+基地”等模式，打造集储存、挖掘、分析、清洗、展示、应用、数据产品评估和交易等于一体的大数据核心产业链条，聚集孵化平台20家、服务机构30家，在孵企业1900余家。

6. 获批建设国家双创示范基地

制订实施双创“三年行动计划”，出台完善鼓励大学城师生落户等支持双创的35条配套政策，制定《贵安新区关于鼓励花溪大学城清镇职教城大学生在贵安新区创业落户若干政策措施（试行）》《贵安新区关于推进大众创业万众创新若干政策措施（试行）》（黔贵安管发〔2016〕1号），创新政策扶持模式，设立创业代金券。创新双创服务模式，建立双创工作领导小组办公室、双创服务中心及高校、园区、乡镇的三级服务体系，构建“一个平台、两个系统、三个终端、线上线下”结合的服务模式，建立“一站式创新创业服务中心”和双创服务平台网站，构建涵盖政策、服务、技术、人才、资金、市场等全方位创业服务体系，促进贵安新区成为全国大数据创新创业首选地。探索“四众”发展模式，通过加大双创平台建设，积极推进专业众创孵化平台、众包服务平台、众扶共享平台、众筹融资平台建设，完善政策体系和服务体系，累计引进包括人力资源、知识产权、项目包装等在内的8类主题服务机构60家，制定《贵安新区直管区教育人才引进实施办法（暂行）》。全面推进“双百”工程建设五年行动，着力引进和培育百名科技人才、百名能工巧匠，集聚和发挥科技人才、能工巧匠创新创业的引领作用，争创国家级“双百”人才创新创业基地，提升贵安新区直管区自主创新能力和产业竞争力。吸引更多优秀教育人才加入贵安新区教育建设，不断满足人民群众对优质教育的迫切要求，为建设高水平现代化一流新型城市提供优质的教育服务和智力支撑。

7. 创新公共服务提供机制

采取政府购买服务的方式变“养人”为“干事”，制定《贵州贵安新区管理委员会办公室关于向社会力量购买服务的实施意见》，进一步放开公共服务市场准入，规范政府购买服务行为，加强财政资金使用绩效管理，提高财政资金使用效益，全面提升政府服务水平，不断满足社会公共需求。制定出台促进供给侧结构性改革的23条具体措施，在全国率先推进配售电侧改革试点。推广政府和社会资本合作模式，出台《贵安新区直管区关于推广政府和社会资本合作模式的实施办法（试行）》，向社会资本开放基础设施和公共服务项目。

（二）围绕协调理念全面深化改革聚合力

1. 新型城镇化示范区建设取得新突破

坚定不移地按照孙志刚书记“精心打造一流的新型城市化样板”的要求，顺应城市发展规律，制定《贵安新区国家新型城镇化综合试点实施方案》，走出一条高端化、绿色化、集约化发展新路，把贵安新区打造为经济繁荣、社会文明、布局合理、环境优美、群众满意的具有山地特色的新型城镇化示范区，着力构建一体共生新格局。

推进空间协调发展。坚持以人为本、道法自然、天人合一理念，不“摊大饼”、只“蒸小笼”，在总规和80余项规划的基础上，根据中央城市工作会议精神和省委、省政府要求，进一步优化提升相关规划。以生态、人文、现代为核心，优化大学城总规、控规和6个专项规划，实现“多层融合”；进一步完善中心区城市设计、控制性详规、海绵城市等4个中心区专项规划；开展新一轮美丽乡村规划设计方案征集；启动慢行系统、停车充电设施、酒店布局等4个专项规划。

推进功能协调发展。坚持山为景、桥隧连、组团式发展布局，加快大学城、生态城、科技城、旅游城四城联动。大学城入驻师生15万人，开工群升综合体二期、幼小初学校、中影贵安影视城、医院等功能性设施270万平方米，建成全域WiFi、垃圾转运站等市政设施，中国—东盟教育交流周永久会址、群升豪生大酒店等一批高端服务设施投用，恒大花溪谷、书城、中传文化旅游示范项目即将落户；生态城第一批39个重点项目建设，开工建设综合体等商业项目148.5万平方米，学校、医院、市民中心、档案馆、规划馆等公共建筑68万平方米，打造生态绿地1万余亩，完成投资160亿元；科技城建成公租房31.97万平方米，泰豪e时代、富贵安康小镇、实验幼儿园等一批生活服务配套设施投入使用；旅游城建成北斗湾小镇、瑞士小镇、六月六风情街、贵澳农旅产业园等一批重大设施，玲珑湖樱花园、高峰花海等高端旅游项目加快推进。

推进区域协调发展。深入实施贵安一体化国家战略，规划建设了与贵阳、安顺等地连接的“五横五纵”互联互通骨干路网，连接贵阳市的市域快铁即将完工，地铁S1号线、贵安高铁站快速推进，黔中经济区各种资源要素快速聚集流通，1小时交通圈正逐步转变成1小时经济圈。与贵阳、安顺建立“五联八同”机制，在规划管控和建筑风貌指引、生态环境安全联防联治、招商引资互帮互助、旅游路线合力打造等方面开展合作。新医药产业园、新能源汽车产业基地、清镇物流园等区域合作项目加快推进，聚合效应渐次清晰。

2. 海绵城市建设取得新成效

深入落实习近平总书记“节水优先、空间均衡、系统治理、两手发力”治水思路，创新城市规划建设理念，通过充分发挥城市绿地、道路、水系等对雨水吸纳、蓄渗和缓释作用，提高城市防洪排涝减灾能力，削减城市径流污染负荷，缓解城市水资源压力，保护和改善城市生态环境。制定《全面推进贵安新区直管区海绵城市建设实施方案》，创新城市雨水管理理念，重点考虑将雨水少排、慢排，最大限度利用雨水资源，统筹解决新区发展中面临的水资源、水环境、水安全和水生态问题。创新城市节水、治污和合流制改造的方法，完善海绵城市建设、验收和监控各项制度，出台《贵州贵安新区管理委员会关于全面推进贵安新区直管区海绵城市建设决定的通知》，积极研究海绵城市建设中的体制机制问题。编制出台《贵安新区蓝线管理办法》，形成完善的城市河湖水系保护、城市湿地“零净损失”机制。构建新建项目海绵城市建设激励机制及城市防洪防涝的预警预报机制，制定相关制度和管理规定等，确保相关部门在行政审批中有法可依。规范和加强海绵城市建设专项资金管理，出台《贵安新区海绵城市建设专项资金管理暂行办法》《贵安新区海绵城市财政奖补暂行办法》提高财政资金使用效益。总结适合中国西南山地城市的"雨洪管理"的特色经验，实现海绵城市由科研向产业转换。

3. 统筹城乡协调发展

推进新区全域美丽乡村建设，制定《贵安新区直管区2016年全域美丽乡村创建实施方案（试行）》，开展确权登记颁证工作，加快推进农村综合改革试点工作。启动资源变资产、变资本，农房变民宿、变作坊，农民变股民、变商人的"三变"试点。试点推进农民"宅基地产权交易"。探索"政府搭台+企业运作+金融支撑+合作经营"的多元投融资机制。推进新区户籍制度改革，推进农民进城落户。制定《贵安新区乡村两级基本财力保障暂行办法》，建立和完善乡村两级基本财力保障体系，夯实基层政权基础，规范财政收支行为，提升基层政府服务"三农"的能力和水平，促进新区经济社会协调发展和全面进步。

（三）围绕绿色理念全面深化改革育引力

全力推进生态文明试验区建设，坚持以山水林田湖综合治理保护为统揽，大力实施大生态战略行动，坚定不移守好山青、天蓝、水清、地洁生态底线，大力实施绿色贵安、山水林田湖、退耕还林还草还湖还湿三大"三年行动计划"，做好"揽山入城、拥水抱湖""以文立城、以文铸魂""满城入画、全域绘景"三篇文章，加快形成百姓富、生态美的发展新格局，积极打造生态文明建设的贵安范本。在生态文明建设体制机制改革方面先行先试，编制生态文明建设规划和环境保护规划，建立生态文明建设"1+9"制度和生态规划协同、生态共建共享、大数据精准管控机制。加快西部绿色金融港规划建设，坚持走高端化、绿色化、集约化发展道路，成立中共贵州贵安新区绿色金融港工作委员会、贵州贵安新区绿色金融港管理委员会。制定实施企业准入环保负面清单，投入20亿元关闭污染企业和破坏生态的砂石厂150余家。加快全国第一批海绵城市建设试点，在19.1平方公里范围内实施总投资46.7亿元的8大类67个项目，打造"会呼吸的城市"。构建新区、乡镇、村（社区）三级河长制的管理体系，按国内最高标准建设污水处理厂，面向国际招标实施水质提升工程。大力发展生态经济，规划建设云漫湖国际休闲旅游度假区、梅岭国际温泉度假公园、安平生态区等系列旅游产品，实施“六个万亩”工程发展休闲农业、乡村旅游等新业态，把“绿水青山”变成“金山银山”，努力实现百姓富、生态美的有机统一。制定《贵安新区直管区环境功能区划定技术方案》，充分考虑区域空间的环境质量现状和区域资源环境承载力，坚持经济、社会、环境相统一，确保区域经济规模、人口规模和城镇化建设水平与资源环境承载力相适应，真正实现“在发展中保护、在保护中发展”。

（四）围绕开放理念全面深化改革出活力

坚定不移肩负“打造新常态下全省改革开放新窗口”使命，以全省获批内陆开放型经济试验区为契机，加大招商引智力度，大力构建开放型经济体系，大力营造国际化的营商环境。

1. 打造一流开放平台

贵安综合保税区正式封关运行，率先提出建设大数据综保区，积极复制推广上海自贸试验区改革试点经验，积极创建国际贸易“单一窗口”，搭建集服务贸易、电子口岸、申报审批、仓储物流、加工贸易于一体的数字化平台，建设跨境电商行业垂直大数据应用平台（UM 数据魔方）、贵州省首个跨境电商数据共享与交易平台（UMFREE 数据市场）、贵州省首个跨境电商云平台，打造一流的投资贸易便利化环境。建成贵安综保区路网。两年签约项目 108 个、总投资 62.5 亿美元，实际到位资金 84.26 亿美元，已落地项目 20 个，租用综保区厂房、仓库、办公用房共计 36 万平方米，实现进出口额 2 亿美元。

2. 构建投资贸易便利化新体制

推进服务贸易创新发展试点，充分发挥贵安新区在大数据、云计算、互联网与服务贸易融合发展方面的优势，在服务贸易管理体制、促进机制、政策体系、监管模式等方面先行先试，推进服务贸易便利化和自由化。建立“公司总部型”离岸金融贸易服务区，鼓励新区内机构和企业创新跨境支付结算投融资业务、推进跨境人民币结算有关试点工作，拓宽融资渠道，扩大跨境融资规模。推动贵安综保区从物流和信息流融合向更高层次的贸易流、资金流融合。

3. 开放合作迈上新台阶

世界酒店与旅游教育论坛、国家级新区绿色发展联盟会议、绿色数据中心论坛、虚拟现实峰会、民博会等吸引5000余名各界专家学者和企业家深入新区调研考察。大数据与政府治理创新研讨会、国家级新区法制年会、贵州跨境投资与贸易洽谈会把新区名片进一步推向全国各地。接待外来考察学习代表团等1.5万人，提高了新区的知名度、美誉度。

4. 创新招商引资新模式

新区新签约招商引资项目400个，项目投资额842.6亿元，各类500强企业达到38家。采取“核心＋配套”的方式引进五龙汽车已带动27家企业落户，高通芯片项目可引入封装测试等关联企业30家左右。采取“资本＋股权”的方式首期出资3亿元撬动17亿元直接投资、发行20亿元产业基金；累计直接投资2.5亿元，促成北京电桩科技、精准医疗大数据等9个项目落户并完成社会投资7.3亿元。采取“基金＋项目”的方式先后参股设立总规模135亿元的7只基金，完成基金投资15.25亿元，带动大数据、新能源、文化旅游领域9个项目落地，可带动社会资本投资62.47亿元。采取“项目＋总部”的方式引进中铁建（房地产）、中铁二十局、中铁十七局、中冶集团等4个区域性总部，注册总金额70亿元。采取“政策＋项目”的方式累计兑现扶持资金7.45亿元，促进西美等29个项目落地。

（五）围绕共享理念全面深化改革增聚力

习近平总书记在党的十九大报告中指出：“增进民生福祉是发展的根本目的。”贵安新区围绕共享发展的理念，以“大扶贫”和“大数据”两大战略行动统揽全局，组织实施脱贫标准、社会保障、经济发展、美丽乡村建设、基层组织建设“五个高一格”扶贫，实现直管区全部贫困家庭人均纯收入6000元以上、贫困村集体经济收入10万元以上，17个贫困村全部高标准出列，实现高标准脱贫的“双提升”。全区农民年人均可支配收入达到12000元以上，统筹城乡工作取得决定性发展。改革红利不断惠及民生，新区人民群众获得感越来越强，为新区提前全面小康打下坚实基础。

1. 创新安置模式

坚持开发先安民、建设先惠民、发展先富民“民生三优先”，推行农民市民化、打造生活新方式、创建保障新体系、探索增收新渠道“一化三新”的征收安置模式，基本建成可安置6万名群众的14个新型生态智慧社区。以

“搬得出、稳得住、能发展、可致富”为目标，按照“应搬尽搬、整体搬、集中安、分散迁”的要求，创新特色绿色小镇和美丽乡村安置方式，拓宽搬迁渠道。

2. 创新产业融合

实施樱花、香稻、茶园、葡萄、草场、经果“六个万亩”工程，推动产业与生态融合、一二三产融合、农旅文融合、人与自然融合。抓好就业创业扶持工程。

3. 推进电商扶贫

开展农村电商扶贫试点工程，对贫困家庭开办电商业务给予小额信贷支持，鼓励第三方电商服务企业搭建贫困村农特产品电商销售平台。贫困户按户每年发放5000元电商扶贫抵扣券，用于购买电商农资下乡和农特产品网上销售。

4. 创新政策支持方式

推行贫困户“三优三免四补”特惠政策，打造“四位一体”的社会帮扶平台，构建农业企业、农民专业合作社、家庭农场和科技大户带动贫困户脱贫致富的联动机制。探索“龙头企业引领 + 合作社组织 + 贫困户资源入股”的发展模式，给予入社贫困户10000元/户一次性入股资助，对吸纳贫困人员的合作社，每吸纳一名给予2000元的补助。

5. 坚持底线思维

严格落实“应保尽保、应扶尽扶”要求，实现农村低保标准和扶贫标准“两线合一”，织密织牢社会保障“安全网”。建立社会力量联动帮扶机制，新区国有企业对口帮扶17个贫困村，切实在农村电商、文化旅游和特色农业等产业发展上带动贫困户增收致富，为贫困户开发提供1000个以上的适宜就业岗位。

6. 强化动态管理

建立扶贫对象动态管理机制，分类实行“绿卡”长远管理和“红卡”重点管理。建立有效脱贫跟踪退出机制，对贫困户实行动态管理，脱贫一户、销号一户。建立项目资金精准管理机制，精准安排项目，精准使用资金。建立精准脱贫成效评估机制，探索引入第三方独立评估制度，建立由户到组、由组到村、由村到镇、由镇到区的脱贫成效评估机制，重点对减贫人口数量、贫困群众增收、生产生活条件改善、公共服务水平、生态环境建设、社会保障状况等情况进行综合考评。建立脱贫攻坚督查督办工作办法，推动新区精准扶贫工作向科学化、规范化、制度化发展。

二 贵安新区全面深化改革存在的问题

（一）思想认识不足

部分单位和同志对改革的重要性认识不足，对国家改革政策理解不深不透，工作重视不够，紧迫感不强，存在“不想改”的现象。

（二）责任担当不够

部分同志总是照搬“法律法规规定”，不主动推动落实改革措施，在改革创新上止步不前，担心改出问题和麻烦，存在“不敢改”的思想顾虑。

（三）推动合力不强

由于新区实行大部制、扁平化的管理体制，各部门承担大量的工作，涉及多个部门的改革工作任务存在配合不够协调，开展不够迅速，成效不够凸显现象，改革整体推进合力不足。

（四）政策复制推广系统性不够

贵安新区本着创造堪比自贸试验区的营商环境为目标，“1+3+7”自贸区设立以来，国务院和国家部委在负面清单管理、贸易便利化、资本项目可兑换和金融服务业开放、政府职能转变等方面出台了大量政策措施，这些政策措施相互关联、互为支撑、合力推动自贸区的改革创新。目前，贵安新区只是复制推广了自贸区的部分政策，政策呈现“碎片化”特点，企业获得感不强。

三 进一步推进贵安新区全面深化改革的对策建议

国家级新区由于被国家赋予先行先试政策，在对法治与改革充分重视的情况下，基于对央地互动关系中放权行为的理解，地方政府可以采用更加灵活的政策举措，进行领先于全国的探索改革任务，以保障国家级新区各项事业的进步和发展。建设五大新发展理念先行示范区，关键要在体制机制上先行先试，激发开放活力，培育新的动能。贵安新区应按照“四个有利于”的要求，以问题为导向，以供给侧结构性改革为主线，高标准对标自贸试验区体制机制改革，构建世界一流的发展环境，使改革含金量充分展示，让人民群众享有更多的获得感，最大限度激发“改革红利”。

（一）积极申建中国（贵安）自由贸易试验区

目前周边省（市、区）中，重庆和成都正在全力建设自贸试验区，并积极研究自由贸易港区建设，云南、广西正在利用沿边优势积极申建自由贸易区，湖南依托广州南沙新区建设，全力推进自贸试验申建。自贸试验区是全面深化改革扩大开放的试验田，作为我国目前改革力度最大的区域，对促进当地经济社会发展起到积极推动。贵安新区作为贵州省改革开放的排头兵，紧紧抓住党中央、国务院构建开放型经济新体制重大战略契机，紧扣国务院批准贵州内陆开放型经济试验区建设，努力创造不是自贸区却高于自贸区的政策体系，积极打造中国（贵安）自由贸易试验区。

（二）创新投资管理体制改革

瞄准全国11个自贸试验区政策体系，以激发市场活力为出发点推进投资便利化，全面实行准入前国民待遇加负面清单管理制度。向国内外资本平等开放，宽领域、全方位引资。依托大数据建立中介服务需求信息发布平台和中介服务机构信息库，在平台内实时发布投资项目的中介服务需求，在库内实现中介机构基本信息公开、服务业绩公开、客户评价公开、服务价格公开、违规违纪情况公开促进中介机构服务质量提高。派遣干部到上海、广东等自贸试验区挂职锻炼，学习先进的管理模式和工作经验，及早接触各类资源，做到心中有数。

（三）构建事中事后监管模式

深入推进“放、管、服”改革。借鉴上海浦东新区监管模式，简化审批程序，将政府管理重心从注重事前审批转向注重事中和事后监管，提高以科学监管为标志的政府治理能力提升。实行高水平的贸易和投资自由化便利化政策，保护外商投资合法权益。凡是在贵安新区境内注册的企业，都要一视同仁、平等对待，以保证跨境贸易环境的公平。

（四）建立健全知识产权保护体系

推行优惠原产地规则的便利化，保护知识产权。原产地规则是自由贸易区的“镇区之宝”，有着开启国际市场“金钥匙”之称的自由贸易区优惠原产地证书，是吸引世界名牌、中国名牌和特色精品落户综合保税区和自由贸易区的基本保证。

（五）全力推进贸易便利化改革

以综合保税建设为契机，加快建设快速便捷的进出口商品通关条件，建立无纸贸易平台，为贸易便利化提供了必要的通关平台。建立跨境跨区域电子商务协同工程，制定电子贸易的流程规则。制定严格的电子商务法律法规，统一标准，建设强有力的综合协调组织。加快培育跨境电子商务服务功能，试点建立与之相适应的海关监管、检验检疫、退税、跨境支付、物流等支撑系统和电子商务海关监管体系。建立开放、安全的第三方电子贸易服务平台，促进贸易单证跨平台合同的建立。积极申建跨境电子商务示范区。拓展对外贸易，培育贸易新业态新模式。

（六）创新投融资体制

积极探索政府性投入主要靠PPP、产业发展主要靠基金、国企发展靠改革的“三靠”改革。在风险可控的条件下有序放开资本市场，放松外资公司参与当地证券交易限制，开展投融资自由汇兑试点，实现资金跨境自由流动。外资金融机构在中国境内设立新的分支机构，优先在国家级开放型创新平台布局。探索设立离岸金融结算中心，推进融资服务创新。研究探索在综合保税区开展限额内资本项下自由兑换试点。允许外资进行“绿地投资”、直接并购国企和民企，允许通过合格境外有限合伙人（QFLP）、私募基金、证券投资、风险投资等形式进行股权投资。

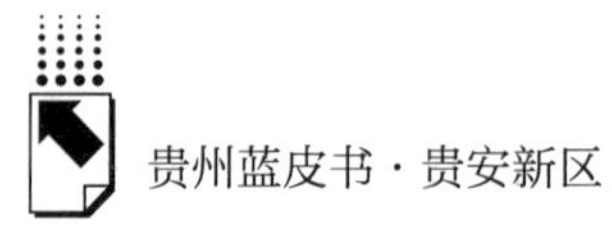

（七）进一步优化管理体制

深入推进两级扁平化管理体制和大部门制改革，不断优化现有内设机构、派驻机构设置，理顺部门职能，实现部门职能、机构与人员合理配置。深入推进综合执法改革。加大对基层事权下放，就近服务市场主体。研究争取设立行政审批局贵安综保区分局（贵安综保区政务服务分中心）和大学城管委会政务服务分中心。

（八）重点推进国家试验示范试点改革

坚持思路宽、责任实、成效好的要求，在重点领域和关键环节上求突破、见成效，形成一批可复制可推广的实物成果和制度成果，真正把试点变成亮点，把先行变成先成，把试验变成示范。推进贵安一体化，完善“五联八同”机制，加快互联互通，拓宽合作共建领域。推进生态文明试验区建设，坚持“两线”一起守、“两山”一起建，全面加快工程建设，全面加快治理保护，全面加快生态富民，把绿水青山建成金山银山，实现“百姓富”与“生态美”的有机统一。

参考文献

习近平:《决胜全面建成小康社会　夺取新时代中国特色社会主义伟大胜利》，2017年10月18日。

《国务院关于进一步促进贵州经济社会又好又快发展的若干意见》（国发〔2012〕2号），2012年1月12日。

《贵州内陆开放型经济试验区建设规划》，2017。

《省人民政府办公厅关于印发贵州内陆投资贸易便利化试验区建设工作方案等四个工作方案的通知》（黔府办发〔2017〕35号），2017年8月12日。

陈敏尔:《在贵州内陆开放型经济试验区建设推进大会上的讲话》，2016年12月27日。

《国家新区发展报告》，中国计划出版社，2016。

《中国自由贸易试验区发展蓝皮书（2016～2017）》，中山大学出版社，2017。

B.9
2016 ~2017年贵安新区数字经济发展报告

卫肖晔*

摘　要： 贵安新区作为贵州实施大数据战略的主战场之一，利用好发展大数据的先发优势，三年来数字经济历经零点起步、白手起家，取得了可圈可点的成绩。本文分析了贵安新区数字经济发展的基础条件，总结了取得的成效，剖析了贵安新区发展数字经济面临“土壤”肥力缺乏、自身资源“极化效应”不显著、区位“数字鸿沟”明显、数字经济“内生动能”不足等挑战，提出了贵安新区发展数字经济应围绕大扶贫、大数据、大生态三大战略行动，以大力开发数字资源价值、打造信息产业特色高地、服务传统行业融合创新、发展数字化现代服务业为重点，为贵州省和贵安新区数字经济发展提供要素平台支撑和强劲增长动力，形成全省数字经济发展资源集聚中心，打造贵州数字经济发展排头兵。

关键词： 贵安新区　数字经济　报告

“数字经济是指以使用数字化知识和信息作为关键生产要素、以现代信息网络作为重要载体、以信息通信技术的有效使用作为效率提升和经济结构优化重要推动力的一系列经济活动。”① 面对数字经济发展大潮，各国都在大力实施国家数字化战略，如日本的新机器人战略、德国的工业 4.0、美国的工业互

* 卫肖晔，贵州省社会科学院图书信息中心副研究馆员，研究方向：图书情报学。

① 《中共贵州省委　贵州省人民政府关于推动数字经济加快发展的意见》，《贵州日报》2017年4月13日。

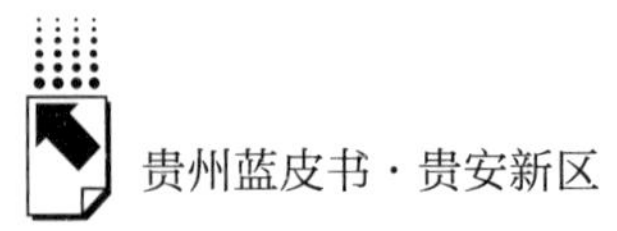

联网、欧盟和英国等的数字经济战略等，谁能够抢抓数字经济发展的机遇，谁就能站在发展的前沿。

一 国内数字经济发展现状及贵州省数字经济发展概况

（一）国内数字经济发展背景及现状

1. 国内数字经济发展背景

中国经济在经历了改革开放以来近四十年的高速增长之后，开始进入增长速度放缓、动力转换和结构升级的新常态阶段。习近平总书记明确指出要“做大做强数字经济，拓展经济发展新空间”，“加快数字经济对经济发展的推动”，习总书记指出了数字化发展带来的历史性机遇，为我国在经济新常态下稳增长、调结构、转方向指明了方向。

2016 年 7 月，中共中央、国务院办公厅印发了《国家信息化发展战略纲要》，明确了五大类 56 项重点任务，提出了中国信息化发展的三步走战略目标。紧接着两年时间里，一系列围绕数字经济和信息化的政策文件相继密集出台，各部门、各地区也纷纷制定出台相应的行动计划和保障措施。2017 年，十二届全国人大五次会议首次将“数字经济”写入政府工作报告，并强调促进数字经济加快成长，让企业广泛受益、群众普遍受惠。至此，发展数字经济、建设网络强国已形成全国共识，中国数字经济开始扬帆起航。

2. 国内数字经济发展现状

第一，高速泛在的信息基础设施基本形成。截至 2017 年 12 月，我国互联网用户、宽带接入用户规模位居全球第一，互联网普及率达到 53.2%，网民数字达到 7.72 亿。[①] 第二，数字经济成为国家经济发展的重要引擎。中国数字经济的比重自 2008 年以来逐年提升，2016 年增速高达 16.6%，占 GDP 比重达 30.1%。目前数字经济正在成为中国经济稳定增长的主要动力。据 2017 年

① 中央网络安全和信息化领导小组办公室、国家互联网信息办公室、中国互联网络信息中心：《中国互联网络发展状况统计报告》，2018。

统计数据，中国数字经济规模达到27.2万亿元，占GDP比重近1/3[①]，已超过日本和英国，高于一些发达国家，增速分别是日本（5.5%）、英国（5.4%）和美国（6.8%）的3倍、3.1倍和2.4倍[②]，达到全球领先水平，成为全球第二大数字经济体。凭借后发优势，未来中国在全球数字经济中的比重将进一步提升。第三，数字经济全面渗透到生产生活各个领域。数字经济除了在社会生产领域迅猛发展外，已经开始融入城乡居民生活，逐步渗透到居民的衣、食、住、行等生活领域。它兼具第一产业的资源型、第二产业的加工型和第三产业的服务型，正在引领传统产业转型升级，促进三次产业数字化融合发展。第四，数字经济推动经济发展新业态、新模式不断涌现。"互联网+政务""互联网+金融""互联网+旅游""互联网+教育""互联网+医疗"等新模式不断涌现，中国电子商务保持良好发展势头，正在成为全球数字经济发展排头兵。

（二）贵州省数字经济发展现状

1. 数字经济发展的体制机制不断完善

2014年以来，党中央、国务院高度重视贵州省发展，出台政策大力支持贵州省实施大数据战略行动。2016年10月，贵州省委省政府批准成立贵州省大数据发展管理局，理顺了大数据发展体制，这是全国第一个直属省政府的正厅级大数据发展管理机构，有力地推进了大数据工作的开展。2017年2月，贵州省大数据发展领导小组办公室印发了全国首个省级数字经济发展专项规划《贵州省数字经济发展规划（2017～2020年）》，提出用3年时间探索形成具有数字经济时代鲜明特征的创新发展道路。随后，《中共贵州省委　贵州省人民政府关于推动数字经济加快发展的意见》出台。《意见》要求："到2020年，数字经济主体产业增加值年均增长20%以上，数字经济增加值占地区生产总值的比重达到30%以上，数字经济对国民经济发展的先导作用和推动作用进一步得到发挥。"[③]

① 《2017年全国数字经济规模达27.2万亿》，光明网，2018年6月11日，http://difang.gmw.cn/bj/2018-06/11/content_29237451.htm。

② 张焱：《数字经济正在成为全球经济复苏新动力》，《中国经济时报》2017年3月31日。

③ 《中共贵州省委　贵州省人民政府关于推动数字经济加快发展的意见》，《贵州日报》2017年4月13日。

2. 信息基础设施显著改善

2014 年以来，贵州省深入实施“光网贵州”和“满格贵州”两大工程建设，建成贵阳·贵安国家级互联网骨干直联点，信息基础设施显著改善。从通信光缆总长度来看，截至 2017 年底，贵州省通信光缆总长度达到 90 万公里，同比增长 11.7%，增速高于全国同期水平 1.9 个百分点。从互联网出省带宽能力看，截至 2017 年底，贵州省互联网出省带宽达到 6730Gbps，同比增长 46.9%。从移动网络建设看，基本实现“村村通光纤，户户能上网”，2017 年底完成 9000 个行政村通光纤，2300 个行政村 4G 网络覆盖。① 从数据资源和数据基础设施来看，“数聚贵州”成效明显，数据中心、云计算平台、大数据平台、政务信息资源共享交换平台建设在全国处于领先地位。截至 2016 年底，全省数据中心服务器投入使用数达 5.73 万台，省、市两级政府应用系统已迁云 476 个，云上贵州系统平台集聚数据量达到 220T，与 2014 年底比增加了 100T。

3. 数字技术产业爆发式增长

2014 年以来，贵州省以互联网、物联网、大数据、云计算为突破口，深入实施电子信息制造业、软件和信息技术服务业、通信服务业“三大产业培育工程”，数字技术产业爆发式增长。一是以智能终端为代表的电子信息制造业迅速增长。2016 年增加值 91.35 亿元，同比增长 72.31%，2014 ~2016 年平均增长达 59.6%，高于全国平均增速 51 个百分点。二是软件和信息技术服务业快速增长。贵州省加快数字企业培育，着力打造货车帮、白山云、数联铭品、易鲸捷等一批国家级的行业标杆企业。2016 年软件和信息技术服务业实现收入 210 亿元，同比增长 35%，高于全国同期水平 23.5 个百分点。三是通信服务业发展较快。2016 年，通信服务业业务总量实现 796.6 亿元，同比增长 65.8%，高于全国平均增速 11.6 个百分点。

4. 大数据与三次产业融合发展

近年来，贵州省先后实施了“千企改革·大数据助力企业转型升级专项行动”“大数据 + 产业深度融合计划”，推进数字经济与工业、农业和服务业融合发展。大数据与工业融合发展较快，2017 年，贵州省大数据与工业融合

① 《2017 年贵州信息通信业发展》，贵州省人民政府网，2018 年 1 月 19 日，http://www.gzgov.gov.cn/xwdt/dt_22/bm/201801/t20180119_1091129.html。

水平达到35.6，领先三次产业；大数据与农业深度融合水平为31.3，大数据与农业融合发展初见成效；大数据与服务业深度融合水平为31.6，高于农业、低于工业，大数据与服务业融合发展亮点频现。

二 贵安新区数字经济发展现状

自2014年1月6日贵安新区获准成立以来，以其黔中经济区核心地带的发展潜力和区位优势被外界普遍看好。新区数字经济尤其是信息软件行业呈现爆发式增长，三年来历经零点起步、白手起家，取得了可圈可点的成绩，为贵安新区高起点发展数字经济奠定了基础。贵安新区作为贵州实施大数据战略的主战场之一，按照习近平总书记“新区的规划建设，一定要高端化、绿色化、集约化，不能降格以求”的讲话精神，利用好发展大数据的先发优势，发展好数字经济，为贵州省和贵安新区数字经济发展提供要素平台支撑和强劲增长动力，形成全省数字经济发展资源集聚中心，打造贵州数字经济发展排头兵。

（一）信息基础设施建设完备

2014年1月6日，贵安新区自成立以来，凭借“气候优势、资源优势、区位优势、政策优势”把大数据作为战略重点和核心竞争力培育，大数据即是贵安培育经济发展新动力、拓展经济发展新空间的选择，也是贵安跨越发展、同步小康的现实需要。三年多来，新区按照“高端化、绿色化、集约化”要求，高标准、高起点推进新区开发建设，实现了既定发展目标。

①信息基础设施投入力度大，完成信息基础设施投资29亿元；②截至2017年底，完成大数据产业规模总量341.79亿元；③百度创新中心、国家天文台FAST数据中心、中科院医疗大数据中心、新致云软件、博思中国等一批引领性项目入驻园区；④引进华为、富士康、腾讯等一批数据中心资源，已完成17万台服务器的服务能力；⑤新区以智能终端制造为标识的产业框架基本形成，与纽戴尔、星瑞安、国威、科迪、乐道科技等89家重点企业成功签约。

（二）数字经济产业园区配套完善

2017年7月28日，全省首个数字经济产业园正式开园。贵安数字经济产业园位于花溪大学城商业配套最为集中的核心区域，数字经济产业园以“立足贵安、引领贵州、辐射全国”的发展理念，致力于打造贵安新区及贵州省数字经济产业发展高地。

目前，贵安数字经济产业园一期项目总建筑面积约32万平方米，占地面积162亩。项目是目前国内以数字经济产业为主面积最大的产业综合体，可满足500余家企业、1万余人办公。

目前，产业园已注册1120家企业，签约133家。其中，已引进3家世界500强企业，上市公司11家、准上市公司3家、2017年销售过千万元企业10家、大数据培训企业6家、大数据孵化企业5家。

正式开园后，园区将围绕数据收集、管理、使用3大板块，将数据产业细分为13个门类，进行人才培训，提供产学研合作平台。

（三）数字化产业集聚效应凸显

贵安数字经济产业集聚区，重点打造一个体系，建设两个平台，围绕三大促进，发展四型经济，强化五大功能。“一个体系”即一个数字经济产业生态体系；“两个平台”即园区服务平台、产业转化平台；“三大促进”即探索数字经济促进新区绿色和可持续发展、促进新区产业提质升效、促进政治治理和公共服务体系升级；“四型经济”即发展资源型、技术型、融合型、服务型数字经济产业；“五大功能”即加速提升功能、产业辐射功能、孵化培育功能、应用示范功能、分享互促功能。

花溪大学城是贵州省最重要的教育科研基地，聚集了贵州省丰富的教育和科研资源，贵安新区发展数字经济产业，将积极融合高校科研资源、企业技术创新优势，推动数字经济产业在贵安新区的繁荣发展，并在贵安新区花溪大学城形成数字经济产业集聚区。花溪大学城数字经济产业集聚区以打造“一城、两园、三镇、四基地”的产业生态构架，辐射面积22平方公里，建筑面积200万平方米，2020年将形成超300亿元规模的数字经济产业。将以一城（科学城）作为引领，两园（数字经济产业园、花溪大学城双创园）为产业载体，以三镇（大数据小镇、众包小镇、碧桂园文化科技小镇）为产业支撑，以四基地（服务外包基地、物联网基地、贵州科技创新基地、FAST数据基地）为发展向导，形成全省数字经济发展资源集聚中心，打开数字经济产业集聚之门，打造成西部数字经济产业引领示范区。

（四）数字经济发展平台初步搭建

园区积极构建两大平台——园区服务平台、产业转化平台，推动园区的创新发展，转型升级。

1. 服务平台

打造便捷政务服务。强化政务服务平台，拓展大学城双创服务中心功能，依托贵安新区网上行政审批服务中心，快捷提供政务服务，推进“互联网+政务服务”，推进实体政务大厅和网上服务平台对接。健全第三方服务平台，引进涵盖专利申请、法律咨询、工商税务代理、人才培训、项目包装、业务流程外包等国内外优秀科技中介服务机构，全方位提供专业服务平台，实现入驻企业无忧协办效应。打造智慧园区环境。利用园区新建契机，全面部署数字楼宇系统，充分享有数字工作和生活带来的便利性，建设综合布线、楼宇自控、节能监控、安防监控、电话系统、通过中央控制平台实现对园区楼宇各部件的集中监测与智能控制，为入驻企业提供一个便利、高效、安全、节能的办公环境，打造园区智慧运营样板。面向贵安新区和贵州省产业园区，推广智慧园区建设模式和解决方案。

2. 产业转化平台

完善科技成果转化生态环境。构建数字技术领域成果转化机制，优化科技成果转化工作流程。建立以市场为导向的科技成果转化收益分配机制，保障原单位或发明人对科技成果转化所得收益的留归权。发挥数字化推动科技成果转化效能。搭建科技成果转化网络平台，为科研机构、创客群体链接广泛的社会资源，促进科技成果与市场的无缝对接。建立产业技术数据库，实现产业、高校和科研院所的资源共享、互联互通。加强产学研合作。促进高校积极采取多种形式与园区企业合作，开展横向课题申请，弥合研究成果市场推广缺陷。鼓励企业充分利用学校资源，允许企业在校内设置附属研究部门，与学校合作开展面向市场的产品技术研发。定期举办大学城产学研项目洽谈会，促进科教资源与企业需求有效融合。完善科研成果转化服务。提升科技中介认证和信用体系服务，大力培育创新成果交易、技术创新推广转化等产学研合作交流平台，建设科技中介资质认定和信用体系。筛选一批优质中介服务商，为大学城高校、科研单位提供高质量的科技中介和技术交易、投融资管理、法务咨询等服务。

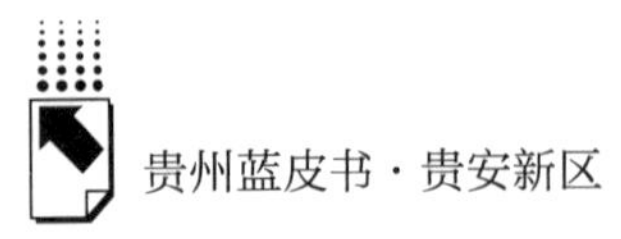

三　贵安新区数字经济发展面临的主要挑战

（一）新区实体经济发展滞后，数字经济“土壤”肥力缺乏

贵州省 GDP 总量规划偏小，2017 年仅占全国的 1.64%，位列全国第 25 位。2016 年，高新技术产业产值 3527 亿元，仅占全国总量（20.5 万亿元）的 1.7%。能源原材料工业比重高，高新技术产业占比小，产业结构层次偏低，产业链条较短，市场主体小散弱状况比较严重，实体经济发展滞后，数字经济“土壤”肥力缺乏，严重制约着新区数字经济发展。

（二）区域竞争日趋激烈，新区自身资源“极化效应”尚不显著

全国各省（区市）之间数字经济产业竞争趋于白热化，数据资源、市场资源成为竞争焦点。分属我国东、中、西部的各新区，经济发展水平尤其是产业发展水平存在一定差异，但是各新区均已形成各具特色的数字经济发展优势，对数字经济发展要素和资源具有很强吸引能力。如：河南在数字经济产业发展中更注重市场环境的营造和产业平台的建设，重庆将培育壮大电子制造业作为数字经济产业发展的重中之重。贵安新区竞争能力偏弱，技术供给处于全国新区较低水平，如何发挥资源禀赋，突出本地特点，在区域数字经济激烈的竞争中获取优势，将成为贵安新区数字经济发展面临的重大挑战。

（三）信息基础设施发展不平衡，区位“数字鸿沟”较为明显

由于贵州省贫困人口和受教育程度较低的人口众多，人们的数字生活涉入度较低，与互联网普及和运用领先的东部发达地区相比，区位“数字鸿沟”明显。2017 年，贵州网络普及率仅为 48.6%，在全国排第 26 位，低于全国水平 4.5 个百分点，分别低于北京、广东、重庆等省市 29.4 个、26.4 个、4.4 个百分点（见表 1）。

此外，城乡互联网普及率的差距不断扩大，贵州省广大农村地区仍然是“数字洼地”，数字生活较为滞后。2016 年，贵州数字生活指数为 0.3559，全国排名第 29 位，在西部 12 个省区市中排名第 10 位，仅高于甘肃和西藏。贵州省互联网指数、电脑指数、支付能力指数等见表 2。

表1　2017 年全国部分省份和贵州互联网普及率

省　份	普及率(%)	全国排名
全　国	53. 12	—
北　京	78	1
广　东	75	2
重　庆	53	16
贵　州	48. 6	26

资料来源：2017 年贵州省互联网发展报告。

表2　2016 年贵州部分信息社会发展指数

指　标	指　数	全国排名
数字生活	0. 3559	29
互联网	0. 3878	30
电脑	0. 2081	29
支付能力	0. 1844	30
固定宽带支付能力	0. 1223	31
移动电话支付能力	0. 2465	24

资料来源：2016 年贵州省信息社会发展报告。

（四）要素资源短缺，数字经济“内生动能”尚需加力

人才短缺制约新区数字经济发展。人才是数字经济生存和发展的命脉，目前数字经济又处于井喷式发展阶段，人才需求量非常大，而人才拥有量和人才需求量存在很大的差距，特别是高层次、高技能人才欠缺。据不完全统计，未来 3～5 年中国需要 180 万大数据人才，到 2017 年底中国大数据从业人员却只有约 30 万人。2016 年，贵州省数字经济研发人员总数为 2. 55 万人，仅占全国总数的 0. 66%。据《中国大数据应用发展报告 2017》研究结果显示，按大数据相关岗位工作地看，贵州发布招聘信息职位数在“前程无忧”网站占 0. 44%，仅高于广西、云南两地，贵安新区数字经济人力资源不仅与北京、广州、上海等数字经济人才密集地差距较大，与周边地区相比也没有优势，人才问题成为关系新区数字经济能否快速发展的最为严峻的问题之一。市场主体培育力度还需进一步加大。经过近年来的持续招商引资，贵安新区引进和培育了一定数量的大数据相关企业，也涌现出“货车帮”这样具有行业影响力的独

角兽企业。但与发达地区相比，企业数量还比较少，特别是具有较强辐射带动能力的龙头领军企业寥寥无几且体量也不大，离“标杆企业顶天立地，中小企业铺天盖地”的要求还有较大的差距。

四　贵安新区发展数字经济总体思路和发展重点

（一）贵安新区数字经济发展目标

《贵安数字经济产业发展规划》明确，贵安新区推进数字经济发展分三步走。基础夯实期（2017 年），园区基础配套设施和生活配套设施基本全面建成，完成数字经济产业生态体系的建设，实现数字经济核心业态聚集。重点引进和培育数据加工、软件外包及数字内容产业，实施数字经济人才梯队支撑计划和“大数据靶场”建设。计划聚集企业 200 家（世界 500 强企业 3 家，行业领军企业 30 家），完成销售收入 10 亿元（其中，数字经济核心收入 5 亿元），上缴税收 1 亿元，带动就业 3000 人。

提升成型期（2018 年），实施产业牵动、资本驱动、人才联动三大任务，构建数字经济资产交易平台、转化平台、评估平台。引进 10 家国内外知名科技金融投资机构；通过引进行业领军企业，带动 100 家小巨人企业；引进和发展 50 名院士、10 名千人计划、100 名博士领衔创业。计划聚集企业 300 家（世界 500 强企业 5 家，行业领军企业 50 家），集聚一批国内外领先的研发中心和实验室，完成销售收入 20 亿元（其中，数字经济核心收入 13 亿元），上缴税收 3 亿元，带动就业 5000 人。

辐射引领期（2019～2020 年），推动做强企业和平台型企业面向全国和全球开拓业务，进一步提升研发创新能力，以加强智力、科研、技术、产品供给为着力点，带动全省数字发展，全面助力传统产业转型升级。2019 年计划聚集企业 500 家（世界 500 强企业 6 家，行业引导型企业 150 家），完成销售收入 50 亿元（其中，数字经济核心收入 30 亿元），实现税收 5 亿元，带动就业 6500 人。2020 年计划聚集企业 800 家（世界 500 强企业 10 家，行业引导型企业 180 家），完成销售收入 100 亿元（其中，数字经济核心收入 70 亿元），实现税收 10 亿元，带动就业 8000 人。

（二）贵安新区数字经济发展总体思路

2017年5月24日，《贵安国家数字经济创新发展试验区创建方案》在“中国国际大数据产业博览会——贵安国际数字经济论坛”上发布，方案指导规划，到2020年，贵安新区数字经济增加值将占地区GDP的比重达到40%以上，将建设成为数字经济技术创新加速地、数字经济业态创新试验田、数字经济对外合作交流桥头堡、全国数字经济政策创新先行区。

下一步贵安新区将围绕大扶贫、大数据、大生态三大战略行动，提升基础设施运营服务水平、布局新兴数字技术领域、创新发展数据存储业务、大力发展数据加工分析业务、加快数据交易平台建设、提升数字安全保障能力，以国家大数据综合试验区引领数据产业发展，打造数据产业集群。把发展数字经济作为新区发展的新引擎、促进创业创新的新手段、服务社会民生的新途径，构建数字流动新通道，培育数字应用新业态，释放数据资源新价值，拓展经济发展新空间，加快推进农业扶贫、生态能源、健康服务、智慧旅游、智慧物流、智能制造等数字经济发展，把新区打造成集数字技术、数字网络、数据分析、数据管理、数据服务等新兴产业于一体，推动全省经济社会实现弯道取直、后发赶超、同步小康。

（三）贵安新区数字经济发展重点

1. 大力开发数字资源价值

充分发挥大数据智力和研发优势，不断提升数据分析能力，重点发展数据采集、分析挖掘、数据可视化、数据交易等业务，加速发展资源型数字经济，打造大数据核心竞争力。

数据采集。引进一批具有数据快速采集技术的优强企业，在精准数据收集和数据清洗方面取得突破。建设包括人才库、硬件库和知识库的花溪大学城数字综合库，为大学城各类资源的高效利用夯实基础。对高校研究成果、科研课题、专业设置、课程设置、教学大纲及教学计划进行数据采集，实现大学城知识数字化。

数据处理分析。引进一批新型数据仓库、机器学习、索引查询、人工智能、数据可视化及图像视频等方面的优强企业，提升大数据挖掘分析挖掘能力。搭建大数据创新研发平台，发起成立“贵安大数据产业技术创新战略联盟”，建设“贵安数据科学重点实验室”“数据工程技术研究中心”等研发机构，形成引领大数据产业技术创新企业联合实体。

数据交易。建设大数据交易平台，承载需求发布、数据发布、数据遴选、数据管理和担保支付结算等功能，为数据供需双方提供对接和交易服务。探索发展数据资产评估、大数据征信、大数据质押、大数据融资等相关配套业态。积极对接贵阳大数据交易所等领先交易平台，参与研究探索建立公平、完善的数据交易规则和定价机制。

数据开放应用。在合法合规、确保安全前提下，引导大学城管委会、高校、企业依托贵州省政府数据开放平台向社会开放数据资源，优先开放信用、就业、文化、教育、科技、资源、环境、金融、质量、统计、企业登记监管等领域高价值数据，打造数据开放样板。

2. 打造信息产业特色高地

坚持产城融合、创新驱动、价值优先的发展理念，以数字经济软硬件产品开发和信息技术服务为重点，加快培育芯片设计、数字内容、行业软件、虚拟现实、人工智能、信息安全等特色电子信息产业，夯实数字经济发展的技术和产业基础。

芯片设计。发展智能硬件芯片、物联网芯片设计业务，重点推进云谷公司与 ARM 安创空间合作“全国在线教育与产业基地”的落成，为创业公司及 OEM 厂商提供底层软硬件技术开发、工程实施和供应链保障等支撑服务。依托 ARM 安创空间在全球的待孵资源，吸引国内外智能终端、智慧物联设备创业及孵化型企业入驻，完善数字经济产业生态。

数字内容生产。加强动漫、游戏、移动互联网 App 应用开发关键技术攻关和先进实用技术推广。着力推动数字动漫、数字出版、创意设计、广告策划、新媒体等新型业态发展，不断提高原创型、高端型数字内容产品比重，推动数字内容衍生品产业链延伸。将花溪大学城打造成为省内乃至全国知名的数字内容生产基地和创意之城。

行业软件开发。发展面向高端数字装备、能矿机械、航空航天、汽车和轨道交通等领域的行业应用软件及解决方案，推动软件与制造技术、自动化技术、管理技术的相互渗透，加强软件在生产过程控制智能化、工业产品设计制造、企业管理信息化、制造装备数控化等领域的应用。鼓励在市政服务、仓储物流、公共事业等领域开发基于云计算、物联网的软件平台和应用解决方案，提升社会智能化水平。

物联网。大力发展智能仪器仪表、传感器、射频器件及中间件等物联网感知产品制造，支持智能传感器、嵌入式软件、射频识别、系统集成等物联网核心技术研发。重点推进贵安新区微软技术实践中心建设，发展基于Windows技术体系的物联网、移动互联网应用，打造集产、学、研、用于一体的技术应用实践平台。

虚拟现实。整合大学城内院校、企业，引进对接外部行业资源，推动虚拟现实软硬件产品研发和产业生态构建。发展基于PC端、移动端和一体机的消费及虚拟现实产品，提供产业配套。发展面向行业应用的虚拟现实软硬件解决方案，推动虚拟装配制造、虚拟设计、虚拟培训、虚拟检测维修等软件研发和应用，支持虚拟现实视频、游戏、社交、旅游、商贸服务等内容的开发制作和分发，构筑大数据和虚拟现实相结合的智能服务云平台。

人工智能。构建人工智能基础资源平台，推进智能语音处理、计算机视觉、新型人机交互、智能情景感知等核心技术和软硬件产品研发和产业化。建立开放的开发者平台和训练资源库，促进人工智能在生产、民生和社会管理细分领域的应用。

网络服务。引进虚拟运营商企业，通过与三大运营商合作，整合大学城互联网出口资源，面向大学城提供质优价廉的移动及固网无限流量套餐业务。以校园网IPv6建设为契机，推动大学城网络的IPv6升级改造，在IPv6商用方面进行先行先试。

数字校园。研发面向高校的数字校园解决方案，实现校园安防监控、校园资产管理、教室使用管理、体育场地管理、后勤服务管理、校园停车管理、综合财务等校务管理功能，实现师资管理、课程管理、多媒体教室管理、数字图书馆管理、虚拟实验室管理、考试管理、教学评估管理等教学管理功能。面向大学城提供数字校园解决方案，并逐步向全省推广。

信息安全。加强安全顶层设计，建立信息安全防护体系，发展网络安全、云安全、数据安全、应用安全、安全终端、安全芯片等产品和服务创新，推动自主可控系统的建设和应用示范。

3. 服务传统行业融合创新

瞄准数字技术与传统产业融合创新发展，重点围绕精准农业、智能制造和能源互联网等领域，结合互联网、大数据、云计算等技术研发新产品，提供解决方案和运营服务，发展融合型数字经济，助力数字经济与实体经济融合发展。

数字化精准农业。整合构建涉农大数据中心，培育农业物联网服务商，积极参加全省、全国农业物联网试验示范工作。建立农用物资和农产品交易、农机租赁、农业数据分析服务等网络服务平台，为农业生产提供多元化农业配套服务和解决方案。

智能制造。研发提供工业生产全流程智能化升级方案，助力流程制造企业提升在线管控能力，建立生产过程数字监控、产品全生命周期监测预警等实时在线管控程序，积极发展生产过程可视化、工艺过程优化、供应商早期介入等服务创新，提升企业生产效率。研发提供制造业服务化发展解决方案，助力制造业企业利用互联网加快远程协助、节能优化、故障预警等运维服务模式推广。

能源互联网。研发智能化用能监测和诊断技术和产品，为智能家居、智能楼宇、智能小区和智能工厂电力管理提供模块化解决方案，服务工业企业能源管理中心建设。鼓励园区供电企业通过大数据技术对电能负载、设备状态等数据进行分析预测与挖掘，开展预测性维护、精准调度和故障判断，提高安全稳定运行水平和能源利用效率。

4. 发展数字化现代服务业

加快数字技术与服务业融合发展，以分享经济、数字内容、文化、教育、电子商务、会展会务、旅游为重点领域，促进数字技术融合的商业模式和产品服务创新，着力发展服务型数字经济，培育数字化、网络化的现代服务产业。

分享经济。打造分享经济平台，对接大学城人才库、知识库，面向全国市场需求，鼓励大学城师生依托平台开展大数据、设计策划、营销推广、影视动画制作、软件开发、工程咨询等服务。整合高校知识、师资、人才、硬件设施等资源，充分利用假期等闲置时间，面向社会提供教育培训等服务。引入摩拜单车、ofo 等分享型短程交通平台，为大学城师生和企业员工提供便捷绿色出行服务，并逐步向贵安新区人员密集区延伸业务。

数字文化创意。积极对接文化部门、文化企业和文化创意产业园，提供宣传推广、数字媒体制作、数字出版、3D动漫制作、虚拟现实和视频制作等业务。建设文化创意公共服务平台，针对民族文化、民间艺术类工艺品，提供创意设计、营销推广、供需对接、定制化生产等服务，带动文化产品和服务的生产、传播、消费的数字化发展，助力贵州省文化产品输出。

在线教育。鼓励高校和园区培训机构加强与互联网企业合作，搭建互动、开放、共享的数字教育资源公共云服务平台，发展在线教育与远程教育。

电子商务。引进培育电子商务平台企业，重点在茶、酒、工艺品及特色农产品等领域，建设一批电子商务平台，带动全省相关企业产品线上销售，促进电商精准扶贫。引进跨境电商平台入驻，与园区内企业和省内企业对接，拓展数字经济领域产品和传统名优产品的海外营销渠道。

在线旅游。抓住花溪区建设全域旅游示范区机遇，搭建在线旅游平台，创新智慧旅游营销模式，为全省景点提供推介营销。推广“线上下单、线下购物”的旅游购物餐饮模式，构建开发融合虚拟现实技术的互动智慧旅游营销平台。

数字会展。建设会展管理展销平台，采集、整合会展资源和供需信息，实现策展、组展、场馆管理、服务运营、公共安全的智能化管理，开展线上3D展示、预订服务，提升会展行业管理服务水平。

智慧健康。研发医疗健康终端产品，发展健康监测和指导等在线医疗健康服务。与大型医院合作，共同建设互联网医院。为分级诊疗、远程医疗、医院信息化等提供软硬件产品和解决方案。

生活服务O2O。引进和培育餐饮、娱乐、家政、电商、物流等生活服务平台，为师生、居民提供便捷、多样化、线上线下融合的本地化服务。

五　贵安新区发展数字经济的对策建议

（一）布局新兴数字技术领域

以贵安新区为核心，以人工智能产业创客空间、人工智能产业园为载体，大力发展智能决策控制、智能客服系统、智能翻译系统、计算机视听觉、复杂

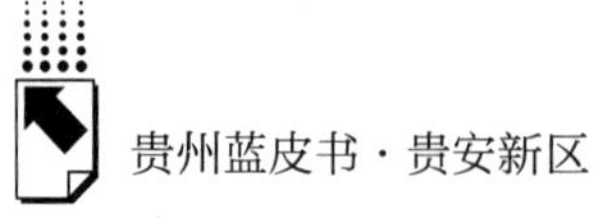

环境识别、生物特征识别、新型人机交互等产品和服务，推进重点领域智能产品创新。以应用牵引带动虚拟现实、智能机器人、人工智能、区块链、增材制造等新兴前沿技术领域的发展。

（二）创新发展数据存储业务

以贵安新区为主轴，培育“库公司”，推进“中国·数谷”先进、绿色、高效的数据中心建设，探索数据中心规模化运营服务机制，发展基础设施即服务（IssS）、平台即服务（PaaS）、软件即服务（SaaS）、数据即服务（DaaS）等云计算服务，开展应用承载、数据存储、容灾备份等数据业务。加快贵州易鲸捷大数据存储和分析基础支撑数据库等项目建设。

（三）大力发展数据加工分析业务

加快以贵阳·贵安为核心的大数据清洗加工基地建设，引进培育数据清洗、脱敏、建模、分析挖掘、可视化等大数据企业。推进数据挖掘、机器学习、特异群组挖掘等新型数据挖掘技术研发，加强消费者行为分析、网络行为分析、情感语义分析、精准营销、社交媒体等数据应用服务的开发和推广。加快数据分析服务平台建设，面向政府部门和企事业单位的服务创新、产品研发、营销运维等决策需求，开展数据资源分析挖掘业务。面向特定行业共性需求，推进大数据行业解决方案研发和产业化应用。

（四）提升数字安全保障能力

加快网络攻防与测评实验室项目建设，夯实数据安全、信息安全和云平台安全能力。运用数据加密、数据备份、电子认证、数据防伪、防篡改保护等安全技术，促进安全可行服务器、海量高可靠性存储设备和高性能安全网络设备等的研发与产业化，发展网络安全、云安全、数据安全、应用安全、安全终端和芯片等产品和服务，构建完整的大数据安全产业链。

（五）加强人才队伍建设

一是立足本地资源，培养和储备本地化人才，通过省内高等院校增加招生计划、省外高等院校定向委培等方式，加大数字经济专业人才培养力度，建设实习培训基地和基础人才培训机构，加快着手建设本地化的人才培训体系。二是建立“绿色通道”，鼓励和吸纳高层次科技人才创办数字经济实体机制，支持高校院所科技人员，自带科技成果，在新区企业、园区开展创新合作或创办数字经济企业。三是建立数字经济跨区域合作机制，利用发达地区来新区建立数字经济分支研究机构，与贵州省高等院校、科研院所和科技企业合作成立联合实验室或联合研究中心，引进境内外高端人才和创新团队到新区创新创业。四是推进数字经济人才交流平台建设。借鉴武汉光谷做法，组织成立新区数字经济高层次人才服务联盟，每月定期召开交流会，举办“贵安·数谷”创客大赛，定期开展创业互助、分享交流、文体活动等各类活动，共建数字经济人才“生活圈”“事业圈”。

参考文献

罗以洪：《以数字经济促进我省产业转型升级》，《贵州日报》2017 年 2 月 4 日。

《贵安数字经济产业发展规划，贵安数字经济产业集聚区篇》，2017。

《国家大数据综合试验区建设调研分析报告》，2017。

《贵安新区数字经济产业形成聚集之势》，贵安新区官网，2017 年 8 月 3 日，http：//www. gaxq. gov. cn/xwdt/gayw/201708/t20170803_ 2769877. html。

《贵安新区三年大变样》，贵安新区官网，2017 年 1 月 23 日，http：//www. gaxq. gov. cn/xwdt/gayw/201701/t201701 23_ 1860145. html。

《“朋友圈”共话云端冲浪——“云上贵州”全球合作伙伴峰会侧记》，贵安新区官网，2017 年 7 月 14 日，http：//www. gaxq. gov. cn/xwdt/gayw/201707/t20170714 _ 2717915. html。

B.10

2016～2017年贵安新区新型城镇化发展报告

龙海峰　苟以勇　王国丽*

摘　要： 近年来，随着《贵安新区国家新型城镇化综合试点实施方案》等一系列政策文件的出台和实施，贵安新区新型城镇化发展的步伐逐渐加快，城镇化率从2014年45%提高到2017年53.26%。走出了一条以生态文明建设为引领的山地特色新型城镇化道路。同时，在新型城镇化发展过程中，也存在着城镇化发展不平衡，城乡二元结构明显，人口城镇化质量不高等问题。针对上述问题，本文从加快城乡一体化体制机制改革，促进城乡产业融合发展；注重农业转移人口城镇化，加快城乡公共服务均等化发展；加快城乡协调发展，全面提高新型城镇化发展水平；强化组织领导，搭建沟通联络机制，统筹新型城镇化发展等几个方面提出相应的对策建议。

关键词： 贵安新区　新型城镇化　城乡一体化　区域协调

新型城镇化是在城镇化的基础上进一步发展演变而来，城镇化是指一个国家或者地区社会生产力的发展、技术的进步以及产业结构调整，传统农业为主

---

* 龙海峰，中共清镇市委党校讲师，博士，贵州省社科院对外经济研究所访问学者，研究方向：民族地区政策研究、民族经济；苟以勇，贵州省社科院对外经济研究所研究员，研究方向：应用经济学；王国丽，贵州省社科院区域经济研究所助理研究员，研究方向：应用经济学。

的乡村向城市化发展的历史过程。注重产业工业化和城市化的发展，追求农村转变过程和农村经济的增长。包括农村产业结构转变、土地及地理空间的变化，忽略了人的城镇化和生态环境的保护。新型城镇化是伴随党的十六大“新型工业化”战略提出的，主要是依托产业融合推动城乡一体化。在2012年中央经济工作会议中，正式提出“把生态文明理念和原则全面融入城镇化全过程，走集约、智能、绿色、低碳的新型城镇化道路”。十八大报告提出新型城镇化是以人为核心的城镇化，是城镇化功能的普遍提升，是可持续发展的城镇化。新型城镇化注重人的生活品质提升，全面实现城乡经济、社会、生态的可持续发展。新型城镇化是以城乡统筹、城乡一体、产业互动、资源节约、生态宜居、和谐发展为基础，更加注重城乡基础设施一体化建设和城乡公共服务均等化发展，突出以人为本的发展核心。

一　贵安新区新型城镇化发展现状

近年来，随着贵安新区新型城镇化发展政策的快速推进，城镇人口不断提高，人居环境不断改善，基础设施建设取得了前所未有的成绩，城乡一体化发展的步伐逐渐加快，城乡统筹、产业融合、资源节约集约发展趋势逐渐成形（见图1至图3）。2014年，直管区城镇化率达到45%，到2017年底，直管区常住人口城镇化率约53.26%，比2014年提高了8.26个百分点。2017年，全

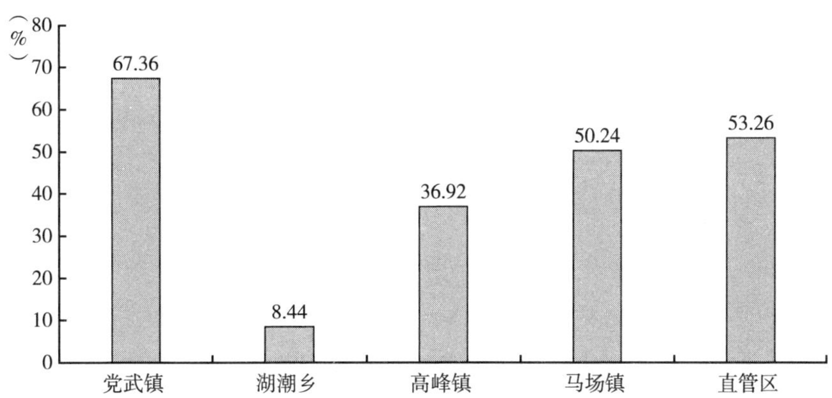

图1　贵安新区直管区2017年常住人口城镇化率

省常住人口城镇化率为46.02%，全国常住人口城镇化率为58.52%。与全省相比，贵安新区常住人口城镇化率高出全省7.24个百分点，与全国相比，贵安新区常住人口城镇化低全国5.26个百分点。

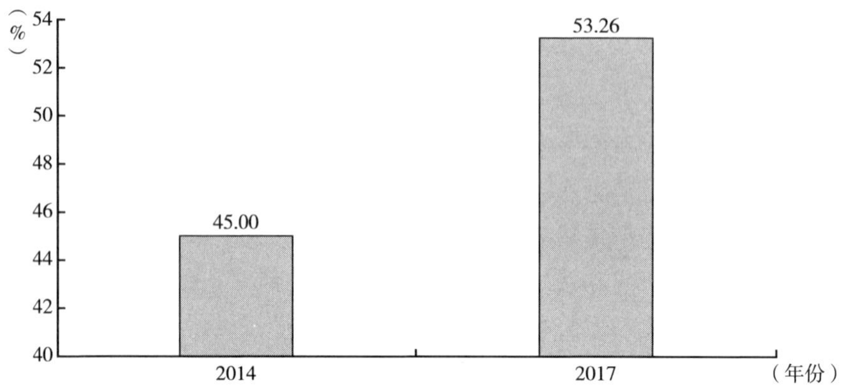

图2 2014～2017年贵安新区直管区常住人口城镇化率

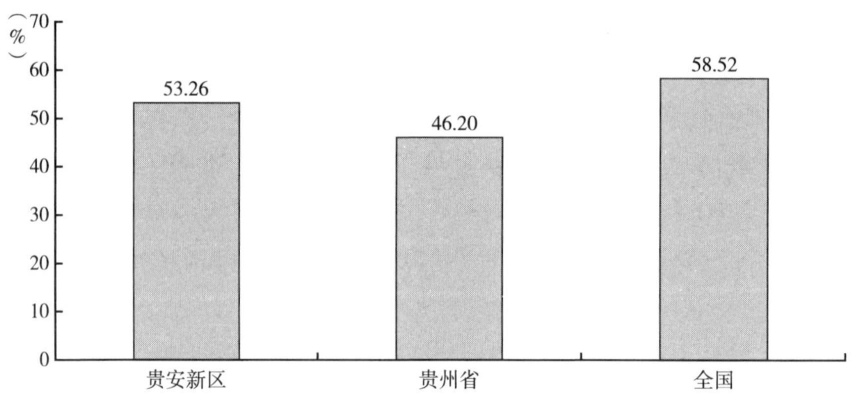

图3 2017年贵安新区直管区常住人口城镇化率

贵安新区新型城镇化处于快速发展阶段，城镇化率不断提升，新型城镇化发展趋势明显，城镇化发展速度总体上处于全省中高等水平，但是，与全国相比，虽然常住人口城镇化率比全国平均水平高出3.5个百分点，但从质量上看，内部发展缓慢，与全国还有很大的差距，尤其是与东部发达地区相比，贵安新区的新型城镇化发展还有很大的突破空间。

二　贵安新区新型城镇化发展取得的成效

（一）山地特色城市框架基本形成

贵安新区以生态文明示范为引领，积极打造国家新型城镇化试点新区，按照依山就势、城乡一体、产城互动、景城融合、文化多元的山地特色，加快实施了以城市功能设施、城市配套设施、生态环保设施、产业基础设施为核心的基础设施建设。山地特色城市基本形成，人口城镇化率逐渐提高。2017 年，直管区常住人口城镇化率达到 53.26%。同时，城乡发展格局更加协调，构建了“三城三区”的空间格局，即花溪大学城，七星湖科技新城，月亮湖新城，安平生态区，万水千山国际旅游休闲度假区，滨湖保护区。形成了城市功能区、特色小城镇和多个美丽乡村协调发展的格局。

（二）城乡基础设施建设不断完善

基础设施是新型城镇化发展的重要支撑，贵安新区近年来，加大对城乡基础设施的投入，基础设施建设不断完善。一方面，加快推进生态新城（中心城区）、大学城、七星湖产业新城、大数据综合试验区、生物科技产业园建设。另一方面，注重建筑风貌、城市设计、城市色彩、海绵城市、绿地系统、交通设计六大导则的编制。大力推进城市公共配套设施建设，目前共实施文化、教育、卫生、水系、公园等建设项目 84 个，总投资 907.7 亿元。全力推进海绵型建筑与小区建设、海绵型道路与广场建设、城市排水防涝设施的达标建设，100% 实施雨污分流。采用 PPP 模式，将月亮湖公园、星月湖公园、车田河综合治理项目打包为贵安新区海绵城市试点两湖一河项目，带动社会资本投入 16.5 亿元。结合物联网、云计算、大数据等信息技术手段，示范区内已安装 34 个监测点，建立贵安新区海绵城市监测系统及信息化综合管理平台，实现示范区 100% 监管，确保试点区域内无黑臭水体和内涝点。加快智慧城市建设，建立智慧信息平台，逐步完善跨部门的资源共享大数据智能管理平台。加快推进综合管廊建设，新区管廊规划覆盖了新区生态新城、马场科技新城、大学城。已开工建设玉衡路、歆民路、寅贡路、高铁站前路网等综合管廊建设，建设长度约15公里。在教育基础设施方面，加快推进贵安实验中学一期、普贡中学一期、高峰中学改造提升，加快新艺、党武、林卡、中八二小等10所学校“全面改薄”工程，新建大学城幼儿园、大学城小学、大学城初中、大学城高中、贵安新区外国语学校等5所中小学、幼儿园，完成3所留守儿童之家建设。社会基础设施建设方面，完成贵安中心敬老院、四村村公墓项目建设，实现规范运营管理。加快贵安新区世界民间文化旅游产品博览城项目建设，推进乡镇、村级农体工程、路径工程和车田生态体育公园项目提速，抓紧采购安装体育健身器材。加快贵安新区“广电云”村村通建设，目前已完成92个行政村（社区、点）通广播电视，实现3个示范村“户户通”。

（三）城乡协调发展效果显著

在城乡协调发展方面，一是大力推进示范小城镇建设和特色小镇建设。二是以“六项行动”为抓手，大力推进美丽乡村建设。三是大力实施农村人居环境提升工程，特别是“三建两改一清运”、慢行系统、环境整治和山塘等项目建设。四是加快农村产业发展，大力实施增收致富工程，加快规划建设“两湖两河三带”特色山地农业产业带等农旅一体化项目。五是大力开展旅游扶贫工作，采取“合作社+建档立卡户”的模式，增加建档立卡人员创业和培训就业率，鼓励和支持、帮助贫困人员从事旅游商品、餐饮等行业，实现旅游脱贫。通过城乡协调，以城带乡，目前，帮助近100个贫困户实现脱贫，人均月收入达2000元以上。在城乡治理方面。大力推进户籍制度改革工作。印发《贵安新区关于进一步推进直管区户籍制度改革的实施意见》《贵安新区关于鼓励花溪大学城清镇职教城大学生在贵安新区创业落户若干政策措施（试行）》等文件。积极推进行政区划调整，加快推进撤乡设镇和村（居）改社区工作，实现就地、就近的农业人口市民化。完善农村产权保障机制。通过确权工作，保障进城落户农民土地承包权、宅基地使用权、集体收益分配权不变。不断完善新区住房保障。目前已实施保障性安居工程15个，总投资141.35亿元，已完成星湖、甘河、摆门、大坝井4个安置点的回迁工作，共计完成回迁安置群众1079户3814人，安置房屋2084套，安置住宅套内建筑面积19.4万平方米，群众实现有序回迁入住。建立城镇、农村生活垃圾收集集中治理机制。将直管区范围内的乡镇农村生活垃圾收集及转运工作纳入日常保洁范畴，基本实现新区直管区城镇、农村生活垃圾收运治理工作全覆盖。

（四）产城融合质量不断提高

产城融合发展是新型城镇化的重要特征，贵安新区自2016年以来，加快城乡协调发展的同时，积极注重产城融合发展。一是初步构建了以大数据引领的电子信息、高端装备制造、大健康医药、文化旅游、现代服务业为主的战略性新兴产业框架。并实施培育企业上市“春蕾行动计划”，推动企业在“新三板”挂牌交易，增强企业活力。二是大力发展新区产业园区建设，2017年新签约项目有46个，合同计划投资额39.2亿元；在谈项目86个，合同计划投资额562亿元；招商引资到位资金40.2383亿元。其中大数据信息类项目76个，高端装备制造类项目21个，大健康医药类项目8个，文化旅游类项目11个，现代服务业类项目9个，其他产业类项目8个。引入新区项目中世界500强企业有5家，分别是苹果公司、SK集团、三星集团、思科公司、新美亚集团等；中国500强企业3家，分别是中兴集团、华侨城公司、复星集团等。三是加快“100个旅游景区”建设，其中2018年上半年车田景区完成投资915万元；平寨湿地生态旅游景区完成投资854万元；旅游重大项目云漫湖国际休闲旅游度假区完成投资1430万元，共计完成固定资产投资3199万元。四是高标准编制贵安新区全域旅游规划工作，从全省旅游产业发展的大格局高屋建瓴地为新区旅游发展战略进行谋划设计，精准定位。五是认真做好国家4A级旅游景区申创工作，大力推进云漫湖国际休闲旅游度假区申创国家4A级景区。六是全力抓好旅游项目招商引资工作，加强与深圳华强方特集团、中国世贸集团、上海百联集团、上海亿一集团等企业的洽谈，成功引入百联奥特莱斯大型商业购物中心、科幻电影节永久会址、贵安华夏历史文明传承主题园、贵安复兴之路文化科技主题园项目。

（五）城乡人居环境逐步改善

在人居环境改善方面，一是大力实施“十河百湖千塘”“五区八廊百园”“绿色贵安三年会战”、海绵城市试点等生态环境工程，着手直管区535个山头绿化美化，开建4个公园，完成造林绿化3.4万亩。投入47亿元在中心区启动海绵城市8大类67个项目建设，新区生态工程已初具规模，生态效应已初步凸现。二是编制《贵安新区山水林田湖生态保护修复规划》，将湿地、草场、林地、田地、水系等统筹纳入重大工程，对集中连片、破碎化严重、功能退化的生态系统进行修复和综合治理，通过土地整治、植被恢复、河湖水系连通、岸线环境整治、野生动物栖息地恢复等手段，逐步恢复生态功能。三是积极贯彻落实新区“蓝天守护计划”要求，进一步做好大气污染防治，优化能源结构、促进节能减排、改善新区环境，提高人民生活质量。使新区农村用户尽快使用上清洁能源天然气，逐步淘汰“高污染、低效益”的能源使用，促进新区绿色、可持续发展，已完成16112户农村用户燃气安装工作。四是环保监管职能部门先后开展了环保“利剑”、环保“风暴”执法行动等一系列专项行动，成效明显。根据监测报告显示，新区环境空气质量稳定达到Ⅱ类及以上功能区标准，高峰、马场、花溪大学城、贵安新区行政中心空气环境质量处于一、二级标准之间，达标率100%，优良率100%。地表水稳定达到Ⅲ类水环境质量要求，其中，松柏山水库饮用水源地水质保持稳定，达到Ⅱ类水环境质量标准，水环境质量有一定程度改善。

三　贵安新区新型城镇化发展存在的问题

（一）城镇化发展不平衡，城乡二元结构仍然明显

贵安新区各乡镇、社区之间的新型城镇化水平不均衡，尤其是党武镇与其他乡镇、社区常住人口的城镇化率差距很大。整体来看，贵安新区新型城镇化水平不高，城乡二元结构明显。城镇化水平落后于贵安新区经济发展水平和工业化发展水平，造成区域之间发展不均衡。除城乡基础设施逐渐一体化外，城乡公共服务二元结构还很明显。乡镇和农村之间人口密度不高，城市群发展人口资源不足，特色山地城市框架初步建立，城乡之间未能形成高效良好的互补合作发展机制。城镇产业规模小，对城镇化的支撑不够，自身造血功

能不足，辐射带动城乡发展作用有限。新型城镇化的建设导致大量农民工进城就业，城乡二元结构造成农业人口进城难就业。短期来看，基础设施建设过程中，新型城镇化能够解决大量农村劳动力就业，但从长期来看，当城镇化发展到一定阶段以后，大量农民工将成为新型城镇化发展的负担。如何解决新型城镇化进程中，农民工在城乡二元结构中的尴尬境遇，根本原因在于贵安新区城乡二元结构依然明显，产业融合发展程度低。

（二）人口城镇化质量发展不够，城乡公共服务发展有待提高

人口城镇化是新型城镇化发展的核心，发展依靠人，发展为了人。贵安新区通过户籍改革和群众安置，加快新型城镇化的发展。在发展过程中，容易忽视人口城镇化的过程。2016 年以来，新区积极推进农业人口市民化，由于基础设施与公共服务发展成本高，使财政压力吃紧，解决农村人口市民化的公共服务成本高。很多农业人口户籍市民化后，并没有与城镇人口一样享受到相关城乡医疗、养老、就业、上学等均等的公共服务。比如农业人口的养老保险和城镇人口的养老保险差别明显，使农业老年人口脱离农村后难以面对物价越来越高的城镇消费市场，很难真正融入新型城镇化的发展过程中。城乡之间的身份差异没有随着新型城镇化的发展逐渐消融，而是变得更加凸显。根本原因在于城乡公共服务的发展落后于新型城镇化的发展，公平共享，协调发展的局面还未形成。

（三）城乡协调力度不够，新型城镇化速度有待进一步提高

新区成立了新型城镇化发展促进中心，但相应人员的配置仍未到位。新型城镇化试点过程中相关部门的沟通协调机制尚未建立。各部门尚未明确协调对接新型城镇化工作的专门人员，导致工作推进困难，工作效率大打折扣。新型城镇化综合试点工作需要强有力的法律法规保障，贵安新区新型城镇化试点过程中，相关法律法规欠缺，城乡协调困难，工作推进缓慢。从各乡镇城镇化率来看，除党武镇外，其他乡镇的常住人口城镇化率均低于全国平均常住人口城镇化率 57.4 个百分点。高峰镇、湖潮乡均低于全省 46.2% 的平均水平，属于城镇化发展缓慢的乡镇（见表 1）。

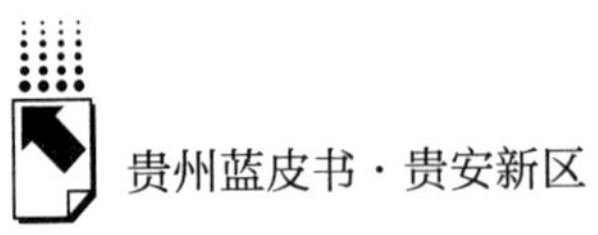

表1　贵安新区直管区2017年常住人口城镇化率一览

镇、乡、社区名称	常住人口(人)	城镇常住人口(人)	常住人口城镇化率(%)
党武镇	181650	122351	67.36
湖潮乡	42431	3581	8.44
高峰镇	30814	11378	36.92
马场镇	51261	25756	50.24
直管区	306156	163066	53.26

资料来源：贵安新区政府官网，http：//www.gaxq.gov.cn/zfsj/。

四　贵安新区新型城镇化发展的途径与模式选择

新时期，贵安新区新型城镇化面临小城镇缺乏活力、城乡产业发展不协调等一系列问题。如何加快贵安新区城乡一体化，实现产业结构转型升级，促进贵安新区新型城镇化快速发展。一方面，学习和借鉴沿海地区城乡产业融合发展模式，加快自身产业结构调整，促进城乡一体化建设。另一方面，结合贵安新区实际，凭借环境生态优势和民族文化资源优势，加快生态宜居、民族文化旅游等特色小城镇建设和新型农村社区建设。

城乡产业融合发展模式的核心是产业发展，通过城乡产业结构调整，以城带乡，实行城乡产业一体化发展。城乡产业融合发展是以广大的城镇消费市场为基础，以广阔的乡镇和乡村为主战场，不断打造和形成城乡产业发展一体化的新型产业融合发展模式。在这个过程中，政府和企业需要发挥不同的作用。政府统筹谋划，加强公共设施建设，完善综合服务功能，做好产业发展规划，保障人民生产生活。企业将负责产品市场开发、生产、加工、创意设计等融入产业融合发展过程，将产业融合做成集约、绿色、低碳和高效的发展模式。城乡产业融合发展模式是解决城乡产业增长模式单一，开发趋同，土地浪费、基础配套落后等问题的最佳方式。

生态宜居、民族文化旅游等特色小城镇模式是根据城乡生态文化旅游资源优势，打造地方特色的宜产宜居宜游的发展模式。特色小城镇模式是改变城乡环境面貌，推进城乡文化旅游、宜居养老、休闲和生态旅游等旅游商品开发，为城乡居民提供优质、舒适、全方位服务的发展模式。特色小城镇模式通过生态文化旅游资源优势带动城乡发展，实现城乡互动，推动城乡参与到新型城镇化建设，是实现新型城镇化的另一路径。

新型农村社区发展模式是在城市社区发展经验的总结下，根据农村的产业发展和公共服务需求实际，统一规划和调整产业布局，组建新的农民生产生活共同体，形成农村新的居住模式、服务管理模式和产业发展格局。新型农村社区不仅以农业产业为基础，还将工业发展、服务业发展与“三农”发展衔接起来，是新型城镇化的重要组成部分。新型农村社区发展模式关键在于改变农民生活和生产方式，集约利用土地，优化产业结构，推进农业现代化，提升农民生产生活质量。是实现农村产业综合发展，促进农民就地就近就业，加快缩小城乡差距，实现城乡一体化发展的重要模式。

五　贵安新区新型城镇化发展的对策建议

（一）加快城乡一体化体制机制改革，促进城乡产业融合发展

加快城乡一体化体制机制改革，第一，深化户籍管理制度改革，落实居住证制度，加快建立农业转移人口市民化激励政策及措施；进一步抓好农业转移人口市民化过程中涉及义务教育、劳动就业、基本养老、基本医疗卫生、社会福利等方面城镇基本公共服务工作。第二，进一步深化土地管理制度改革，深入开展农村集体土地所有权、集体建设用地使用权、房屋所有权等确权登记发证工作，建立进城农民宅基地使用权有偿退出机制，推进集体建设用地市场化改革，探索集体建设用地使用权转让、出租、作价入股等方式流转，逐步建立城乡统一的建设用地市场；第三，加快建立以工补农、以城带乡长效机制，积极探索“以企带村、以工补农、村企联动、统筹发展”的农村“就地城镇化”新模式。加快农村社会公共事业和社会保障制度的改革，建立城乡居民养老保险制度和医疗保险制度。第四，加大农村金融改革步伐，逐步构建适应农村多元化需求的农村金融体系。创新城镇化建设投融资机制，放宽准入条件，广泛吸引社会资本参与城镇建设，加快建设成熟的多元化的城镇建设投融资新机制。

促进城乡产业融合发展，一是要大力推进工业化，强化新型城镇化产业支撑。加强产业项目招商工作。注重产业项目创意包装，围绕产业集群，瞄准主攻产业，找准龙头企业的上下游关联企业和产品，策划一批经济效益好、科技含量高、市场潜力大、符合国家产业政策的大项目，大力开展定向化、专业化、集群化招商。大力发展产业集群，努力构筑新型、多元、稳固的工业格局，重点推进大数据、高端装备制造业、高新电子、大健康制造业等产业集群建设，加快推进一批集群项目的实施，引导产业项目向园区聚集，通过大项目和产业集群发展，解决农村劳动力转移就业，带动城乡一体化发展。二是大力推进新区现代服务业体系的发展。加快推进物流基础设施建设，培育壮大一批现代物流企业，重点建设一批现代物流园区，建设城市中心仓，实现新区物流、仓储、配送、流通加工、现代化管理的全面发展。创建电子商务产业园，搭建行业电商平台、技术支撑和人才培育平台、物流服务平台等三产公共服务平台。大力发展企业综合性电子商务平台和行业性电子商务平台，发展网络销售和采购业务，支持电子交易和大宗商品交易中心建设。通过服务业发展促进城乡产业融合。三是大力推进农文旅一体化的农业现代化，解决农村闲置资源和开发农村旅游资源。依托新区优良的生态资源禀赋，以传统农业为基础，以文化为载体，加快建设一批现代高效农业示范园、农业公园，科学融入旅游要素，推动乡村旅游快速发展，构建独具特色的农文旅一体化现代农业体系。

（二）注重农业转移人口城镇化，加快城乡公共服务均等化发展

注重农业转移人口城镇化，就是要坚持以人为本的发展道路。新型城镇化要求城乡统筹、城乡一体，资源节约、生态宜居，协调发展。新型城镇化不仅是农村城镇化的过程，更重要的是人的城镇化过程。习近平在新型城镇化的座谈工作中指出“新型城镇化建设，要以人的城镇化为核心。城镇化不仅仅是物的城镇化，更重要的是人的城镇化，城镇的发展终究要依靠人、为了人，以人为核心才是城市建设与发展的本质”。伴随着贵安新区新型城镇化的发展，大量农村人口从农业生产中转移出来，贵安新区城镇化速度不断加快，城乡社会保障和公共服务制度跟不上新型城镇化的发展，严重影响新型城镇化的发展质量。推进城镇化的首要任务是促进城乡的稳定就业和常住人口市民化。农业转移人口市民化的本质是权利和福利与城镇户籍人口均等化，农村农业人口一

旦转移获得城镇户口，就要加大城镇基本公共服务的人口覆盖面，实现转移人口的全覆盖。因此，加快城乡公共服务均等化发展，是贵安新区新型城镇化发展的重要工作和内容。一方面，要加快农村人口的市民化，促进农业农村人口向城镇转移，提高贵安新区新型城镇化发展水平。另一方面，加快教育、医疗、卫生养老等公共服务的发展，促进公共服务实现均等化发展。

（三）加强城乡区域协调发展，全面提高新型城镇化发展水平

加快贵安新区城乡区域协调发展，一方面，要坚持城乡并重发展，把工业与农业、城市与农村、城镇居民与农村居民作为一个有机整体统筹推进，促进城乡在发展理念、规划布局、要素配置、产业发展、公共服务和生态保护等方面相互融合，共同发展。注重城市与农村资源互补，实现共享发展。另一方面，加快城乡区域经济发展，发展壮大产业经济，增强产业发展动力，大力推进城市辐射带动城镇、乡村融合发展。一是加快高峰示范小城镇建设，总结和推广高峰示范小城镇建设经验和做法，全面推进马场、湖潮、党武的小城镇建设。二是加快推进瑞士小镇二期，全面完成东盟小镇、VR 小镇建设。结合大旅游、大扶贫战略，谋划一批特色小镇项目，加快落地，切实发挥特色小镇的人口聚集效应，促进农村人口就地就近城镇化。三是全力打造“生态美、产业强、经济活、百姓富、气象新”的新区美丽乡村升级版，建成一批农旅一体化发展示范村。形成低密度、高附加值产业转型示范城乡协调发展项目，全面提升贵安新区新型城镇化发展水平。

（四）强化组织领导，搭建沟通联络机制，统筹新型城镇化发展

贵安新区新型城镇化发展，离不开各部门的统一协调管理。完善组织管理制度，一是要建立新型城镇化工作领导小组例会制度，每季度召开一次领导小组会议，研究解决新型城镇化推进过程中的重大问题。二是要建立部门协调联动机制，各部门和乡镇要强化大局观念，主动认领分工任务，各负其责，齐抓共管，合力推进新型城镇化工作。三是要强化干部队伍素质，加强领导干部城乡规划、建设和管理的能力培训，提升专业技术水平和实际工作能力，建设一支业务水平高，工作素质强的新型城镇化管理人才队伍。四是要建立新型城镇化人才激励机制，充分发挥人才在推进新型城镇化工作中的重要作用。五是要

加强新型城镇化的宣传工作，充分利用各种媒体，加大宣传力度，在全社会形成关注城镇化、参与城镇化建设的浓厚氛围。

参考文献

单卓然、黄亚平：《“新型城镇化”概念内涵、目标内容、规划策略及认知误区解析》，《城市规划学刊》2013 年第 2 期。

王新越、秦素贞、吴宁宁：《新型城镇化的内涵、测度及其区域差异研究》，《地域研究与开发》2014 年第 4 期。

《习近平：以人的城镇化为核心》，央视网新闻频道，2016 年 2 月 28 日，http：//news. cntv. cn/2016/02/28/ARTIzohbtl3KIavUeOpgK5zc160228. shtml。

B.11 2016～2017年贵安新区农村“三变”发展报告

任永强　邓 波　黄 辉*

摘　要： 如何充分利用农村自然资源，使资源变资产；整合各方资金，把资源优势转化为产业优势，把产业优势转化为经济优势，让农民和各方资本投入者成为股东，推进农村各种自然资源要素的整合、相关利益诉求的契合，贵安新区结合新区农村自然资源分布、产业布局等要素，对农村“三变”改革进行了积极的探索，在一定程度上推动了新区农村内生动力机制和外生动力机制建设，取得了一定的成绩和经验。

关键词： 贵安新区　自然资源　三变　农村改革

2014年，贵州省六盘水市率先开展农村资源变资产、资金变股金、农民变股东的“三变”改革工作，六盘水市的这一做法，真正打开了我国农村第二次改革的大门，受到各方的一致肯定和广大农民、相关市场主体的欢迎，也得到了党中央、国务院及中共贵州省委和省人民政府的高度肯定。此后，农村“三变”改革在全省普遍推广。2016～2017年贵安新区继续把“三变”作为新区振兴乡村建设、建设美丽乡村、建设乡村经济发展的内生动力机制和外生动

* 任永强，贵州省社会科学院副研究员、高级律师，兼任贵安新区管委会法律顾问室主任，研究方向：民商法、行政法、农业经济法；邓波，贵安新区管委会副主任；黄辉，贵安新区农林水务局局长。

力机制的主要抓手，新区勇于实践，积极探索“三变”改革路径和方法，取得了一定的成绩和经验。

一 贵安新区农村“三变”改革开展的做法及成效

（一）加强组织领导，完善工作机制

为推进贵安新区农村“三变”改革工作，贵安新区于2016年3月印发了《关于成立贵安新区农村“三变”改革工作领导小组的通知》，成立了以新区党工委主要领导为组长、管委会一位常务副主任、一位副主任任副组长的贵安新区农村“三变”改革工作领导小组，下设办公室在农林水务局。为确保“三变”工作的规范进行，贵安新区党工委管委会按照省委省政府全面推进农村“三变”改革工作的有关要求，制定了《贵安新区农村“三变”改革工作方案》，方案明确规定各乡村主要负责人为农村“三变”改革第一责任人。同时规定了“三变”改革的试点范围、工作原则、工作制度、工作流程及规范、清产核资机构的职能定位及工作纪律、纠纷解决等制度。

（二）提高认识，广泛宣传，抓好试点，全面推进

任何一项改革，尤其是在农村进行改革必须考虑我国农村的历史状况和现实需要。新区党工委管委会充分认识到必须让农民和各类农村市场主体充分了解农村“三变”的重要意义，充分感受“三变”改革给各类农村市场主体带来的发展机遇，让农民接受“三变”改革、参与到“三变”改革中来，让其有充分的知情权、参与权、监督权、利益分配权，让“三变”改革真正调动农村各种资源要素和农民的积极性，才能达到“三变”改革的预期效益。贵安新区各乡镇、各村委会成立了“三变”领导工作组，工作组首先是宣传队，然后才是工作队。不仅要宣传有关农村“三变”的法律政策，还要精心培植农村“三变”改革的成功范例，通过榜样的带动作用，用行动和成功事例去做实实在在的宣传，通过榜样的带动作用，使贵安新区农村“三变”改革得以迅速推广、规范进行，并较快的推动了贵安新区的三农发展。

贵安新区于2016年3月率先在党武镇曹家庄村，马场镇松林村、洋塘村

和枫林村，高峰镇湖坝坎村、老胖村、狗场村、王家院村、毛昌村、桥头村等10个行政村开展农村"三变"改革工作，共涉及3811户、1.4万人。在取得了比较成功的经验后，随即在全区推行农村"三变"改革，通过这次"三变"改革，新区农村的各种自然资源得到了空前保护，提高了新区农民的自然资源保护意识，也提高了新区农民的自然资源资产意识，为建立生态贵安、绿色贵安打下了坚实的民意基础。

在开展此工作过程中，新区相关部门还征求了相关权利主体的开发意向、合作要求、合作模式、对新区开展农村"三变"改革建议等事项，科学整合新区自然资源，充分调动各方积极性，全面推进了新区农村"三变"改革工作。

（三）提高农民职业化水平，创新经营模式

贵安新区开办农业技术讲习所9个，建立了网格化农村劳动力资源管理制度，对新区农民实行全员轮训，农民通过劳动力和技术入股方式发展产业，农民作为职业农民，农民作为主体的作用得到了充分发挥。实现了资源向资产的实际变革，促进了自然资源的有效保护与利用。完成了公司+专业合作社+农户的资源整合，实现了生态+生产+社会+自然的有机融合。将自然资源变成了农民增收的致富资产，促进新区全面脱贫致富奔小康的目标任务实现。

1. 创新经营模式

积极实施"公司+农户"、"公司+集体经济+农户"等经营模式，将财政补贴、补助、补偿"三补"资金给集体经济和农户（包括建档立卡贫困户），作为集体经济和农户的股金入股到公司，不断壮大农村集体经济，提高农户持续增收。大力培育企业、合作社、家庭农场，采取"企业+基地+农户"、"企业+合作社+农户"等模式，加大招商引资力度，引进一批规模大、实力强、市场竞争优势明显的农业企业；引导国有企业、民营企业等转型转产投入到农业领域。

2. 大力扶持合作社

截至2017年12月31日，新区共培育农民专业合作社252家，实体经营型农民专业合作社23家，其中马场镇林卡辣椒种植专业合作社和高峰王家院水晶葡萄种植专业合作社为国家级的农民专业合作社。2016~2017年，王家

院水晶葡萄种植专业合作社水晶葡萄年均种植面积达1.2万亩以上，年均产量达2000万公斤，年均产值达6000万元。王家院村村支两委充分利用“三变”政策，多途径促销售，与电商、实体营销公司等合股销售水晶葡萄，由合作社组织葡萄货源，联系电商和实体营销公司，除去成本，利润按2∶3∶5形式分红。形成了合作社+村支两委+公司的营销模式。2017年，合作社营销分红20万元，村支两委分红30万元。

（四）摸清家底，整合资源，厘清市场主体产权，明确权利主体和责任主体

贵安新区是国家生态文明示范区，新区位于黔中腹地，地处黔中经济核心区，生态资源优势明显，如何发挥好新区特殊的区位优势和自然资源优势，在开发中保护好各种自然资源，新区相关部门对自然资源进行了认真的、逐项的调查摸底，新区通过这次农村“三变”改革，全面掌握了家底，对新区今后如何有效利用资源，推进全区相关产业发展、推进美丽乡村建设、振兴农村经济、改变农村面貌、改善农村产业结构、提升人民物质文化生活水平有了更全面、客观、准确的了解，对今后开展相关工作奠定了有利的发展基础。

在对区域内的主要自然资源进行摸底调查中，抓住资源中的重点领域，积极稳妥推进农村土地承包经营权、小型水利工程产权等确权登记颁证工作。

1. 全面开展农村土地确权

到2017年12月31日，新区土地确权工作已完成地块核实24万亩，涉及77个村2.5万土地承包经营户，总体完成省委“四个95%”的指标任务。其中已基本完成审核公示75个村，共计户数2.4万户，完成率98%。已基本完善签订合同73个村，完善户数2.4万户，完成率97%。“一户一档”归档户共计2.4万户，完成率97%。77个村数据库建设已全部完成。

2. 全面开展农村小型水利工程产权确权

贵安新区水资源丰富，为更充分的利用水资源推动新区相关项目建设，积极引导农民和其他市场主体投资到水资源保护和开发中来，摸清贵安新区的水资源家底，到2017年12月31日，完成了高峰镇5个、党武镇41个、湖潮乡23个、马场镇111个（总计180个）水库水塘资源的状况及产权人的清产归档工作，为新区今后如何保护和利用水资源发展贵安新区特色产业，整体开发

水资源提供了科学的数据支撑。

3. 引进社会资源，加快自然资源开发利用

贵安新区率先利用闲置土地，于2016年6月引进贵红农业有限公司投资建设贵安新区“苹果花开”农训产业基地项目。在新区推广经果林种植项目为重要产业业态，发展绿色产业，由于这种产业形态需要大量的农村劳动力，因而充分调动了百姓参与农村“三变”改革积极性，推进了新区贫困户脱贫致富工作开展。

2016～2017年，新区先后引进6家农业企业入驻。其中，贵澳农旅产业示范园、高峰花海农旅产业示范园、四季禾图生态农业文化旅游产业园已开工建设，总投资超过20亿元人民币。高峰镇狗场村生态农业农民合作社依托狗场村毗邻尧上村、贵澳农业科技园、“云漫湖”的区位优势，与贵澳农业园区合作创办了生态餐厅。

依托相关市场主体农业园区带动产业发展，在农村“三变”资源要素的推动下，新区共建设马场河、麻线河、羊昌河3大省级农业园区，大力发展粮、茶、藕、鱼，花、果、草、菌、禽、椒等十大新区农产品，以“贵安山禾”商标为统揽，发展农产品精深加工，全力打造品牌化农业产业。建成农业特色产业基地3万亩，带动2000余贫困群众脱贫。

（五）探索资金变股金新模式

1. 征地资金变股金

2017年，新区出台的《贵州贵安新区管理委员会办公室关于公布实施贵安新区直管区征地区片综合地价标准的通知》中明确：征地区片综合地价中，支付给被征地农民的部分不低于区片价的92%。文件要求将征地综合地价中8%作为村集体发展资金，用于壮大村集体。2017年1月至6月，贵安新区农水局整合财政专项扶贫资金489.77万元分别用于马场镇松林村实施的菊花种植项目、枫林等5个村实施的种草养牛项目和党武镇曹家庄发展生态养殖项目。整合移民后期扶持资金514.45万元分别在湖潮乡平寨村桐木组实施苹果树种植项目、中八村实施莲藕种植项目、马场镇洋塘村实施食用菌种植项目。项目收益按照一定比例分红给贫困户和移民户，有效促进了资金变股金。

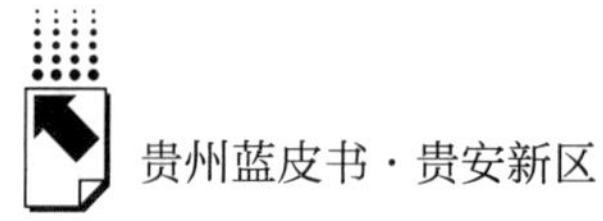

2. 后扶资金变股金

安排移民后期扶持资金514.45万元在湖潮乡平寨村桐木组开展苹果树种植，在中八村开展莲藕种植，在马场镇洋塘村食用菌种植项目。项目收益按照一定比例分红给贫困户和移民户，探索资金变股金方式。同时，贵州贵安新区农业综合开发投资有限公司将新区385户兜底户的“特惠贷”资金整合起来投入到公司的自营性项目建设，三年期分别给予6%、7%、8%的收益，第一年收益115.5万元收益已支付给投资贫困户。

3. 资源变资本

发动农民通过土地经营权和资金入股的形式入股生态餐厅，与贵澳农业产业园区建立“保底分红”利益共享机制，农民变成了有租金、有股金、领佣金的产业工人，贫困农户人均可支配收入达到6000元以上，解决了86人的就业问题，并帮助了9户贫困户脱贫，该村农民人均可支配收入由2015年的6020元提高到2017年的1.6万元，当地农民通过分股金、领佣金等形式累计收益204万元。贵州万安鸿泰农业公司在马场镇种植食用菊花，发展“篱之花·贵安尚菊”品牌，松林村28户农户将200余亩土地作价入股该公司，带动农户37户（包括17户贫困户）就业，平均每户工资性收益1.8万元，通过项目实施贫困户每户实现分红收益8000元，被贵安新区评为“旅游特色产业脱贫示范点”。马场镇洋塘村依托洋塘致富生态种养殖农民专业合作社，2017年3月，新区按照“引进技术人才+合作社+贫困户”村社合一“三变”脱贫模式，引进扶贫产业，同时引进两名专业人才入股，驻社开展技术指导，生产各类食用菌30余万棒，争取财政资金230万元，通过资金变股金入股合作社带动贫困户75户脱贫，带动80人就业。

整合新区范围内各类涉农项目资金，作为实施经果林（苹果）种植的项目经费，用于解决带动贫困户经果林（苹果）项目发展，促使贫困户尽早脱贫致富奔小康。经调研，经果林（苹果）种植项目前两年通过以短养长、间作套种经济作物等方式亩均收入2万元，第三年亩均收入3万元，第四年进入丰产期，亩均收入5万元。通过项目实施，贫困户前三年户均收入可达7万元，第四年户均收入10万元以上，可实现全区2052户6257人贫困户稳步脱贫，确保2020年实现小康目标。

（六）推动农民转市民、推进集约化经营

1. 农民离土不离乡，就地市民化

新区大开发大建设加快了城镇化步伐，一个山水田园城市、高端产业城市、国际休闲旅游度假城市正在展露雏形，为农民转市民创造了良好环境条件。深入推进户籍制度改革，新区出台了《贵安新区2017年推进户籍制度改革实施方案》，加快提高城镇化率，引导农业人口有序向城镇转移，促进农民转市民。加快推进美丽乡村建设、加快景点景区打造、加快特色小镇建设。

2. 开展农村集体经济股份合作制改革试点

积极引导各村成立代表集体经济组织的合作社，开展农村集体经济股份合作制改革试点，对集体经济清产核资，对村集体经济成员进行股东认定及股权量化。组建中华蜂养殖合作社，引导当地群众以创作技艺入股分红；栗木村将268亩集体荒山荒坡入股猕猴桃合作社，所得收益的52%归村集体、48%分给村民，去年180名村民人均分红1200元；桥头村特种食用菌生产基地，部分有培育技术的农民以管理技术入股桥头村合作社，占股20%经营管理合作社，每年获分红5万元以上。组建了贵州贵安新区农业综合开发投资有限公司，积极推动村集体、群众将农村土地、森林、荒山、荒地、水面等集体资产以及个人土地承包经营权、林权等资源资产金融化，变成长期存款、或股权、或租赁信托产品等。推动毛昌村群众将400余亩土地入股到公司建设的智慧牧场项目，以项目带动群众发展。同时，在原本投入美丽乡村建设基础上，以较小的增量投入激活存量，规划建设的“北斗农业公园”就是变建设农村为经营乡村。

二　存在的主要问题和困难

虽然通过我们的努力工作，贵安新区广大干部群众对“三变”改革的必要性、重要性有了普遍认识，对“三变”改革可能产生的问题和出现的困难事前有一定预判，对可能出现的矛盾有一定的处置预案，但在推进这项工作中还是出现了一些预想不到的问题，在具体工作中存在一些急需解决的困难和问题。

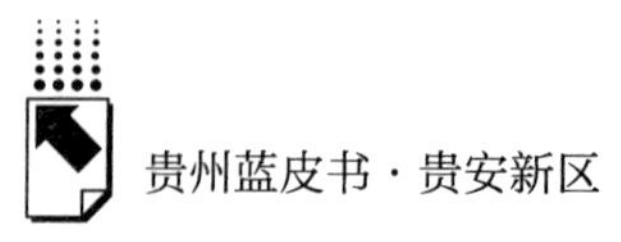

（一）个别地方宣传工作不深入，少数人对“三变”认识不到位

个别村组的少数干部群众对农村“三变”改革的重要性认识仍然不到位，一些人认为“三变”实际操作起来比较困难，“三变”改革所产生的效益不会立即显现，不如去工地上干点劳务还见效快。这样的认识在一定程度上影响了新区农村“三变”改革的整体推进。原因在于个别乡村的宣传工作不到位，在宣传工作做得好的地方，各种市场主体及农民对“三变”改革的热情很高，参与度广泛，且在很短时间内就完成了相关工作，有的“三变”衍生项目很快就产生了经济效益和社会效益。还需要加大对“三变”改革重要性、迫切性的宣传。

（二）第一、二轮土地承包和林权改革工作比较粗放，影响“三变”改革

部分乡村在第一、二轮土地承包和林权改革工作中，因工作粗放带来了不少问题。当时农民外出打工较多，对自然资源确权不关心等，导致对一些资源没有确定产权人，或者存在产权人确认不准确的情况，这次“三变”改革使广大农民的自然资源资产意识得以提升，历史遗留下的农村自然资源产权纷争就立即出现，在利益面前各方互不谦让，而行政调处没有强制执行效力，只有通过漫长的司法确权程序解决，这就影响了新区农村“三变”改革的整体推进。给农村“三变”改革工作带来了困难。

（三）专业机构、专业人才缺乏，自然资源评估出现争议

由于没有法定的自然资源评估机构、估价标准、评估规范，使资源拥有者与社会资本投入方对一些自然资源（如湖面）的评估出现争议，也影响了资源入股工作的深入推进。

农村“三变”改革，其目的是把拥有相应资源的市场主体科学的整合在一起，这是一种典型的“人合”和“资合”相结合的复合型合作模式，这种股份合作方式，需要会经营懂管理的人才，但现在这种复合型人才严重缺乏。

农村“三变”改革工作量大、涉及相关的专业知识多，而懂得相关专业知识的人才不多，加上没有统一的操作规范，这在一定程度上影响了农村“三变”改革的推进。

（四）司法时间长，司法资源有限，支撑农村“三变”的法律政策体系尚未形成

虽然土地林权的司法裁决机构明确、裁决程序相对规范、裁决结果具有权威性，但通过司法裁决时间长、程序多，使农村“三变”改革工作无法快速推进。而对一些特定自然资源缺乏合法的、权威的、高效的行政裁决机构，现在的自然资源的行政裁决机构不健全、工作流程不规范、裁决结果没有强制执行效力，如果大量的自然资源确权都要通过司法程序解决，而司法资源有限，这必将影响“三变”改革工作的速度。

由于支撑农村“三变”的法律政策体系尚未形成，资源投入者的资源投入在法律上的认可度不高，社会资本投入方对合作后的资源没有所有权，只有经营权，使合作各方的权利义务没有法律保障。也就是说，我国虽然有部分与农村“三变”改革相关的法律政策，但未形成体系，还有法律上的盲区，在支撑农村“三变”改革工作中，法律上还存在盲点，引出了“三变”改革争议的焦点，这也是“三变”改革的痛点。

（五）利益分配方案不科学，制度保障不足

“三变”改革过程中，各方合作的根本动因是利益诉求，所以利益分配是“三变”改革能否成功的重要因素，由于没有相应的经验可以借鉴，对各方的权利义务如何做到对应对等，如何合理分配各方利益，是“三变”改革中急需解决的重要问题。同时，现在的农村“三变”改革所需的保障制度也未建立。如行政裁决制度不健全，相应的利益分配制度、评估制度、保险制度、专业咨询服务等机制尚未形成，农村“三变”改革还存在着市场风险无保险等“后顾之忧”。

三　推进农村“三变”改革工作的建议

农村“三变”改革是一项系统工程，要整体推进农村“三变”改革，除了党中央国务院加强统一领导外，还需要有正确的目标、正确的发展模式、路径、方法来指导；要有完整的、专门的法律政策体系、制度来支撑。

（一）强化顶层设计，加强农村改革制度性引领机制建设

农村“三变”改革从理论上讲，充分体现了各方的利益诉求，从发展模式上看也是整合各种农村资源的有效路径和方法，能够让农村发展的内生动力机制和外生动力机制有机结合，能使农村自然资源和社会资本、资源找到最佳的结合模式，应该肯定农村“三变”改革的目标和路径是正确的。但实际操作过程中，对如何具体开展农村“三变”改革，没有一套国家层面的、权威的、科学的、规范的制度指导和规范，使各地开展这项工作无章可循，各自为战，难免出现偏差。建议国家完善农村“三变”改革的顶层设计，加强对“三变”工作的指导，尽快制定相关指导性文件，明确规定农村“三变”的基本原则、主要流程、工作规范、纪律要求、制度保障等事项，尽快解决农村“三变”改革需要正视的现实问题，使农村“三变”改革工作沿着中央确定的正确方向前进，按照农民喜欢的路径和方法进行。

（二）制定适应农村“三变”改革的法律政策体系

根据农村“三变”改革的迫切需要，中央和地方立法机关，尽快出台相应的法律法规，促进“三变”改革的法治化、制度化。尽快建立农村“三变”改革工作规范，使农村“三变”改革有章可循，减少“三变”工作中的失误，提升“三变”工作中质量和水平。各地党委和政府应继续加强农村“三变”改革领导班子建设，尽快制定符合地方实际情况、实操性很强的规范性文件，促进“三变”改革服务地方经济建设，决战脱贫攻坚，助推乡村振兴。

（三）各地应建立科学、高效、权威、专业的农村“三变”改革领导小组

如前所述，农村“三变”改革工作是一项系统工程，要协调各方面的关系和资源，就需要有一个权威的、具有相关专业素养、精简高效的决策班子、专业的工作团队来完成相应工作。如果“三变”领导班子不具有权威性，相关工作团队没有相关专业知识，就很难对“三变”改革中的重大事项做出及

时、正确的决策，就很难对专业性工作进行及时、科学的指导。因此，必须加强农村“三变”改革领导班子建设和专业团队建设。

（四）建立专业的评估机构及咨询服务机构

建立相关专业评估机构，加快相关专业规范制定，使“三变”改革中的相关工作得以规范、有序进行。建立专门的农村“三变”改革法律政策咨询服务机构、在地方人民法院建立专门的“自然资源纠纷”审判庭、建立“三变”改革相应的保险机制。只有建立了比较完备的农村“三变”改革保障机制，才能确保农村“三变”改革工作的健康进行。

（五）继续加强村支两委建设，加强经营管理人才培训

农村“三变”改革的主战场在农村，主要的作战单元是村集体经济组织，作为村集体经济组织领导者的村支两委的素质，很大程度上决定着农村的发展和农村“三变”改革工作的成效，必须加强村支两委的政治业务培养，通过农民讲习所等机构培养会经营懂管理的专门人才，去引领“三变”合作模式下的各类经营主体的经济活动。

（六）科学选定农村“三变”改革中的合作模式，公平确定利益分配方案

通过贵安新区的实践，我们认为合作模式是有效整合各种资源的前提，如果合作模式选择得不好，就无法让各方达成利益分配机制上的共识，就无法持续合作。我们认为首先应建立一种体现各方诉求，做到各方权利义务对应对等的合作模式，才能调动各方的积极性。各地应根据自然资源状况、合作主体的资源拥有情况、市场主体的合作意向等因素，科学确定各方认同的合作模式，并用契约的形式进行固化。

（七）加强农产品市场体系建设，为“三变”改革提供市场支撑

农村“三变”改革的目的是最大限度地整合各种资源、充分调动市场主体的积极性，生产出优质、丰富的产品供应市场。但如果相应的产品生产出来后没有市场，就会严重影响农民和其他市场主体的积极性。因此，应加强农产品市场体系建设。

（八）继续加强“三变”重大历史意义的宣传，使“三变”改革成为广大农民的自觉行动

加大对“三变”改革重要性的宣传，让更多的人认识和了解“三变”改革的历史意义，并自觉投身到“三变”改革中来，只有从中得到实惠，才会积极参与“三变”改革。同时，应树立典型示范，通过实际成功事例引领，调动农村市场主体广泛参与“三变”改革的积极性，将“三变”改革推向深入，把贵州省六盘水市的“三变”改革的经验推向全国，为推动我国“三农”发展，做出贵州人应有的贡献。

参考文献

李再勇：《“三变”改革具有五方面实践推广意义》，新华网，2016 年 3 月 10 日。

王永平、周丕东：《农村产权制度改革的创新探索——基于六盘水市农村“三变”改革实践的调研》，《农业经济问题》2018 年第 1 期。

周真刚：《贵州省六盘水市农村“三变”改革研究述论》，《西南民族大学学报》（人文社科版）2018 年第 8 期。

李裴、罗凌、崔云霞、赵雪峰：《六盘水市农村“三变”改革调查》，《中国老区建设》2017 年第 3 期。

刘远坤：《农村“三变”改革的探索与实践》，《行政管理改革》2016 年第 1 期。

王婉：《新区全面推进农村“三变”改革》，《贵安新区报》2018 年 10 月 29 日。

《中共中央国务院关于深入推进农业供给侧结构性改革　加快培育农业农村发展新动能的若干意见》，新华社，2017 年 2 月 5 日，http：//www. gov. cn/zhengce/2017 - 02/05/content_ 5165626. htm。

崔杰：《土地承包及征地补偿案件的法律适用》，人民法院出版社，2005。

B.12
2016～2017年贵安新区投资项目审批制度改革报告

任永强　邓　波　邓应超*

摘　要： 贵安新区是国务院批准的全国八个行政许可权相对集中改革试点单位之一，如何利用国家赋予行政审批制度改革试点的难得机遇，改变过去传统的投资项目行政审批制度模式，促进投资项目程序合法、精减高效、管理规范，是新区面临的历史性挑战与考验。贵安新区从2016年初明确为全国行政许可相对集中改革试点以来，进行了积极的有益尝试与探索。在精减申请材料、打破前置条件、优化审批系统、压缩审批环节、减少审批程序、缩短审批时间、提高审批效率等方面取得了一定成绩和实效，但也还存在一些亟待改进、提升和完善的问题。贵安新区还需进一步在放权上求突破、在监管上下功夫、在服务上作文章，形成在全国可复制、可借鉴、能推广的贵安模式和贵安经验。

关键词： 贵安新区　行政许可　改革创新　投资项目　产业发展

一张白纸建新区，空手起家建新城，要快速推进新区开发与建设，根本性、方向性、原则性的发展目标和着力点是谋划策划好、科学规划好新区总体

---

* 任永强，贵州省社会科学院副研究员、高级律师，兼任贵安新区管委会法律顾问室主任，研究方向：民商法、行政法、农业经济法；邓波，贵安新区管委会副主任；邓应超，贵安新区行政审批局党组成员，政务中心副主任。

区域布局、功能划分、产业结构、生态环保的同时，切实有效解决新区投资项目快速落地建设，是加快新区建设的先行之举和核心所在。在新区建设起步晚、基础差、困难多的历史背景下，坚持以大招商、大企业、大项目为主要抓手，快速推进贵安新区产业集聚发展、节约发展、绿色发展。现行的投资项目审批政策一定程度上存在申请材料多、互为前置多、证明材料多、审批程序多、时间跨度长、审批效率低，一些政策规定已不适应、不利于新区投资项目快速落地建设，严重影响了引入企业的积极性，制约着新区的快速发展。为此，贵安新区始终树立法治思维、破除墨守成规、敢于先行先试的理念，坚持有利于新区发展、有利于精简高效、有利于解决实际问题为改革原则，力求做到依据合法、程序合理、措施可行，高效推进投资项目行政审批制度。新区实行相对集中行政许可权改革后在投资项目审批改革中走出了事项集中审批的第一步，取得了阶段性成效，但仍然也存在诸多不足和短板，亟待进一步提升和完善。需要积极发挥行政审批职能优势和政务服务的主导作用，实现审批服务深度融合、审管联动、协调推进，全面推进投资项目改革顺利实施。2016 年以来，贵安新区行政审批局深入重点企业、项目施工现场走访调研、深度摸底排查、广泛吸取外经、全面分析研判新区投资项目审批试点改革措施推进落实情况，精准查找投资项目审批制度改革实施过程中存在的突出矛盾和问题。在充分吸纳各方意见的基础上，进一步完善了新区投资项目行政审批制度改革的配套措施，积极营造了规范、便捷、高效的项目投资环境，为加快新区建设做出积极贡献。

一　贵安新区投资项目审批改革的实践与经验

贵安新区积极探索“投资项目审批改革 40 天全流程试点”，从改革准入审批、规划审批、施工审批及全面改革审批方式等方面提出了 19 条改革措施，有效解决项目审批流程繁、环节多、耗时长等问题。2016 年 12 月贵安新区印发实施了投资项目审批改革试点方案，2017 年 3 月 1 日正式全面实施。

（一）实现审批流程再造

围绕“投资项目审批改革 40 天”时限目标，从项目建设单位申报角度出发，再造项目审批流程，制作《贵安新区投资项目审批40天全流程示意图》，让企业直观、形象、清晰地掌握审批手续的办理时间、办理条件和审批事项前后置关系，避免出现申报手续告知不清、审批事项互为前置、报批程序烦琐复杂等不良情况。

1. 备案管理的企业投资项目审批全流程

贵安新区通过审批流程再造，对实行备案管理的企业投资项目，剔除企业进行方案设计、资料准备及工艺优化等自身因素后，将审批部门总体审批时间控制在25个工作日以内。

通过再造的审批流程，贵安新区对项目备案实行“全程网报网批”，符合条件的项目一个工作日内即可完成备案，备案后企业可立即开展其他审批事项的申报工作。对环评、节能、取水许可等不受前后置约束的审批事项，项目备案后可立即开展有关准备工作。对用地报批、规划许可、设计文件审查、施工许可等必须按照基本建设流程办理的审批手续，通过流程再造及流程图展示，让企业清楚知道办理各项审批手续应具备的条件，精准指导企业项目申报。所有审批事项企业均可通过网上办事大厅同步申报，避免企业在几个部门间往返跑现象，缩短申报时间。

2. 核准管理的企业投资项目审批全流程

通过审批流程再造，贵安新区对实行核准管理的企业投资项目，在剔除企业自身因素后，将审批部门总体审批时间控制在35个工作日内。从再造的审批流程，贵安新区在项目申请核准时，除了国家规定的重特大项目将环评审批作为前置审批外，只将规划选址、用地预审作为企业投资项目准入的前置审批，取消了节能审查、取水许可等诸多原有的前置审批事项，企业可根据自身情况选择是否与项目申请报告同步申报，充分赋予企业项目申报的自主决策权。据贵安新区行政审批局工作人员介绍，在2016年向前来办理项目核准的企业介绍办理流程和前置条件时，一些企业非常惊讶，总觉得按照以前的办事经验，项目核准不具备几十个审批要件，审批部门根本不会核准。

3. 审批管理的政府投资项目审批全流程

贵安新区不仅对企业投资项目进行审批流程再造，同时再造了政府投资项目审批流程，在政府投资项目报批过程中，严格区分立项审批事项和报建审批事项，对国务院在清理报建审批事项时已经明确的42项报建审批事项、两项部门间征求意见事项和5项涉及安全的强制性评估，除“节能审查”经2017年1月1日起施行的《固定资产投资项目节能审查办法》重新明确仍作为报批可行性研究报告的前置条件外，全部不再作为报批可行性研究报告的前置要件。从再造的审批流程可看出，政府投资项目审批部门的总体审批时间控制在40个工作日以内。

（二）制定符合改革需求的政策措施

1. 改革准入审批

（1）减少投资前置要件。除国家规定的重特大项目仍将环评审批作为前置条件外，只将规划选址、用地预审作为企业投资项目准入的前置审批。

（2）减少中介评审环节。对投资强度不大、建设内容单一、工程技术简单的项目，审批可行性研究报告时，只需项目建设单位和编制单位共同对建设项目的可行性、合规性、合法性等做出书面承诺，即可实行“即报即批”的非实质性审批模式。

（3）创新社会稳定风险评估审查方式。对本级审批（或核准）的重大工程项目，由项目建设单位先行开展社会稳定风险分析预评估，对预评估风险等级为“低风险”的项目取消单独的评估论证环节，将社会稳定风险分析作为可行性研究报告的独立篇章一并报批。

（4）实行产业园区项目直落地改革。由各产业园区管委会根据产业指导目录和园区产业定位，组织编制园区水土保持、压覆重要矿产资源、地质灾害、雷电灾害风险等区域性整体评估报告，对符合区域性整体评估结论的入园建设项目，不再重复办理上述审批，实行项目直接落地建设。

2. 改革规划审批

（1）减少建设工程规划许可前置要件。对已取得《土地使用证》或签订土地出让合同并支付土地出让金，且规划设计方案和专项设计方案符合工程建设要求的建设工程，制定简化前置审批的办理流程和申报材料清单。例如，建设单位在申请核发《建设工程规划许可证》时，将规划监察备案、相应单体指标复核报告审查等事项的申报资料一并递交，规划建设部门不再将其作为前置审批手续。

（2）简化规划许可手续。对经贵安新区管委会审定明确项目建设单位、建设规模及用地预审意见的政府投资项目，若可行性研究报告已获批准，在办理规划许可手续时，实行《选址意见书》与《建设用地规划许可证》合并办理，项目建设单位可同时申请建筑设计方案审查，待方案审查通过后即可按程序核发《建设工程规划许可证》。对企业投资项目，基本不涉及选址意见书的办理，在土地挂牌取得土地出让合同后，即可申请核发《建设用地规划许可证》。

3. 改革用地审批

（1）减少用地预审前置要件。对不涉及新增建设用地，在土地利用总体规划确定的城镇建设用地范围内，使用已批准建设用地建设的项目，不再进行用地预审（涉及土地用途变更的除外）。

（2）改革地质灾害危险性评估办法。项目申报用地预审时，无须提交地质危险性评估证明，只需提交相关红线图和拐点坐标等，证明不属于地质灾害易发区，国土资源部门将地质灾害危险性评价结果通过用地预审意见告知项目建设单位。

（3）试行统一代办用地手续。对本级审批（核准、备案）的经营性和工业类项目，在土地挂牌出让前，由各产业园区向国土资源部门统一代办用地预审手续，预审意见提出的有关要求作为土地出让条件纳入土地招拍挂方案，建设单位需同时承诺在履行土地招拍挂程序后严格落实。

4. 改革施工审批

（1）试行建筑工程项目分阶段报建施工和验收。在办理施工许可时，建设单位可自主选择工程整体立项备案，或将软基处理、基坑支护、桩基础、主体结构等工程单独立项备案，对单独立项备案的工程，在专项验收阶段实行分阶段独立验收。

（2）开展“先建后验”试点。对具备开工建设条件的企业投资项目，对其报建审批手续试行“先建后验”，建立以“部分审批事项前置代办＋企业依法承诺＋备案”为核心的并联审批模式。企业获得建设用地后，对照报建审批清单自主进行分析评估，只要依法做出及时办理相关手续并在竣工验收前全部补齐补正的承诺，经公示和备案后项目即可“先建”，行业主管部门按承诺内容和行业规范加强监管。

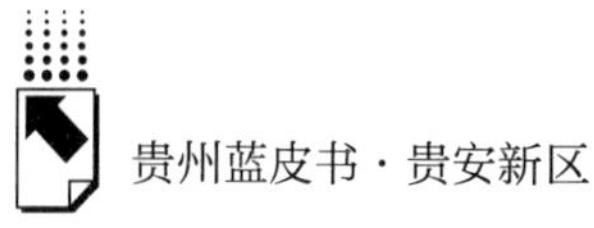

5. 改革审批方式

（1）实行“单一窗口”报件。通过投资项目在线审批监管平台实行“外网申报 + 内网审批”，结合 40 天全流程审批程序，推行“一个窗口办理、过程内部流转、限期完成审批”模式，实现非涉密项目“平台受理、在线办理、动态跟踪、限时办结”。

（2）实行报建清单告知管理。按照“项目准入→规划设计→报建施工→竣工验收”的全链条流程分类编制审批事项、监管事项标准告知清单，形成投资项目建设领域制度汇编，解决投资主体信息不对称的问题。

（3）推行“预审批”制。对贵安新区重大工业项目、政府投资项目实行“预审批”，即项目用地未办理征收或出让手续，由国土资源部门先行出具用地预审“初步意见”，审批部门即可正式受理，提前咨询、提前介入、提前辅导，模拟正式审批过程，出具与正式审批要素对应的项目初审意见，作为项目进入下一阶段的审批依据。待项目用地完成征收和出让手续并达到法定条件后，项目建设单位在规定期限内补齐补正相关材料，审批部门即可正式下发审批文件。

（4）实行技术审查与程序审查分离。对投资项目审批过程中涉及的技术审查，全面推行政府向第三方中介机构购买服务，项目审批部门将技术审查结果作为程序审查的依据。

（三）取得的主要成效

1. 实行“单一接口”报件

改革前。投资项目审批报件需分别到国土、环保、规建、行政审批局等部门申报审批材料，企业和业主单位要来回相关部门跑，信息不共享，审批时限各部门按各部门的承诺时限办理，并不通过网上记录受理时限，各部门办理时限自由控制空间较大，造成项目审批时限长，流程复杂，环节多。

改革后。投资项目审批的所有报件材料，无论审批事项是否划转到行政审批局，都必须通过政务大厅项目建设窗口统一受理，在全国投资项目在线审批监管平台统一使用的基础上，实行“外网申报 + 内网审批”，结合 40 天全流程审批各阶段时限要求，实现“单一接口报件，统一窗口出件”，有效保证了 40 天的审批流程。贵安新区碧桂园．贵安 1 号综合体二期项目，就于 2016 年

12月9日立项备案当天完成；用地规划2017年1月9日申报，1月13日获批；土地2016年11月8日招挂牌，2017年3月25日缴纳完获取土地的相关税费，2017年3月27日申报办理土地证，3月31日领证；工程规划证2017年5月7日申报，5月10日领证；施工许可2017年6月13日申报，6月16日领证。从立项到施工许可各部门审批时间共15个工作日。贵安山语城综合体一期等项目均在40个工作日内取得施工许可。

2. 减少中介评审环节

改革前。无论项目投资大小，均经专家或中介机构对项目的经济、技术、社会效益等进行可行性论证和评审，评估评审环节作为审批必须环节，对强度不大、建设内容单一、工程技术简单的项目，很多既是民生项目又是必需的基础设施配套工程，增加不必要的环节和流程，费时费力。

改革后。结合《贵安新区直管区政府投资项目管理办法（试行）》有关规定，经建设单位和设计单位共同对可行性研究报告中关于建设项目的可行性、合规性、合法性等做出书面承诺后，审批部门即可根据项目具体情况酌情研判是否可以实行“即报即批”，取消技术审查环节。此项改革措施大大减少了新区民生项目和基础设施项目建设的审批时间审批环节，促进项目建设早日动工，新区的污水处理、垃圾处理设施、乡村基础设施建设、园区招商引资配套工程等项目只要符合强度不大、建设内容单一、工程技术简单均不需要进行专家或中介评估评审。贵安新区170厂周边片区污水收集及处理工程实施方案、磊庄机场污水处理工程实施方案、贵州省第一女子监狱及家属区生活污水临时处置实施方案等项目就实行了“即报即批”。

3. 减少投资前置要件

改革前。企业投资项目实行核准制的项目，前置审批事项繁多且杂乱，几乎核准每一个一般项目都要提供多达四五十项前置要件，基本上涉及方方面面的部门都要跑上一趟或多趟，大多数前置条件甚至是属于企业经营自主权事项（如项目资本金、银行贷款、电网接入、运输方式等），企业前期工作成本居高不下、前期审批时间往往遥遥无期，严重阻碍和延缓了市场经济的发展。

改革后。（1）制定核准事项告知清单。明确提出核准前置条件包含且仅包含选址意见书、用地预审意见、重特大项目的环评批复。（2）明确仍需将环评审批作为前置条件的重特大项目范围。在国家正式出台仍需将环评审批作为前置条件的重特大项目范围之前，结合全国、全省环境保护有关要求和中央赋予的西部重要的生态文明示范区战略定位，当前贵安新区暂将选址位于已划定为饮用水水源保护区的项目，以及本身对环境有重大影响的项目，明确其仍需将环评审批作为前置条件。（3）结合“预审批”有关要求加强服务。对因上位规划指标控制约束、土地指标报批时间长或处于环评审批公示阶段的项目，经相关部门初审并同意后，实行“预审批”，先行出具项目初审意见（如规划部门提供已会签的拟选址红线图，国土部门出具用地情况说明，环保部门出具初审通过的意见），核准机关即可先行受理申报材料要件、提前介入、提前咨询、提前辅导、提前服务，先行出具非正式的核准初审意见，项目单位即可据此开展后续工作，待上述前置要件补齐补正后，核准机关将核准初审意见转化为正式核准批复文件。通过此项改革，企业投资项目准入审批时间大幅缩短。

4. 实行“预审批”

改革前。按照投资项目基本建设程序，相关许可事项必按照前后置关系逐个审批，大多卡在项目的用地手续，“一处卡处处卡”，后续的规划、施工、人防、消防等许可均无法办理，严重影响了项目建设进度。

改革后。由企业自主申请，且承诺在所有正式审批手续全部办理之后才开工建设，相关审批部门基于加快前期手续办理进程考虑，对重大工业项目、政府投资项目实行“预审批”，由相关审批部门之间在内部先行开展非正式审批。

具体操作方式为：（1）由审批部门区分项目类型先行梳理某个具体审批事项的申请材料中哪些属于主审要件、哪些非主审要件，并形成审批标准清单；（2）实际受理时，根据项目类型实行主审要件必须提交正式文件，非主审要件可以提交由相关审批部门出具的项目初审意见（非正式审批文件）；（3）后续审批部门根据初审意见进行模拟审批，或者经集体会商研究决定，让项目前期手续办理快速推进；（4）待前置审批事项获得正式批复文件后，后续审批部门根据原由本部门出具的初审意见，给予正式批准，出具正式批复文件。对项目用地未办理完成征收或出让手续的，由国土部门先行出具用地预审初步意见，相关审批部门先行受理申报材料要件，提前介入、提前咨询、提前辅导、提前服务，模拟正式审批过程，出具与正式审批要素相对应相衔接的项目初审意见，项目业主根据项目初审意见开展前期相关工作，待项目用地完成征收和出让手续并达到法定条件后，项目业主在规定期限内补齐补正相关材料，相关审批部门将项目初审意见转化为正式审批文件。

当前已经试点的初审意见主要有：（1）用地预审意见，可以由国土部门先行出具项目用地情况说明代替；（2）选址意见书，可以由规划部门出具已经相关部门会签的拟选址红线图，或者提供对规划建设方案的审查意见或相关会议纪要；（3）环评批复，由环评部门先行审核，出具包含是否位于环境敏感区或是否对环境有重大影响的意见；（4）地质勘查报告，如果已经开展完地质勘查工作，但还未来得及编制完成地质勘查报告，可以由勘察单位先将勘察结论告知设计单位，同时提供经设计单位认可的已进行勘察、设计工作对接的情况说明；（5）建设工程规划许可证，项目规划设计方案、相关单体方案等相关设计资料经规划部门或规委会审定后，因尚未缴纳相关费用或个别属于核发《建设工程规划许可证》主审要件未完善时，可以先行出具规划设计方案、相关指标等符合工程建设要求的情况说明，后续部门可据此体现介入服务等等。

该项举措的推出，在遵循“不违反法律法规强制规定、不违反基本建设程序、不损害社会公众利益、不损害社会公平”的原则下，快速推进了一批重大项目建设，有效消除办理手续中的等待时间，项目前期工作时间大幅度降低，审批时间有效控制在40天以内。同时，实际工作中切实把握好了两点：（1）初审意见及说明的出具，须是项目单位自主申请，有效期仅为一年或根据实际情况更短，且任何初审意见不能作为项目开工建设的依据；（2）对于招标投标、设计审查、安全评估等关键环节，项目单位一律不得以“预审批”的幌子申报，审批部门也不得以“预审批”的名义批准。

二　投资项目审批制度改革存在的问题及不足

（一）区域专项规划滞后，项目设计方案调整频繁

以花溪大学城两河两园初步设计报批为例，因花溪大学城控规一直未正式批准实施，该项目规划方案的审查一直未通过，景观园林方面的设计方案不断

变更、不断调整，导致规划设计方案迟迟不能确定，咨询评估结论也无法出具意见，所以该项目至今无法进行正式审批。

（二）项目前期准备不充分，项目编制水平不高

有的职能部门项目储备不全面、建设单位对投资项目的目标定位不精准，项目谋划不超前，对项目的初设、可研以及规划设计方案编制等基础工作思想重视不够、深入调研不够，对区域内的自然资源、功能布局、人口状况、地理形貌特征等方面了解不够，导致投资项目的支撑要素不全面、不充分，资料收集不完整。具体表现在：投资主体和建设单位对项目规划编制的主导不力、协调对接不力、组织调度不力，一些规划编制单位资质等级低，实践经验缺乏，编制水平不高，规划设计的政策法规依据不足，导致项目前期基础工作统筹推进不紧密，严重影响项目审批手续办理进程。

（三）“先上车后买票”问题比较普遍，部分审批政策不适应改革需要

“三边工程”，即工程建设边勘察、边设计、边实施。在新区前三年，鉴于机构尚不健全、制度不够完善、监管不严格，为了赶工期、抢进度，导致新区部分投资项目实施客观存在“三边工程”现象。

从实践看，有的审批环节仍然存在申请材料多、设立前置条件多，清单不规范，审批职责不明，审批程序烦琐，重审批轻监管，行政许可、公共服务和行政收费等事项管理混乱等问题。具体表现在：一是有的审批部门未落实首席窗口全权办理制度，仍然将政务服务大厅窗口当收发室和二传手，审批业务仍在原机关办理；二是对互为前置的审批事项责任单位均不主动担责、相互推责，相互推诿的现象；三是对审批权力清单、责任清单、办事标准清单不明晰、执行不到位，有的事项不能落实一次性精准告知；四是有的审批事项服务流程烦琐，操作难度大，影响办事效率。

（四）协调联动机制不顺畅，遗留问题处置不担当

投资项目审批政策性强，程序严谨，有的职能部门、建设单位、投资业主专业人才匮乏、业务不熟悉、协调不主动，有关职能部门各自为政、没有建立

审批联动机制，习惯旧思维、照搬老政策、沿用老办法，导致审批程序脱节、信息不对称、联动不紧密、流程不顺畅，严重制约项目审批手续的高效便捷办理。

尽管新区诸多投资项目已建成投入运营，但项目建设基本程序及手续迟迟不能完善，主要表现在用地、规划、设计、消防、环保、施工许可等方面，其根本原因是各级职能部门不担责、不履职、不立足实际解决问题。譬如：除房地产项目外，对新区建成市政项目、民生工程，没有突破设计规划和功能布局的限制，应该立足现状，据实补办建设工程规划许可手续问题，如严重违反规划，应依法做出处理后完善有关审批手续，这些原因一定程度影响着项目竣工、决算审计、投转固、贷款融资等事宜的顺利实施。

（五）试点改革政策执行不力，项目审查经费支付不合规

2016 年底出台新区投资项目改革试点方案，对新区投资项目审批改革从新区层面有了政策支撑，缺乏监督问责机制，导致推进落实不力、落实改革政策有差距。除行政审批局制定了政策解读初步文本和两个配套措施方案（优化审批流程试行办法）之外，其他配套措施落实较为缓慢，尤其新区非常有条件和基础的开展产业园区项目直落地试点工作至今尚未真正取得实质性成效，各园区整体规划、环评、压覆矿、水保等方案均未启动规划编制。

根据（发改价格〔2015〕299 号）第四条规定："政府有关部门对建设项目实施审批、核准或备案管理，需委托专业服务中介机构提供评估评审等服务的，有关评估评审费用等由委托评估评审的项目审批、核准或备案机关承担，评估评审机构不得向项目单位收取费用。"此项规定一方面是为了防止利用行政权力指定服务、转嫁成本等行为，维护正常的市场秩序，保障市场主体合法权益；另一方面也有效避免中介机构与项目单位（设计单位）之间相互串通，影响对项目规模、投资、建设方案的客观评价。但新区因特殊情况，除环评评估费由环保部门自己承担外，项目审批过程中涉及的其他评估咨询费均由项目单位承担，导致评估过程中出现评估单位根据项目单位要求调整并审定估算、概算，严重违背了第三方评估评价工作的科学性、客观性、合规性。

三　未来新区投资项目审批制度改革的对策建议

（一）创新谋划项目，夯实基础工作

一是经发、国土、环保、规建、行政审批等职能部门要以新区总体规划、区域规划、专项规划为引领，积极协调对接项目投资主体和建设单位，主动督促指导，超前做好项目的规划选址、立项、可研、初设、规划方案编制等前期各项基础工作；二是项目建设单位要发挥主观能动性，主导项目方案设计。要结合新区实际，项目规划设计需突出生态绿色元素、特色建筑元素、民族文化元素，特别要体现创意文化的核心理念。确保项目规划设计方案经济、协调、适用、安全、合法、可行；三是加强项目规划编制单位的管理，落实项目规划设计终身追究制，强化企业资质业绩和服务质量的动态核查和评估，不断提高规划设计编制质量和效率，为项目顺利实施打下坚实基础。

（二）创新思路思考谋划、突破常规审批方式

一是坚持适度超前的规划理念。超前思考谋划、统筹推进、协调一致，将土规、城规、乡规、村规（总体规划）以及各项控规、专项规划、重要节点规划等多规融合起来，同时，要超前统筹做好区域性的文物保护、水土保持、交通评价、地质灾害评估、压覆矿产等前置区域的规划评估工作结合起来，实现“多规多评”合一。这是有利于政府宏观决策把方向、争取上级项目资金、包装项目融资贷款、加快招商引资进程、促进项目尽快落地建设的前提所在，有效避免规划缺失、管控缺位、随意变动、消耗资源、浪费资金、增加不必要的决策成本、要素成本、征拆成本以及信访案件等不利因素发生。这是加快投资项目审批进程的基础和前提所在。需要把握规划方案的科学合理，很多规划方案好看不管用、落不到地，政府花了不少钱，基本没有参考、借鉴和使用价值，原因在一方面是一定层面的同志不熟悉、不重视规划管理、不能主导重要规划方案，将规划全权交给规划设计单位或主管部门，一方面是方案没有充分思考谋划，没有充分考虑实际的规划要素、现状特征及实用价值，也没有充分深度研究论证和审查评估，甚至是边规划、边建设、边完善，这方面有深刻的

体会和教训。所以，要确保力求投资项目规划方案的科学合理，重点做到坚持几个结合：即上级宏观政策与地方微观政策相结合、专家观点与领导智慧相结合、规划团队与基层意愿相结合。最后，要坚持规划的严肃性和延续性。不管是长远规划还是近期规划、是总体规划还是专项规划，需要坚持秉承一届接着一届干，适时微调与提升的思路慎重对待投资项目的规划问题。

二是全力简化投资项目立项前置要件。针对政府投资项目，以产业园区为例，只要提供决策依据（指新区管委会或具备独立财政管理权限的管委会决策的文件）即可作为项目立项依据。行政审批部门在报批可行性研究报告时，可简化前置要件现时受理审批，具体包括：以国土局出具的用地情况说明代替用地预审意见，以规建局提供的已会签的拟选址红线图或项目规划方案专家评审会议纪要代替选址意见书，以就项目环评情况征求环保局意见后由环保局出具的征求意见复函代替环评批复，以拟送审的节能报告代替节能审查意见。针对企业投资项目，实行备案制的均不需提供任何前置条件，实行核准制的项目，参照政府投资项目执行。但需新区各职能部门加强用地、规划、环保等相关审批事项的事中事后监管和督促指导工作。

三是全力精简初步设计审批前置要件。需报批初步设计的投资项目，只需提供项目可研批复、勘察设计中标通知书及地质勘查报告三项材料即可，不再需要提供节能审查意见、环评批复文件，可以用土地预审意见代替建设用地规划许可证，以经专家评审通过的规划方案（附项目规划方案专家评审会议纪要）代替建设工程规划许可证。

四是进一步优化建筑工程施工许可条件。先行先试，大胆探索“一件双承诺”施工许可改革新路。建设单位只需按照规定取得招投标文件后即可申请办理施工许可手续，将施工许可前置一律实行建设单位和施工单位做出双向承诺，坚持事前审查转变为现场检查的原则，建立事中事后监管机制，将建筑工程质量安全登记调整为事前现场核查、随时备查，更加注重建设工程施工现场痕迹管理。质安部门全程介入工程建设监管，同时会商职能部门落实有关费用缴纳的保证措施，即可直接办理建筑施工许可。

五是进一步加快推进投资项目专项审批配套措施改革。涉及投资项目用地、消防、规划、招投标等关键环节的行政审批改革刻不容缓，需要有关职能部门立足实际、顺势而为、大胆探索、敢于突破，善于创新，尽快制定相应配

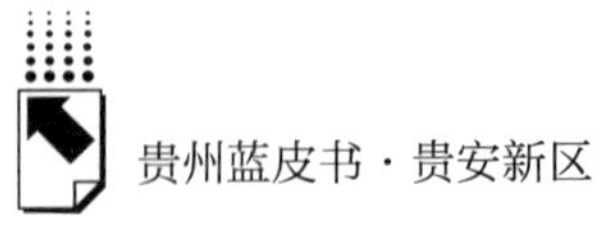

套改革措施，为加快新区投资项目落地建设创造更加便捷高效的服务环境。

六是加快推进区域性整体评估工作。在已经划定明确范围的高端、电子信息、生物科技等产业园区启动投资项目的文物保护、水土保持、交通评价、地质灾害评估、压覆矿产等前置区域报告的规划编制工作。

（三）创新工作思路举措，切实转变服务方式

一是强化审批服务流程顶层设计，统筹系统集成，不断提高网上审批率。流程不能改、环节不能少均是干部的观念问题、思路问题、担当问题。以施工许可为例：拟将申请施工许可原网上申请、受理、审批、公示、颁证六个环节调整为受理、综合会审、颁证三个环节，确保项目施工许可在受理后3日内颁证，以促进项目快速落地，适应新区发展的需要。

二是突出核心要件压缩审批材料。以建筑施工许可为例，针对建成项目而言，只要提供招投标文件、建设工程规划许可、审查合格的施工图、质量安全登记备案（或提供规建局质安站说明或建设单位组织的五方责任主体参与的工程质量验收意见）等4项核心要件即可申请施工许可。

三是开展（一对一）全程代办服务试点。建立帮促审批联络员制度，及时对项目业主在办理手续过程中存在疑问和困难，提供专业技术指导和审批服务，切实帮助解决问题。

四是探索建立并联审批制度，不断转变服务方式。积极推进项目区域联合评估、联合踏勘、联合审图、联合测绘、联合验收模式，各审批部门广泛应用投资项目在线审批监管平台，对并联审批项目红黄牌提醒，实行超时默认制，限时完成审批，提升工作效率。

（四）创新审批制度机制，有效化解遗留问题

一是建立层级担当决策机制，重点解决用地违规、规划缺失等重大问题；二是行政审批部门建立协调联动化解机制，本着实事求是，立足现状，敢于担当完善项目审批手续，特别针对互为前置审批事项，行政审批局要发挥主导作用，解决遗留问题；三是建设单位要建立项目手续摸排机制，分类分项明细清单，找准问题的根源，积极配合行政审批部门研究对策。同时，审批部门设立绿色通道、特事特办、即报即批，为促进新区投资项目建设顺利推进做出积极贡献。

参考文献

住房和城乡建设部：《〈关于开展工程建设项目审批制度改革试点的通知〉解读》，http：//www. gov. cn/xinwen/2018－05/20/content_ 5292196. htm。

《重庆等地试点工程建设项目审批制度改革》，《重庆建筑》2018年第6期。

张颖：《16地区成为工程建设项目审批改革试点——国办印发〈关于开展工程建设项目审批制度改革试点的通知〉》，《中国勘察设计》2018年第6期。

国务院办公厅：《国务院办公厅关于开展工程建设项目审批制度改革试点的通知》（国办发〔2018〕33号），2018。

贵州省人民政府：《省政府印发〈贵州省企业投资项目核准和备案管理办法〉》，http：//www. gzdpc. gov. cn/fzggdt/zcfb/201803/t20180323_ 3219625. html。

《贵安新区投资项目“40天全流程审批”审批时限压缩85%以上》，多彩贵州网，2017年12月26日，http：//news. gog. cn/system/2017/12/26/016315027. shtml。

国务院：《国务院关于印发清理规范投资项目报建审批事项实施方案的通知》（国发〔2016〕29号），2016年5月26日，http：//www. gov. cn/zhengce/content/2016－05/26/content_ 5077076. htm。

国务院办公厅：《国务院关于投资体制改革的决定》（国发〔2004〕20号），2005。

专 题 报 告

Special Reports

B.13

贵安新区绿色发展体系实践探索

梁盛平*

摘　要： 贵安新区绿色发展取得显著成效。在绿色化创新方面，“大数据”引领的新兴产业体系促进“大生态”新经济发展初见端倪；绿色金融驱动方面，绿色金融资源集聚贵安，“1+5”绿色发展体系初步形成；在生态文明建设方面，推进“七大体制改革”“八大重点项目建设”，生态文明示范区建设初见成效。贵安新区绿色发展存在问题以及对策建议。“绿色化”实践方面，重视“绿色金融+绿色大数据”双引擎动力比较优势认识不足和由此引领的绿色化产品研究落地不足并存的问题；在生态环境聚焦方面，继续加大围绕一张蓝图持续建设核心区域“海绵设施”和“综合管廊”等重大生态基础设施

* 梁盛平，北京大学区域经济博士后、研究员，现任贵安新区发展研究中心（改革办）副主任、贵安绿色金融领导小组办副主任、贵安生态文明国际研究院执行院长，研究方向：城市规划与新经济发展。

问题；在构建绿色标准和项目库方面，更加切实加强生态文明“抓手”建设；在机制和质量探索方面，可探索组建贵安新区生态文明委，构建“贵安生态文明现代数字模型实验室”，通过实验室办法探索新区绿色发展新路子。

关键词： 绿色体系　绿色实践　绿色金融　生态文明

一　贵安新区生态资源调查

贵安新区位于贵阳市和安顺市接合部，地处黔中经济区核心区，规划面积1795平方公里（其中直管区470平方公里），涉及贵阳、安顺两市所辖4市（区）21个乡镇，现状人口100万人，规划到2030年达到260万人。新区交通区位优越，生态环境良好，旅游资源丰富，拥有国家级资源22处，自然资源丰富，拥有2626个山头、14条河流、131个湖泊、515个水塘、219个地下泉眼。

新区地形地貌类型多样，河流湖泊纵横交错，田园林地一望无垠，气候宜人冬暖夏凉，这些共同造就了这里独特的地文景观、水域风光、生物风光，以及天象与气候、遗址遗迹、人文活动、旅游商品、乡村特色旅游、红色旅游、山地旅游和康体养身旅游等丰富的物质、文化及旅游资源。

贵安新区生态人文资源包括自然地理概况及交通枢纽概况、生态环境及社会经济概况、规划区自然人文资源评析、直管区自然人文资源调查四个方面。

（一）自然人文资源内容

贵安得天独厚的山水自然风光，悠久灿烂的民族文化，广阔无垠的田园，释放出无穷的魅力，一座“山水之都、田园之城”的新兴旅游、全域旅游之贵安正成为无数文人骚客向往之地，吸引着世人的目光。

贵安类型多样的地形地貌，纵横交错的河流湖泊，宽广无垠的田园林地，冬暖夏凉的温暖气候共同造就了这里独特的地文景观、水域风光、生物风光以及天象与气候、遗址遗迹、旅游商品、人文活动、乡村特色旅游、红色旅游、山地旅游和康体养身旅游等丰富的旅游资源。本次普查822处资源单体，新发现615处。资源主类齐全，主类覆盖率为100%，拥有42个亚类中的34个，亚类覆盖率为80.9%；210个基本类型中有110个，基本类型覆盖率52.4%。自然人文资源整体分布均匀。

（二）自然人文资源评价

对470平方公里直管区管理范围内4个乡镇，90个行政村（社区、居委会），另外包括羊艾农场1个，华山松良种场1个，夜郎谷1个，大学城8所高校，共计102个普查单元，共计360余个村寨的资源，资源单体822处，点密度约为1.8处每平方公里。各类资源615处，占普查资源总数的74.8%；独立型单体795处，占普查资源总数的96.4%；未开发642处，占普查资源总数的78.1%。本次普查4个乡镇整体以村（社区）为单位进行，各村各寨均已到位，保证村村有资源单体点。资源单体数（处）以马场镇为最多（358处），除与各乡镇行政面积有直接关系外，还与新区大力发展乡村旅游有关。

在已初评资源当中，一级资源数量为276个，占入级资源总量的比例43.3%；二级资源数量为224个，占入级资源总量的比例35.2%；三级资源数量为124个，占入级资源总量的比例19.47%；四级资源数量为11个，占入级资源总量的比例1.73%；五级资源数量为2个，占入级资源总量的比例0.31%。入级旅游资源数量从五级至一级逐级减少。

二　贵安新区城市环境总体规划

针对规划区域的突出环境问题、区域社会经济发展水平和发展阶段，探索新区城市环境总体设计与新区经济社会发展规划、土地利用规划、城市总体规划相融合的途径和方法，设计严格监管与经济激励相结合，经济社会成本可承受的环境管理政策，提出规划目标指标体系、重点任务，设计重点工程项目。

在设计任务与保障措施方面，重点围绕一个“综合治理体系”、两个“基础”、五个“管控”展开。一个“综合治理体系”体现四个“结合”，即产业管控与污染治理相结合、资源化利用与末端治理相结合、点源治理与面源治理相结合、污染防治与生态恢复相结合的环境综合治理体系。两个“基础”，即同步构建环境监管机构能力和智慧环保系统软硬两个相互支撑的管理“基础”。五个“管控”：通过生态空间管控、环境容量—总量排放管控、产业环保政策管控、环境基础设施管控、环境风险管控，实现环境保护优化新区经济发展和城市建设。

在重点工程项目安排方面，主要包括绿色发展、工业领域结构减排增容措施、治污工程减排增容措施、农业领域减排控制措施、农村环境综合整治、环境保护能力建设工程和重点示范工程等。

（一）控制目标

到2020年，以资源环境承载力为基础，基本实现城镇化、工业化、农业现代化与环境保护协同推进，生产、生活、生态三大空间良性互动，生态文明发展模式基本确立。到2030年，建成城区生态功能完善、生态环境优美、幸福和谐宜居的国际化山水田园生态城市。

（二）实施措施

1. 分类精细管理

确定能源消耗底线，推动能源及产业结构调整。到2020年，将新区的能源消费总量控制在555.95万~633.51万吨标准煤，万元GDP能耗强度控制在0.703~0.981吨标煤的水平。

建立大气环境治理总体战略，实施分行业精细化管理。到2020年，将贵安新区SO_2、NOx、PM10、PM2.5等大气环境污染物排放量控制在3.12万吨/年、5.11万吨/年、1.26万吨/年以及5.16万吨/年之内，保证环境容量不超载，满足大气环境承载力的限值。

2. 划定生态安全格局

划定城市生态安全格局，明确“三生”空间建设底线。到2020年，贵安新区的生态宜居生活用地（生活空间）总量为181.8平方公里，生态宜居的人口总量为112万人，2030年生态宜居建设用地的总量为287.4平方公里；生态空间的用地（生态空间）总量保持在828.4平方公里；生态宜居的工业生产空间用地总量不超过176.4平方公里；基本农田保护用地总量控制在713.4平方公里。其中生态空间主要包括生态保护红线、生物多样性保护安全格局、地质灾害安全格局以及河湖生态截污带，生产空间主要包括工业企业用地、交通建设用地以及基本农田种植区。

3. 实施流域管控

建立严格的河流生态需水量调控管理制度。到2020年，贵安新区核心区可利用的水源包括地表水源和外调水源总量应达到4.06亿立方米/年。

实施水环境承载力分区调控。到2020年，将贵安新区COD、NH_3—N等水环境污染物排放量控制在6847.58吨/年和148.74吨/年。

强化污染源全要素全过程的协同治理。以水质达标为核心，水陆共管、治理为主、防治结合，保好水、治差水、带中间，一河一档、一河一策，削减存量、抑制增量，实现治理一条、达标一条的目标。

严守饮用水源地保护红线。构建贵安新区城乡一体化的多水源布局，优化城乡一体化供水格局，降低格局性水源安全风险，精准管控饮用水源地环境安全，加快应急备用设施建设，提升备用水源保障能力。

4. 产业生态发展

发展生态友好型新兴产业。重点发展战略型新兴产业。淘汰传统落后产业。推进发展绿色高效农业，推进无公害、绿色、有机农产品种植基地建设，促进养殖产业规模化经营。

加强产业发展的生态环境管理。2020年前，完成红枫湖水源保护区范围内的污染企业的“关、迁、改、转”。新区生态农业种植面积比例达到65%以上，实施农作物秸秆综合利用工程，秸秆综合利用率达到75%以上，所有园区配备完善的污水、垃圾、固废等基础处理设施，新建厂房90%以上达到绿色工业建筑一星标准。

5. 重大工程设计

分别对贵安新区未来的水环境污染控制工程、水系统修复工程、土地利用修整等8项，空间格局优化工程6项、资源节约与高效利用工程10项、生态绿色质量提升工程18项、生态产业与绿色发展工程11项、生态低碳新区建设工程13项、绿色智能基础设施建设工程15项、生态文化培育工程7项、生态文明制度建设工程8项等8大类共88项生态文明建设重点工程，并在具体工程实施开展前，明确各个工程的主要内容、规模、完成期限和责任部门，确保规划顺利实施和目标完成。

6. 完善生态制度

建立健全国土空间开发保护制度。探索自然资源资产产权制度和用途管制制度。探索推行市场化机制运行管理，推进生态补偿机制。建立健全生态文明考评体系。建立领导干部离任生态审计和生态绿色损害责任追究制度。加快出台贵安新区区管领导干部离任生态审计实施办法，建立依据自然资源资产负债表对领导干部实行离任审计。严格责任追究，对造成资源绿色生态严重破坏的行为实行终身追责制。

三　贵安新区“1+5”绿色发展体系探索

贵安新区紧紧围绕生态文明建设实践，在“一张白纸，白手起家”自然山水基础上，按照人与自然和谐共生的基本方略，科学编制生态文明建设总体设计，全力推进生态自然人文资源调查，探索创新提出“绿色金融+绿色产业、绿色建筑、绿色能源、绿色交通、绿色消费”（1+5）绿色发展体系，着力解决“水脉连通、绿色隐蔽基础设施”建设等突出环境问题，加大“十河百湖千塘”等山水林田湖草生态系统保护力度，通过“综合执法局”改革联合执法统一职责等生态环境督察机制，奋力促进绿色贵安生态文明示范区战略使命实现。

（一）贵安新区绿色金融

随着多种形态的金融资源聚集，贵安新区已初步形成多层次的金融市场体系，截至2016年底，全区引入包括银行业、保险机构、小贷公司、担保公司等金融机构29家及类金融机构200余家；全年实现金融业增加值10.5亿元，占地区GDP的9.2%。

（1）主要目标。通过5年发展，构建立体化组织机构、多元化产品服务、多层化支撑服务等体系，切实推进生态文明示范区建设和绿色金融改革创新先行先试。

（2）主要任务。一是建立多层次绿色金融组织机构体系；二是加快绿色金融产品和服务方式创新；三是拓宽绿色产业融资渠道；四是加快发展绿色保险；五是夯实绿色金融基础设施；六是构建绿色金融风险防范化解机制。

（3）绿色金融改革创新举措。一是强化绿色金融机构体系建设；二是鼓励绿色金融产品服务创新；三是细化绿色金融重点支持方向；四是构建绿色金融风险管控体系；五是健全绿色金融政策支持体系。

（二）贵安新区绿色产业

1. 发展目标和任务

以新区产业政策为指引，坚持五大发展新理念，按照区域经济社会发展的要求，立足于绿色产业发展实际，以优化产业发展环境为保障，促进绿色产业发展现代化、便利化为目标，激发“绿色产业+”的创新模式，促进以电子信息、高端装备制造、大健康医药、文化旅游、现代服务为主的五大新兴主导产业稳健、安全和可持续发展。

2. 加快产业配套政策支持

一是加大绿色产业政策支持；二是加快打造绿色金融支持绿色产业政策环境。建立管委会主导、银行指导、其他金融机构配合、企业参与的绿色金融支持绿色产业发展的系列规划制度体系；三是加强绿色产业发展的配套支持；四是拓宽绿色产业融资渠道。推动发行企业绿色集合债券、保险、证券、基金、资产证券化、碳金融等创新绿色金融产品；五是明确绿色产业信贷的支持方向和重点领域；六是加快绿色产业项目库建设。编写《贵安新区绿色产业发展引导目录》作为绿色发展和建设生态文明的重要依据和参考，对于纳入目录的项目，在资金安排等方面要予以支持和倾斜；七是加大绿色产业政策引导，促进企业转型升级。

（三）贵安新区绿色交通

（1）主要目标。到2020年，新区交通运输行业率先建成绿色低碳交通基础设施网络；率先推广绿色低碳交通运输装备；率先优化绿色低碳运输组织；率先建成绿色低碳交通运输技术创新与服务体系；率先夯实绿色低碳交通运输管理基础。率先建立地方性绿色金融体系；率先推进和建设绿色金融与交通建设融合发展的激励约束机制、协调机制以及配套机制。率先在建设绿色金融改革创新支持绿色交通项目建设体制机制上探索可复制可推广的经验，全面建成绿色循环低碳交通运输示范区。

（2）重点任务。一是发挥绿色金融优势，推动绿色交通项目加快建设；二是发挥绿色金融优势，鼓励交通工具绿色消费；三是发挥绿色金融优势，优化绿色交通服务体系。

（四）贵安新区绿色建筑

绿色建筑是指在建筑的全寿命周期内，最大限度地节约资源（节能、节地、节水、节材）、保护环境和减少污染，高效改善人居环境，为人们提供健康、适用和高效的使用空间，与自然和谐共生的建筑。

（1）工作目标。2016 年底，贵安新区新增建筑按照一星级绿色建筑标准执行；2017 年底，新增二星级绿色建筑 200 万平方米，获得三星级绿色建筑设计标识新建建筑 20 万平方米；到 2020 年获得二星级绿色建筑设计标识新建建筑 800 万平方米，获得三星级绿色建筑设计标识新建建筑 100 万平方米。

（2）明确责任，加强监管，切实推进绿色建筑发展。一是立项审批；二是国土规划。新区国土局制定鼓励绿色建筑给予土地转让方面的优惠政策，要把绿色建筑的建设用地比例作为土地招拍挂出让条件；三是工程规划；四是环保审批；五是建设监管。新区规划建设主管部门加强绿色建筑工程建设监管；六是项目审计。新区审计部门在对政府投资的房屋建筑等非营利民生项目预算审计、结算审计过程中，将绿色建筑内容纳入专项审计，对无绿色建筑专项预决算的项目不予审计；七是项目运行管理。在绿色建筑竣工验收后运行阶段，规划建设管理部门应按绿色建筑相关标准规定提出运行管理要求，指导物业服务企业按合同约定和绿色建筑相关标准加强运营管理过程监督，制定管理办法，做好绿色建筑的管理和维护工作；八是奖励政策。

（3）加快绿色建筑技术开发和推广应用。一是全面推动绿色建筑发展。科学编制绿色建筑发展规划。在建设项目规划条件意见书中，增加节能和绿建有关内容，将绿建面积和建设用地比例作为规划的前置性条件。严格执行绿色建筑标准。积极引导商业服务和房地产开发项目执行绿色建筑标准，鼓励房地产开发企业建设绿色住宅小区。积极推进绿色生态社区建设。推广应用新型墙体材料、维护结构保温、太阳能热利用等适用技术和产品；二是加强建筑节能管理。应当将安装建筑能耗监测设备、用电计量等装置规划于绿建中，规划建设主管部门应当建立绿色建筑能耗统计、能耗公示制度，不断提高新区建筑节能工作科学化、规范化和信息化水平。新建绿色建筑建成后应当实行绿色物业管理。对既有建筑通过科学管理和技术改造，实行绿色物业管理，降低运行能耗，最大限度节约资源和保护环境。尤其用能水平在新区主管部门发布能耗限额标准以上的既有大型公共建筑和公共机构建筑，应当进行节能改造。三是大力发展绿色建材和绿色建筑关键技术，加快推广应用。

（五）贵安新区绿色能源

（1）总体目标。到 2020 年，直管区城镇居民气化率达 100%，实现无煤区发展目标；城区节能器具普及率达到 85%。同时，绿色能源推广管理体制、运行机制和政策支持体系在新区更加健全，分布式能源布局更加全面合理，以电力、燃气、太阳能等为主体的新能源体系更为完善，能源结构得到明显优化。

（2）重点任务。一是大力发展绿色能源；二是推广和利用绿色能源。全面推行绿色生产。优化新区能源消费结构。发展碳排放交易市场。加强电池回收再利用。强化交通领域使用绿色能源。到 2020 年，新能源汽车推广应用规模达到 4 万辆，其中新能源公交车比重达 100%，新能源出租车比重不低于 90%。强化建筑领域使用绿色能源。到 2020 年新建建筑绿色建筑比重达到 60%，生态景观区及绿色城镇等重点发展区公共建筑全部执行绿色建筑二星及以上标准。强化服务业领域使用绿色能源。大力推行合同能源管理模式；三是完善金融支撑体系。强化绿色信贷。引导资本市场。发展融资租赁。发行绿色债券。推行绿色保险。

（六）贵安新区绿色消费

（1）发展目标。绿色消费理念成为共识，率先推进和建设绿色金融与绿色消费融合发展的激励约束机制、协调机制以及配套机制。“互联网 +”等新兴消费模式的比例进一步提高。至 2020 年，无纸化办公率占 50% 以上，公共机构内部停车场电动汽车专用停车位比例不低于 20%，新增创建 20 家节约型公共机构示范单位，同时争创 1 ~ 2 家绿色大型批发市场和一批绿色商场及购物中心。

（2）重点任务。一是构建政策支持体系；二是加大金融支持力度；三是建立健全新区公共部门绿色采购标准体系和执行机制，扩大政府绿色采购范围。

（3）具体措施。一是出台绿色产品和服务的标准体系。制定绿色市场、绿色宾馆、绿色饭店、绿色旅游等绿色服务评价办法；制定发布绿色旅游消费公约和消费指南；二是设立绿色消费奖励基金，对新区商场、超市、集贸市场等商品零售场所严格执行“限塑令”，对推行使用生物材料环保包装制品给予一定奖励；三是支持新区批发市场、商场超市等流通企业在显著位置开设绿色产品销售专区和专柜，并设置醒目标签标识，引导消费者购买，促进绿色产品销售；四是打造“绿色支付工程”，以免费 WiFi 应用为基础，打造贵安新区大学城、贵安综合保税区（电子园）、同济医院、北师大附中等商业集中区智慧化商圈；五是建设一批社区微 Mall 和电子商务综合服务点，大力推广网订店取、网络订餐、预约上门、用户定制、社区配送等业务；六是设立绿色消费金融积分业务，对新区旅游景点、星级宾馆、连锁酒店等推出绿色旅游消费积分奖励措施，根据积分给予一定信贷优惠；七是开展政府绿色项目采购第三方环境效益认定服务，建立集约型公共机构评价标准，制定用水、用电、用油指标；八是通过政府服务外包方式，委托具有实力的企业建立贵安新区产品追溯体系，建立企业产品标准信息公开网络平台。

四　贵安新区绿色发展成效、问题及下步建议思考

（一）取得的成效

1. 绿色化创新方面。大数据引领的新兴产业促进贵安特色“大生态”新经济发展初见端倪

贵安绿色发展创新体系形成以大数据引领的“五个绿色和五个结合”实践特征。聚焦绿色发展内涵抓好“五个绿色”，统筹绿色发展外延抓好“五个结合”。“五个绿色”：绿色金融 + 绿色产业、绿色建筑、绿色能源、绿色交通、绿色消费（“1 + 5”绿色发展模式）；“五个结合”：推进大生态与大扶贫融合发展、推进大生态与大数据融合发展、推进大生态与大旅游融合发展、推进大生态与大健康融合发展、推进大生态与大开放融合发展。

大数据 + 绿色金融产业化深度融合。构建绿色金融引领的生态文明建设体

系，是通过绿色金融工具（信贷、债券、股票指数和相关产品、发展基金、保险、碳金融等）及政府相关政策支持经济绿色化转型的制度安排，有利于引导金融资源配置到绿色产业，促进环保、新能源、节能等领域技术进步，加快培育新的经济增长点，提升经济增长潜力。绿色金融改革创新还有一个重要领域：依托贵安新区的大数据优势，构建大数据征信体系，打造“信用新区”，实现金融产业生态绿色化。截至2017年底，贵安新区组建的17只投资基金全部面向绿色产业。据预测，“十三五”期间，我国年均2万亿元的绿色产业投资规模中，各级政府财政出资占比仅为10%～15%，其余部分均由社会资本投资构成。处于建设初期的贵安新区，仅依靠财政投入难以满足绿色产业发展的资金需求。推动绿色金融改革创新，建立高效的绿色金融体系，能充分发挥财政资金对社会资本的引导、示范作用，撬动更大规模的私人资本，有助于缓解绿色产业发展的资金瓶颈。贵安新区正在探索建立绿色产业项目库，积极推行绿色资产证券化。贵安新区将通过建立健全多层次的绿色金融体系，提高社会资本的配置效率，不断满足绿色经济实体多样化的融资需求，破题绿色产业“融资难”“融资贵”，推动传统融资与金融服务模式革新，为经济结构绿色化创新提供引领和支撑。通过一些配套政策构建长效机制，让政府、银行、企业构成命运共同体，风险共担、利益共享，一起扶持绿色产业发展，可以形成政府实现微利、银行获得利润、企业得到发展的良好格局。

2. 绿色金融驱动方面。金融资源集聚贵安，绿色金融港及各类配套政策等硬软件加速完成，“绿色金融+”（1+5）绿色发展体系初步形成

按照《贵州省贵安新区建设绿色金融改革创新试验区总体方案》，贵安新区完成《贵安新区建设绿色金融改革创新试验区总体方案》《贵安新区关于支持绿色金融发展的优惠政策》等系列配套政策措施。商业银行入驻、保险公司开业，小额贷款股份有限公司挂牌营业，互联网财产保险有限公司获批筹建；成立贵安新区金融租赁公司、贵安新区地方资产管理公司，建立贵安新区中小微企业融资服务中心等，贵安新区在互联网银行、互联网证券、互联网保险、互联网基金、互联网小贷P2P、股权众筹等互联网金融业态上取得突破。随着多种形态的金融资源聚集，贵安新区已初步形成多层次的金融市场体系。截至2017年底，全区引入包括银行业、保险机构、小贷公司、担保公司等金融机构29家及类金融机构200余家；全年实现金融业增加值10.5亿元，占地

区 GDP 的 9.2%。

绿色金融港及相关配套项目正陆续完成。2016 年 6 月，贵安新区绿色金融港一期工程开工建设。一期项目总投资 3.95 亿元左右，目前，已完成 2 亿多元，经过 1 年多作业，已初具雏形，南塔楼、北塔楼完成主体封顶，年底竣工交付使用。这里已成为贵安新区绿色金融业态集聚、发展的平台。

“绿色金融 +”（1 +5）绿色发展模式。推进绿色金融改革创新试验区建设，把绿色产业、绿色建筑、绿色能源、绿色消费、绿色交通等城市主体功能通过“绿色金融 +”驱动起来，形成贵安特色“绿色金融 + 绿色产业、绿色建筑、绿色能源、绿色消费、绿色交通”（1 +5）绿色发展创新体系，既有助于促进贵安产业结构优化调整、提升经济增长潜能，又将推动新区能源消费结构、交通运输结构向绿色化升级，清洁能源、绿色交通是绿色金融重点支持的产业领域，也是贵安新区产业布局的重要组成部分。新区通过金融产品、服务创新助力更多社会资本支持清洁能源类、绿色交通类项目技术攻关，不断提高清洁能源、清洁出行的市场占比，在优化绿色能源消费、交通运输结构的同时，可进一步促进全区经济增长科技含量的持续提升。

3. 生态文明建设方面。推进“七大体制改革”“八大重点项目建设”，生态文明示范区建设初见成效

创新七大体制改革。开展生态文明体制机制改革，建立起生态环境规划一张蓝图、全面推进河长负责制、大数据管控、绿色金融发展、生态建设市场化、生态共建共享、考核评价等七个方面进行改革生态文明制度，使贵安新区生态文明建设进入规范化轨道。

实施八大生态工程。自觉践行绿色发展理念，落实生态优先的要求，坚持绿水青山就是金山银山，坚守发展与生态两条底线，按照“提高绿色素、提高透明度、提升新形象、提升获得感”的思路，重点实施好海绵城市、环城水系、山头绿化、百园建设、绿地系统、综合治理、绿色产业、绿色文化“八大工程”。

新区成立以来，实施山水林田湖综合治理、“五区八廊百园”、“绿色贵安三年会战”等生态环境工程，创新体制机制改革，加强生态文明制度建设。全面推进低冲击开发模式，合理优化产业空间布局。促进资源节约与循环利用，推动绿色低碳发展，释放生态经济红利。深入推进改革开放，促进新区生

态文明示范区建设。生态文明建设各方面初见成效。一是新区造林绿化近5万亩，森林覆盖率提升至30.1%，初步建成大型公园4个、生态景观带2条；二是直管区环境质量保持稳定，环境空气质量稳定Ⅱ类及以上功能区要求，优良率100%，达标率100%。饮用水源稳定达到Ⅱ类，地表水稳定达到Ⅲ类水环境质量要求；三是综合管廊建设稳步推进，高标准建成5座市政污水处理厂，处理规模达到11.32万立方米/日，污水收集管网450公里，建设截污工程一期和尾水排放通道；四是大力实施河道治理和“小康水”计划，解决4500人饮水安全问题及6000余亩农田水利灌溉问题；五是实施能源改造和清洁能源建设工程，淘汰落后产能企业130多家，淘汰燃煤锅炉29台，42.5蒸吨，完成清洁能源入户1.4万户。六是建设完成贵安新区“数字环保云”平台（一期）项目，建设7个环境质量自动监测站、重点污染源建设自动监控设施并上传至云平台，利用大数据实施扁平化管理。

（二）存在的问题

（1）绿色化认识方面。“绿色金融+大数据中心”双引擎动力认识不足和由此引领的新经济实践创新不足并存的问题。

贵安新区作为全国绿色金融改革创新试验区以来，尤其是金融机构对贵安新区绿色金融改革创新试点非常关注并积极参与。很多银行以及贵安新区各部门普遍存在着对绿色金融认识学习不足，以创新思维和改革办法推进绿色金融地方实验以及以专业素养行业突破个人担当，难以实现真正较大改革创新。创新动力不足导致绿色金融产品结构单一、各地方“金改”千篇一律和绿色技术不足。

大家对于贵安新区绿色金融引领的绿色发展体系（1+5）了解不多，不能完全理解结合新区当前初级发展阶段，绿色金融重点驱动绿色产业、绿色建筑、绿色能源、绿色交通等城市主体功能区建设的紧迫性和实践性，导致各相关部门在制定具体有关政策措施时缺乏敢为人先的勇气与担当。新区同时面临着绿色金融改革创新处于顶层设计阶段、产品服务创新暂无清晰的路径规划，绿色定义界定不清、产品服务创新缺乏具体的执行标准，尚未建立起完备的创新激励机制、金融机构开展绿色金融产品服务创新的后续动力不足，绿色金融专业人才匮乏、支撑产品服务创新的人力资源储备不足等困难和问题。

（2）生态环境建设聚焦和策略方面。存在现阶段对重大生态基础设施建设聚焦不足的问题，包括海绵系统设施、综合管廊等基础生态工程，因为涉及资金和工程建设周期比较长，还要加强对于具体实施阶段和对具体项目约束条件前置设置策略措施制定，否则可能会影响生态环境质量。

改革开放40年来，生态环境成为全面建成小康社会的突出短板，新区尽管生态自然资源禀赋条件较好，但依然面临环境道德意识巨大挑战。一方面，新区的生态环境恶化的趋势依然存在。另一方面，新区污染治理和生态建设的难度前所未有。主要新区现阶段大气、水和土壤污染、二氧化碳排放等新老环境问题并存，尤其是水、管廊等重大隐蔽生态体系构建，投入大，效益慢，迫切需要绿色金融改革重大突破。

（3）现阶段具体重大工程项目方面。绿色产业专业配套差、协同创新弱，绿色人居建设滞后、群众参与缺乏，绿色消费成本贵、贫富差影响购买力等。

新区着力推进“绿色金融+”（1+5）绿色发展体系加快建设新区前期开发和形成贵安绿色发展特色。统筹推进绿色发展与生态文明建设，绿色金融驱动绿色发展，绿色发展推进生态文明建设，生态文明建设加快绿色现代化美丽中国目标实现。一是绿色产业方面。产业发展起点高，但是产业基础薄弱。基础设施待完善，专业配套待加强，缺乏统一的产业规范与标准，产业人才匮乏。产业集聚已形成，但是产业分工协作不够。企业间串联的产业链条较短也较少、缺乏分工协作，缺乏关联产业，协同创新上需进一步加强。产业发展迅速，但是产业发展活力还需提高；二是绿色人居方面。“生态宜居”的人居环境还未真正形成。绿色建筑建设步伐较慢，良好的绿色建筑建设需求氛围还未形成。绿色建筑标准体系不健全，绿色建筑缺乏广泛有力的激励机制。海绵城市试点建设效率较低，影响绿色城市发展建设进程。缺乏群众参与决策，以人为本的人居环境还未形成；三是绿色消费方面。由于起步较晚，在绿色消费实践中还面临诸多挑战。消费者绿色意识淡薄，绿色设施及产品还不足，购买能力的限制，绿色产品的价格相对昂贵。就当前来说，生产绿色产品的成本要高于普通产品；四是绿色大学城方面。大学城城市规划先天不足，区域划分不很清楚。区内高校办学方向、学科设置、文化脉络等风格迥异，城市功能不完善，配套建设需要再提速。大学城政产学研结合不够，资源整合共享不高。大众创业万众创新的实践效果尚未凸显。

（三）建议思考

（1）加强对贵安“绿色化”创新认识，奋力绿色金融产品创新和绿色技术体系研发，加大贵安绿色金融改革创新力度，促进绿色产业招商核心工作，推进产城融合改革。

积极与国际规则接轨。赤道原则目标是金融机构提供对外融资的环境与社会最低行业标准，从而推动全球各大商业银行有效执行绿色贷款，达到环境、社会与企业发展的统一。建议有关银行应依据赤道原则在内的一系列国际标准制定出本行的环境和社会风险管理的总体原则，对环境敏感行业制定出既具有针对性且界限明确的行业政策，使其在发展绿色金融中，既能够承担环境与社会责任，又能够为自身发展带来相关收益。

加强对“碳金融”“绿色资产证券化”等绿色金融创新产品及绿色技术创新体系研发。贵安新区有关部门应加强与银行以及行业机构的合作，以发行绿色产业债券、保理融资、发展 PPP 式绿色产业基金等模式，帮助企业解决发展中的资金需求问题。培养具有熟悉银行的相关金融产品，又了解绿色环保行业的发展状况以及掌握环境保护相关法律法规等综合素质的绿色金融人才。

贵安新区开发建设 5 年来，“一张白纸　白手起家”，绿色产业发展依然是最重要的任务，抢抓绿色金融发展窗口期大好机遇，通过绿色金融改革创新促进产业招商工作，推进产城融合试点改革。

（2）深度融合大数据与大生态，加大重大环境问题的生态体系保护力度，建立生态扶贫模式和综合执法生态环境督察制度。

深度融合大数据与大生态。绿色发展的首要目标是保护良好生态环境，提升生态质量。按照新区生态文明建设总体规划和大数据与大生态深度融合要求，大力推进新区新型绿色城镇化建设，打造山水林田湖草的生命共同体，推进“十河百湖千塘”“生态三变”“生态文明建设三年行动计划”等行动计划，建设“安平生态新城”“海绵城市”“综合管廊”等重大生态工程。

支持环境突出问题治理。加快建设新区“活水”“管廊”等重大生态体系建设解决生态隐蔽重大问题，推广政府和金融资本、社会资本合作模式，推进环境污染责任保险、合同能源管理、合同节水管理和合同环境服务等融资新模式。探索建立排污权交易制度，开展二氧化硫、氮氧化物排污权有偿使用和交易试点。加大山水林田湖草生态体系保护力度，完善跨部门“综合执法局”对生态环境督察体制，加大执法力度，确保生态文明建设绿色贵安，实现绿色现代化，为美丽中国贡献贵安实践经验。

完善生态扶贫模式。积极推行“生态保护＋产业发展”模式，把生态资源保护利用和脱贫攻坚相结合，建立绿色创业扶贫基金，通过金融支持农业产业扶贫、光伏扶贫、电商扶贫、生态旅游扶贫等项目，实现生态扶贫。创新实践路径，协同作战，走一条贵安特色生态文明建设道路。

（3）协同各部门推进绿色发展建设生态文明，组建贵安生态文明委，探索“贵安生态文明现代数字模型实验室”，通过实验室办法探索路子，掌握动态的情况，并通过实验室给领导层决策提供基础依据，指导贵安的生态文明建设。

坚持系统性建设，突出绿色发展体系实践探索。按照人与自然和谐共生的基本方略，科学编制生态文明建设总体设计，全力推进生态自然人文资源摸底调查统计，探索创新提出“绿色金融＋绿色产业、绿色建筑、绿色能源、绿色交通、绿色消费”（1＋5）绿色发展体系，着力解决目前发展阶段“水脉连通、绿色隐蔽基础设施”建设等突出环境问题，加大“十河百湖千塘”等山水林田湖草生态系统保护力度，推进“综合执法局”联合执法统一职责完善生态环境督察机制，通过“五联十同”加大统筹生态环境协调力度，奋力促进绿色贵安生态文明示范区战略使命实现。

一是绿色制度方面。建立健全环境污染第三方治理选择专业化的社会技术服务机构有偿服务。建立环保法庭，组建生态环境保护执法机构和队伍，将环境监管机构下设到乡镇、园区。加强环境监督执法，建立生态环境监察联席会议机制。成立生态文明委，统领和指导全区生态文明建设；二是绿色文化方面。通过媒体资源广泛开展生态文明宣传教育，深入基层宣传生态文明、绿色发展理念。创建一批绿色学校、村寨、社区、企业，培育生态文化载体，鼓励发展环保组织，构建全民参与的社会行动体系，推动生态文明成果人人共享；三是生态经济方面。实体经济还存在不足，生态经济如何促进引进更多更好的高端引领性企业？统计核算生态资源，如水的“账目”、山的“账目”、林的“账目”等，尽量摸清生态本底，促进新区生态资源资本化；四是绿色社区方面。贵安新区绿色社区建设指标设计，可从绿色社区绿色设计、绿色社区绿色建设、绿色社区绿色治理和绿色社区绿色创新等四个方面进行思考和研编，结合贵安新区社区建设的实际，提出社区入管率（入综合管廊率）等具有贵安特色的指标。五是绿色产业方面。针对建筑垃圾处理推进装配式建筑、对利用秸秆原料制造燃料和建材板材、“产业帮扶”可持续发展路径、绿色企业融资难、基础设施相对较弱等调研发现的问题，建议对产业园区完善配套设施和加强管理，从硬件建设和软件支撑方面入手，不断为产业园区创造一个优良的环境。

参考文献

梁盛平：《生态文明与低冲击开发　贵安“绿色金融+”城市质量体系实践探索》，社会科学文献出版社，2018。

梁盛平：《贵安新区绿色金融改革创新探索》，《开发性金融研究》2018年第2期。

《贵安新区城市环境总体规划》，2016。

B.14
贵安新区自然资源资产调查研究

施辉相　吴 仪*

摘　要： 贵安新区自然资源丰富，历史文化悠久，气候凉爽宜人，原生态文化绚丽多姿。本报告从生物资源、国土资源、水资源、气候资源、矿产资源等方面分析了贵安新区自然资源的基本情况，从生物多样性受到威胁、土地整治与污染、流域水环境污染、矿山问题、林地保护利用问题等方面总结梳理了贵安新区自然资源当前所面临的问题，并提出了生物多样性保护、耕地整治与污染修复、流域水环境保护治理、矿山环境治理、林地生态保护等相关建议。

关键词： 贵安新区　自然资源资产　保护治理

贵安新区，2014 年 1 月 6 日国务院批复设立，处于黔中高原腹地，位于贵阳市和安顺市接合部，规划区范围涉及贵阳、安顺两市所辖花溪区、清镇市、平坝区、西秀区 4 县（市、区）20 个乡镇，规划控制面积 1795 平方公里。直管区 4 个乡镇，规划区东侧，其面积为 470 平方公里，包括高峰镇、马场镇、湖潮乡、党武乡以及大学城管委会等二级行政单元，涉及 91 个行政村（社区、居委会），羊艾农场 1 个，华山松良种场 1 个，夜郎谷 1 处，8 所高校，共计 360 余个村寨。范围：东经 106°19. 13′ ~ 106°39. 23′，北纬 26°16. 29′ ~ 26°39. 23′。新区土地集中连片，田多地平，产出率高。众所周知，贵州是多山省份，可供开发利用的平地很少，但是从贵阳到安顺情况就比较特殊。从贵

* 施辉相，中共贵州省委当代贵州杂志社全媒体记者，《当代贵州・美丽贵安》杂志社责任编辑；吴仪，中共贵州省委当代贵州杂志社全媒体记者，《当代贵州・美丽贵安》杂志社编辑、记者。

阳到安顺的南线，即贵黄公路以南以及红枫湖以南一带，地势平坦，基本没有大山、大河阻断，具有发展大型新区的先天优势。境内矿产资源丰富，有煤炭、铝土矿、硫铁矿等矿产资源30多种，分布广、储量大、品质高，生物资源各类繁多，珍贵稀有，价值高。

一　贵安新区自然资源概况

（一）生物资源

1. 植物资源

贵安新区直管区属中亚热带常绿阔叶林亚带常绿落叶混交林与马尾松林区，整体森林覆盖率40%左右，自然植被多为次生植被（草本植物、苔藓植物、菌类植物等），主要有阔叶林、针叶林，针、阔叶混交林，灌丛、灌丛草地，人工植被主要是农作物和人造林（果林）。主要分布区有北西侧平坝农场、南西侧高峰林场、北侧中坝农场，中部羊艾农场，已定名成片分布的树种主要有樱花树、香樟树、皂荚树、马尾松、金弹子树、沙塘木等数十种，直管区内古老树种主要为皂荚树、银杏树、沙塘木，分布于全区各个村寨。值得重视的是平坝农场现已建成较出名的观赏性林区——万亩樱花园，经济果林有茶树园、葡萄园、草莓基地、李子园等，如高峰国家华山松良种场，羊艾农场千亩茶园和掌克村数万株古茶树等较为壮观。

2. 动物资源

根据收集的资料，贵安新区规划区范围内有普通无脊椎动物7个门类，100余种；脊椎动物202种（亚种），其中鱼纲50种，两栖纲11种，爬行纲15种，鸟纲85（亚种）种，哺乳纲（亚种）41种，自20世纪60年代以来，各类动物急剧减少。直管区内尚存少量国家各级保护动物，主要有鸳鸯、红腹锦鸡、穿山甲、八哥（鹩哥）、林麝等及多种蛇类、蜥蜴类动物。目前在湿地、水库周边亦可见白鹭鸟栖息。

（二）国土资源

1. 地形地貌

贵安新区地处长江流域和珠江流域的分水岭地带，华南喀斯特地貌的中心部位。境内山岭纵横，河流深切，地貌形态有山地、丘陵、盆地、河谷，山地居多，河谷最少。总体地势西高、东低、中部平坦，主要为侵蚀—溶蚀成因的中低山、低山地貌，海拔高程多在1100～1400米，主要有石人坡—凤凰山、九龙山—天台山—老望坡、飞虎山—大偏山、高峰山、塔冒山、安妹山等山脉，把新区分为4个槽谷平坝地区。

直管区属低中山丘陵区，类型多样，以盆地丘陵为主。中部、北部大范围平坦，东部、西部和南部为大面积山地丘陵区。平均海拔1200米左右，高度范围1150～1560米，最高处为直管区西部高峰镇普马村牛坡一带，最低处为直管区东部车田村车田河下游一带，整体略呈西高东低走势，其间包括山地、丘陵，以及附属于山地与丘陵之中的山间盆地及局部湖泊。直管区影像特征显示；西侧高峰山山脉呈南北向连绵不断相间于三条南北向河流（从西往东依次为羊昌河、麻线河、马场河），东侧近南北向松柏山水库两侧显示为山地特征；北侧红枫湖次级支流呈不规则“锯齿状”嵌入，水体环绕特征明显；南侧为中高山丘陵区，显示山峦重叠特征。

2. 土壤类型

属黔中高原丘陵黄色石灰土区，土壤类型有山地黄棕壤、黄壤、石灰土、紫色土、潮土、水稻土、沼泽土、淤土等8种。其中山地黄棕壤、石灰土和水稻土为区内主要类型。

3. 用地现状

根据《贵州省贵安新区土地利用总体规划（2013～2020年）》，按照土地调查更新数据，贵安新区规划范围土地总面积190097公顷，其中农用地141903公顷，占总面积的74.7%；建设用地13950公顷（扣除水库水面），占7.3%；其他土地34244公顷（含水库水面），占18.0%。

农用地：耕地83374公顷，占土地总面积的43.9%；园地3076公顷，占1.6%；林地48043公顷，占25.3%；草地227公顷，占0.1%；其他农用地7182公顷，占3.8%。

建设用地：分城乡建设用地、交通水利及其他两大类。城乡建设用地10894公顷，占土地总面积5.7%；交通水利及其他用地3055公顷，占1.5%。城乡建设用地中，城镇工矿用地3993公顷，农村居民点用地面积6901公顷。交通水利及其他用地中，交通运输用地1874公顷，水利设施用地33公顷（不含水库水面），其他建设用地（旅游设施、军事安保、宗教、墓葬等用地）1148 公顷。

其他土地：其他土地包括水域和自然保留地。其中水域 7148 公顷（含水库水面），占土地总面积 3.8%；自然保留地 27096 公顷，占土地总面积 14.2%。

（三）水资源

1. 河流和湖泊

贵安新区直管区湖泊、河流、水库主体属长江流域乌江水系，普查区东侧翁岗河、思丫河属珠江水系。北邻红枫湖，东侧松柏山水库、车田河与花溪水库相连，整体水资源丰富，区内河流纵横、蜿蜒曲折，河流多年平均径流深 470～700mm，年际变化不大，年内随季节不同洪枯变化大，一般 5～9 月总径流占全年总径流量的 70% 以上，具有高原雨源性河流特征，枯季许多小河断流，成为季节性河流。区内流域面积大于 20 平方公里的主河流有汇入红枫湖的麻线河和马场河，另外，还有汇入松柏山水库和花溪水库的车田河、冷饭河、羊艾河等支流。区内较大型水库分布有北侧红枫湖次级支流（人工蓄水段）、汪官水库；中、东侧有松柏山水库、车田湖、小羊艾水库等；中、南侧主要为克酬水库（北斗湖）、凯掌水库、烂塘坡水库、老年塘水库等。

2. 沼泽

湿地沼泽主要分布于区内平坦地段，除分布于麻线河流域、马场河流域、羊昌河流域外，马场镇平寨村分布有约 10 平方公里的湿地沼泽区，湖潮乡北东侧下坝村一带分布有约 3.5 平方公里的湿地沼泽区。

（四）气候气象

贵安新区直管区气候属亚热带季风湿润气候，在低纬度高海拔地理环境和多种季风环流因素的综合影响下，与同纬度、同类型的地区相比，具有独具一格的气候特点。四季分明，雨量丰沛，空气湿润，春迟、夏短、秋早、冬长，具有明显的山地气候特征。年平均气温 12.8～16.2℃。年平均降水量 1113～1367 毫米、降雨期 180～206 天，且多夜雨。地区风力微弱，年平均风速1.3～3.4 米，主导风向为东南风；全年日平均总云量八成左右，年实照时数是可照天数的 25%～31%，太阳总辐射年平均值 80～94 千卡/平方厘米，处于全国最少地区范围，云多寡照，风小雨频，因而相对湿度大。总体来说，贵安新区直管区是一个风光秀丽、气候宜人的区域，更有“冬去海南，夏来贵安”的美誉。

（五）矿产资源

截至2017年底，贵安新区直管区内经勘查发现的主要矿产有无烟煤、重晶石、水泥用灰岩、砖瓦原料、饰面用灰岩（习称大理石）、建筑石料、耐火黏土、硅等十余种矿产。主要矿种保有资源储量为：无烟煤、贫煤802.9万吨，重晶石17.12万吨，硅414.9万吨，饰面用灰岩储量68.62亿立方米，煤层具有结构简单、埋藏浅、瓦斯含量少、水文地质条件简单、易于开采的特点，可用平硐或斜井开拓；大理石，可逐层开采，自成板材。

二　贵安新区自然资源存在的问题

（一）生物多样性受到威胁

直管区属高原季风湿润气候，受自然地理环境作用，生物多样性丰富，野生植物有草本和木本两类：草本植物包括多种药类植物、草类植物和花卉植物；木本植物主要有阔叶树种、针叶树种、灌木和竹类等。本区地带性植被属典型的中亚热带阔叶林带、石灰岩常绿栎林与石灰岩常绿落叶混交林及石灰岩灌丛植被类型，碳酸盐植被分布较广，有较多珍贵植物和古树名木。直管区动物资源丰富，主要鱼类有54种，隶属5目11科；两栖类动物主要有2目6科23种（亚种）；爬行动物主要有3目9科41种（亚种）；鸟类以水域湿地生境的水鸟类和陆地生境的陆地鸟类为主，共鸟纲18目48科200种；兽类50多种，隶属8目21科；此外区域内昆虫约有51科159种，浮游动物4类31种。直管区生物多样性具有遗传多样性、物种多样性、生态系统多样性的特点，此外还有多种古树名木、珍稀濒危动物等资源，但本区域存在的问题不容忽视，如城镇化建设、矿山开采、水土流失、水域污染等原因导致区域内生物多样性受到威胁。体现在以下几个方面。

1. 次生植被类型占优，森林群落结构简单

长期以来由于喀斯特地貌，加之城镇化建设，自然生态系统次生性明显，

以人工生态系统为主体。原生植被类型主要有大叶樟、青冈、麻栎等，但森林结构较单一且总量较少，乔木层高度较低。灌丛和草丛主要分布在山地、丘陵地带，多数为森林遭到多次破坏后形成。随着直管区经济发展、建设推进，人工封山育林和经济林营造规模化，大部分宜林地、无立木林地变为群落结构简单，种类单一的次生林、经果林，降低生态系统稳定性。

2. 外来物种使用及入侵，破坏物种多样性

城市规划建设过程中，景观绿化过分注重景观效果，绿化植物多为外来引种驯化植物，如法国梧桐、雪松等，对本地乡土树种开发不足，无法形成稳定、多层次植物群落；外来入侵物种如凤眼莲、三叶草、豚草、小龙虾、悬铃木方翅网蝽、白蚁等生物依靠其顽强的生命力、繁殖力、破坏力严重威胁本地物种生存，减少物种多样性。

3. 生态环境破坏，物种栖息地减少

直管区内用地多为潜在喀斯特石漠化区域和轻度喀斯特石漠化区域，陡坡丘陵地、土壤瘠薄地等原生植被易遭到破坏。矿山开采尤其是地表开采严重破坏地表环境，使地表结构松散，造成水土流失、土地荒漠化；采矿废弃物成为有机毒物及重金属污染来源，危害土地；地下开采破坏地下含水层结构，引起区域地下水位下降，地表径流（河、库等）水量漏失，水质恶化等。以上均导致生物栖息地减少，并对动植物生态群落造成不可逆伤害，导致生态平衡失调。

4. 生存环境断片化，降低物种多样性

随着区内用地功能的改变，景观生态系统格局发生较大的变化，农业生态系统向城市转化。农田景观将由规划的工业区和居住小区以及城市商业区景观所分割和替代；交通道路建设、资源开发、人工园林绿化植被均成为限制生物自由活动的分隔物，破坏区域生态廊道连通性及完整性，从而引起动植物种群数量下降甚至局部灭绝，降低物种多样性。

（二）土地整治与污染问题

根据 2015 年土地利用变更数据，贵安新区直管区总面积 10694.90 平方米，扣除林地、天然牧草地、人工牧草地、城镇住宅用地、风景名胜及特殊用地、铁路用地、公路用地、河流水面、水库水面、沼泽地等不动工面积，建设规模 9278.48 平方米。经过计算，得出土地利用程度相关的数据，贵安新区直

管区土地垦殖率为70.29%；土地利用率94.04%；耕地复种率水田为200%、旱地为180%。经测算，贵安新区直管区耕地面积为7517.47公顷，国家利用等耕地质量集中在8～13等，平均耕地质量利用等为10等。8等地主要分布在湖潮片区；9～10等地主要分布在高峰片区和马场片区北部；受耕地坡度影响，11～13等地主要分布在马场片区南部和党武片区。耕地以水田、旱地为主，另有少量水浇地。贵安新区直管区高等地少，中低产田比重大，耕地质量提升空间大。根据《贵安新区"山水林田湖"生态保护修复——国土综合整治项目建议书》，直管区土地（耕地）存在以下典型问题。

1. 中低产田比重大，亟须提高土地利用效率

虽然目前贵安新区直管区现有耕地基本集中连片、耕地内有少量零星地类，但部分地区耕地耕作层较薄、砂石含量较高、土壤质量较差，不能满足贵安新区直管区蔬菜、经济作物种植基地的发展需要。根据国家优高中低等地的划分标准，贵安新区直管区耕地按利用等划分，没有优等地，高等地只占5.56%，中、低等地占94.44%。贵安新区直管区中低产田比重大，粮食生产能力还有待进一步提高。贵安新区直管区产业化水平低下，农民对合理利用和保护耕地的意识较为淡薄，忽视了对耕地的有效整治和保护开发，造成对耕地重利用、轻保护的现象，耕地用养失调，致使土壤瘠薄单产不高，耕地质量呈下降趋势。

2. 坡耕地比例较大，亟须大力推进

贵安新区直管区小于6°的耕地占耕地总面积的62.97%，6°～25°坡耕地占耕地总面积的37.03%，坡耕地占贵安新区直管区耕地面积1/3以上，主要分布在党武片区及马场片区南部。坡耕地区域植被破坏严重，加剧了水土流失程度和石漠化进程，容易引发一系列生态问题。

3. 农业生产条件不足，乡间道路和灌排设施不够完善

贵安新区直管区对外交通便利，贵安新区直管区内通村寨的道路也已经硬化，但通往田间地头的大多为土路，部分地块只有生产小路到达，在一定程度上降低了生产效率，造成农业生产成本较高。贵安新区直管区水资源丰富，但"工程性缺水"严重，由于骨干水利设施老化现象比较明显，田间灌溉设施不配套，区内现有的灌溉渠道不能满足农作物需求。部分低洼地区因为缺乏田间排水设施，导致排水不畅，无法实现旱涝保收。拟通过布设灌溉工程修建灌排

渠道，来满足贵安新区直管区现代农业发展的需求。贵安新区直管区水利设施的不完善，已成为制约农业生产和农村经济发展的重要因素。

综上，随着贵安新区特殊影响力的聚集、人口的增加，对土地的需求量将显著增加，需要更多的土地或提高土地利用效率来缓解人地矛盾。

（三）流域水环境污染问题

贵安新区位于长江和珠江“两江”上游地带，地处长江水系乌江支流与珠江水系红水河支流的分水岭，受喀斯特地貌影响，中小河流众多，河流多具有高原雨源性河流特征，枯季许多小河断流，成为季节性河流。贵安新区水系具有“源清流洁，寸水外流，峰林环立，山水相依”的风貌特质。直管区内流域水环境污染问题如下。

1. 生态环境质量好，但未来环境压力大

贵安新区地表水质处于全国前列，2014 年，直管区主要河流监测断面COD、氨氮等基础指标基本达到《地表水环境质量标准》Ⅲ类水平，松柏山水库饮用水源水质稳定，达到Ⅱ类水环境质量标准。未来随着工业化、城市化加快推进，新区进入以较低污染基数为起点的高速发展阶段，环境风险压力明显增大。

2. 水环境高度敏感，饮用水安全保障压力大

贵安新区直管区大部分区域位于水源地上游的汇水区，属于水环境高度敏感地区，近 93% 的面积位于贵阳市“两湖三库”（红枫湖、百花湖、阿哈水库、花溪水库和松柏山水库）饮用水源的汇水范围内。且饮用水源二级保护区毗邻直管区建设用地。新区现状及未来饮用水环境质量安全保障压力高位运行，短期难以缓解，水源地污染风险高，保护任务艰巨。保护饮用水源安全、进行水源涵养及生态修复，是贵安新区作为水源地和生态屏障地区义不容辞的责任。

3. 地表水环境质量受农业面源污染影响，急需综合治理

贵安新区直管区 2014 年所有监测断面水质结果基本达到Ⅲ类标准（贵安新区直管区内的地表水环境监测断面：麻线河青鱼塘断面，马场河克酬水库坝前断面、新寨断面，甘河凯掌水库坝前断面，车田河车田村断面等），但是局部地点、特定时间段水质不容乐观，湖库总磷、总氮总体超标频率较高，总

氮、粪大肠菌群总体超标，最大超标倍数在6以上。其主要原因：一是化肥使用引起的农业面源污染，二是村庄的污水直接排入区内小河渠引起的生活污染。需采取源头削减、终端治理乃至污染源迁移等措施进行治理。

4. 生态需水量问题突出，旱季无法满足环境容量需求

直管区河流水量小，由于河流两侧均种植水田，为灌溉水田需要，河道支流基本被抽干，生态水量保障问题较为突出。新区入湖库河流的局部河段存在季节性水质超标问题，除红枫湖、松柏山水库以外，地表水体存在富营养化的风险。新区冬季径流量大为减少，至春耕和雨季到来之前，河流湖库水位下降明显，水环境容量大为减少，部分人口经济密度较大村镇的沟渠、小支流水质不达标，有富营养化现象和黑臭河段出现。

（四）矿山问题

根据《贵州省贵安新区直管区矿山地质环境保护与治理恢复规划（2016～2020年）》，截至2017年底，贵安新区直管区内共有47家矿山，均为小型矿山，其中关闭46家，保留1家。虽然大多数矿山已关闭，但由于遗留问题，对矿山地质环境造成了破坏，引发了矿山地质环境问题。

1. 地质灾害问题

露天开采矿山或者井工开采矿山，都会引崩塌、滑坡、地面塌陷、地裂缝、泥石流等矿山地质灾害。一般来说，露天开采主要引发崩塌、滑坡，而井工开采则主要引发地面塌陷、地裂缝，其次是崩塌、滑坡、泥石流。根据《贵州省贵安新区直管区矿山地质环境保护与治理恢复规划（2016～2020年）》，直管区范围内现有17座砂石矿山边坡表层松散，存在崩塌风险。

2. 矿区含水层破坏

矿区含水层破坏是指由于矿山开采地下含水层结构改变而引起的矿区或区域地下水位下降，井、泉流量减小或干涸，地表水体（河流、水库等）漏失，水质恶化等问题。由于井工开采方式在位于地下深部进行，一般均低于地下水位及当地最低侵蚀基准面之下，一般对含水层的破坏比较严重。经实地调查，贵安新区直管区范围内的2家煤矿均无井泉流量减小或干涸、地表水体漏失、水质恶化等现象，无含水层破坏问题。此外，在少数砂石矿山开采形成的地势低洼处积水形成水塘，存在安全隐患。

3. 矿山地形地貌景观破坏问题

矿山开采对地形地貌景观的破坏主要表现为土地毁坏、岩石裸露、山体破损。其中，土地毁坏和岩石裸露问题突出，特别是露天矿山，占用、破坏土地资源严重。全区共有露天开采矿山 45 家，占全区总数的 95.75%，矿区面积 2.2468 平方公里，土地毁坏面积约 0.53 平方公里。

（五）林地保护利用问题

1. 建设用地需求大，林地保护压力大

贵安新区直管区未来发展的目标定位为西部地区重要经济增长极、内陆开放型经济新高地、生态文明示范区，建设项目用地需求量会日益增大，尤其是贵安新区直管区作为新一轮西部大开发重点建设的五个城市新区之一，城市化建设的推进需要承担经济建设与社会发展的供地责任，使林地管理工作的压力越来越大。

2. 林地潜力未充分挖掘，保护与利用未有机结合

在传统的观念里，林地保护就是只保护不利用，只要是利用就是破坏环境。贵安新区直管区境内山清水秀、空气宜人，有山奇峰异、石怪洞幽的地文景观，有泉涌湖静、清流飞瀑的水域风光，可谓黔中地区自然风光的荟萃地。贵安新区直管区旅游业，尤其是森林旅游并非像贵安的景观一样绚丽夺目，而是处于缓慢发展阶段，因此，林地潜力的挖掘，保护与利用的有机结合依然任重道远。

3. 森林资源总量不足，林地生产力较低

贵安新区直管区森林资源总量不足，森林覆盖率仅为 30.13%，人均森林面积0.08 公顷（1.2 亩），低于0.13 公顷（2.0 亩）的全国平均水平，仅为世界平均水平（0.6 公顷）的 13.33%。乔木林单位面积蓄积量 77.7 立方米/公顷，为全国平均水平的 90.56%。低质低效林面积大，占全区林地面积的 16.40%。直管区内的森林生长状况较差，还时常受到自然灾害的破坏，林地生产力、森林质量有待提高，抚育、改造残次林的任务较重。

4. 林种、树种结构不合理

贵安新区直管区公益林与商品林两大体系结构上是基本合理的，但具体林种、树种结构不尽合理。现有林种结构不合理，防护林较多，特用林偏少；薪

炭林偏多，经济林偏少。现有森林树种结构简单，针叶类偏多，阔叶类偏少；纯林偏多，混交林过少。

5. 林业产业规模小，生态产业体系还未形成

总体上，贵安新区直管区林业产业存在规模小、起点低、结构不合理、主导产业和龙头企业少、林业产业效益低、林业对农民增收致富的贡献率有待提高等突出问题。林业的综合效益没有得到充分挖掘和体现，生态产业体系还未形成。对茶叶、经果林等特色产业扶持力度不够，优势没有充分发挥，经济林比重小，带动农民增收的作用没有充分显现，对整个经济建设和社会发展的贡献率仍然偏小。

（六）系统性问题

1. 石漠化问题突出，水土流失严重

根据《贵州省水利建设生态建设石漠化治理综合规划石漠化综合治理专项规划（2011～2020）》，规划区属于岩溶高原石漠化综合治理区，贵阳花溪区及清镇地区属于石漠化轻度区域，安顺平坝及西秀区属于石漠化中度区。按照《石漠化综合治理专项规划》，本规划区的花溪、清镇属于Ⅲ4 小区，为轻度石漠化防治小区；平坝和安顺西秀区属于Ⅲ6 小区，石漠化治理以中度石漠化治理为中心。

2. 水系岸线原生态自然，城镇化过程中渠化趋势明显

直管区水系岸线自然，多有护岸林草带。水生植被茂密，为鱼虾等水生生物提供了多样的生存空间。麻线河和马场河部分区段景观资源丰富，但是在城镇建设中，由于建设理念的偏差，河道岸线有逐渐渠化、硬化的现象。车田河、兰花河、桃花湖的局部岸线出于单纯的防洪考虑，进行了裁弯取直，已经形成“三面光”的形式。

3. 直管区内河流水系众多，但受地势分割影响连通性不够

直管区范围内自然水系密布，东西向有一条中尺度上的分水岭，分水岭为湖潮中八、平坝马场、羊艾长坡一带，分水岭以东为清水河流域，分水岭以西为猫跳河流域。直管区内羊昌河、麻线河、马场河属猫跳河流域，车田河、冷饭河、小干河和思丫河属于清水河，猫跳河和清水河最终汇入乌江，进入长江。由于分水岭的存在，水系互不联通，不利于水资源调控和供水保障。需要

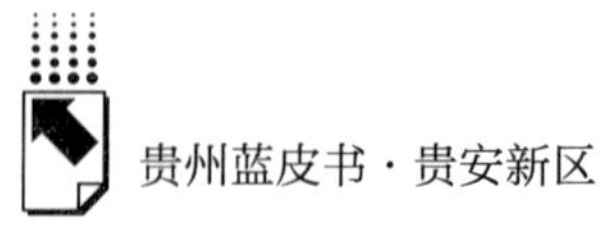

以江河、湖泊、水库等为基础，采取合理的疏导、沟通、引排、调度等工程和非工程措施，建立或改善江河湖库水体之间的水力联系。

三　对贵安新区自然资源保护与开发的建议

（一）生物多样性保护

1. 保护不同类型的生态系统

生态系统是在一定的空间和时间范围内，在各种生物之间、生物群落及其无机环境之间，通过能量流动和物质循环而相互作用的统一，生态系统是生物与环境之间进行能量转换和物质循环的基本功能单位。因此，保护生物多样性的关键在于保护不同类型的生存环境。

2. 植物物种多样性的保护

贵安新区及周边有非常丰富的区域特有植物与模式产地植物，种类有云贵水韭、贵州凤丫蕨、贵阳铁角蕨、青岩鳞毛蕨等37种之多。随着各地开发，濒临灭绝，建议建设珍稀植物园，迁地保护这些经过长期进化形成的物种。重点收集和保护区内及周边区域的特有物种和模式产地物种，在迁地保护的过程中，将部分物种应用于城市的园林绿化。建议在红枫湖、天河潭、高峰山、松柏山选择一定范围作为珍稀植物园，用以繁衍保存特有珍稀物种。同时，加强国家重点保护植物的迁地保护，在珍稀濒危植物园内引种栽培在区内有分布的或历史上栽培的苏铁、银杏、花榈木、红豆树、南紫薇等重点保护植物。

充分利用本土植物品种丰富的优势，保护与引种本土园林绿化植物和生态恢复植物，形成园林绿化植物与生态恢复植物的收集和保护中心。加强保护自然保护区、森林公园、水源地及其涵养区域、生态走廊、城区绿地和湿地等，构建网络型的生物多样性保护空间。以红枫湖、天河潭、高峰山、松柏山保护区林地及外围生态绿化建设为重点进行保护与生态修复，构建湿地植物群落和湿地生态系统，建立良好的生态系统。

通过林带、绿带、各类公园绿地构筑连通城乡的生态廊道，将城市绿地系统和城外自然环境联系起来，减少“岛屿状”生境，增加开敞空间和各生境版块的连接度和连通性，为动物的迁移提供可能。结合道路绿地建设，构筑绿化景观带，将规划区内的各种生物多样性有机地进行衔接。减少非本土园林绿化植物的利用，尤其是谨慎利用藤本植物与菊科、禾本科草本植物。强化外来物种的管理，通过普查建档摸清底数，建立监测、预警机制及快速对应体系，降低外来物种入侵风险。

3. 开展生物多样性保护的科普宣传

相关部门要向市民宣传生物多样性保护意识的教育，加强市民对生物多样性保护的了解，让市民自觉地参加到生物多样性保护的行动中来。

（二）耕地整治与污染修复

1. 保护耕地资源，建设高标准农田

按照土地利用总体规划和“十三五”土地整治规划要求，将基础设施保障率高、相对集中连片、耕地质量等级较高的耕地划入高标准基本农田建设范围。

2. 推行耕作层剥离利用，保护表土资源

随着城市建设发展，建设占用耕地逐年增多，耕作层往往被作为弃土抛弃或填埋，造成巨大的资源浪费。近年来，贵州省各级政府逐渐意识到“保住耕作层也是保护耕地”。2013 年起，贵州省政府明确要求所有非农建设占用耕地的耕作层土壤必须做到“应剥尽剥，即剥即用”。项目要按照贵州省政府的这一政策要求，充分结合各片区周边建设区域及基础设施建设，开展“移土造地，增土培肥”工程，作为项目建设中中低产田改良的土壤来源，有效推进中低产田土改良进度，提高新增有效耕地质量。

3. 实施绿色整治，打造生态田园景观

对缓坡耕地，进行坡改梯，增加保水保肥能力，减少水土流失，提高耕地质量。通过沟道治理、修建谷坊、宾格网等水土保持设施，同时配套生态保持林，逐步减缓水土流失和石漠化进程，抑制石漠化蔓延。采用绿色整治方案，以保护耕地、保护生态环境为首要目标，打造生态田园景观，共建美丽贵安。

4. 完善农业配套设施，引导现代化农业发展

灌溉与排水工程完善是确保贵安新区直管区粮食稳产丰收的基础，因此必须加强农业基础设施的建设，提升抗御自然灾害（旱与涝）的能力。结合贵安新区直管区水利设施现状，一方面改建加固贵安新区直管区内原有主要干支

渠、干支沟，恢复沟渠正常运行，根据实际情况，需再增加新建支渠，排洪沟，加强贵安新区直管区骨干工程的整体性，体现骨干工程在区内农业生产的重要功能；另一方面规划修建田间灌溉排水工程，新建斗农沟渠、蓄水池等水利设施，改善现有排灌条件，减少旱灾、洪涝损失，有效提高耕地灌溉保证率。

按照现有交通骨架和生产生活需要，改扩建田间道路和生产道路，使贵安新区直管区村路、田间道路和生产道路之间形成完整、有机、便利的生产交通网络系统，实现田、村、渠、沟的协调，满足山地中小型农业机械应用需要，从而降低劳动强度，提高农业生产效率，有效提高农业综合生产力，增加农民收入。

通过农业配套基础设施建设，对贵安新区直管区土地资源进行统一的规划调整布局，加强对贵安新区直管区群众的宣传、引导和培训，在大力发展粮食生产的同时，积极发展地方特色产业配套的立体农业结构，改变传统的单一生产形式，引导其逐步使用农业机械和先进的农业技术，大力提高农业生产力，确保农业增效、农民增收，农业农村经济的全面发展。

（三）流域水环境保护治理

流域水环境保护采用控源截污和生态修复两类治理工程措施，其中，控源截污类措施包括城市污水处理与尾水净化工程项目、城市径流污染控制工程项目和分散农村生活源治理工程项目；生态修复类措施又包含生态水系建设工程项目、滨水湿地建设工程项目、河道跌级生态净化工程项目。

1. 城市污水处理与尾水净化工程项目

根据开发建设需要，同步完善污水收集系统，重点考虑污水管线建设的系统性，加快截污管线建设、尾水管线建设。考虑水环境保护的需求，对污水厂进行提标改造，推进村寨污水环境综合整治工作，降低污染排放负荷及风险。

2. 城市径流污染控制工程项目

梳理大排水系统，结合防洪、排涝、竖向等相关要求，优先建设或整治一些小型水系、重要干渠、管涵等设施，近期建设区基本建成排水主通道，减小内涝风险。雨水管网建设应成系统，尽量避免再次出现雨水口直排低洼地块等现象。落实海绵城市建设相关要求，构建源头—迁移—末端的全过程海绵设施体系，降低城市面源污染风险。

3. 分散农村生活源治理工程项目

加大农业面源污染控制力度。严格控制氮肥、磷肥施用量，禁止使用高毒农药，推广低毒、低残留农药使用补助试点经验，开展农作物病虫害绿色防控和统防统治。

通过建立无公害、绿色和有机食品基地，加大生态示范区和生态农业的建设力度，防治农业面源污染。全面实施平衡施肥技术，积极引进生物肥等新型高效肥料品种，建立专业化供肥和施肥技术服务体系。发展集约农业和现代高效农业，调整农业内部结构；设计生态农业旅游模式，发展生态农业旅游。

4. 生态水系建设工程项目

着力推进河湖湿地体系和生态水系网络系统建设。应维持河道、水系和湖塘占地面积，水面率达到相关规范标准；应维护和保护河道基流，保护生态需水量和水文过程。应保护现有河流生物栖息地，依据水生生物生存、繁衍和洄游、越冬、育幼需要，改善河道断面形态结构和地质、地貌，营建生物栖息地环境，增加生境多样性和空间异质性。

5. 河道跌级生态净化工程项目

依托场地自然条件，综合考虑安全、亲水、用水等因素，设置河道跌级生态净化工程，提高水体溶解氧浓度，为水生动植物提供良好的成长条件，达到河流水净化和生态修复的目的。

（四）矿山环境治理

1. 土地整治

土地整治工作的开展要因地制宜，需要符合矿区生态环境保护的最终利用方向。土地整理要保障、增强坡体的稳定性，对一些弃渣优先进行综合利用。对于开采岩质坡面，做到无浮石、危石即可，无须进行大量开山产生二次破坏。土地整理过程中，注意机械作业、材料运输和后期人工维护管理等作业通道的预留。

2. 排土场管理

合理安排岩土排弃次序，将有利于植被恢复的岩土排放在上部。排土场应设置排水系统，避免阻碍泄洪，防治淤塞农田，减少土壤流失，降低地质灾害的诱发程度。对于具有丰富水源的排土场或有大量松散物质堆放的陡坡场地，以及其他有可能出现滑坡、崩塌的区域，应采取坡脚防护或拦渣工程。干旱区域的排土场，如果不具备植被恢复条件的，应该采取砂石等材料覆盖，避免风蚀。生态恢复后的排土场应转为农田、林地、建筑用地等用途，但需要经过相应的评估和验收，保证用地安全。

3. 植被管护与恢复

对森林、草地等进行综合性生产管理，严禁乱砍滥伐、乱采滥挖等破坏森林资源的行为发生，预防、及时发现和阻禁森林火灾与森林病虫害的发生发展。可通过设置围封围栏、悬挂警示标志、人工巡护等方式管护植被。在经济可行、场地允许的前提下，积极开展土地复垦、植树绿化等活动，恢复矿区的生态环境。在植被恢复过程中，注意边坡环境的选择，对于不同坡度的矿区土地要合理选择恢复手段。对于植物选择，要尽可能选择本地植物，有条件的应进行乔木、灌木、草本等多层次、多种类的搭配组合，改善植物多样性。要注重提高植物的成活率，避免“一年一绿化”等现象的发生，降低植被管护与恢复成本。

4. 矿区专用道路整治

矿区专用道路应严格控制占地面积和范围。开挖路基或取弃土工程时，应根据工程进度保存表层土；工程完工后，取弃土厂应该回填、整平、压实，并利用堆存的表层土进行植被或景观恢复。道路使用期间，有条件的要在道路两侧进行绿化，绿化应以乡土树木、植被为主，尽可能选择适应性强、防尘效果好、护坡功能强的植物种。道路建设完成之后，临时占地应及时恢复，同时要注意与原有地貌和周围景观保持协调。

5. 大气污染防治

在采矿过程中，禁止采用燃烧的方式清理地面植被。运输车辆应采用遮盖、围挡等措施。勘探、采矿或选矿作业过程中使用的设备应配备降尘、除尘设施。要对矿石开采过程中的伴生气或有毒气体采取必要的收集和处理措施。

6. 水污染防治

充分利用矿井水、选矿废水和尾矿库废水，避免或减少尾水外排。可能产生酸性废水的矿区，应采取有效隔离和覆盖措施，减少降水入深，采用沉淀、石灰中和等方法进行废水处理。矿井水和露天采场内的季节性或临时性积水尽快能在处理后利用，如果外排则需要达到相应标准。

（五）林地生态保护利用

1. 风景林建设

对原有次生植被保存较好但景观效果较差的山体，应在保护原有植被的基础上加以适当的林相改造，以丰富风景林内的植物种类。树种的配置主要以该片区的基调树种为主，以实现整体相对统一、色彩绚丽的目的。

2. 经果林营造

对立地条件较好，林农又有种植积极性的造林地块，以发展经果林为主，在绿化山体的同时带动林农增收。选择柿子、石榴、桃、李、金刺梨、杨梅等树种，春可观花、秋可观果，兼具观赏价值和经济价值。对现有因管理不善、品种老化或品种品质差等原因引起的经济效益低的果园，指导林农保留部分长势尚好和名优的果树，补植补造优良经济树种。

（六）全方位系统综合治理修复

1. 植被恢复

贵安新区典型的喀斯特地貌是一种易受干扰而遭破坏的脆弱生态环境，对环境因素反应灵敏，生态稳定性差，生物组成与生产力波动较大。同时喀斯特也面临着贫困与环境恶化的双重难题。因此，开展植被恢复项目要从全局性、高效性、可持续性、创新性和多样性等多方面考虑，选择与该区域相适宜的植被恢复模式。

2. 石漠化治理

以退耕还林还草、封山育林为基本内容。根据不同区域、石漠化程度及地貌类型，按照适生适种、适地适用原则，合理配置乔灌草，采用人工促进植被自然恢复和人工恢复等修复技术，促进生态系统的适应性修复及可持续发展。适用于轻、中度石漠化区。

3. 建立水系生态系统

水系生态系统建设是一个长期的、可持续发展的城市工程，城市河湖水系综合治理规划要制定分期实施方案，既要保证近期规划内容的可操作性，突出贵安新区的建设重点，又要确保远期规划内容的完整性，统筹兼顾，让近期治理工程与远期工程的发展规划有机地结合。

4. 建立智慧管理平台建设

建设管理平台，实现土地资源、矿产资源、生物资源、水资源等自然资源规划、管理、保护与合理开发利用。通过“智慧平台”建设，实现资源管理的电子化、网络化，提高政府管理水平和办事效率，促进政务公开和廉政建设，带动资源管理方式的根本转变，为新区宏观决策和重大战略部署提供重要的资源基础信息支持。通过“智慧平台”项目，形成依托数据资源中心，构建资源环境空间信息共享与应用服务。

（七）建立健全相关制度

1. 空间管控制度

贵安新区要建立以空间规划为基础，以空间治理和空间结构优化为主要内容，以用途管制为主要手段的空间开发保护制度；认真贯彻《贵安新区生态红线区域划定技术方案》，实行红线区域分级分类管理，实施贵安新区生态红线保护制度。要加强建设用地空间管制，协调三界四区（规模边界、扩展边界、禁建边界，允许建设区、有条件建设区、禁止建设区、限制建设区）与生态保护修复的关系。实现“四条控制线”整合落地，通过将土地利用总体规划、城市总体规划和生态保护红线规划“三规合一”，确定建设用地控制线、产业区块控制线、基本农田保护控制线、生态保护红线“四条控制线”，兼顾城市蓝、绿线，并统一纳入一个系统信息管理平台进行监管，实现“一张蓝图干到底”。

2. 构建自然资源综合管理体系

贵安新区要构建自然资源管理体系——让“共同生命体”生生不息，在完善自然资源资产产权制度的基础上，以自然资源可持续利用为根本，统筹优化自然资源要素配置，并开展以土地为载体的自然资源综合承载力评估，采取统一立法、综合保护的模式，形成自然资源综合管理体系。

3. 绩效考核制度

自然资源资产离任审计是中国共产党在第十八届三中全会提出的自然资源资产产权制度。有了具体的考核指标，干部任职不再只是以 GDP 论政绩，而是要考核其所管理的自然资源是否得到保护。未来可以建立一个具体的评价体系，让生态环境保护纳入政府考核体系更具操作性。

贵安新区要认真落实《贵州省生态文明建设目标考核实施办法》，建立健全干部政绩考核体系，把节能减排、耕地保有量、森林覆盖率、万元 GDP 能耗、碳排放强度、主要污染物排放总量、万元工业增加值能耗、空气质量优良天数等体现生态效益和环境效益等指标纳入贵安新区领导干部年度考核体系，按照不同区域主体功能定位实行差别化的评价考核制度，对限制开发区域和禁止开发区域取消地区生产总值考核。

参考文献

《贵安新区总体规划（2013～2030 年)》，2014 年 2 月 26 日。

薛蕊：《关于自然资源资产离任审计的理论思考》，《现代商业》2016 年第 15 期。

《贵安新区生态文明建设规划》，2017 年 3 月 21 日。

《贵安新区环境保护规划》，2017 年 3 月 27 日。

《当代贵州 · 美丽贵安》相关资料。

B.15
贵安新区绿色产业创新发展研究

林　玲*

摘　要： 本文对绿色产业的概念与特征，以及创新理念进行了归纳与界定，分析了贵安新区在自然、交通及人才资源方面的绿色产业发展先天条件，总结了贵安新区绿色产业发展产业新、技术新、模式新的创新成就，指出贵安新区绿色产业发展基础薄弱、产业集群尚未形成、产业活力还需提高的创新痛点。基于以上研究，提出贵安新区绿色产业创新应构建完善的绿色产业结构体系，使贵安新区绿色产业发展高端化、有新意、成规模的思路与目标，从建立产业联盟、增强产业发展活力、建立产业管理体系方面提出了贵安新区绿色产业发展路径，以及资 金支持、发展意识、招商引资、基础设施、人才支撑等方面的保障措施。

关键词： 贵安新区　绿色产业　创新

一　绿色产业创新理念

随着人类社会经济的不断发展，生态环境也在逐步恶化，国际社会对环境问题逐渐重视。早在20世纪70年代，绿色革命就已兴起，80年代绿色计划已进入国家规划中。关于社会经济发展与环境问题关系的研究也越来越多，绿色理念逐渐深入社会发展的各个方面，也深入产业发展中。在我国，党的十七大、十八大将生态文明建设、绿色发展写入党代会报告，十九大全面阐述了推

* 林玲，贵州省社会科学院对外经济研究所副研究员，研究方向：产业经济、对外经济。

进生态文明建设和绿色发展的战略部署。绿色产业是生态文明建设、绿色发展的重要组成部分，绿色产业将是未来产业发展趋势。2016 年 8 月，贵州省获批国家生态文明试验区。8 月底召开的贵州省委十一届七次全会上提出因地制宜发展绿色经济，包括生态利用型、循环高效型、低碳清洁型、节能环保型“四型产业”。贵安新区从成立之初，就将绿色作为发展的底色。

（一）绿色产业的界定

联合国开发计划署将绿色产业定义为：防止和减少污染的产品、设备、服务和技术。联合国工业发展组织指出绿色产业的发展不是以自然体系的健康发展为代价来换取人类的健康发展。绿色产业是以绿色发展和生态建设与环境保护为理念，以绿色资源开发为基础，以增加生态资本为目标，以新技术、新工艺为手段，充分合理地利用自然资源，从事绿色产品生产、经营及提供绿色服务活动，满足人们对绿色产品消费日益增长的需求，获取较高生态经济社会效益的综合性产业群体（孙晓霞，2016）。绿色产业是指对可更新资源的可持续利用，或对不可更新资源消耗但达到环境标准或清洁生产标准的产业（何潇，2008）。绿色产业也称环保产业（刘小清，1999）。绿色产业是与第一产业、第二产业、第三产业并列的第四产业（刘景林，2002）。绿色产业不是区别于第一、二、三产业的第四产业，也不单指环保产业（林毓鹏，2000）。绿色产业是社会发展的基础产业，涵盖国民经济的各个产业部门，不是独立于传统产业之外的产业，它是一种新兴产业，也是高科技产业（孙晓霞，2016）。

2016 年 10 月，贵州省发布了《贵州省绿色经济“四型”产业发展引导目录（试行）》，将绿色经济内涵表述为：“以促进可持续增长和增进民生福祉为目标，以节约自然资源和保护生态环境为基础，不断提高自然资本在发展中的比重，体现人与自然共生共荣。”将贵州绿色产业划分为 4 型 15 种产业，具体细化为 400 个条目，包含了山地旅游业、绿色轻工业、再生资源产业、大健康医药产业、新能源汽车产业、大数据信息产业、节能环保服务业等。

综合以上观点，本文认为绿色产业是指能增添环境效益，实现经济与环境和谐发展的产业。它具有以下内涵与特征：涵盖了三次产业并不独立于三次产业之外；包含了环保产业，并不只是环保产业；既包括对传统产业的绿色改造，也包括新兴产业；科技替代物质资源作为主要的投入，是现代化产业。

（二）产业创新理念

经济学家熊彼特首次提出创新概念，按照他的创新理论，创新包含引进新产品，采用新技术、开辟新市场、挖掘原材料新的供应来源、实现企业新的组织五种情况。英国学者弗里曼进一步系统地提出了产业创新理论。他认为产业创新包含了五方面：技术创新、产品创新、管理创新、流程创新和市场创新。国内学术界认为产业创新是：通过技术扩散实现产业共同创新（罗积争，2005）；技术进步和技术创新而出现新的产业（张耀辉，2002）；产业间资源的重新配置创造新的优势产业（袁易明，2003）；利用管理创新、技术创新、市场创新，甚至是组合创新改变现有的产业结构，或者创造新的产业（陆国庆，2002）；单个或几个企业联合开展技术、产品、市场、管理等方面创新，通过扩散带动整个产业共同创新的过程（曹山河）。

以上研究让我们认识到：产业创新可以是对现有产业的改造，也可以是创造新的产业。创新的途径主要是技术、产品、市场、管理等单方面的创新或组合创新，以及产业间资源的重新配置。本文认为绿色产业创新是通过技术创新、制度创新、产品创新等实现传统产业的绿色改造或形成新的绿色产业的过程。

二　贵安新区绿色产业创新发展条件

（一）自然条件与资源要素

生态环境优越，人文资源富集，适宜发展绿色产业。贵安新区西高东低，平均海拔 1200 米。气候凉爽舒适，年平均气温 12.8 ~ 16.2℃，夏季平均气温低于 25℃。空气清新，常年空气质量指数低于 30，无恶劣天气。地形地貌类型多样，河流湖泊纵横交错，具有贵州典型的喀斯特地貌景观。湿地、地表河流域、自然风景区面积分别占总面积的 24%、80%、24%。植被覆盖率达 80% 以上。地质结构稳定，自然灾害风险低。地势平坦开阔，开发成本低，适宜建筑面积达 570 平方公里。贵安新区有国家级风景名胜区 17 个、省级风景名胜区 3 个，有国家重点文物保护单位 5 个、省级文物保护单位 8 个，有中国历史文化名镇 2 个、省级历史文化名镇 1 个，全国爱国主义教育示范基地 1

个。贵安新区是“西电东送”的骨干电源地，企业用电平均价格低；是国家级互联网骨干直连点，中国13大互联网顶层节点之一。

环境敏感性高，绿色能源利用少，是贵安新区绿色产业发展面临的挑战。贵安新区处于特殊的水环境位置，93%的面积位于贵阳市饮用水源上游，72%位于红枫湖汇水范围，主要河流水库断面水质要求在Ⅲ类标准以上，水环境敏感性高。贵安新区水资源虽然丰富，但由于地势平坦、河流洪枯变化大、环境敏感性高等原因，不适宜水电开发；风力资源匮乏，不适宜风电大规模开发；太阳能资源条件适宜小区域利用，不宜大规模开发；地热资源丰富，但是利用率低、产业化水平不高。

（二）交通信息与区位要素

区位优势。从全国来看，贵安新区位于“两横三纵”的包昆通道纵线上。在省际区位上看，贵安新区北接成渝都市群，南邻东盟自由贸易区，是西南出海大通道的中央枢纽，连接大西南与泛珠三角。从省内区位来看，贵安新区是省城贵阳市和安顺市的接合部，是黔中经济区的核心地带，规划控制面积1795平方公里，包含贵阳市、安顺两市所辖的4个县（市、区）及20个乡镇。贵安新区是贵州的经济核心区，贵州虽然是全国最贫困的省份之一，但是近年来发展迅速，经济发展速度位居全国前列，是国家级生态文明示范区、内陆开放型经济试验区。发展基础虽然薄弱，但是发展空间大，贵安新区绿色产业发展大有可为。

交通优势。贵安新区境内沪昆高铁、贵广高速等快速通道横贯全境，使整个西南地区进入贵安新区辐射半径，三小时通达贵州周边省会，六小时抵达出海港口；东西两侧分别有龙洞堡国际机场和黄果树支线机场，使贵安新区成为连接东南亚、南亚和长三角、京津冀之间的重要航空枢纽。贵安新区虽地处内陆山区，但由于高铁、地铁、高速公路等交通体系的快速发展，拉近了贵安新区与周边及沿海城市的距离。交通的大发展为贵安新区绿色产业的创新发展提供了良好的基础条件。

（三）人口与劳动力资源要素

人才与科研机构是产业创新的必备条件，贵安新区可谓占据了人才需求的天时地利人和条件。作为国家级新区，拥有获得优越发展的政策条件；毗邻省会城市贵阳，位于黔中经济区核心，具备经济发展和人才集聚的地理条件；贵州大学城和清镇职教城都位于贵安新区，人才教育集聚化、专业化、层次多，就像一个人才储备库，就近为贵安新区产业发展提供科研人才、技能人才、管理人才。

劳动力富足。贵安新区有65万人，基本以农业人口为主，规划至2030年城乡人口350万左右。通过就业培训，农民可在家门口打工，农业人口转化为产业工人，使产业发展获得大量劳动力。

三　贵安新区绿色产业创新成就

贵安新区的绿色产业覆盖了农业、工业、服务业，形成了各产业都有亮点的绿色产业创新格局。既有对传统绿色产业如农业、旅游业进行产品创新、管理创新的改造，也重视对新兴产业如电子信息产业、大健康产业的培育。呈现以下特点。

（一）产业新

贵安新区以大数据产业为引领，重点发展电子信息、高端装备制造、大健康新医药、文化旅游等绿色新兴产业。

1. 电子信息产业

贵安新区致力于打造全国一流的大数据产业基地，将建成全国最大的数据中心、全国战略新兴产业示范基地、国家智慧城市示范区，并打造长江经济带大数据存储、应用及信息服务产业承载核心基地。贵安新区成功引进了三大电信运营商、富士康、华为、腾讯、苹果等数据中心，国家版权云、国家科技部、国家旅游局等数据库，成为全国一流的数据存储基地。引进了高通、微软、IBM、浪潮、曙光、华大基因、联影医疗、北京千方、中金数据、国家天文台、休斯卫星网络、华为大数据学院等一批标志性项目，以及阿里、贝格大数据、百度创新中心、现代汽车数据中心等数字经济知名企业，还有中科院上海生命科学院生物医学大数据中心、贵州射电天文台及FAST数据处理中心、贵安超级计算中心等高科技含量项目，提高了贵安新区大数据产业的引领性、示范性、带动性，形成了领先优势和产业集聚。

2. 高端装备制造业

贵安新区高端装备制造园区重点发展以新能源汽车、新能源新材料、军民融合、大数据+智能制造、高端医疗器械为主导的五大产业，积极引进大数据运用和服务产业项目，在园区初步形成了高端装备制造产业集群。2017年，园区已投产企业39家。

贵安新区依托建设中的高端装备制造产业园，以航空航天装备、新能源汽车产业为基础，以激光及智能机器人技术为引领，以节能环保设备制造为依托，以智能输配电装备制造为带动，打造高端装备制造产业集群，还规划了乐平特色装备产业园、夏云现代制造产业园、蔡官特色轻工业产业园等七大园区。

3. 大健康医药产业

贵安新区大力发展大健康产业，规划建设了新医药产业园、生物科技产业园、医疗器械及医用材料产业园。新医药产业园位于贵安新区的平坝新城，整体规划面积9.29平方公里，重点发展方向是新医药研发、新医药产业孵化、医药制造、医药交易物流服务，组建从产品研发、产业孵化到生产制造、贸易物流的产业链，建设新医药研发孵化中心、医药生产基地、医药贸易物流中心、康健服务基地。贵安生物科技产业城是在羊艾食品医药工业园基础上进行升级改造，以健康、高效、安全为引领，以基因重组技术、原生质体融合技术等高新技术为支撑，以基因工程药物、生物疫苗及诊断试剂、新型制剂为重点发展方向，重点打造产业服务平台、孵化加速、中试基地、总部办公与研发预留、科研院所、服务配套等六个功能板块，成为集研发、孵化、加速、中试、办公和服务于一体的现代生物科技产业城和贵州省乃至西南地区生物医药产业跨越式发展的重要载体。

贵安新区纳入贵州省大健康医药产业“6个50”重点工程的项目有8个。同济贵安医院、瑞康医院、贵阳中医学院附属医院及配套综合体项目正在建设中；新西兰派客润家养生园、中国贵安·四季禾图生态农业文化旅游产业园、万水千山国际温泉休闲度假城等项目正在开展前期工作；上海联影医疗影像大数据中心及设备制造项目已建成投产；云漫湖国际休闲旅游度假区一期、贵澳农业科技园一期已建成。

此外，利用云计算、大数据、物联网、互联网等技术，以居民健康为核心，通过线上与线下服务相结合，贵安新区在社区建设健康管理服务中心，提供覆盖全人群、全生命周期的健康管理、医疗、康复、养老等服务。星湖云健康管理中心已投入运营。

（二）技术新

1. 绿色数据中心

贵安新区绿色数据中心运用最新理念和先进技术成果，利用气候和地理优势，建造PUE值优于全国平均水平的节能数据中心，引入清洁能源降低数据中心碳排放，实现能耗少、碳排放低，带来经济效益的同时也提升了能源环境效益，率先迈入绿色数据中心产业的发展中阶段。目前，已有多家绿色数据中心入驻。贵安信投—富士康绿色隧道数据中心是世界上唯一不需要安装空调的数据中心，全国第一家获美国LEED铂金级认证，PUE值小于1.1，动态自然冷却技术；中国电信云计算贵州信息园PUE值小于1.34，采用高效水冷离心式冷水机组+自然冷却的双冷源系统+智能新风系统；中国移动（贵州）数据中心采用高效水冷离心式冷水机组+自然冷却的双冷源系统；中国联通（贵安）云计算基地等绿色数据中心采用中央空调+高效冷水机组+变频水泵；苹果iCloud中国主数据中心是中国第一个使用可再生能源的数据中心；还有贵安新区生物医学大数据中心、中科院国家天文台FAST射电望远镜数据中心、华为七星湖数据存储中心、腾讯贵安七星数据存储中心等。

2. 新能源汽车产业

贵安新区与五龙集团签署新能源汽车产业项目合作协议。一期投资约50亿元，建设年产15万辆纯电动汽车生产线和世界一流纯电动整车智能化工厂。投产后，年产值将达300亿元以上。

贵安新区通过建设智能的充电桩、桩联网平台、车联网平台和一体化超级充电站，整合新能源汽车的生产、充电站与互联网环节，并运用大数据技术建设新能源汽车的分时租赁服务中心、互联网支付平台及运营数据中心，打造“充电App+城市智能充电网络+运营系统”的商业模式，实现新能源汽车“车—桩—网”产业链一体化运营。

2017年，贵安新区已建成国内最大规模的智能互联网充电站，也是第一个把充电、服务、支付联通起来的平台，全国首个O2O新能源汽车集中出行平台上线，首批新能源纯电动汽车投放，长江汽车首台纯电动商务客车下线。高端园区首创综合分布的充电示范区，成为第一个把园区和充电的能源结构打通的示范园区。

3. 富士康第四代绿色产业园

富士康第四代绿色产业园引进国外最先进的园区建设理念与技术，打造集生产、生活于一体的全方位产业园区。因为加入节能环保的设计，厂房的建设比普通厂房造价高 2～3 倍。与其他地方的富士康产业园相比，厂房能耗比下降 20% 左右，厂房能源使用成本节约 35%，厂房能源效率超过国际能源标准 30%。园区绿地覆盖率达 70%，工地废弃物回收再利用率以及厂房建材本地开采加工使用率超过 80%。园区涵盖的电子信息产业园、节能环保产业园、国际数据中心等七大产业区，都主打绿色“环保牌”。

4. 贵仁生态砂

贵仁生态砂西南产业总部基地是由贵安新区与北京仁创集团共同投资建设的高新技术企业，北京仁创是两家国家首批民营企业重点实验室之一。总投资 5.6 亿元，主要生产市政绿化改造所用的路缘石、砂基透水砖、透水井砖砌块，具有透水迅速、绿色无污染和防止水土流失等显著优点。生态砂基透水系统能够将雨水高效率回收、净化，达到地表水Ⅲ类标准的高品质。北京仁创在贵仁还设置了研发分部，贵安新区实现生态砂的自己生产、自己使用、自己研发。

生态砂是建设海绵城市的助力者。贵安大道和月亮湖公园大量使用贵仁生态砂，建成了生态砂基透水系统和雨水收集利用系统，将雨水收集、渗透进土壤补充地下水源。贵安大道每年将 11.8 万立方米左右的雨水收集，经过过滤、蓄存、保鲜、渗透，水质达饮用水水源标准，排放到月亮湖城市湿地公园。可以起到疏浚地面洪水、减轻城市热岛效应、雨水资源再生利用的作用。

5. 斯特林绿色能源发电系统

斯特林碟式太阳能热发电系统，通过像向日葵一样追着太阳转动收集阳光，将太阳能转化为电能，是低能耗、无污染的项目，是全球唯一达到工程化、批量化生产的太阳能发电技术。与传统火电相比，可减少煤的使用和大气污染。光伏发电的转化率在 12% 左右，而斯特林可达到 30% 以上。斯特林还可以混合实现太阳能和生物质能全天候发电，实现绿色高效。

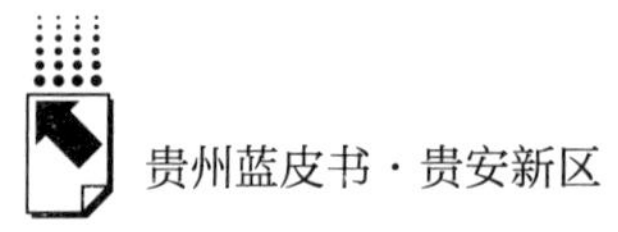

（三）模式新

1. 贵澳农旅产业示范园

贵安新区贵澳农旅产业示范园是集研、种、产、供、销于一体的大数据中医药、农业旅游示范基地，包括大数据中心、生态果蔬体验中心、农产品分拣配送中心、农产品安全检测中心等。核心区占地500亩，计划辐射带动20000亩精品果蔬基地。

构建大数据农业。贵澳农旅产业示范园采用“双云驱动，两上两下双提高双体验”模式，实现农业转型，构建了大数据农业。通过云上大数据平台分析市场需求与供给，改变传统的产销模式，与果壳视界等十余家电商平台建设云上农场，设立50余家线下体验店，并带动大乐歌等11家农民专业合作社、近1000名社员建立线下基地近万亩；通过与中国农科院等5家科研院校、30余名专家团队建立云上农校，采用远程视频的方式获取专家资源，给予农民种植指导，并在场边等十余个村开展线下农民培训6000余人次。

构建绿色有机农业。贵澳农旅产业示范园坚持不施有害农药与化肥。借助全智能物联网技术，通过前端传感器实现远程智能化操控。根据作物的生长周期对营养元素的需求，使用营养液滴管系统补充水肥。水和基质土通过有机检测，达到有机种植标准。游客直接入园采摘、不用清水清洗即可食用。每个产品均对应一个独一无二的农产品安全追溯二维码，通过扫描产品外包装上的二维码，即可查看该款产品种植信息、生产信息等可直接追溯至源头的产品资料。种植现场、分拣现场、线下体验店等均为实时视频监控，让消费者买得安心、吃得放心，吸引了大量的省内外、国内外游客。

构建大扶贫农业。贵澳农旅产业示范园以大数据+大扶贫+大旅游发展战略，构建“创服机构（凤岐茶社）+基地（贵澳）+村支部+合作社+农户+电商”深度垂直的产业生态，引导农民就业，帮助农民增收，成为大数据助推大扶贫的典范。园区与合作社、农户建立“保底分红”利益共享机制，使农户变成有租金、分股金、领佣金的产业工人。已解决包括36名贫困户在内的70余名村民就近就业。

2. 贵安禅茶观光园

贵安禅茶观光园是海拔高、日照少的优质生态茶园，面积5600余亩。茶园旨在打造集观光休闲、体验加工、品鉴销售于一体的现代都市景观文化茶园。

贵安禅茶观光园通过实施“大生态、大数据、大扶贫”战略，探索“国有资源 + 专业化公司 + 贫困户”的产业扶贫模式，引入贵安新区栗香生态农业有限公司开展市场化经营。带动周边3000多人参与季节性用工，人均获得工资6000元，并将30%的收益分配给全区673户1321人政策兜底户。

3. 平寨绿色旅游

贵安新区马场镇平寨村是贵安新区统筹城乡发展建设“美丽乡村”第一批示范点，2016年，荣获“中国最美村镇生态奖”。作为绿色旅游乡村，平寨的通村路和民居使用环保砖和生态木。平寨村磨界组至克酬组的“环保之路”使用的是磷石膏砖铺设。磷石膏砖是贵州开磷集团以磷石膏废渣为主要原料，采用“磷石膏全废料自胶凝填充采矿技术”生产的砖块，是实施循环经济、变废为宝的重大成果。具有强度高、耐水性好、干缩变形小、保温隔热性能好的特性，并且色彩多样、棱角平直、美观实用。平寨村使用的人造生态木，不含有害物质、不需要特别维修与养护、可再利用，且采用插口、卡扣和楔接式设计，拼装简易，还可拼装出多种样式，低碳、环保、绿色。此外，平寨还有贵安新区第一座“小型”微动力污水处理站，只有20余平方米，噪声小没臭气，经过处理后的污水达到环保排放标准，不会造成污染。

四　贵安新区绿色产业创新痛点

（一）产业发展起点高，但是产业基础薄弱

贵安新区作为国家级新区，要建成西部地区重要的经济增长极、内陆开放型经济新高地、生态文明示范区。因此，建设之初就坚持扁平化、低冲击开发模式，产业发展注重高端化、集约化、绿色化。产业发展虽然起点高，但是由于贵安新区特别是直管区的产业发展都才刚刚起步，发展基础薄弱。一是基础设施。很多产业园区刚刚建成，有的园区还没有建好，园区内的有些生产设施不完善，配套的吃、住、行、医、学等设施还欠缺，园区周边缺少商业区，对入驻企业的生产生活造成影响，未形成成熟的生产生活社区。二是专业配套。产业集群发展必需的现代服务业发展滞后，没有形成规模效应与产业集群的协

调化互助发展。三是软件标准。还缺乏统一的产业规范与标准。四是人才保障。贵安新区与北上广地区在薪酬水平、产业基础、创新氛围等方面存在差距，对高端人才的吸附效应不够。而本地科研院所及高校缺乏相关专业性人才的培养，如大数据专业，产业人才匮乏。

（二）产业已初具规模，但是绿色产业集群尚未形成

贵安新区的几大产业园区吸引了许多龙头企业入驻，已形成一定规模的产业集群。但是总体来看，企业间串联的产业链条较短也较少、缺乏分工协作，更多地表现为企业的地理扎堆，多数产品与服务还只在单一企业内部完成，产业之间难以形成协同效应。如大数据产业，虽然包含了上中下游企业，但是企业间的分工协作较少。如新能源汽车产业，虽然形成了车、桩、网的产业链，但是还缺乏关联产业。

此外，农业、工业、服务业未能融合发展形成绿色产业的区域集聚。在各产业协同发展上、产业与应用部门的协同创新上需进一步加强，如大数据 + 工业、旅游业 + 清洁能源、大健康 + 物流业等，形成各产业互促、协调、配套发展的产业体系。

（三）产业发展迅速，但是产业发展活力还需提高

贵安新区虽然成立时间短，但是已经形成电子信息产业、高端装备制造业、大健康医药产业、文化旅游业等为主的绿色产业集群。但是，产业发展存在“炒得热、市场冷”的现象。产业园区建起来了，知名企业也引进来了，产业产品高大上，但是应用主要集中在公共服务的多，且中小企业较少，产业发展缺乏活力，商业模式还有待进一步挖掘。

五　贵安新区绿色产业创新发展的总体思路与目标

（一）总体思路

综合利用资源优势，发展以大数据信息产业为引领，新能源汽车产业为重点，大健康产业、文化旅游业、现代服务业协调发展的绿色产业格局。促进绿

色产业的创新，建设绿色产业链，推进产业融合发展，构建完善的绿色产业结构体系。

（二）主要目标

通过对贵安新区绿色产业创新发展的研究，优化贵安新区绿色产业结构和布局，完善绿色产业链，建设绿色产业群，推动贵安新区绿色产业政策的创新与完善，使贵安新区的绿色产业发展高端化、有新意、成规模，走在全国前列。

六 贵安新区产业创新路径

（一）建立产业联盟，完善产业链，促进产业融合

没有一家公司能够拥有技术创新所必需的全部资源和能力。产业联盟就是为了资源或技术等的交换、分享或合作开发，达到降低成本与风险的目的，实现规模经济、专业化和交易费用的减少。产业联盟包含纵向联盟，即从上游企业的研发到下游企业的营销的联盟，也包含横向联盟，即与其他企业的资源与技术共享。像大数据、旅游产业可以作为横向联盟参与到其他产业中去。产业联盟的形式可以是以一家企业为核心的星形结构，也可以是多家企业机构互联互通的网状结构。形成包含原材料、科研、金融等系统性的产业联盟。

成立大数据产业创新联盟，促进大数据产业链协同和区域合作。通过政府、企业、科研院所等的有效结合，有效整合产、学、研等各方资源，推进大数据技术的创新和发展，培养大数据产业人才。利用花溪大学城和清镇职教城的教育人才资源优势，开设大数据专业、建立大数据研究中心，直接为贵安新区大数据产业发展输送技术与人才。通过研究中心与企业的对接，引导关键技术及产品的研发及产业化，在实践中培育本土人才。联合产学研机构及行业合作伙伴，实现产业资源的汇聚和整合，建立能够供各类大数据科研机构使用的大数据创新公共服务平台。

将大数据技术与其他产业融合，如大数据制造、大数据服务业等，培育新技术、新产品、新业态、新模式。发展教育经济，推动教育资源与绿色产业的结合。加大温泉资源的开发与利用，开发大健康产业 + 旅游业 + 清洁能源产

业，促进绿色产业之间相互融合。

充分整合并有效利用相关产业领域的要素资源，强化上下游产业链的互动，实现高效、集约的协同发展模式。引进大数据资源、技术、应用的上中下游产业，构建产业链。突出优势产业链条，带动产业协同发展。面向大数据应用需求，持续研发一批具有国际先进水平的基础软硬件产品，带动各环节产业发展。

大力引进新能源汽车电池、电机、电控、充电桩（站）等零配件生产产业，建设新能源汽车产业园及汽车产业联盟，带动产业集聚，建立以整车生产企业为核心，集合零部件企业、金融机构、科研机构等的产业集群，形成包含整车、电池、电机、充电、金融等多个环节的产业链。加快新能源汽车互联网运营中心建设，进行城市充电网络平台、金融支付平台和车联网网络应用平台开发，打造新能源汽车“车—桩—网”全产业链一体化运营中心。

（二）增进产业活力，推动应用落地，发展现代服务业

利用“双创”等活动，集合社会力量推动绿色产业创新发展，引导相关技术研发与应用。以产业园区为载体，推动产业创新与企业集聚。重点围绕产业链上下游，发掘优质项目，集中资源重点引进、培育和扶持一批龙头骨干企业。打造中小微企业的孵化平台，鼓励中小企业特色发展。举办国际论坛及赛事，汇聚国内外企业、科研机构、人才，推动绿色产业创新发展。以构建具有竞争力的绿色产业品牌、绿色产业集群为目标，以市场应用为导向，统筹项目、基地、人才、政策、创新体系及营商环境，推动绿色产业化。

创新商业发展模式，积极开展应用示范，充分发挥应用对产业的引导和促进作用。推动跨界大数据合作及应用服务，推进数据在工业、电信、金融、交通、医疗等领域的应用。推进新兴产业大数据应用，培育新业态新模式，开展大数据应用方面的探索和实践，促进大数据与其他产业的融合发展。以应用需求为导向，加大大数据及相关技术的研发，形成完整的产品体系、先进的技术体系和高效的应用体系。

加快培育和发展绿色金融、高端养生、文化创意、商务会展、现代物流、科技研发等高端服务业，搭建现代服务业聚集平台。打造贵安新区的现代服务业总部基地，如研发设计总部集聚区、商务服务总部集聚区等，全面推动产业的集约化发展。规划建设一批特色商业楼宇和城市综合体，加快推进西部绿色

金融港、贵安中心城市商业综合体、中影贵安国际影视城等项目的建设。加快培育带动性强的龙头骨干企业，支持现代服务业重点企业加快规模扩张、创新规范服务，促进现代服务业集聚高端化发展。打造国际一流品牌，提升核心竞争力，争取将贵安新区纳入国家现代服务业综合试点。

（三）建立产业管理体系，规范行业标准

从政策、标准、法律规范、技术等多个视角，建立产业管理体系。从法规制度入手，加强行业管理和安全保障。统一产业技术标准，制定产业化关键技术标准和规范。加强各园区之间的协作发展，引导各园区企业的交流与合作。只要是新区内企业的产业合作项目，给予资金优惠和政策倾斜。查找并尽力消除制约绿色产业发展的体制机制因素，为产业发展营造良好的制度环境。

推动大数据标准体系建设，与国际同步发展。促进规划、标准、技术、产业、安全、应用的协同发展。做好信息安全和规范管理等的相关工作，制定和出台公共信息资源开放共享的管理办法，加强数据流动的管理，组织开展相关的专项检查和治理。探索数据共享、开放、交易、安全等方面的立法研究。提升数据中心业务市场管理水平。

七　保障措施建议

（一）给予资金支持

发展绿色金融，推行绿色债券，建立绿色产业项目库，引导资金流向绿色产业。对企业在技术研发与产品升级上提供资金支持，给予企业税费优惠，使企业有更多的资金投入自主品牌升级与研发上，降低企业的研发成本。对消费者购买绿色产品给予适当补助或优惠。积极创新绿色惠农信贷产品，重点支持都市现代农业、有机生态农业、农村水利工程建设、农业生产排污处理等农业产业项目。产业园区内要构建融资服务平台，为企业融资提供便利。借助科技专项资金、产业基金、社会资本等渠道，全方位、多手段地支持贵安新区绿色产业的全面发展。

（二）提升绿色发展意识

贵安新区很重视绿色发展。但是，政府只能从宏观层面制定与实施政策和法规，而微观层面则需要树立绿色意识。绿色意识要求全民参与，大家有主动节约资源、减少排放的意识。加大绿色宣传，建设绿色展览馆，召开绿色博览会，发展绿色旅游，提升新区绿色形象与大众的绿色意识。鼓励民众自发成立环保团体，建设小型环保项目，举办环保活动，提高大家对绿色产业发展的认识与主人翁意识。绿色产业政策的制定与实施、绿色产业项目的开发与建设都广泛征求意见，使民众不只是绿色产业发展的受益者，也是实施者，增强民众的绿色责任感。

（三）优化招商引资

贵安新区的招商引资要结合新区自身的资源条件和绿色产业发展基础科学谋划，突出新区的特色和优势，选择基础条件好、示范效应强、影响范围广的绿色行业和领域。积极引进产业发展的骨干企业，吸引国内外优质资源，形成产业支撑能力。灵活采取以企招商、以商招商等方式，积极引进入驻企业的关联企业，完善产业链。制定出台能促进贵安新区绿色产业发展的专项政策措施，消除制度障碍，加大政策优惠与宣传力度，引导资金、科技、人才、企业等各类资源向贵安新区绿色产业聚集。守住“绿色”底线，不引进高能耗、高污染产业，对每一家企业的入驻进行严格的环保把关和审查。

（四）加强基础设施建设

加强各园区的基础设施建设，涉及企业入驻和生产基础保障的问题要积极予以解决。加强餐饮、住宿、交通等基本生活配套设施的建设，建设具有影响力的特色城市大型综合体、特色商业街区等。加快学校、医院、公交等公共服务的建设。加快推动宽带普及提速，指导数据中心科学布局。

（五）强化人才支撑

加强培训，建设熟悉产业政策的公务人员队伍。加强大学城、职教城毕业生与新区内各产业园区企业的交流与对接，建设新区毕业生转化为企业人才的快速通道。建立人才联合培养制度，开展校企合作培养专业技术人才，采取委托培训、建立实训基地等方式培养对口人才。对引进的高端人才，给予特殊津贴和奖励。加强公共服务和商业配套建设，协调教育、医疗、交通资源，解决人才留下来的后顾之忧，吸引与留住人才。

参考文献

孙晓霞：《绿色产业政策》，中国环境出版社，2016。

蔡绍洪、赵普、常兴仁、张杰飞：《绿色低碳导向下的西部产业结构优化》，人民出版社，2015。

贵安新区党工委、管委会，贵安生态文明国际研究院：《贵安新区绿色发展指数报告（2016）》，社会科学文献出版社，2016。

何潇：《加快我国绿色产业发展探析》，《吉首大学学报》（社会科学版）2008 年第 5 期。

林毓鹏：《加快发展我国绿色产业》，《生态经济》2000 年第 2 期。

刘颖琦、王静宇、Kokko Ari：《产业联盟中知识转移、技术创新对中国新能源汽车产业发展的影响》，《中国软科学》2016 年第 5 期。

张彦云、赵凤娇、康苏媛、李竞强：《天津市大数据产业发展现状及对策建议》，《天津科技》2016 年第 4 期。

胡寅：《静安区促进大数据产业发展的探索与思考——以上海数据交易中心为例》，《上海经济》2016 年第 3 期。

石钰：《贵阳市大数据产业发展研究》，《贵阳市委党校学报》2016 年第 6 期。

刘小清：《绿色产业——迎着朝阳走来的新兴产业》，《商业研究》1999 年第 9 期。

刘景林、隋舵：《绿色产业：第四产业论》，《生产力研究》2002 年第 6 期。

B.16

贵安新区绿色金融创新发展研究

李成刚*

摘　要： 国务院将贵安新区设为绿色金融改革创新试验区，为贵安新区绿色金融创新发展提供了机遇。本报告采用规范分析方法，剖析了贵安新区绿色金融发展存在的问题及其原因，发现原因在于贵安新区产业规模较小，产业结构不合理、绿色金融发展规划尚未建立、缺乏绿色金融发展政策配套措施。在分析绿色金融创新发展国际经验的基础上，提出了贵安新区绿色金融创新发展的路径：宏观层面上，建立贵安新区绿色金融运行体系；中观层面上，制定绿色产业准入标准及绿色金融行业相关标准；微观层面上，绿色金融参与主体多元化，创新绿色金融产品，培养绿色金融人才。

关键词： 贵安新区　绿色金融　创新发展

一　引言

伴随着全球经济的发展，生活环境污染、地球资源耗竭等问题日益加剧，直接制约人类可持续发展。1972 年，第一届联合国人类环境会议在瑞典斯德哥尔摩召开并首次发表了与环保相关的《人类环境宣言》。绿色经济应运而生，绿色金融概念兴起。绿色金融也称环境金融、可持续发展金

---

* 李成刚，贵州财经大学数据应用与经济学院教授，新结构金融研究中心主任，研究方向为绿色金融。

融，是指通过贷款、私募投资、债券和股票发行、保险、排放权交易等金融服务将社会资金引入环保、节能、清洁能源、清洁交通等绿色产业的一系列政策、制度安排和相关基础设施建设。通过发展绿色金融，可以更加有效地保护生态环境，实现经济的绿色发展和可持续发展。我国绿色金融的发展起步于2007年7月，其标志事件为国家环保总局、中国人民银行和银监会联合发布了《关于落实环保政策法规防范信贷风险的意见》，对于未通过环保审批或者环保设施验收的项目，金融机构不得新增任何形式的授信支持。我国于2008年全面倡导绿色金融发展，并于2009年召开首届绿色金融论坛，助力环保产业投融资，促进绿色经济发展。现如今，我国秉承可持续发展理念，将发展绿色金融上升至全局战略高度。2017年，绿色信贷依然是主要的绿色融资渠道，绿色信贷额度高达82000亿元，占比为95.1%。股权融资达2200亿元，非金融债融资额为1349.71亿元，碳资产为584.85亿元，基金为107亿元。

中国经济增长步入新常态，将出现一系列全局性、长期性的新现象、新变化。传统金融显然不能满足中国现在的经济增长，通过金融工具的创新，创造绿色金融工具。价格信号将不再是唯一有效信号，绿色金融的目标市场分为具有公共产品性质的绿色治理市场和具有外部性特征的绿色增长市场。绿色金融将引导社会资源进入绿色生产和消费领域，促进经济绿色增长。目前，成熟的绿色金融主要分为以下几类：一是绿色信贷。国家政府与环境监管部门依据发展现状建立信贷环境准入门槛，对从事绿色生产和消费且具有良好环境记录的企业将降低信贷门槛，对环境记录不符合国家标准的企业将提高信贷门槛。二是绿色证券。在绿色环保方面有贡献的企业首次申请融资或再融资时通过环境信息公开，加强公司上市后的经营行为监管。三是绿色保险（环境污染责任保险）。企业经营过程中造成的环境污染带给第三方损害，依据法律应当赔偿，通过绿色保险可以分散企业经营中环境污染造成的风险。四是绿色产业基金。它可以把社会闲散资金引向绿色新能源和环保产业，弥补绿色产业巨大资金缺口，为绿色产业发展提供强大动力。此外，还有绿色债券、绿色融资租赁、绿色风险投资等多种金融形态。

贵安新区作为一个年轻的国际级新区，具有良好的生态环境，在经济发展过程中需要做好环境保护工作。贵安新区的发展不能一味追求高回报率的项目，要综合考虑环境因素，降低全社会发展的总成本。国务院将贵安新区设为绿色金融改革创新试验区，为贵安新区的发展指明了方向。贵安新区作为绿色金融改革创新试验先行区，环境和资源有限性及不可逆促使贵州地区必须发展绿色金融。贵安新区需要政府主导，金融机构、环境监管部门及社会各界的参与，以较少资金撬动社会资金进入绿色产业，创新绿色金融工具，弥补资金缺口，促进绿色金融发展。

二　贵安新区绿色金融发展问题分析

（一）贵安新区绿色金融发展问题分析

贵安新区绿色金融发展处于一个初始发展阶段，还存在着很多问题和不足，总的来说归结于以下几个方面。

（1）绿色金融组织机构体系不健全。贵安新区处于西部欠发达地区，经济与金融发展较为落后，绿色金融发展相对于其他地区起点较低，所以对于贵安新区而言，要加快速度“补短板”。在绿色金融发展初始阶段，虽然贵安新区的很多金融机构已经在尝试发展与绿色金融有关的业务，但是大多数金融机构都将绿色金融的短期盈利作为发展目标，在战略制定方面缺乏长远性，相关金融机构对于绿色金融的认知程度比较低，没有认识到贵安新区未来的发展以及保护环境的社会责任，对于环保企业或者环保项目的投资缺乏主动性和积极性。实际上，作为生态文明贵阳国际论坛的举办地，贵州很早就在普及绿色金融理念、探索绿色金融发展模式上做了大量探索，但关于绿色金融相关内容的传达存在着缺陷。顶层领导部门与各个实际参与的金融机构在理解方面存在很多不同之处，二者的目标存在不一致，双方出现了很多概念冲突，导致绿色金融组织机构体系无法完善。针对以上问题，政府部门应当建立相关的协调机制和协调部门，帮助政府政策的积极落实，使相关政策能充分体现在实践中。

（2）绿色产业融资渠道较少。从融资功能来看，贵安新区的绿色金融供给远远低于需求，贵安新区发展绿色金融的融资方式主要是借助于绿色信贷，对于贵安新区来说，绿色信贷并不是最佳的融资方式，无法维持绿色金融的发展。赛迪研究院工业经济研究所所长秦海林认为，贵安新区绿色金融改革创新试验区应适当引入银行、保险、基金、期货、证券、资产管理、融资租赁、小额贷款、担保等金融机构。绿色金融工具不仅包括绿色信贷，还有绿色债券、绿色保险、绿色融资租赁等多种绿色金融工具。所以，贵安新区不能仅仅局限于现有的融资方式，将发行绿色债券、绿色股权融资、绿色投资基金等渠道相结合才是合适的融资方式。目前，贵安新区在绿色金融融资渠道方面还有待扩展，还需要进一步创新绿色金融发展工具，为绿色金融发展提供更多的绿色金融工具。

（3）绿色金融配套政策尚未制定完善。首先是法律方面的缺失，虽然贵安新区出台了一些相关政策，但对于绿色金融的具体实施方案并没有完整的法律政策规范，这让绿色金融的发展缺少应有的规范性和约束力。总的来说，贵安新区绿色金融发展的相关体系还不够完善。现有的法律法规中，与绿色金融相关的政策也存在着不少缺陷，已有的政策体系无法与绿色金融的创新性完美匹配。例如，对于环保产品价格的界定无法与绿色金融的要求相适应，这说明政策相对落后，难以准确地反映稀缺资源、环保产品的应有价值。其次，对环保产品的政策优惠力度不够。由于金融机构和企业的主要目标仍然是赚取利润，如果没有相关激励政策的支持，很难推动金融机构参与到绿色金融的发展中来。贵安新区金融机构设立不久，对绿色金融发展缺少全面性的理解，尚未制定长远的战略和规划，而且目前的财税政策主要针对特定节能环保企业或项目展开，相关绿色金融业务的激励政策远远不够，使各个金融机构和企业缺乏应有的积极性，都持观望态度，致使贵安新区的绿色金融发展缓慢。

（4）绿色金融发展制度还需要进一步完善。首先是相关法律的缺失，虽然贵安新区出台了一些相关政策，但对于绿色金融的具体实施方案并没有完整的法律政策规范，这让绿色金融的发展缺少应有的规范性和约束力。总的来说，贵安新区绿色金融发展的相关体系还不够完善。现有的法律法规中，与绿色金融相关的政策也存在着不少缺陷，已有的政策体系无法与绿色金融的创新性完美匹配。例如，对于环保产品价格的界定无法与绿色金融的要求相适应，这说明政策相对落后，难以准确地反映稀缺资源、环保产品的应有价值。其次，由于绿色金融发展制度尚未完善，贵安新区参与绿色金融的金融机构较少，大多数参与主体是银行。而其他的相关机构，如保险公司、证券公司以及绿色企业等，不愿积极参加绿色金融发展。

（二）贵安新区绿色金融发展问题的原因分析

对于贵安新区绿色发展之所以存在上述问题，其主要原因可以归结于以下几点。

首先，贵安新区产业规模较小，产业结构不合理。产业发展规模和产业结构是经济发展和金融发展的基础。由于贵安新区刚成立时间只有三年，其产业集聚量偏少且产业体系不完整。据统计，贵安新区的产业大多都具有规模小且对抗风险能力不强的特点，这种环境很不利于贵安新区绿色金融的发展。此外，贵安新区的产业发展缺少技术创新，这是因为贵安新区的地理位置所致，相对于发达地区，贵安新区在产业发展上不具优势，在人才和创新方面存在着很大的不足，缺乏新兴产业发展的底蕴，不能为绿色金融发展提供产业基础，导致绿色金融无法快速发展。

其次，绿色金融发展规划尚未建立。尽管贵安新区是贵州省贯通东西南北的重要中间地区，具有重要的枢纽作用，也成为绿色金融改革创新的国家级试验区。但是，对于贵安新区而言，发展绿色金融还是一个比较新鲜的事物，很多事情都需要去磨合和探索。贵安新区作为一个年轻的国家级新区，基础设施建设尚未完善，自成立以来，把基础设施建设作为首要任务而忽略了绿色经济和绿色金融的发展。如果不能将绿色金融提升到战略发展层面，不能合理地制定绿色发展的战略目标和发展规划，贵安新区绿色金融将不能得到有效的推进。

最后，缺乏绿色金融发展政策配套措施。当前贵安新区的绿色金融政策目标主要是对一些企业发放绿色信贷，对绿色金融缺乏完整的战略安排和政策配套。各个机构对绿色金融的核心概念了解不透彻，对相关政策的理解不够全面，与贵安新区政府的沟通较少，存在着很多认知方面的障碍和冲突。同时，贵安新区各个机构对国内外绿色金融发展趋势、环境风险评估技术和环境风险管理经验的了解尚不全面，学习不深入。

三　贵安新区绿色金融经验借鉴与创新发展路径

（一）绿色金融创新发展国际经验

1. 美国绿色金融创新发展经验

美国作为世界上第一发达国家，将绿色环保写入了国家相关环境法律中，且制定了相应的绿色金融法规，运用法律法规等相关制度促进绿色金融发展。发展至今，美国绿色金融的相关制度已相当完善。1970 年起，美国国会在环境方面提出了关于大气污染管理、废物处理管理、废气排放、污染物销毁及低碳行动等对环境保护的政策，对污染源头以及环保管理机构实行严格要求。1980 年，美国提出企业在生产过程中由大气污染、废弃物排放等引起的二次污染，企业应自行承担相应责任。美国在绿色金融创新过程中发行绿色债券，许多地方州政府积极响应，绿色债券在发行中给予一定的优惠奖励机制。1988 年，美国又提出了绿色保险服务产业的推广，为绿色金融的多渠道、多元化发展提供更大的空间。1992 年，美国颁布了《能源政策法》，该法案提出美国“到 2010 年，美国的可再生能源要比 1988 年减少 75%，并对可再生能源的开发和利用采取了相应的优惠及减免税政策”。2000 年，美国对二氧化硫的排放制定出相关法律约束。

2003 年，美国参与宣布了实施“赤道原则”。赤道原则旨在企业通过自身的社会责任感压力，从而采取相应的环境保护措施提升自身的信誉度。2009 年，美国国会对可再生能源以及电力传输技术相关的绿色项目采用了贷款担保方式，并写入当年的经济法案中。近几年，美国能源部表示会给企业绿色行业发展提供相应的贷款担保，从一定程度上降低企业的投融资成本，给企业带来更多样化的绿色商业化发展模式。美国能源部在可再生能源上提供更多的创业机会，吸引社会资金投入可再生能源的生产。2001 ~ 2011 年，美国宾夕法尼亚州政府为地方多个节约能源的项目提供数万美元的贴息政策支持。《美国清洁能源与安全法》对清洁能源的利用和可再生能源的生产给予了肯定，并提出“电力公司的发电从 2012 年开始，6% 的电力都来源于可再生能源，此后每年会递增，直到 2020 年，预计将达到 20%，2025 年将达到 25%”。美国对于可再生能源提供了明文的法律规定，给美国绿色经济创造了更大的发展空间。2014年，美国纽约州立绿色银行成立，主要投资对象涉及清洁能源、清洁工具以及绿色产品开发等领域。同年成立的州立绿色银行还有新泽西州的能源适应力银行，该银行旨在通过银行的融资技术支持，来增强地方能源设施的适应和恢复能力。2016年，美国发行绿色债券达10亿美元。2017年12月，美国税改法案宣布将光伏抵税减免至2022年，这对于美国新能源界来说是个很好的消息。2018年5月，美国的能源部宣布向得克萨斯州提供300万美元开发其太阳能储能问题的创新的解决方案。此外，美国通过一系列法案将绿色金融提到新高度的发展水平，成为国际发展绿色银行的先行者。

2. 欧洲绿色金融创新发展经验

欧洲国家对绿色金融的发展也十分重视。欧盟在早期就有相关绿色金融的法律法规出现。随着国际绿色金融的发展，欧盟国家在绿色金融上的研究也日趋成熟。2005年，欧洲排放体系开始运行，欧盟在减排方面积极落实行动。2009年，在哥本哈根的协议中承诺：直到2020年，欧盟排放量相比1990年将至少降低20%。德国复兴信贷银行在2014年对环保与可再生能源领域的贷款额度相对提高。德国政府在绿色金融政策上采取一定额度的贴息政策和利率优惠政策。德国政府和德国复兴银行联合成立碳基金，共同投资于节能减排项目。德国政府出台相关环保政策，支持绿色金融的发展。德国金融体系按照“赤道原则”严格执行，在节能减排上加大投融资力度，以行业里EHS Guidelines为评判标准，对绿色贷款提出相关要求，且给出了降低风险的相关理论。

2012年，英国绿色投资银行主要投资于绿色基础设施项目的开展。与德国相比，英国政府实施的是“贷款担保计划”。绿色金融在实践过程中有了政府的支持，能更好地带动其产业及相关产业的可持续性发展。《英国绿色投资银行》在2012~2013年的年报中指出，其绿色投资的直接投资额达到16.3亿英镑。政府联合私人资本，在一定程度上降低了私人资本的风险，给私人资本提供了更大的担保。与此同时，由于政府融资的前期准备较足，最大限度地降低了私人资本融入国家绿色金融创新发展的成本。2016年11月，英国的清洁能源电力供应量就占整个电力供应量的50%多。2017年11月，国际贸易和出口部宣布将获得阿联酋在英国的可再生能源领域的投资共15亿英镑。截至2018年1月，英国的太阳能光伏装机量达到12.8GB。欧盟国家近几年在环境金融上不断完善法律制度，在绿色金融的创新发展上逐渐成熟，为我国及贵安新区绿色金融发展提供了宝贵的经验。

3. 日本绿色金融创新发展经验

日本非常重视绿色金融的发展，在制定绿色金融法律规定上，政府与民间共同推进环保政策的实施，政府运用财政政策，实施有效的管理措施。在2013年，日本公益财团法人出台环保融资的利息补贴政策，给环保企业给予优惠的补贴政策，增强企业在环保上的投资效率，在二氧化碳的排放上也给予利息补贴。作为被补贴的对象企业，要承诺在三年之内减少3%的二氧化碳排量，对于没有达到标准的企业就要退还一定的利息或补贴。政府对企业还有建立环保制度的要求，对于没有达到排放标准的企业要建立环保型的融资政策。日本政府还推出了面向全社会的环保事业补贴，家庭、企业机构以及政府融合，在环境保护上共同携手。2015年，日本财政部的补贴总预算达到18亿日元。环保补贴的租赁者可不需自行直接办理补贴相关的申请手续，而是租赁公司机构在签订租赁合同时作为特约条款从租赁费中扣除。在其他优惠政策上，日本还实施了绿色汽车的减税制度和生态住宅返点制度等。2016年10月，日本能源经济研究所表示日本的可再生能源在2030年占比或达到22%。2017年，日本新能源与产业技术综合开发机构启动可再生能源的稳定供电实验，这在一定程度上促进了日本的节能减排的持续发展。为加强新能源方面的国际合作，2018年5月，日本政府宣布将向印度太阳能领域提供技术支持和资金协助，日本将助力印度的太阳能发电技术的发展。

4. 新兴国家绿色金融创新发展经验

一些新兴国家开始注重绿色金融的发展。目前为止，巴西大约有10%的银行贷款被列为绿色贷款项目。孟加拉国也提出治理环境污染、废弃物排放，研发新能源，提高企业经济效益的相关制度。南非政府在2011年出台了保护环境、提升可持续发展动力的监督管理准则。2016年6月，南非能源部宣布南非可再生能源在过去的五年投资额度超过了130亿美元。2017年3月，法国的开发署决定向南非放贷4.77亿美元支持南非在可再生电力上的基础设施的建设。2018年2月，南非政府宣布南非在本年度内会招标更多的可再生能源产业。马来西亚在2014年制定了机构投资者的规章准则，并要求企业在公司发展经济的同时，要满足环境保护的发展要求，应将可持续发展提到公司的发展章程中来。截至2015年，马来西亚一共实施了48个太阳能的产品项目，总投资额度达到280亿令吉。2017年10月，马来西亚政府宣布到2018年将部署100座太阳能的充电站。2018年4月，墨西哥科阿韦拉州共斥资6亿多美元建立了拉丁美洲最大的太阳能发电园，6月墨西哥联邦财政对于2016年10月墨西哥太阳能协会的提议取消了太阳能光伏组件的15%的进口关税。此外，印度尼西亚对金融机构快速兴起的股票市场提出了绿色评级的要求及标准。印度还制定了能源购买制度，政府支持涉及能源购买计划的违约保险，为融资项目建立套期保值相关工具。除此之外，新兴国家还注重绿色金融的创新条件，激发绿色市场的活力，加快推进绿色金融在服务实体经济上的作用，积极推进绿色金融市场创新产品的开发。新兴国家不断完善金融在产业链及低碳资源上的配置，积极探索碳金融理财的相关产品，建立低碳环境清洁发展机制，开发绿色债券以及研发碳交易金融产品等金融结构性创新。

（二）贵安新区绿色金融创新发展路径

1. 宏观层面：建立贵安新区绿色金融运行体系

借鉴国际及国内绿色金融发展经验，为贵安新区绿色金融量身打造一套合适的绿色金融体系。贵安新区绿色金融体系服务于绿色实体产业，防止脱实向虚，以金融改革创新为突破口。贵安新区绿色金融运行体系构建内容如下。

坚持绿色创新，服务实体。绿色金融体系内设计的金融产品要符合贵安新区绿色产业的实际要求，正确、高效地引导绿色金融资金流向少投入、高产出、低污染的绿色产业，形成支持绿色产业发展的金融资源配置体系，为贵安绿色金融试验区的产业提供新动力。

坚持市场导向，专业运行。贵安新区生态环境优良且脆弱，绿色金融发展要兼顾环境、社会和经济效益，短期、中期和长期效益，充分利用市场配置金融资源，贵安新区绿色金融试验区发展处于初期阶段，应当尽快建立健全的、专业的绿色金融市场，由绿色金融市场本身激励及约束绿色金融发展并引导贵安新区的金融机构加快绿色转型，用创新，低成本的优势吸引更多社会资金参与贵安新区绿色金融发展，形成绿色金融市场可持续性地推动贵安新区绿色产业的良性循环，贵安新区绿色产业得到有效的绿色金融支持。

坚持稳步有序，防范风险。贵安新区绿色金融试验区发展得到国务院及七个部委的大力支持，贵安新区绿色金融发展得到政策的保障，快速发展的初期过程中要格外注重风险，强化风险意识。贵安新区绿色金融发展初期有创新，也存在许多不确定的因素，提高其风险识别能力，设计科学风险预警与防范处置机制，有利于贵安绿色金融改革创新稳步发展，有利于贵安绿色金融运行稳定，避免系统性金融风险。

2. 中观层面：制定绿色产业准入标准及绿色金融行业相关标准

国际上绿色金融发展已有一段时间，各国政府、金融机构及第三方机构制定了许多与绿色金融相关的评价标准，对于贵安新区绿色金融，借鉴是很好的选择，生硬地照搬并不符合贵安新区绿色金融长期发展，只有依据贵安新区资源禀赋及绿色金融发展实际情况，为试验区量身定制一套绿色标准。

合理制定试验区内绿色产业准入标准，加强试验区内绿色意识。贵安新区绿色金融荣获国家大力支持，新区内产业快速集群，严格把控绿色产业准入门槛，关系试验区绿色金融发展成功与否。绿色产业门卡不严，绿色产业中存在非绿色的企业，通过绿色渠道获得绿色金融支持，不仅对试验区内生态环境造成污染，而且对试验区内绿色企业造成挤压，导致绿色资金流向非绿色产业，结果是绿色金融发展方向偏倚，严重时会导致绿色金融发展违背初衷。与此同时，对贵安试验区内产业进行绿色宣传，并支持有条件的产业建立绿色协会组织，持续对试验区内产业进行监控，并将结果共享给环境监管部门及绿色金融信贷部门，对不合格产业实施惩罚。

合理制定试验区内绿色金融相关标准。出台《绿色信贷评价实施办法》《贵安新区绿色金融评价指标方案》《贵安新区绿色金融风险预警工作方案》《贵安新区绿色金融风险监测和评估办法》等。建立适用于贵安新区银行业金融机构的绿色信贷实施情况关键评价指标，定期开展绿色信贷自我评价，对参与试验区绿色金融的银行评级，将评级结果作为银行业金融机构监管评级、机构准入、业务准入、高管人员履职评价的重要依据。提高试验区内环境风险管理水平，争取全国性金融机构在贵安新区设立后台服务中心、数据处理中心、灾备中心。利用试验区内大数据技术定期对贵安新区集群产业授信、生产等情况进行数据分析，并构建数据共享平台，将分析结果纳入全国信用信息平台共享分析结果。建立贵安试验区绿色金融风险预警机制，对于一些具有重大影响的产业，实时监控产业重大影响指标，健全产业绿色信息披露、沟通互动及责任追究机制。密切监测绿色债券及基金支持项目的杠杆率和偿付能力等关键指标变化，控制和监督绿色项目融资杠杆率，防止出现资本空转等问题。

3. 微观层面：绿色金融参与主体多元化，创新绿色金融产品，培养绿色金融人才

参与主体多元化。在国务院及七部委支持下，贵州省和贵安新区政府的积极引导，贵安绿色金融试验区市场已经有越来越多的参与主体。参与主体包括政府性单位，金融机构，不同产业的企业，更重要的是各个主体的专业化。政府应当充分发挥能动性，让市场来决定资源配置。金融机构方面，在机构内部设立绿色金融事业部或绿色支行，建立内部绿色评价系统，试验区内企业，设立绿色事业部，健全绿色发展主体机构；对试验区内绿色企业上市进行培育和辅导工作，支持符合条件的企业发行债券；建立贵安新区绿色企业上市后备资源库。

完善并创新绿色金融产品，制定符合贵安新区绿色企业需求的绿色金融产品。例如，制定绿色发展基金、绿色 PPP 基金、绿色产业基金、生态环境保护投资基金及节能低碳产业基金；发行绿色金融债券和绿色企业债券，创新符合试验区可持续发展的金融衍生品；推进贵安试验区绿色保险工作发展，实施环境污染强制责任保险，设计符合试验区内绿色项目风险补偿方案，创新绿色金融保险产品。

注重绿色金融人才的培养和引进。贵安新区政府要积极推动绿色金融领域能力建设，需要从国内外绿色金融相关机构和部门引进一批优秀的金融人才和管理人才，作为贵安绿色金融试验区绿色金融技术创新和产品开发的后备力量。

参考文献

马俊：《论构建中国绿色金融体系》，《金融论坛》2015 年第 4 期。

林欣月：《我国绿色金融的内涵、现状和发展对策》，《现代经济信息》2016 年第 7 期。

王彤宇：《推动绿色金融机制创新的思考》，《宏观经济管理》2014 年第 1 期。

邓翔：《绿色金融研究述评》，《中南财经政法大学学报》2012 年第 6 期。

谌思宇：《贵安新区建高端智库推动绿色金融创新发展》，《贵州日报》2017 年 8 月 21 日。

张瑞怀：《创新绿色金融产品服务　探索金融引领绿色产业发展的“贵安模式”》，《清华金融评论》2017 年第 10 期。

李仁杰：《市场化与绿色金融发展》，《中国金融》2014 年第 4 期。

易金平、江春、彭伟：《我国绿色金融发展现状与对策研究》，《特区经济》2014 年第 5 期。

王小江：《提升绿色金融政策执行力的途径》，《环境保护》2009 年第 15 期。

侯佳儒：《美国可再生能源立法评介》，《风能》2010 年第 5 期。

刘艺：《美国可再生能源税收激励政策及借鉴》，《中国中小企业》2010 年第 8 期。

P Aguiarsouto、J G Mirelis、L Silvamelchor：《Guidelines on the management of valvular heart disease》，《European Heart Journal》2012 年第 19 期。

杨继瑞、截至：《大学创业教育的国际借鉴》，《光明日报》2011 年 2 月 23 日。

刘冰欣：《日本绿色金融实践与启示》，《河北金融》2016 年第 7 期。

清水聪、柳弘：《马来西亚机构投资者发展状况》，《南洋资料译丛》2014 年第 2 期。

B.17
贵安新区绿色人居建设研究

王国丽*

摘　要： 贵安新区肩负生态文明示范区，海绵城市试点建设任务的历史使命，同时也具有建设绿色人居城市的优势和条件。近年来，新区在绿色基础设施建设、绿色交通出行、绿色工程治理、绿色能源使用、绿色建筑设计和海绵城市建设等方面均取得一定成效，但距离绿色人居城市仍有差距，还存在绿色建筑推行步伐较慢、海绵城市建设效率较低、人居城市建设缺乏群众参与等问题。本报告在借鉴国内外绿色人居城市建设的基础上，认为应从完善人居环境建设的顶层设计、全面推行绿色建筑、加快建设绿色生态小区、完善绿色基础设施、推行绿色交通网络覆盖、继续完善生态文明建设、引入公众参与机制等方面着手，加快新区绿色人居建设。

关键词： 绿色人居环境　绿色建筑　城市绿化　国际绿色城市建设经验

绿色人居是以生态学为指导，规划、建设、经营和管理的一种资源消耗少、能源耗费少、无污染、无公害、具有地方特色和文化底蕴的高居住质量、高舒适度、高生活品位的住区空间场所。近年来，贵安新区作为一个以生态文明示范区定位的国家级新区，以“内陆经济开放新高地”“西部地区重要的经济增长极”“生态文明示范区”为战略定位，立足“绿色崛起”发展理念，积

* 王国丽，贵州省社会科学院区域经济研究所助理研究员，研究方向：产业经济、农村经济。

极开展新区绿色建设工作。新区生态文明建设各项工作有序开展，已连续两年成功承办生态文明贵阳国际论坛贵安新区主题论坛，《贵安新区生态文明建设规划》获省政府批复，为进一步合理统筹区内生态文明建设工作提供了科学指导。绿色人居建设是贵安新区生态文明建设的主要内容和重要表现形式，是迈向生态文明时代的核心动力，将在推动新区实现绿色可持续发展方面发挥重要作用。

一　贵安新区绿色人居建设的重要性和必要性

（一）绿色人居迎合了全球绿色经济转型升级的客观需要

19 世纪，工业革命席卷全球，工业文明使生产力得到大大提高，为人类带来巨大物质财富的同时也造成了严重的环境污染和生态破坏。21 世纪初，随着制造技术和信息技术的深度融合，全球经济正从工业经济向低碳经济、生态经济转型升级。2008 年联合国环境署首次提出了“绿色经济”概念，为全球经济走出衰退提供新的发展路径，“绿色经济”的内涵是发展环保型经济，将环保与经济发展放在同等重要的位置，并创造更多的潜在经济增长点；2009 年哥本哈根全球气候会议提出减少碳排放，明确了未来经济发展将朝着绿色经济、低碳经济方向迈进。不同于传统经济发展方式，绿色经济作为一种科学性的、可持续性的经济发展方式一经提出便得到广泛认可，并逐渐成为国际上经济发展的一个关键性指标。美国、加拿大、日本、韩国、欧盟等国家和地区纷纷出台支持绿色经济发展的政策，从资金扶持、税收优惠等方面积极鼓励绿色创新和技术开发。全球性的绿色增长研究所、绿色增长论坛、绿色增长峰会等研究交流平台逐渐成长起来，为推动绿色经济发展创造合作共享平台。绿色人居建设以绿色发展为指导对人的居住场所进行规划、建设、经营和管理，这一发展思想正是迎合了全球绿色经济转型升级的客观需要。

（二）绿色人居顺应了我国绿色发展的迫切需要

当前，随着我国经济发展水平的提高、工业化和城市化进程加快，人类居住环境面临现有的人居环境不能满足人民群众需要的矛盾，一方面，由于没有科学合理的规划造成人居环境脏乱差等问题；另一方面，人民群众想要获得更高质量、更舒适、更健康、更安全的人居环境。因此，建立绿色的人居环境是我国面临的迫切难题。全球绿色经济相继提出后，我国在绿色经济方面取得了很多进展，比如在开发研究绿色能源、提高能源利用效率、绿色认证、绿色标签等方面开展了很多工作。党的十八大提出了“五位一体”的总体布局，在原来政治建设、经济建设、文化建设、社会建设“四位一体”的基础上拓展了生态文明建设；十八届五中全会上，习近平总书记提出了创新、协调、绿色、开放、共享新发展理念；党的十九大提出加快生态文明体制改革，建设美丽中国。生态文明建设与绿色发展是一脉相承的，后者是前者实现的根本途径，目的是要实现人与自然可持续发展。绿色人居遵循自然规律，谋求人与自然和谐可持续发展的理念不仅是解决我国人居环境问题的有效途径，更是我国绿色经济发展的迫切需要。

（三）绿色人居符合贵安生态文明建设发展的理念需求

贵安新区把建设“生态文明示范区”作为战略定位，坚持绿色发展、循环发展、低碳发展，把生态文明建设融入政治、经济、文化、社会建设各方面和全过程。2017 年 4 月《贵安新区生态文明建设规划》获省政府批复，该规划提出要建设生态贵安、绿色贵安和创新贵安为战略目标，实现贵安新区开发空间格局协调，资源利用高效，生态环境优良，城乡建设和绿色低碳发展水平大幅提升。[①] 绿色人居建设的目标是资源解决型、环境友好型、高居住质量、高舒适度、高生活品位的居住空间，这一目标与生态文明建设的目标一致。绿色人居建设是生态文明建设的重要组成部分，绿色人居建设除了包括社会秩序、信息交流、文化体验等硬件环境外，还涉及利用和发挥硬环境系统功能形成的非物质形态的软环境。因此，绿色人居发展理念是完全符合贵安新区生态文明建设理念的。

① 《〈贵安新区生态文明建设规划〉获省政府批复》，《贵安新区报》2017 年 4 月 25 日，https：//mini. eastday. com/a/170425180005341. html。

二　贵安新区绿色人居建设的优势

（一）优良的空气质量

贵安新区拥有得天独厚的良好空气质量。建区以来，监测范围内①的月均优良天数均保持在97%以上。环境空气质量分别满足一、二类环境空气功能区质量要求，达到《环境空气质量新标准》（GB3095－2012）一、二级标准，达标率100%。近两年来，新区检测范围内的二氧化氮浓度年平均值、臭氧8小时滑动平均值均优于GB3095－2012标准的一级指标限值。贵安新区行政中心、花溪大学城、马场集镇、高峰集镇、电子信息产业园、高端装备产业园、松柏山水库等7个二类区的年平均指标值均优于GB3095－2012标准的二级指标限值。空气质量指数在全国名列前茅。

（二）良好的水质

三年来，贵安新区水质量总体呈现良好。建区以来，直管区境内地表水监测②控制断面水质稳定达到《地表水环境质量标准》（GB3838－2002）中Ⅲ类水质标准，达标率100%，全区主要河流水质状况“良好”。2015～2016年主要河流监测点位高锰酸盐指数年平均浓度、化学需氧量年平均浓度、5日生化需氧量年平均浓度、氨氮年平均浓度、总磷年平均浓度、总氮年平均浓度均优于地表水（GB3838－2002）中一类指标限值。地表水水质除克酬水库坝前断面12月未达到Ⅲ类水质要求以外，其他各监测断面综合水质符合Ⅲ类水质要

① 贵安新区环境保护：《2016年贵安新区环境监测报告》，2015年1～9月大气环境质量日常监测点位共有5个，分别位于贵安新区行政中心、花溪大学城、马场集镇、高峰集镇及高峰山，10～12月增加电子信息产业园、高端装备产业园两个大气环境质量日常监测点位。2016年日常监测范围增加松柏山水库，共8个监测点。其中高峰山作为新区直管区风景区的空气质量代表点。

② 贵安新区环境保护：《2016年贵安新区环境监测报告》，2015年1～9月，直管区麻线河、马场河、甘河及车田河共设5个水质监测断面；10～12月新增麻线河麻杆断面，甘河小干河断面，思丫河下坝断面、思丫断面。2016年全区共设7个例行监测控制断面，分别为：麻线河青鱼塘断面、麻线河桥边断面、马场河凯洒断面、甘河凯掌水库坝前断面、甘河综保区断面、车田河车田断面、思丫河思丫断面。

求。新区境内集中式饮用水为松柏山水库，水环境质量达标率100%，全年稳定达到地表水Ⅱ类，水质状况为优。

（三）丰富的自然资源和旅游资源

近两年来，新区通过“五区八廊百园”“十河百湖千塘”“绿色贵安三年会战”和美丽乡村建设，“万水千山”的生态格局逐步显现。新区湿地面积占24%，地表河流域面积占80%，自然风景区面积占24%，森林覆盖率达45%。区内规划的5个生态保护区、8个绿廊以及94座各类公园等大部分项目基本完成。周边地区自然资源富集，新区境内拥有国家级风景名胜区（地质公园、森林公园）17处，省级风景名胜区3处。

（四）生态文明建设取得的阶段性成果

贵安新区围绕生态优先、坚守发展与生态两条底线，持续推进生态文明建设。新区生态文明建设制度在“1+9”文件实施的基础上，探索建立环境保护政绩考核制度、环境破坏审计制度；建立生态资产负债表并实行每年评估；建立主要污染物排放许可、有偿使用和交易制度等。《贵安新区生态文明建设规划》和《贵安新区环境保护规划》获省政府批复，为进一步推动新区生态文明建设提供科学指导创造条件。同时，深入实施“绿色贵安三年行动”，开展环境保护区域联防联控，加快实施环保税制度，全面开展生活垃圾分类整区推进试点和资源化利用工作；严格落实三级河长制；建立生态环境数据资源管理体系。目前，新区已率先在全省完成所有燃煤锅炉的淘汰工作，告别了燃煤锅炉时代；关闭直管区21家砂石厂、2家煤矿和130家污染企业；建设完成“数字环保云”平台（一期）项目、7处环境质量自动监测站、重点污染源建设自动监控设施；建成5座全国最高标准的污水处理厂；获批成为全国16个海绵城市建设试点之一；创建国家绿色数据中心试点；国内首家“生态文明创新园”落户贵安等一系列生态文明建设的举措为构建绿色人居创造有利条件。

（五）政策支持优势

贵安新区是国家级新区，西部地区重要的经济增长极、生态文明示范区，享有在财税金融、人力资源、新技术研发和应用、土地等方面改革的先行实验权。在国家新型城镇化试点、国家海绵城市建设试点、国家双创示范基地的任务下，为新区在城镇规划、城市绿色发展、绿色建筑、清洁能源开发与应用等方面有先行先试创造机会。国家批复的《贵安新区总体方案》（以下简称方案）赋予新区要建成功能完善、环境优美、幸福宜居、特色鲜明的国际化山水田园生态城市。方案还赋予新区高端服务业聚集区、国际休闲度假旅游区、生态文明建设引领区的战略定位。省政府出台《关于支持贵安新区发展若干政策措施的意见》从规划统筹能力、要素保障能力、产业发展能力、对外开放能力、创新驱动能力、城乡统筹能力、生态保护能力等7个方面予以支持。

三　贵安新区绿色人居建设现状

（一）进一步完善绿色基础设施建设

贵安新区大力实施“十河百湖千塘”“五区八廊百园”“绿色贵安三年会战”“山水林田湖综合治理保护实施行动”“退耕还林还草还湿三年行动”等工程，启动新区绿化建设，绿化面积年年增加。目前新区森林覆盖率达45%，比新区成立时提高了16个百分点。2017年启动2.16万亩的山头绿化建设，打造1万亩总长为212公里的城市道路绿廊。大力实施万亩葡萄、万亩樱花、万亩茶园、万亩草场、万亩经果、万亩苗圃六万工程。加快建成5个生态保护区、8个绿廊以及94座各类公园。新区在全省率先推进生态砂基透水和雨水收集系统建设，贵安新区骨干道路贵安路和百马路铺设生态砂透水砖11万平方米、硅砂滤水路缘石12万延米，可实现每年回补地下水40万立方米；月亮湖公园建设主体容积3205立方米的雨水收集系统，可实现每年收集净化水11.8万立方米。三年来，新区积极推进城区道路绿化工程，完成城区道路绿化面积400万平方米，投入资金近16亿元。道路景观绿化设计体现了特色化，每条骨干大道都有一个主题：百马大道是绿树成荫、四季花开的生态绿廊；七星湖大道种植枫香类树木，强调秋季硕果累累的金黄色；黔中大道种植樱花，营造花海之美。

表 1　主要交通道路绿化情况统计

道路名称	道路总长(公里)	绿化面积(平方米)	道路绿化投资(万元)
贵安大道	24.0	664598	26739.73
高峰山大道	16.986	223061	8876.80
金马大道	27.957	825994	31302.57

资料来源：贵安新区官网，2016。

（二）加快推进绿色交通出行

积极引导低碳交通，绿色出行，新区直管区在主干道两旁均设有自行车慢车道共有 203 公里。新区直管区实现公交车全覆盖，城市轻轨 S1 和 S2 号线获批等使新区内部交通更加高效快捷，随着高铁和轨道交通的建成，新区将实现集乘高铁、快铁、公交、出租于一体的综合性公共交通网络格局。2016 年，新区实现贵安环线 1 路、贵安 4 路、贵安 5 路三条新能源公交车运营，运营里程达到 76 公里，目前新能源公交车占全区公交车比重超过 50%；目前共有新能源汽车 534 辆，充电桩 58 个；新能源车桩网一体化运营中心项目加快建设，企图通过“充电 App” + “城市智能充电网络” + “运营系统”的商业模式，建设全国充电大数据和云计算研发控制中心、大、中、微型新能源汽车智能充电站、新能源汽车分时租赁服务中心及专属的新能源互联网支付平台，实现大数据与绿色交通的完美耦合，带动新区交通实现零排放。同时，新区发布《贵安新区直管区慢行系统规划》方案，该方案提出将构建“十字”区域廊道，完善直管区全域“慢行四网”，提升新区城市功能，引导市民低碳出行、绿色出行、安全出行。

（三）大力实施绿色治理工程

严厉打击破坏生态环境的生产经营行为，2016 年新区在全省率先完成了燃煤锅炉的淘汰工作，告别了燃煤锅炉时代；主动淘汰落后产能，关闭直管区 21 家砂石厂、2 家煤矿和 130 家污染企业；2017 年启动了饮用水源保护区污染企业关停拆除攻坚行动，对饮用水源保护区内的 60 家污染企业进行整治；建设完成 5 个国内最高标准污水处理厂和排污管网 450 公里，处理规模达到 11.32 万立方米/日。以“十河百湖千塘”为突破，积极实施“三清两治”工程（即清洁面源、清洁河流、清洁水体、源头治头、河长治水工程）。环境工程建设有序推进，新区尾水外排通道工程完成33%，环城水系九峰湖等项目正在做前期准备工作，车田河综合治理工程、云漫湖水系治理工程、二期截污工程及大学城思丫河截污工程相继开工。湖潮、马场、龙山、南部、高峰污水处理厂新增固定资产投资1亿元。加快农村环境治理工作，2016年启动了北斗七寨等20个村寨的美丽乡村“三建二改一清运”、慢行系统、环境整治和山塘等建设项目，建成117个地埋式垃圾收集桶，完成20个村寨污水收集系统建设，建设村寨绿化30000平方米、污水管网24000米、化粪池227个、污水处理站8座。2017年以来，严格实施河长制及相关考核办法，并印发《贵安新区全面推行河长制工作方案》。积极实施美丽乡村建设，2017年以来，相继开展了十余个村寨污水管网设置及基础设施完善，农村生活垃圾收集转运工作实现全覆盖，全区垃圾清理全覆盖。

（四）着力推广绿色能源利用

贵安新区提出“加快调整能源结构，增加清洁能源供应”的任务，引导企业逐步淘汰使用清洁能源代替燃煤等污染源大的能源。2014~2016年底贵安新区天然气使用量共计800万立方米，与相同热值的原煤相比减少了约600吨二氧化硫、110吨氮氧化物的排放。目前建设完成“三纵一横”和“六纵一横”的燃气管网，铺设完成300余公里的次高压、中干线管道，为新区的清洁能源使用推广奠定了坚实基础。结合“美丽乡村”建设，大力推进农村“煤改气”工作，车田景区、平寨村等地现居民已开始使用天然气作为日常生活的主要能源。加快新能源汽车的使用，目前新区已实现新能源公交车全覆盖，建成超级充电站1座，充电桩200余个。积极引进新能源生产、研发企业推动新能源及其产品的应用，2016年与五龙长江汽车合作的总投资为50亿元、年产24万辆新能源纯电动车项目落地建设；成功签约贵安-SPI新能源高科技产业园、台湾地区立凯磷酸铁锂生产项目、常州亚玛顿双玻组件项目、阿特斯3GW绿色高效太阳能电池片项目等重大项目等，新能源（新材料）产业不断取得重大突破。2017年底，新区开始受理新能源汽车专用号牌申领业务，并成功发放了第一块新能源汽车专用号牌；同时，推出了首批共享汽车服务。

（五）全面推行绿色建筑设计

在“生态文明示范区”的建设要求下，贵安新区积极开展绿色建筑工作，2016年印发了《贵安新区绿色建筑行动实施方案》，分别从新建建筑节能工作、既有建筑节能改造、可再生能源和清洁能源建筑规模化应用、公共建筑节能节水运行管理、建筑节水及再生水（中水）利用、绿色建筑相关技术、节能和绿色建材、建筑工业化和全装修、建筑拆除管理程序、建筑废弃物资源化利用、绿色低碳交通建设等11个方面明确了主要任务。截至目前，直管区新建（竣工）民用建筑按照绿色建筑标识推广项目23个，建筑面积598.9332万平方米，其中综合保税区开发中心、泰豪贵安国际数字化文化产业园一期、贵安新区北师大附属学校、贵安职业学院等26个项目或标段获得贵州省二星级绿色建筑，建筑面积合计165.77万平方米。

目前，新区已拥有新型建筑建材业基地——贵州产投贵安新区科技产业园，主要推广装配式建筑和新型建材产品；新型建材企业一家——贵州贵仁生态砂西南产业总部基地，主要以生产生态砂新型生态环保材料为主；拥有贵安生态文明创新园内样板楼和贵安中英生态园内生态文明研究院两项建筑示范项目，项目按照三星级绿色标准设计、建造，并结合了绿色建筑和智能建筑的特点，均是绿色创新发展理念的集中体现。

贵安新区首个按照绿色标准建设的回迁安置小区——星湖云社区在2016年实现成功入驻，它是践行绿色建筑家园的成功典型，该社区配备了中水景观塘、集中供暖、直饮水、雨水收集净化调蓄工程、绿化景观等设施设备，达到绿色、节能、环保等绿色建筑标准。

（六）加快推进海绵城市建设

2015年贵安新区获批成为全国首批16个海绵城市示范点之一，成为贵安新区创新城市发展模式的重大标志。根据2016年海绵试点绩效评价情况及专家要求，2017年开始，新区加快落实相关制度规划，对《贵安新区中心区海绵城市建设规划》中修改和完善了排水分区的划定；委托中国气象中心编制《贵州省贵安新区降雨气候背景及海绵城市设计指标分析报告》，对贵安新区短历时降水趋势进行了分析，编制了长历时、短历时暴雨强度公式，确定了设计暴雨雨型；编制完成《贵安新区中心区规划区渗透性勘察报告》并结合降雨特点分析了海绵城市建设效果和成效；编制完成《贵安新区直管区山水林田湖生态保护修复工作的实施方案》及《贵安新区通过专家评审会山水林田湖保护修复规划》，进一步强化生态保护与修复的落实；编制完成《贵安新区直管区排水（雨水）防涝综合规划》、《贵安新区直管区道路与场地竖向规划》及《贵安新区直管区综合管廊规划》，从建设初期预防“城市病”。截至2017年12月底，新区海绵城市建设已完工项目23个，完工区域面积6.62平方公里，在建项目52个，在建区域面积12.93平方公里，累计完成海绵投资34.24亿元。

四　贵安新区绿色人居建设存在的问题

尽管新区绿色人居环境建设取得了一定的成效，但也存在一些问题，“生态宜居”的人居环境还未真正形成。

（一）绿色建筑建设步伐较慢，绿色建筑建设需求氛围还未形成

2016年贵安新区加快绿色建筑建设的推进工作，截至目前，已获得绿色建筑评价标识的项目均为公共建筑类型，民用住宅获得绿色建筑评价标识的项目还尚属空白。总体来看新区绿色建筑发展仍处于初级阶段，发展还较为滞后。主要表现在：一是绿色建筑标准体系不健全。目前新区仅出台《贵安新区绿色建筑行动实施方案》，明确了新建建筑节能工作、既有建筑节能改造等8个方面的主要任务，但缺乏对绿色建筑具体施工过程中各环节的标准及管理办法，更缺乏结合本地资源环境特色的绿色建筑相关规划和标准，难以有效引导新区绿色建筑实践工作。目前新区已经拟稿形成的《贵安新区直管区绿色建筑实施意见》《贵安新区直管区新型墙材与建筑节能管理流程》《贵安新区直管区新型墙体材料专项基金返还暂行规定》等文件还未向大众公布，导致绿色建筑的指导管理工作推进较慢。二是绿色建筑缺乏激励机制。专门针对绿色建筑的税收、金融优惠政策比较缺乏；对于房地产开发商在土地获取、项目审批、融资等方面的激励措施还未出台；消费者选择绿色建筑住宅的需求动力不足。全区还未形成绿色建筑发展的良好氛围。

（二）海绵城市试点建设效率较低，影响绿色城市发展建设进程

贵安新区海绵城市试点建设存在一些问题，主要表现在：一是建设进度和建设质量未达标。目前新区已基本确认无法完工的白地面积占试点区域总面积比例超过20%，其中部分片区甚至超过50%，按期完成试点任务的压力很大。截至2017年底，贵安新区海绵城市建设试点共开工建设项目75个，其中完工项目仅23个，仍有52个项目在建。二是汇水分区规划不合理。主要是汇水分区面积和范围的划分上还存在问题，比如贵安新区在19.1平方公里的试点面积上划分了五大流域29个排水分区，部分排水分区只有一个湖体或一所学校，比如汪官河流域，兰花Ⅰ、Ⅳ、Ⅴ范围涵盖了河南北两岸，但兰花Ⅱ和兰花Ⅲ被分为两个分区，两个分区总面积不足27公顷，其中兰花Ⅱ范围内仅有一所学校和一条路。目前贵安新区在如何落实海绵城市理念上不够清晰，对试点区内的生态敏感区保护不足，对生态保护与修复工作、保护好自然地形地貌以及城市竖向设计方面还有待进一步完善。贵安新区在2016年度第一批试点城市绩效评价考核中位列第13名，排名靠后，对海绵试点城市的建设提出了巨大的挑战。

（三）缺乏群众参与决策，以人为本的人居环境还未形成

国外的绿色人居环境的建设充分考虑了群众的想法，日本、英国和法国等国强调公共参与在创建可持续发展社区中的作用。比如日本的民众可以对环境进行监督，法国的香榭丽舍大街改造时在决定是种植一行树还是两行树的问题上必须经过民众的参与来决定。在新区的规划建设中，未能体现群众的参与人居环境设计的理念。

五　贵安新区绿色人居建设的路径措施

（一）完善绿色人居环境建设规划

绿色人居规划是建设绿色人居环境的前提和基础。发达国家在构建人居环境时同样强调规划的重要性，他们将人居环境纳入城市规划，通过划分功能

区、明确发展阶段的任务和最终发展目标等方式来实现人与城市的和谐共存、持续发展。

确立科学合理的绿色人居建设专项规划。专项规划要明确科学的发展目标，以生态文明示范区和海绵试点城市为平台，以构造一个资源和能源有效利用、生态环境良好、亲和自然、舒适、健康、安全的人居环境为目的，重点改善人与自然、人与社会、自然与社会的多元关系，而不是人与居住的二元关系。人居环境专项规划内容应涵盖绿色景观、绿色建筑、绿色基础设施、绿色社区等，以打造具有高效率的物流、能流、人口流、信息流，具有持续发展的生活空间为目标。首先，绿色人居环境规划应强化绿色生态设计。建筑物的设计既要注重视觉美感，更要重视生态环保，景观设计的首要原则是自然因素，将生态、绿色的设计理念寓于建筑物的规划、经济、社会发展规划中，保持人居环境和大自然的协调发展。其次，要优化人居环境时空组合结构，以城市土地利用综合效益最大化，城市面积、容积率与人口规模的最优化，便捷性与宜居性最佳化为原则，根据城市地理空间、规模、资源、环境特征等，优化人居环境要素的时空组合结构和功能。比如新区城区可探索构建城区密集型绿色人居体系，乡村则可构建松散型绿色人居体系。城区密集型绿色人居环境建设以绿色社区为载体，通过营造小区立体绿化系统、园林景观系统，推行绿色建筑，实施小区分类垃圾处理，因地制宜在小区内建设雨水收集系统，推进小区健康休憩场所和交流场所的建设等，构建人性的生态小区。乡村松散型绿色人居体系可依托美丽乡村的建设，加快推进和完善乡村基础设施建设，加强乡村环境综合治理，保留乡村民俗民风，营造生态环境良好、民族风情浓郁的特色乡村人居环境。最后，绿色人居环境规划还应提出绿色人居建设的中长期任务，制定相关标准，并进行阶段性目标考核，确保规划的可操作性，将绿色人居环境规划真正落到实处。

（二）全面推进绿色建筑

发展绿色建筑是构建宜居人居环境的重要条件之一。新区发展绿色建筑首先要突破技术瓶颈，开发和利用各种节能环保建筑技术，使用无污染的建筑材料，在建筑选材、施工、运行、装修等建筑的全过程都要坚持低碳环保理念，大力推行绿色、环保型建筑材料、构配件和装饰材料的应用，增加居住环境的健康性和舒适性。以区内的贵州产投贵安新区科技产业园和贵州贵仁生态砂西南产业总部基地为依托，进一步扩大区内装配式建筑和新型建材产品的应用。充分发挥生态文明研究院绿色建筑示范基地和科研基地的作用，加强各种绿色施工和设计技术的科学研究，推动新区绿色建筑施工和设计技术的发展。其次，要减少建筑对自然环境的不利影响，通过屋顶、墙面、广场等打造立体植被，增加绿色景观的覆盖，增加城市氧气的产生量。再次，要进一步落实新区建筑实施意见、管理办法、专项扶持办法等文件，进一步指导新区绿色建筑快速发展。最后，要积极营造新区形成对绿色建筑的有序供给和良好消费环境，通过土地获取、项目审批、融资等激励措施鼓励地产开发商和建筑商按照绿色建筑标准建设和设计建筑物，增加绿色建筑供给量；同时，引导居民形成健康、环保的消费观，刺激居民对绿色建筑的消费需求。

（三）加快绿色生态社区建设

绿色生态社区建设包括住区内环境建设和住区外的环境建设。住区内的环境是指房屋内的空气流通、光照条件等能源使用应符合绿色生态社区的标准。住区内要打造一种节能型的住宅，即要有良好的通风以获得新鲜的空气，充足的日照、适宜的温度和湿度。这种节能型住宅是通过提高建筑维护结构的热性能和屋内采暖、空调等设备的利用率，降低住宅内的能源消耗。在节能住宅内，冬季会明显感到比普通住宅温暖舒适，夏季会比普通住宅凉快。住区外的环境是指居住区的外围大环境，外围大环境要保证有充足的绿化率和活动场所。在绿化方面，绿化树种的选择既要考虑发挥其遮阴、防风、防尘、减噪等作用，又要充分考虑其与住宅及其周边建筑物的协调性，要有利于住宅的采光、通风等。同时，树种的选择还要考虑其生态效益，比如植物调节住区的温度、湿度和氧气等。利用居住区的围栏和墙体发展垂直绿化、增加绿量，使绿化更具有层次和立体效果。适当地增加一些坐凳，增进社区邻里交流和活动场所。住区外的环境还应有雨水收集系统和废物处理系统。减少硬质铺装路面，使用渗透性良好的铺装材料，通过收集雨水，供社区绿地浇灌用。社区内的垃圾应实行分类收集、分类处置、循环利用，尽量做到减量化、无害化、资源化。

（四）完善绿色基础设施建设

绿色基础设施包括绿道、湿地、雨水花园、森林、乡土植被等，这些要素组成一个相互联系、有机统一的网络系统。大力实施新区全域绿化美化工程、绿色森林工程、生态水景工程、生态公园工程等一系列绿色基础设施建设工程，加快新区形成“一轴两翼三组团八廊道多通道”的绿地景观结构。实施“大绿化、大美化”工程，重点抓好退耕还林、天然林保护、防护林体系和石漠化及水土流失治理等重大环境工程，进一步扩大绿化面积，提高绿化率；加快实施构建5个生态保护区、8个绿廊以及130个以上各类公园为核心的“五区为底、八廊通联、山城相嵌、景观通贯”的生态绿地系统；大力开展宜林荒山植树造林、封山育林和退耕还林还草，科学合理安排造林种草方式、树种草种选择和经营管理措施，最大化增加林草植被覆盖度；重点推进松柏山国家湿地公园、北斗湖湿地公园、高峰山公园、大松山生态观光园等十大生态公园，月亮湖公园、七星湖公园、星月湖公园、红枫湖国家湿地公园等城市公园和一批体育、历史、民族、动漫、音乐等主题公园建设。通过增加绿化面积、完善绿道、湿地、雨水公园、森林和植被等绿色基础设施，增强新区人居环境的安全性和舒适性。

（五）推行绿色交通网络覆盖

加快完善新区公共交通设施建设，加快轨道交通S1号线一期、S2号线一期南段工程建设，鼓励使用公共交通出行，逐步推广全域电动公交车和电动汽车的使用，探索构建以TOD（以公共交通为导向的开发模式）交通模式为引导的城镇组团空间布局，建设智能交通“1+6”系统，降低交通能耗。依托“大数据”发展优势，推广使用新能源“车桩网”，加快落实车桩网一体化项目，促进新能源汽车产业的发展。依托与五龙长江汽车合作项目、贵安-SPI新能源高科技产业园、台湾地区立凯磷酸铁锂生产项目大力打造围绕电动汽车制造、配套、应用的全生命周期生态产业链。进一步落实新区慢行交通规划，优化建设由“人+绿道+自行车”构成的城镇慢行交通系统，引导市民低碳出行、绿色出行、安全出行。

（六）继续完善生态文明建设

建立完善生态文明制度，实施最严格的环境保护制度，加强自然生态资源保护，完善自然资源资产离任审计、环境污染第三方治理、生态植被占补平衡、生态环境负面清单、生态补偿、环境污染责任保险、生态保护联防联控等机制。强化环境保护问责，引入第三方评估，形成政府、市场、公众多元共治的环境治理体系。完善污染物排放许可制，建立污染防治区域联动机制，健全环境信息公开制度。结合新区主导功能区建设，建立完善生态文明考评制度。推行差异化绩效考核评价体系，将生态文明建设考核结果纳入新区各级党政领导班子和主管部门领导干部的专项考核和年度考核。建立生态环境损害责任终身追究制，对领导干部离任后出现重大生态环境损害并认定其需要承担责任的，实行终身追责。

落实生态环境保护规划，建设生态环境保护体系，严格执行生态环境监测，做好生态环境预防和治理工作，推行垃圾分类处理和可循环利用。加快推进美丽乡村建设，加强乡村综合环境治理，实施乡村蓝天碧水工程、雨水利用和污水治理工程，实现农户雨水利用、村寨污水处理和行政村公厕全覆盖。大力推广使用新能源，积极发展清洁能源，在居民生产生活领域推广使用可再生能源，加快核心区城市燃气基础设施建设，加快实现城区天然气使用全覆盖。

（七）引入公众参与决策机制

绿色人居环境建设是一项长期复杂的工程，要实现这个目标，需要几十年甚至更长的时间，不仅需要科学合理的规划和管理，更多的是要引入公众的广泛参与建设社会的文明、身边的卫生环境、良好的文化氛围等。绿色人居环境建设涉及城市生活的方方面面，公众参与水平在一定程度上决定了绿色人居城市的目标实现程度。

首先要培育生态人居建设理念。深入推进全民生态文明教育、消费和决策三大领域及企业、社区、农村三个层面的生态文化建设，促进公众、企业、管理者生态文明程度的提高。以贵安生态文明创新园为平台，打造生态教育、生态科普、生态示范、生态科研教育基地，提高公众生态保护意识，引导社会各界参与绿色人居环境建设。其次，要加大绿色人居建设的信息公开，通过推行电子政务，建立健全政务公开制度，让公众了解政府决策、决定的事实依据、形成过程、预期目标等，允许公众参与政府决策并进行评价，提出意见和建议。再次，要扩大公众参与绿色人居建设的参与渠道。建立并实施社会各界广泛参与的公开听证制度，建立群众参与决策机制，完善公众接待日制度，热线电话制度和信访制度等有效参与渠道，保证公众的意见和意愿及时反馈到决策层。最后，完善公众参与绿色人居建设的监督机制。设立人居环境监督委员会，提高城市建设管理过程的透明度、加强舆论督导等。

参考文献

官群智：《绿色人居城市建设国际比较及对中国的启示》，《特区经济》2009 年 7 月。

马勇、刘佳诺、李丽霞：《绿色人居环境创新体系构建和发展模式探究》，《特区经济》2017 年 4 月。

《贵安新区国民经济和社会第十三个五年规划》。

《贵安新区 2015 年环境质量公报》。

《贵安新区 2016 年环境质量公报》。

贵安新区海绵城市建设领导小组办公室、贵安新区规划建设管理局：《贵安新区海绵城市建设试点 2016 年度绩效评价情况及试点建设推进情况汇报》。

《贵安新区绿色建筑行动实施方案》。

B.18
贵安新区新能源建设研究

杨秀伦　王良才*

摘　要： 目前，贵安新区的新能源主要为水利资源、风能资源、太阳能资源和地热资源，新能源占能源消费比重不到2%。本报告介绍、分析了贵安新区现阶段的新能源现状、结构，结合新区“十三五”能源规划和贵安开发投资公司战略发展规划，对新区能源建设目标、规划布局进行了初步的梳理分析，围绕“十三五”期间将新区建设成新能源示范城市、规划建设新能源微电网示范项目以及贵安新区新能源车桩网一体化项目，对新区的新能源规划建设提出了重点任务，论证分析了核电小堆、氢能等新能源的应用可行性。

关键词： 贵安新区　新能源　建设规划

2014年国务院及国家发改委先后下发了《国务院关于同意设立贵州贵安新区的批复》（国函〔2014〕3号）和《国家发展改革委关于印发贵州贵安新区总体方案的通知》（发改西部〔2014〕298号文）。两份文件明确了贵安新区的战略定位，即：西部地区重要的经济增长极、内陆开放型经济新高地、生态文明示范区、创新发展试验区、高端服务聚集区、国际休闲度假旅游区等。

能源是一切经济建设及现代生活的基础，“十三五”时期将是贵安新区经济社会快速发展期，能源需求与消费也将保持较快增长，但是贵安新区资源总

* 杨秀伦，贵安新区开发投资有限公司战略规划部部长助理，研究方向：新能源、大数据等产业领域；王良才，贵安新区开发投资有限公司战略规划部部长，研究方向：国企改革等。

量不高，能源缺乏，对外依存度高，就贵安新区能源资源的禀赋和现状，与经济社会快速发展的需求相比，存在较大差距，这对能源发展提出了严峻的挑战。伴随贵安新区工业化、城市化发展进程，能源需求将呈现增长快速、需求刚性的特点，必须大力推进能源体制机制创新与科学技术创新，积极加快能源结构调整，着力提高新能源消费比重；加速能源生产和使用方式的变革，调整传统粗放的能源生产与消费方式，不断优化能源结构，以“新技术、新政策”促进新区能源供应体系建设，以高端化、绿色化、集约化为规划指导思想，以“五大理念”为发展原则，打破能源消费结构长期以煤炭为主的局面，积极推进油气等优质清洁能源的发展，推广可再生能源得到更大规模利用，促进能源消费变革，为实现“山水之都、田园之城”的贵安梦构建能源基础，为将新区打造成新能源示范城市做好规划准备。

一　贵安新区新能源发展现状

1981 年在肯尼亚召开了联合国能源会议，会上对新能源做了定义，即“新能源是指以新技术和新材料为基础，使传统的可再生能源得到现代化的开发和利用，用取之不尽、周而复始的可再生能源取代资源有限、对环境有污染的化石能源，重点开发太阳能、地热能、生物质能、风能、潮汐能、氢能和核能（原子能）”。新能源产业的发展既是整个能源供应系统的有效补充手段，也是环境治理和生态保护的重要措施，是满足人类社会可持续发展需要的最终能源选择。

2014 年 7 月 10 日，在生态文明贵阳国际论坛 2014 年年会期间，由贵州省贵安新区牵头发起的国家级新区绿色发展联盟在贵阳市成立，上海浦东新区、广州南沙新区和贵州贵安新区等九个国家级新区共同签署了倡议，并达成了区域绿色发展的五项共识，其中“发展绿色科技作为引导绿色产业的驱动力”一项与绿色能源紧密相关。绿色能源也称清洁能源，与新能源有高度的重合度，但又有一定的区别。狭义的绿色能源即可再生能源，这与上述定义的新能源基本相同。广义的绿色能源主要包括在能源的生产和消费过程中，选用对生态环境低污染或无污染的能源，如清洁煤、天然气以及核能等，显然这当中的清洁煤、天然气并不属于新能源范畴。2016 年 7 月，贵安新区生态文明研究院成立，这是中国第一个以生态文明为主要研究内容的机构，其中绿色能源也是该机构关注、研究的主题方向之一。2017年9月贵州省人民政府办公厅印发《贵安新区建设绿色金融改革创新试验区任务清单》的通知，支持贵安新区绿色能源、绿色产业的发展。结合新区实际和建设绿色新区的目标，本节重点介绍新区的新能源主要为水利资源、风能资源、太阳能资源和地热资源，这些也是绿色能源。

（一）水利资源

贵安新区属于亚热带湿润气候，年均气温为18.3℃，每年1月平均气温为6.0℃，7月平均气温为23.5℃，气候温和，舒适宜居。境内地势平坦，湿地总面积占24%，新区属于长江流域乌江水系斯拉河、猫跳河、南明河等支流的汇水区，水资源丰富，区内河流纵横，河流多年平均径流量470～700毫米，年际变化不大，年内随季节不同洪枯变化大，一般5～9月总径流占全年总径流量的70%以上，具有高原雨源性河流特征，枯期许多小河断流，成为季节性河流。新区内面积超过10公顷的水库有21个，其中作为饮用水源的主要水库有红枫湖、花溪水库、克酬水库、松柏山水库。流域面积大于20平方公里的主河流有汇入红枫湖的麻线河、马场河、乐平河和邢江河，以及汇入乌江的斯拉河等。另外，还有汇入松柏山水库和花溪水库的车田河、羊艾河、冷饭河等支流，汇入阿哈水库的小车河，汇入百花湖的东门桥河和高家河等。需要注意的是，贵安新区位于贵阳市水源地上游，贵阳市水源保护区占其规划面积的24%，环境敏感性较高。从贵安新区水资源情况分析，新区内不适宜开发水电项目。

（二）风能资源

根据《贵州风能资源详查和评估报告》研究成果，贵州省的风能资源，西部地区好于东部地区，中部地区好于南部及北部地区，但是高值区分布相对比较零散，分布较为复杂。贵安新区境内风能资源相对丰富的地方主要分布在环红枫湖、乐平、九龙山、一带等地。图1中红圈处为贵安新区所在位置。

由图1可见贵安新区处于风功率密度在180～200W/m^2，按照我国现行的风功率密度划分指标，风功率密度小于200W/m^2，属于风力资源贫乏地区，因此，在贵安新区范围内不适宜风电的大规模开发应用。

（三）太阳能资源

贵州境内的太阳总辐射处于 3171. 5MJ/m² （沿河县）~4309. 7MJ/m² （威宁市），太阳能辐射量处于全国最低，仅为全国平均值的约 50%，是太阳能辐射五类地区，属于太阳能资源条件较差，但仍有一定利用价值的地区。

从图 2 中红圈部分可见新区大部分地区太阳能辐射量处于 3300MJ/m² ~ 3000MJ/m²，有小部分区域辐射量处于 3600MJ/m² ~3900MJ/m²。由此分析，新区在太阳能利用方面，不宜采用大规模开发，可考虑采用分布式能源的方式利用。

（四）地热能资源

贵州省喀斯特地貌发育充分，孕育了分布广泛的地热温泉，已发现大量的温泉资源，在全省 9 个市（州）均有分布，且水量大、水质好。由于贵安新区处于扬子准地台黔北台隆遵义供贵阳复杂构造变形区和黔南台陷之规定南北向构造变形区，各个方向的延伸较远、切割深度较深的深大断裂十分发育，且在晚近时期仍在活动，断裂破碎带的地热水资源蕴藏量较大，是今后绿色能源开发的有利矿产。根据 2015 年由贵州省地矿局一一四地质大队提交的《贵州省贵安新区地热水资源整装勘查报告》，在该区高峰镇东吹村已成功钻探了一口地热 CK2，井深位 2503. 02m，其中地热水资源量约为 903m³/d（Q50 可开采资源量约为 21. 44 万 m³/a），井口水温 53℃。截至 2017 年，已初步探明贵安新区高峰镇和马场镇分布有 6 处地热温泉，相关开发利用工作已经启动。

国土资源部于 2010 年 5 月下发了《关于做好“应对气候变化地质响应与对策”有关工作的通知》（国土资厅发〔2010〕30 号），通知中提出要积极推动地热资源开发的利用。国家发改委在 2016 年底制定的《可再生能源发展“十三五”规划》中明确提出，加快地热能开发利用，加强全过程管理，创新开发利用模式，全面促进地热能资源的合理有效利用。

按照贵州省生态文明建设的目标，从国务院批复以来，贵安新区始终将建设国际化山水田园生态城市作为发展方向。生态环境和人文条件、秀美的自然山水和丰富而原真的民族文化资源，文化休闲产业发展方兴未艾，将地热资源勘查开发与发展休闲旅游产业，与“大扶贫、大发展”战略相结合。同时，将贵安新区建设、发展成为国家级大数据产业基地、绿色金融中心、智慧物流基地、西南重要的大健康产业园、创意产业与人才培养基地以及贵州省重要的高端生态居住区。这将加大新区的能源需求，浅层地热、地热温泉等新能源供应需求将大大增加。

（五）生物质能源

贵安新区生物质能主要是在区内农村中使用，按照新区统计部门发布的2015年统计数据，苗族布依族乡共有9325户，其中建有沼气池的1679户，占该乡总户数的18%；党武6977户，建有沼气池的1921户，占该镇总户数的27%。

二　贵安新区新能源发展目标和规划

（一）创建新能源示范城市

国家能源局在亚太经济合作组织（APEC）低碳示范城镇论坛上提出，“十三五”期间，国家将继续推进建设100座新能源示范城市。2014年2月国家能源局公布了第一批全国新能源示范城市（产业园区）名单，贵州省的贵阳市、兴义市、遵义市三个市被列入该名单。

贵安新区“十三五”期间发展的一个重要目标就是，力争进入新能源示范城市。为实现这一目标，对贵安新区新能源发展目标是：至规划末期2020年城市新能源占能源消费比重达到2%以上，到2030年该比重达到7%（见表1）。

表1　贵安新区中长期能源消费品种结构预测（不考虑蔡官电厂）

单位：万吨标准煤，%

项目	2020年	2030年	比重	2020年	2030年
煤　　炭	0.0	0.0	煤　炭	0.00	0.00
成 品 油	185.0	280.0	成品油	30.85	24.00
天 然 气	114.0	268.0	天然气	19.07	23.00
电　　力	286.0	536.0	电　力	47.69	46.00
新 能 源	14.0	82.0	新能源	2.39	7.00

资料来源：《贵安新区“十三五”能源发展规划》。

（二）规划建设新能源微电网示范项目

2015 年 7 月，国家能源局下发了《关于推进新能源微电网示范项目建设的指导意见》，文件指出，国家计划在全国加快布局、推进新能源微电网示范工程建设。结合贵安新区特点分析，本文认为新区更适合采用建设联网型新能源微电网。通过与有关科研机构等合作，共同探索电力能源服务的新型商业运营模式和新业态、建立可再生能源电力的发输（配）储用一体化的局域电力网，推进电力市场化创新发展以及建立新能源微电网管理体系与技术体系。

联网型新能源微电网示范项目具体技术要求主要包含如下几个方面。

（1）并网点的交换功率和时段要具有可控性，微电网内的电能质量与供电可靠性应能够满足用户的需要。微电网内可再生能源装机功率和峰值负荷功率的比值应达到 50% 以上，根据需求配置一定容量的储能装置；若有稳定的天然气资源支撑，则可以采用天然气分布式能源设施当作微电网快速调节电源。

（2）最高电压等级不超过 110 千伏，和公共电网友好互动，有利于削减电网峰谷差，减轻电网调峰负荷。

（3）具有孤岛运行的能力，保证当地所有负荷或者重要负荷在一定时间段内持续供电，并且在电网发生故障时可作为应急电源使用。

（三）建设新能源车桩网一体化项目

新能源车生产方面，重点聚焦整车产品的生产制造，研发生产不同型号的乘用车、客车、专用车、物流车、低速电动车。集中推出贵州长江汽车有限公司开发制造的纯电动商用车产品系列和纯电动乘用车产品系列，需要集中资源优势、加大培育和引导力度，以贵州长江整车为龙头，配套贵州长江所有车型需要的核心零部件企业，利用核心零部件企业的先进技术，反哺贵州长江提升整车性能，有效降低贵州长江的物流成本、提高产品质量、打开销售市场，推动形成产业核心集群。围绕摩拜共享汽车平台，支持中国一汽集团、贵安新区新特汽车公司和摩拜公司共同打造“MOCAR 摩卡”共享汽车品牌，建设生产线和汽车小镇。

同时，根据“桩站先行、适度超前”的思路，以市场主导与政府扶持相结合，建立稳定、长期的充电设施建设政策支持制度。依托贵安新区特殊的区位优势和核心经济产业地位优势，形成“一核三翼”的整体发展思路，即一个核心示范区、带动三个毗邻区的建设思路。以贵安新区为中心，构建贵州电动汽车及充电设施示范建设运营区域，同步规划三翼发展带，辐射安顺、花溪、清镇（见图1）。

整体项目建设以贵安新区核心区为建设核心，截至2017年底，贵安新区充电基础设施建设网点已有12处，共建设充电桩110个。2018年内全面实现贵安新区初步充电设施网络覆盖，电动汽车市场需求挖掘和数据平台运营的数据积累的整体战略目标，实际运营达到电动汽车有桩充、区域车辆动跑起来、平台监测有数据的三大战略目标。项目建设规划以“一核三翼”的整体建设思路为指导，在贵安新区内建设1个电动汽车综合服务中心，3~4个不同领域的标志性示范站点，增建4~6个Ⅰ类充电站，配置若干Ⅱ类微型充电站及Ⅲ类分布式充电节点，形成2000~3000个体量的区域充电网络。三翼建设以贵安为中心，延展到花溪、清镇、安顺沿线，视需求建设Ⅰ类超级充电站，及若干Ⅱ类微型充电站。

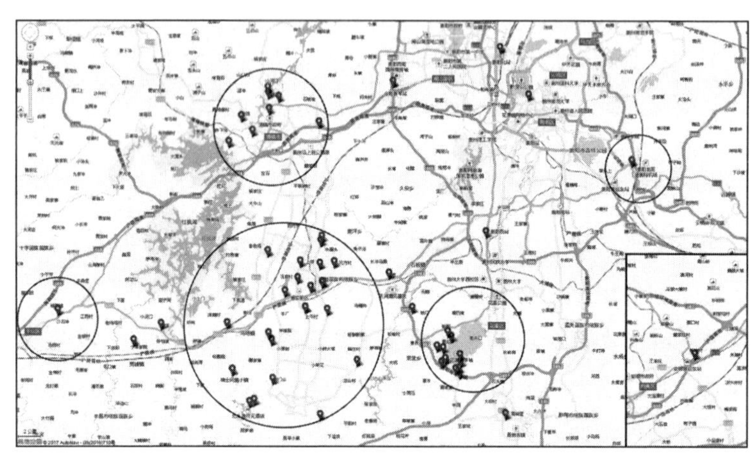

图1　“一核三翼”整体项目建设布局示意

资料来源：贵安新区新能电桩科技公司。

2018~2020年共规划新建充电桩基础设施7874台，其中直流充电设备1235台，交流充电设备6339台（见表2）。形成由超级充电站、微型充电站、分布式充电点组成的区域充电网络，各站级快慢充相结合，满足新区全域电动汽车的不同充电需求。

表 2　2018～2020 年贵安新区新建充电桩基础设施规划

序号	建设年份	规划数量			
		180kW	60kW	7kW	合计
1	2018	75	121	1830	2026
2	2019～2020	388	651	4809	5848
3	合计	463	772	6639	7874

资料来源：贵安产投新能源资产管理公司。

（四）建设分布式太阳能光伏电站

由于新区范围内，太阳能辐射相对较低，不具备大规模开发的价值，因此在新区范围主要考虑采用屋顶光伏等分布式光伏发电项目为主。至规划末期分布式太阳能光伏电站，累计装机容量大于 2 万千瓦。

贵安新区电子信息投资公司已于 2017 年 5 月开始建设贵安新区云谷智慧能源中心项目，该项目采用一种清洁能源加三种再生能源，包括天然气和太阳能光热、空气动力储能、水源热泵四种能源的多种能源互补的模式，在智慧管理技术形成能源综合利用的基础上，为各建筑物（总建筑面积约 50 万平方米）提供冬天制热、夏天制冷、全年生活热水以及电力等能源需求。

三　贵安新区新能源建设的重点任务

贵安新区直管区能源资源基础薄弱，区内具备新能源开发条件的地区有限。结合直管区自身实际情况，考虑在新区规划范围统筹推进风能、太阳能等可再生能源开发利用，试点高度集成化的新能源汽车供能设施，在直管区内推广可换电池纯电动出租车。对于新区内集中开发的新建楼宇及大型综合体项目，要求采用节能环保材料及技术建造，并综合考虑光伏建筑一体化系统的建设。

（一）合理引导能源消费

考虑到新区历史发展情况及原有地区的社会结构，在合理引导能源消费方面，主要考虑开展以下工作。加大对使用新能源的宣传力度，在社区、工业园区集中开展新能源使用的专项宣传工作，建立专门的新能源体验中心，通过长期不断地宣传以及实地亲身体验，强化新区居民对新能源应用的认识，达到“想用新能源、要用新能源、愿用新能源的”目的。

特别在新能源汽车领域，要加强宣传、推广和应用，在要求新区直管区内推广纯电动出租车、公共汽车和共享汽车的基础上，进一步规划、推广新能源汽车在物流等领域的应用，推动形成竞争、有序、统一的市场氛围。尽快建立新能源汽车行业市场准入的规范和标准，积极鼓励、促进广大社会资本进入新能源汽车生产以及充电运营服务。将公共服务领域用车作为新能源汽车推广应用的试点和突破口，增加公共机构购买新能源汽车的数量，通过试点和示范使用提高、增强社会信心，降低采购和使用的成本，引导、鼓励个人消费，形成健康、良性的循环。提出贵安新区公交通勤新能源解决方案、旅游电动化解决方案、电动汽车出租、共享电动汽车解决方案和物流电动化解决方案，加强新能源汽车示范运行、扩大新能源汽车影响力。

（二）强化能源结构调整

由于新区刚刚起步发展，目前消费能源主要依靠电力、石油和煤炭，随着新区积极推进绿色和以低碳技术为特征的能源产业发展，煤炭可替代能源及各种新能源的逐步推广应用，区内生活和其他生产用煤将逐步被天然气、光伏等各种新能源替代，其中天然气的消费在能源消费总量所占的比例迅速提高，电力与石油所占的比例正常、稳定发展。

加快分布式发电体系建设速度，积极鼓励、推进清洁能源分布式电力发展。更深层次发掘地热能、风能和小水电等可再生电力的潜力；尽快启动电力安全保障体系建设，加速输电网建设和改造，加快新区直管区内汽车充电桩和加气站的进度，保证如期完成燃气输送管道和相关配套基础设施的建设；提升电网吸纳新能源电力能力，保障新能源利用体系建设。

加快推进贵安新区云谷智慧能源中心项目，该项目是我国第一座采用“1+3”多种能源互补模式建设的智慧能源站，综合利用多种能源，达到零污染、零排放目标，该项目的设计总冷负荷约为1510千瓦，设计总热负荷约为1330千瓦，总发电功率为2.8兆瓦。

（三）大力支持新区新能源相关产业链的发展

根据贵安新区目前重点规划红枫湖、新场、九龙山等5个现代风电场；有步骤、有秩序地推动分布式光伏发电、光伏电站应用示范区的建设，稳步实施太阳能发电示范工程，支持农村和城镇居民安装使用太阳能热水器、太阳灶、太阳房、屋顶光伏等设施，逐步开发地热能、发展生物质能。

在新能源汽车产业链的上游，主要聚焦发电端、储能端和售电端、原材料端“四端”产业培育。针对发电端产业，需要争取省级层面支持，充分利用贵州省电力资源丰沛的优势，加大利用可再生能源发电、光伏发电、风力发电等投入力度，最大限度确保新能源汽车的能源来源可靠。针对储能端产业，突出储能装置的生产制造，探索创新储能运营商业模式、研究储能综合解决方案技术。针对售电端产业，利用配售电公司平台，在明确客户需求和自身服务目标的基础上，开发配电系统解决方案、自发自用售电模式方案等解决产业园区配售电，剩余电量转售问题，打造发配售一体化的产业链条。针对原材料端产业，结合贵州资源禀赋实际，在车身用铝材原材料，铝合金轮毂原材料、电子元器件原材料发挥优势，降低原材料运输成本，打造区域经济新能源汽车产业集群。

重点支持新区内贵州五龙汽车公司和贵安新区新特汽车公司等新能源汽车制造企业和亚玛顿光电材料公司、贵安新区新能电桩科技公司和立凯电科技公司等新能源汽车配套企业的发展，着重围绕新能源汽车上下游产业链进一步引进相关企业，形成新能源产业生态体系。

（四）出台推动新能源产业发展的配套政策

当前阶段，新能源产业发展在全国呈现遍地开花之势，各类项目纷纷上马，人才争夺战愈演愈烈，各自出台了一系列条件优惠的政策措施。应对这种局面，需新区管委会和开发投资公司共同从顶层设计到实施措施方面精心谋划，长远规划。

专业人才是新能源产业发展的主要动力和重要支撑。结合实际情况，新区需出台相关专业人才优惠政策，有关企业也将根据自身需求制定人力资源政策，以强化新区及企业自身新能源产业发展的人才保障。目前，贵安新区内有

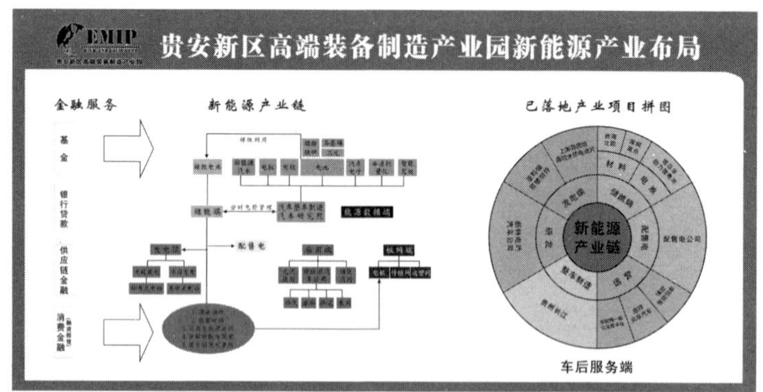

图 2　贵安新区新能源产业链示意

资料来源：贵州贵安产业投资公司。

大学城和职教城，人力资源丰富，但懂管理、精技术的人才较为缺乏。在起步发展阶段，还需从外部引进行业内相关专业人才。

针对新能源汽车板块，以改善、优化消费者使用环境与提升、完善新能源汽车产业化能力为主要目标，持续创新研究、制定新能源汽车产业支持政策。汇聚各方力量加快新能源汽车及零部件制造以及产业化技术瓶颈、难点的技术研究、攻关，推动新能源汽车和关键零部件企业核心生产装备水平的提升和更新。在消费者购买及使用环节，改变原有的单一扶持形式，采用运营税收减免、污染物排放约束等激励性方式，强化扶持政策效果。深入学习中央关于深化体制机制改革和加快实施创新驱动战略的精神，并进行认真贯彻落实，加强和加速体制机制创新的力度和进程。

（五）加快新能源科技创新

结合国家发布的《能源发展战略行动计划（2014～2020 年）》，新区在“十三五”期间考虑以下能源新技术：试点分布式能源技术、应用燃煤电厂超洁净排放技术、构筑能源互联网数据平台、推广节能建筑技术的应用、分析核电小堆技术的应用可行性。

1. 能源互联网

能源互联网是对电力电子、智能管理和信息技术进行综合处理应用，把一系列由分布式能量采集设备、分布式能量储存设备和各种类型负载构成的新型电力网络等能源节点相互连接起来，以实现双向流动的能量对等交换和共享网络。在新区构建能源互联网主要具备以下优势。

新区现有能源供应设施基础薄弱，随着新区发展建设，需要大量新建能源供应及配套设施，基础设施的建设，可按能源互联网的要求建设，使新区在能源建设方面，一开始就处在高起点。

新区目前正在建设以移动、联通、电信三大运营商为基础的云计算中心，"十三五"期间还将有大量的国内外大型企业的数据中心将落户新区，这就意味着新区的信息收集、处理、储存上拥有超强的能力。这也是能源互联所需要的基础能力。

新区采用集中组团的模式开发建设，即高效利用土地，又能使各种用户与分布式能源集中开发，提高信息的集中交换，从物理结构上更便于新区能源互联网的建设。

为新区下一步能源互联的建设组建，建议新区及早开展能源互联网规划研究，为工程项目的具体实施打好基础。

2. 节能建筑技术

新区基础设施薄弱，在未来的建设开发中，将有大量的建筑需求，为贯彻节约能源这一长期的战略方针，在新区今后的建设中应推广应用成熟的节能建筑技术，引入被动式建筑节能技术。在新区建筑规划设计中，通过对建筑朝向和遮阳进行合理布置、设置，采用建筑围护结构的保温隔热技术以及方便自然通风的建筑开口设计等以实现建筑所需的空调、采暖、通风等能量消耗的减少。

3. 核电小堆应用的可行性

小型核反应堆具有建设周期短、初始投资小、可移动性好的优点，可以较为有效地解决大电网不便于延伸区域供电等方面的困难。进入 21 世纪，国内已有几个省份如江西、吉林、福建、广东等已经着手与核电企业进行小堆项目联合开发。由于各省地理环境条件的差异，对于发展小堆的缘由也各不相同。东北的吉林省发展小堆是考虑到小堆热电联供能力与高安全性；东南沿海的广东等省发展核电小堆项目是用于淡化海水；内陆缺煤的省份如湖南是为了优化能源结构。因此，有必要对新区开发核电小堆的需求及条件进行分析，进一步明确新区开发核电小堆的可行性。

新区虽然目前电网结构薄弱，但得益于新区优越的地理位置，在新区规划

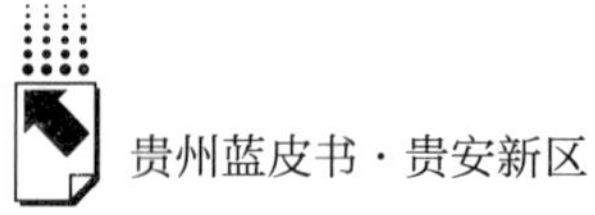

区域的南北两侧，均有贵州电网500千伏主要输电通道经过，因此新区属于大电网已覆盖范围，不需要通过核电小堆的建设来满足用电需求。

根据新区发展定位及产业规划在新区范围内没有需要大量供热的高能耗企业。新区属于亚热带湿润温和型气候，四季气候宜人，适合居住，新区在未来发展中，只有大型社区及城市综合体才有集中供热的需求。

根据目前的核安全条例，核电站周边有5公里的限制发展区域。核电小堆依然被归类到核电站的范围。新区虽然规划区域为1795平方公里，但新区城乡建设用地面积控制在260平方公里左右，并且新区发展建设始终贯彻生态型发展和组团式布局的理念，在新区考虑核电小堆的建设可能会出现两种情况，在组团内建设将影响大片土地的利用，在组团外建设将增加供热或供电距离，增加损耗降低运行经济性。

贵安新区超过90%的区域在贵阳市饮水水源的上游，区内直管区的东侧及东南侧部分地区处于水源一、二级保护区范围内。基于水环境的敏感性，新区的中部地区是水环境的高度敏感区，仅北部乐平河沿线和东部地区的水环境压力较小。而且，新区地表水源联系非常密切，所以，本地开发建设对新区全区水环境的保护有比较高的敏感性，水系统的安全风险问题较为突出。虽然核电小堆安全性较高，不容易出现核泄漏问题，但还尚处于探索发展阶段，其长期影响现在还很难判断，因此从这个方面分析，在新区范围内也不适宜开发核电小堆。

综合以上分析，在新区范围内开发核电小堆的可行性较低，建议在新区发展初期，开展探索性研究，为更好地在新区范围内利用该技术打好基础。

4. 氢能应用的可行性

作为可再生清洁能源的新宠，氢能被全球公认是低碳与零碳能源的重要发展方向，已经受到各国越来越多的关注和重视。进入21世纪，我国和欧盟、美国、日本等都先后制定了有关氢能开发、使用的发展规划。近年来，我国在氢能应用领域已取得了很多方面的进展，且在不远的未来有望成为氢能技术研究与应用方面世界领先的国家之一，同时也被国外同行认为最有可能在全球率先实现氢燃料电池与氢能汽车产业化的国家。

多年来，氢燃料电池技术一直被认为是利用氢能解决人类能源危机的终极方案。上海是中国氢燃料电池研发和应用的重要基地，产学研基础非常好，从事研发氢燃料电池和氢能车辆也已具有多年的经验。而我国目前已经是全球最大的汽车市场，因此，用氢能作为汽车的燃料无疑有很大的市场基础。新区可研究与有关高校和科研机构进行合作，引进相关成熟的技术、企业及人才，在部分公共领域用车开展氢能汽车试点，逐步尝试、推广。

5. 其他先进的节能减排技术

在未来 10 ~ 20 年发展中，贵安新区在电力、交通运输和建筑等行业中广泛利用先进的节能减排技术。

（1）逐步推广使用天然气联合循环发电技术、天然气热电联产技术、燃煤一体化发电技术，同时考虑应用碳捕获和存储技术，以及实现低碳化石燃料电力发展。

（2）在有条件地区推广地源热泵与太阳能热水器等可再生能源供热和供暖方面的技术。引进前沿的垃圾处理技术，提高污水处理水平，建设小区中水循环系统。

（六）制订新区新能源汽车未来5年推广计划

在延伸发展新能源产业链和建设“车桩网一体化”配套设施的基础上，进一步整合资源、技术力量，围绕产业、运营、出行、技术研发等制订出新区新能源共享出行 5 年推广计划。尤其针对普通消费者，如何让大家从心理上认知、理解、接受新能源汽车。纵观北京、上海等地，事实上，新能源汽车真正对消费者有吸引力的是汽车牌照申领、通行、停车、购置税、充电电价等方面的优惠以及航程、充电桩建设的情况。同时，当前全省在全力攻坚扶贫，如何有效将新能源汽车与扶贫事业相结合，实现双突破，值得认真规划。在综合考虑这些因素的前提下，建议开投公司与管委会协商，出台新能源汽车未来 5 年推广计划。

参考文献

《国务院关于同意设立贵州贵安新区的批复》（国函〔2014〕3 号），2014 年 1 月 6 日。

《国家发展改革委关于印发贵州贵安新区总体方案的通知》（发改西部〔2014〕298号文），2014年2月19日。

李传统：《新能源与可再生能源技术》（第二版），东南大学出版社，2012。

《贵安新区“十三五”能源发展规划》，2015。

贵州省能源局：《贵州风能资源详查和评估报告》，2011年11月。

国家能源局：《关于推进新能源微电网示范项目建设的指导意见》，2015年7月。

贵州省能源局：《贵州省风能资源开发规划》，2011。

梁盛平、潘善斌主编《贵安新区绿色发展指数报告（2016）》，社会科学文献出版社，2016。

申泮文编著《氢与氢能 21世纪的动力》，南开大学出版社，2000。

《能源发展战略行动计划（2014～2020年）》，2014年12月。

B.19
贵安新区山水林田湖生命共同体建设研究

王国丽*

摘　要： 贵安新区以“山水之都·田园之城”为发展目标，科学统筹城区开发建设，充分发挥山、水、林、田、湖的价值和作用，近年来，新区加快生态文明建设步伐，在全省先试先行了生态系统保护修复规划，城区面貌呈现城中拥山、揽水抱湖、满城绘绿的景象。本报告在梳理新区生态系统现状和山水林田湖生命共同体建设现状的基础上，认为应从坚定树立“山水林田湖是一个生命共同体”的理念、建立管理和资金筹措长效机制、严格执行生态系统保护修复规划和建立生态保护和修复试点加快全区山水林田湖生命共同体的建设。

关键词： 山水林田湖　生命共同体　生态系统

贵安新区以“生态文明示范区”为战略定位，立足“绿色崛起”发展理念，以“山水之都·田园之城”为发展目标，按照“现代、低碳、高效、智慧”的要求，积极开展新区的开发建设工作。近年来，将山水林田湖生态保护修复作为城乡发展一体化和深入推进生态文明建设的指导方针，为贯彻落实山水林田湖生命共同体建设奠定基础。

* 王国丽，贵州省社会科学院区域经济研究所助理研究员，研究方向：产业经济、农村经济。

一　山水林田湖生命共同体的科学内涵

“生命共同体”论断的科学内涵不应局限于山水林田湖所指带的自然要素本身，而应该是以山水林田湖所指带的更广泛的自然资源系统。所谓“生命共同体”应是指自然环境中各自然要素、各生命体内部和相互之间构成的一个关系复杂的有机生命整体。山、水、林、田、湖作为自然界的基本物质要素存在于整个自然环境中是相互协调、相互影响的，具有整体性、有序性和系统性特征。

山水林田湖生命共同体建设要以系统观和生命观为出发点，以生态景观为技术指导对土地综合利用进行统一规划、统一保护、统一治理。既要充分考虑生态系统的整体性特征，在用途管制和生态修复方面必须要遵循自然规律，不能单独只种树、只管水、只护田，应明确由一个部门负责统领山水林田湖及其所指带的自然资源进行统一规划、统一保护和统一治理。同时又要兼顾生态系统内部和生态资源要素之间的差别，要充分考虑不同区域、同一区域不同生态资源之间的差异性，在整体性原则指导下分别对山水林田湖进行规划和修复，正确处理共生共荣、共治共理的关系。

二　贵安新区山水林田湖生命共同体建设现状

（一）山水林田湖生态系统现状

1. 山体现状

贵安新区地处华南喀斯特地貌的中心部位，地形复杂多样，谷岭相间。山地、丘陵、山间平原都有分布，以丘陵、山地为主。境内山岭纵横，河流深切，总体地势西高东低，海拔多在 1100～1600 米，主要山脉有九龙山、天台山、松柏山、高峰山等 12 座，多呈南北向分布，把新区划分为若干台地和坝子。贵安新区绝大多数区域属于黔中丘原盆地区，该区域位于贵州省中部，大娄山山脉以南、苗岭以北、武陵山脉以西的广大区域，向西逐渐过渡到黔西高原，面积约 3.75 万平方公里，占贵州省总面积的 21.3% 左右。该区域的地貌特征为：大地构造处于扬子准地台的黔北台隆，即俗称的“黔中隆起”。

新区直管区地形总体呈现西高东低、南北高中间低特点，北部、中部是新区的核心建设区域，主要是中心片区、马场片区、大学城、高峰镇区域，地形起伏一般在25米以下，属于平坝浅丘地区。南部地区有两条较为明显的西南—东北向连续山丘，地形为100～200米的连续山体，属于中丘地区。

2. 水系现状

贵安新区地处长江、珠江分水岭地区，大部分范围属长江流域乌江水系，少部分区域属珠江流域西江水系。其中乌江水系分为猫跳河流域、南明河流域和斯拉河流域。猫跳河流域主要河流包括：羊昌河、麻线河、乐平河、马场河和东门桥河；南明河流域主要河流包括：车田河、冷饭河、甘河和小车河。贵安新区河流多年平均径流深470～700mm，年际变化不大，年内随季节不同洪枯变化大，一般5～9月总径流占全年总径流量的70%以上，具有高原雨源性河流特征，枯季许多小河断流，成为季节性河流。

表1　贵安新区各流域分布面积及流量

流域分布		河流名称	境内河长（km）	规划范围内面积（km^2）	面积占比（%）	多年平均净流量（亿 m^2）
猫跳河流域	红枫湖	猫跳河	—	229	12.2	—
	羊昌河流域	羊昌河	66	849	44.9	4.38
	麻线河流域	麻线河	23	102	5.4	1.3
	乐平河流域	乐平河	46	86	4.5	1.3
	马场河流域	马场河	10	87	4.6	0.45
	百花湖流域	东门桥河	13	78	4.1	—
南明河流域	阿哈水库流域	小车河	27	35	1.7	—
	花溪水库流域	车田河	16	175	9.3	—
	松柏山水库流域	甘河	14	118	6.2	—
链江	西江	思丫河	8	35	1.9	—
乌江	斯拉河	斯拉河	10	100	5.3	—

直管区覆盖了猫跳河流域、南明河流域和涟江流域。其中猫跳河流域面积216平方公里，南明河流域面积204平方公里，涟江流域面积53平方公里。直管区内河道主要为麻线河、马场河、车田河、甘河和思丫河，羊昌河从直管区西侧穿过。

新区范围内现有大型水库1座（红枫湖），中型水库3座（松柏山水库、花溪水库和石朱桥水库）。红枫湖为大（二）型水库，坝址位于猫跳河干流上。红枫湖于1960年建成并投入运行，集雨面积1596平方公里，占猫跳河流域面积的49.2%，是猫跳河上梯级电站的龙头水库，水域总面积为57.2平方公里。该湖为贵阳市和贵安新区的主要供水水源地。松柏山水库为南明河上的中型水库，地处贵阳市花溪区党武乡。坝址以上集水面积139平方公里，水库正常水位回水长度13.2公里，平均水面宽212米，水域面积2.8平方公里，呈狭长的河道型水库。花溪水库为南明河上的中型水库，集水面积315平方公里（其中花溪坝址至上游松柏山坝址区间河长13.1公里，集水面积176平方公里）。花溪水库总库容3140万立方米，有效库容2000万立方米。石朱桥水库位于猫跳河支流乐平河中上游，水库坝址处控制面积160.9平方公里，多年平均流量为3.33立方米/秒。最低保证供水量为1490万立方米/年。水库总库容1279万立方米，兴利库容693万立方米，正常蓄水位以下库容990万立方米，为年调节水库。

3. 林地现状

贵安新区植被区划为贵州高原湿润性常绿阔叶林地带，属黔中石灰岩山原常绿栎林、常绿落叶混交林与马尾松林地区，贵阳安顺石灰岩山原常绿栎林马尾松林及石灰岩植被小区。新区内的自然植被共划分为3个等级，包括了4个植被型组、5个植被型、16个群系。人工植被2类型，即其中经济果木林为3类6种组合，农田植被，包括了2类2种组合。植被多为次生植被和人工植被，贵安新区林地总面积约30983公顷，规模大，占新区总面积18.66%，再加上灌木林、疏林地，则林灌覆盖率为34.09%。

现状林地分布广且较均致，连绵度低，林田交错，大多数单个林地斑块规模较小。除红枫湖风景名胜区、九龙山森林公园等政策区内的林地规模相对较大且连绵度较高以外，其他林地与山体结合得不充分，受荒山裸岩和耕地侵蚀严重，生态廊道不突出。园地总面积约2757公顷，占新区总面积1.66%，占农用地总面积2.23%。园地类型以果园、茶园、药材园为主。牧草地总面积约6238公顷，占新区总面积3.76%。新区内的牧草地大都是天然草地自发形成。现状牧草地主要分布在西秀区境内，平坝县、花溪区和清镇市基本没有牧草地。靠近大型山体且远离城镇的牧草地连绵度较高，单个牧草地的规模也比较大。

4. 农田现状

贵安新区耕地面积 82795 公顷，占新区总面积 49. 88%，人均耕地面积 1. 91 亩，远高于全省人均耕地面积 1. 71 亩。

全区共有全省 47 个万亩大坝中的 6 个基本农田保护区，分别是白云、羊昌、高峰、夏云、马场、林卡基本农田保护区；1 个万亩农业部稻种实验区，即刘官乡农业部稻种实验区，面积约 230 平方公里，主要分布在新区南部地区，水源丰富，土质肥沃，依托邢江河、麻线河和马场河蔓延布局；3 个国有农场，分别是中八农场、羊艾农场和平坝农场，面积约 46 平方公里，主要分布在红枫湖东侧和南侧，地势平坦，土质肥沃，景观优越。基本农田主要集中分布在新区南部各乡镇。新区内保护基本农田 51036 公顷（76. 55 万亩），其中清镇市二乡（镇）4133 公顷，花溪区四乡（镇）5770 公顷，平坝县十乡（镇、办事处）21380 公顷，西秀区六乡（镇）19753 公顷。一般耕地主要分布在北部贵黄公路沿线及以北地区，因位于邢江河和乐平河等水系的发源地，因而相对比较缺水，耕地以旱地为主。农田分布受地形地貌影响较大，大多位于山谷、平坝，耕地主要分布在邢江—羊昌河流域的旧州、黄蜡一带，是黔中地区重要粮食产区。

（二）山水林田湖生命共同体建设现状

1. 生态文明建设取得丰硕成果

新区肩负着建设生态文明示范区的重大使命，自成立以来在生态治理、美丽乡村、山头绿化等方面取得较大突破，近年来，积极开展“五区八廊百园”“十河百湖千塘”“绿色贵安三年会战”“山水林田湖综合治理保护实施行动”“退耕还林还草还湿三年行动”等工程，“万水千山”的生态格局逐步显现。新区积极开展绿色崛起行动，编制出台了《贵安新区直管区建设生态文明示范区实施方案》，以该方案为主导，相继出台了《贵安新区直管区基本农田保护制度》《贵安新区直管区山体损坏恢复制度》《贵安新区直管区饮用水源地环境保护管理制度》《贵安新区直管区湿地保护制度》《贵安新区直管区环境污染第三方治理实施办法（试行）》《贵安新区直管区绿色建筑行动实施方案》《贵安新区直管区生态环境负面清单制度》《贵安新区直管区森林保护制度》《贵安新区直管区绿色建筑管理办法（试行）》九大制度，筑牢生态文明建设的制度保障。2017 年 4 月《贵安新区生态文明建设规划》和《贵安新区环境保护规划》获省政府批复，为进一步推动新区生态文明建设提供科学指导创造条件，逐步构筑一系列生态文明建设的制度堡垒。

新区深入实施生态文明建设三年攻坚行动，开展环境保护区域联防联控，加快实施环保税制度，全面开展生活垃圾分类整区推进试点和资源化利用工作；建立生态环境数据资源管理体系；严格落实三级河长制等。目前，新区已率先在全省完成所有燃煤锅炉的淘汰工作，告别了燃煤锅炉时代。积极推广清洁能源使用。在大学城、产业园区等使用天然气的基础上，进一步引导乡镇居民和企业使用天然气等清洁能源。建设完成“数字环保云”平台（一期）项目、7 处环境质量自动监测站、重点污染源建设自动监控设施。2016 年以来，主动淘汰落后产能，关闭直管区 21 家砂石厂、2 家煤矿和 130 家污染企业；建设完成 5 个国内最高标准污水处理厂和排污管网 450 公里，处理规模达到 11.32 万立方米/日。以“十河百湖千塘”为突破，积极实施“三清两治”工程，新区尾水外排通道工程完成 33%，环城水系九峰湖等项目正在做前期准备工作，车田河综合治理工程、云漫湖水系治理工程、二期截污工程及大学城思丫河截污工程相继开工建设。湖潮、马场、龙山、南部、高峰污水处理厂新增固定资产投资 1 亿元。农村环境治理工作加快推进，2016 年启动了北斗七寨等 20 个村寨的美丽乡村“三建二改一清运”、慢行系统、环境整治和山塘等建设项目，建成 117 个地埋式垃圾收集桶，完成 20 个村寨污水收集系统建设，完成村寨绿化 30000 平方米、污水管网 24000 米、化粪池 227 个、污水处理站 8 座。2017 年以来，严格实施河长制及相关考核办法，并印发《贵安新区全面推行河长制工作方案》。积极实施美丽乡村建设，2017 年以来，相继开展了十余个村寨及污水管网设置及基础设施完善，实现农村生活垃圾收集转运工作全覆盖，全区垃圾清理全覆盖。新区加快完善完善绿色设施，目前新区森林覆盖率达 45%，高于新区成立时的 16 个百分点，2017 年完成了对新区 14 条河流、131 个湖泊、515 个水塘进行改造提升，累计绿化造林近 5 万亩。启动了直管区 88 个可绿化山头共 2.16 万亩绿化建设，投入 26 亿元打造总面积 1 万亩总长为 212 公里的城市道路绿廊，目前已完成城区道路绿化面积 400 万平方米。

2. 海绵城市试点建设深入推进

深入实施海绵城市建设试点工作，2017 年编制完成《贵安新区直管区排水（雨水）防涝综合规划》、《贵安新区直管区道路与场地竖向规划》及《贵安新区直管区综合管廊规划》，从建设初期预防“城市病”。目前新区正在加快建设中心区内 20 平方公里“会呼吸”的城市试点，同时将在所有新建住宅小区实施自来水、直饮水、污水“三管进户”，率先建设全覆盖的直饮水城市。新区范围内大力开展生态砂基透水和雨水收集系统示范建设，率先在全省推进生态砂基透水和雨水收集系统建设，贵安路和百马路完成生态砂基透水砖 11 万平方米、硅砂滤水路缘石 12 万延米的铺设，可实现每年回补地下水 40 万立方米，月亮湖公园建成主体容积 3205 立方米的雨水收集系统，可实现每年收集净化水 11. 8 万立方米。车田河公园雨水收集利用、道路慢行系统透水砖铺装也正加快推进，并同步建立海绵城市信息化管理平台。截至 2017 年 12 月底，新区海绵城市建设已完工项目 23 个，完工区域面积 6. 62 平方公里，在建项目 52 个，在建区域面积 12. 93 平方公里，累计完成海绵投资 34. 24 亿元。

3. 生态保护修复有序推进

2017 年新区针对山、水、林、田、湖生态保护修复工作，编制完成了《贵安新区直管区山水林田湖生态保护修复实施方案》和《贵安新区直管区山水林田湖生态保护修复规划》。以生态保护修复为抓手保障青山依旧、实现绿水长流、推动茂林恒翠、引领良田永固、促进百湖常清，奏响山水林田湖的和谐共鸣。围绕“山”：新区关闭森林保护区、风景名胜区、重要基础设施工程保护区和重要城镇周边的矿山，并禁止在上述各类保护区内进行采矿活动。围绕“水”：分区治理、分级管控、分类修复、分段塑景，构建水安全、水环境、水景观、水文化、水资源五位一体体系。将规划区水系治理分为东部、中部、西部三个片区，治理顺序有序推进，沿不同类别水系划定分级管控区；将规划区水系分为蜿蜒溪流、沟渠整治、湿地修复、开阔水面、核心湖区不同类别，根据不同特性制定不同治理方法；在规划区引入海绵城市技术做法，对区域雨水收集再利用，增加雨水循环率，减少资源浪费；将规划区水系根据分区再分段，构思不同的岸线层次，叠合生态大环境，形成层次丰富的水岸环境；水系治理分区、分级、分类、分段，构建以生态为核心，樱海、樟林为特色的水生态文化空间。大力实施“十河百湖千塘”工程，畅通 14 条河流、131 个湖泊、515 个水塘、219 个地下泉眼，实现绿水穿城而过，全面畅通河湖水系。围绕“林”：新区突出对森林景观资源生态环境的修复，建设城景相融、低碳环保的城市新区。全区新增绿化面积 20 万亩以上，完成造林绿化 4.2 万亩，绿化率提高 6 个百分点。围绕“田”：改善基本农田的生态环境，提高耕地质量，提高农田利用效率和劳动生产率。围绕“湖”：将核心区内现有的湖泊（马场河和车田河及支流）以及需要建设的污水净化湿地和雨水调蓄处理湿地纳入新区“十河、百湖、千塘”生态水系，并形成“一环、两河、十四湖”的生态布局。

近年来，新区大力实施“山水林田湖综合治理保护实施行动”“退耕还林还草还湿三年行动”，对新区的 14 条河流、131 个湖泊、515 个水塘进行改造提升，累计绿化造林近 5 万亩。新区注重山地特色和传承历史文脉，采用组团式空间布局，科学划定和严格管控水源、森林、滨湖湿地、基本农田、生态治理、风景名胜 6 个保护红线区与城镇开发边界，规划构建了“五区为底、八廊通联、山城相嵌、景观通贯”的生态绿地系统。

三　贵安新区山水林田湖生命共同体建设存在的问题

（一）山水林田湖生态保护修复与生命共同体理念存在差距

中央出台的《关于推进山水林田湖生态保护修复工作的通知》要求要树立用生命共同体的理念来处理山水林田湖的保护和修复工作，按照这一理念，应将生态系统的整体性、系统性及其内在规律贯穿在实施方案和实践中，但在具体实践过程中方案的设计往往与要求存在一定差距，“生命共同体”的理念未贯穿在方案和实践过程中。分块治理修复的痕迹依然存在，修复保护措施仅仅是将国土、环保等不同部门实施的工程简单地捆绑在一起，治理修复工程未能体现区域内各生态要素之间相互依存的系统性和整体性关系，治山、护水、护田各自为一体的工作格局仍未得到完全转变，保护修复未能很好地融入生命共同体理念。

（二）保障性机制还未形成，山水林田湖生命共同体建设缺乏合力

山水林田湖生命共同体建设需要完善的体制机制保障，新区现有的土地产权、资金使用和整合机制、部门联合机制等方面仍较缺乏。生态保护修复方案中将工程项目的设计作为主体内容，但缺乏相关配套的体制机制设计，部门之间要素分配不合理的现状仍然存在。项目建设的主体实施部门仍然是国土管矿、农业管山、农业管田，部门之间由于要素分配不合理，其合力机制未形成，仍然存在分割管理的现象。资金来源主要依靠中央财政，较少有社会资本进入，不能全面地激发山水林田湖生态修复保护工作，项目的长期持续运行难以保障。

（三）山水林田湖的修复工程未能充分体现居民福祉

实施山水林田湖生态保护修复工程的目的是提升生态环境质量和改善人民生活水平。但在某些工程的设计和实施上，过分强调生态修复和保护工作，对工程实施后造成的影响居民正常生活和生活质量下降的后果重视不够。对水源保护区域实行生态修复工程时忽略了移民搬迁的妥善安置和后续生计问题；矿山修复工程和畜禽养殖污染治理项目的设计，较少考虑到对区域经济发展和居民生活水平的影响，对当地居民生计造成严重影响。

四　贵安新区山水林田湖生命共同体建设的措施

（一）牢固树立“山水林田湖是一个生命共同体”的理念

坚持贯彻“山水林田湖是一个生命共同体”的理念，有机整合各类生态要素，实现山水林田湖各个生态要素之间相互联系、相互制约，共生共荣、共治共理。首先，要将山水林田湖的保护与修复工作中分“条”执行的项目工程按照“生命共同体”的“块”状来实施，遵循生态系统的整体性和系统性原则，把区域内、流域内的各个生态要素进行统筹规划，突破行政界限，实现整体规划设计、分项治理。其次，要明确各要素的治理方向和重点，找准保护和修复的原因，按照实际需要各个突破。最后，将生态修复保护与民生工程结

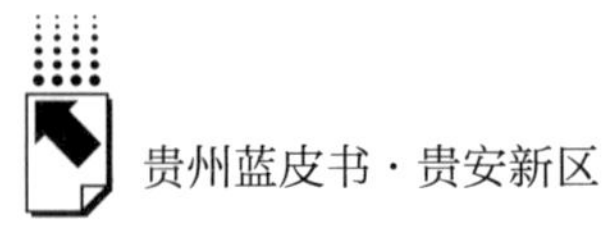

合起来，打造体现山水林田湖思想的亮点工程、示范工程，营造一个山青水绿、生态宜居的生活环境。

（二）建立管理和资金筹措长效机制

强化管理体制创新。加强部门之间的联动，统筹部门之间要素分配的不合理性，加强部门间沟通与合作，形成管理合力。建立山水林田湖生态修复管理部门，统一协调和监管，落实生态保护和修复的主体责任，同时建立自然资源用途管制的协同机制，建立“源头预防、过程控制、损害赔偿和责任追究”机制，重视自然资源开发与环境治理机制。生态修复是一项长期复杂的工程，不仅需要政府的投入，更需要社会资本的注入，借鉴 BOT、BLT、PPP 等融资模式，创新利益联结机制吸引更多的社会资本。同时要整合财政资金，加大对矿山整治、水源污染、退耕还林的资金投入力度。

（三）严格实施生态系统保护修护工程

首先是要全面梳理当前新区生态系统存在的主要问题，面临的突出矛盾，明确生态功能的定位，并对生态系统的格局、质量等现状进行全面科学调查和评估；其次是依据新区规划和实施方案内容，重点推进流域水环境保护与整治、矿山环境修复、水土流失治理、生态系统与生物多样性保护、土地整治与土壤改良等五大类生态建设工程，同时要采取重点领域、分类实施的方法，因时因地进行治理；最后是要成立以区主要领导为组长，各相关职能部门领导为组员的生态系统保护修复领导小组，对生态系统保护修复工作进行协调推进，确保生态保护修复实施方案严格执行。

（四）建立生态保护和修复试点积累更多经验模式

力争将全区划定山水林田湖生态保护修复工程试点区域，进行综合立体修复，力争打造成为全省的示范样板。结合生态保护红线，实施生态红线保护与修复，优先考虑水源涵养区和生物多样性维护为主导生态功能的生态保护红线，开展保护与修复示范工程。将整个示范区分为水、田、湖等几个区域，并依托地形特点、山水林田湖景观特点和人文景观，培育典型植被、形成示范区，以实现示范推广、推动主要功能区之间的均衡发展。同时，结合示范区实

际，不断探索多种保护修复机制，形成上下联动、全社会投入的长效机制，积累更多的经验。

参考文献

张惠远、郝海广、舒昶、王一超：《科学实施生态系统保护修复　切实维护生命共同体》，《环境保护》2017 年第 6 期。

王子墨：《山水林田湖是一个生命共同体——生态文明建设系列谈之六》，《光明日报》2015 年 5 月 12 日。

B.20
贵安新区绿色交通及基础设施建设研究

陈康海*

摘　要： 2016年，贵安新区坚持牢牢守住发展和生态两条底线，紧紧围绕三大战略定位，精心谋划、精心打造，开发建设取得突出新成效，城市配套性与功能性基础设施、生态环保与产业基础设施建设加快完善，新区绿色交通及基础设施建设持续推进，承载一流城市建设的能力不断增强。但是，新区交通及基础设施建设仍然存在着配套设施不齐全、资金困难较大、建设用地资源紧缺、公众参与不够等问题和困难。“十三五”期间，新区应牢固树立绿色发展理念、加强规划引领及顶层设计、加快构建良好的制度环境、切实拓宽资金投入渠道、积极鼓励公众参与建设，着力打造绿色交通及基础设施综合网络体系，为大开发、大建设、大发展提供有力支撑。

关键词： 绿色交通　绿色基础设施　生态文明

建设生态文明是关系人民福祉，关乎民族未来的长远大计。对此，党中央明确提出，必须大力推进生态文明建设，要坚持节约资源和保护环境的基本国策，着力推动绿色发展、循环发展、低碳发展。作为唯一一个承担建设生态文明示范区历史使命的国家级新区，贵安新区在绿色发展上必须先试先成。而推进绿色交通及基础设施建设正是加强生态文明建设的重要基础性工程。因此，

* 陈康海，贵州省社会科学院农村发展研究所所长，研究员，研究方向：区域经济、产业经济及经济社会发展战略等。

新区应紧紧抓住城市加快转型升级的良好机遇，结合自身战略功能定位，着力打造绿色交通及基础设施综合体系。

一　绿色交通及基础设施建设的新理念与主要特征

（一）绿色交通及主要特征

绿色交通是一种以人为本的环保交通，是为了减少交通拥挤、降低交通对环境的污染、促进社会公平，以较低成本发展低污染的有利于城市环境的多元化城市交通方式，通过有效的交通管理策略、合适的交通技术设施和措施，以及城市总体规划等，从宏观和微观上来完成社会经济活动的一种协和交通运输综合系统。其狭义概念强调交通系统的环境友好性，主张在交通系统建设和管理中注重环境保护和环境质量。广义概念是指通过采用低污染高效率的交通工具，来促进和保持人类经济社会活动正常运转的一种全新的交通理念。绿色交通从交通方式来看，主要有步行交通、自行车交通、常规公共交通和轨道交通等；从交通工具来看，主要有各种低污染车辆，如双能源汽车、天然气汽车、电动汽车、氢气动力车、太阳能汽车等。

随着经济社会和科技快速发展，城镇化进程不断加快，机动车数量迅速增长，城市交通拥堵日益突出、交通事故上升，交通污染严重、生态环境恶化，同时能源短缺不断加重。如何重新定义与发展交通运输系统，使其符合未来环境保护、健康、安全和效率的共同需要，成为现代文明发展的重点之一。在此情形下“绿色交通”应运而生。加拿大人克里斯・布拉德肖于 1994 年提出了绿色交通体系，主张城市交通方式的地位和发展优先级按以人为本原则进行排列，依次为步行、自行车、公共交通、合乘小汽车、单独驾驶小汽车。依据该论点，应用绿色交通体系可以在自然环境、社会和经济方面获得系列好处。21 世纪以来，由于技术应用创新发展，一些新型交通系统得到推广，使用清洁能源、可再生能源交通工具等被纳入绿色交通范畴。城市交通方式的地位和发展优先级为步行、自行车、公共交通（电车、地铁、轻轨、公共汽车）、共乘交通、出租车、私人机动车、货车与客运空运、摩托车。目前绿色交通作为可持续发展理念在交通领域的具体表达和落实，已成为一种全新发展理念。

作为人们对传统交通发展路径的反思，绿色交通与解决环境污染问题的可持续发展观念一脉相承。它强调城市交通系统的“绿色性”，即合理利用资源，减轻交通拥挤，降低环境污染，促进社会公平。其本质是以资源环境承载力为条件，以制度建设和工程措施等为手段，建立维持城市可持续发展的交通体系，实现最大交通效率，满足人们交通需求。其作用主要表现为以人为本、以最少社会成本最大限度实现人与物的高效转移。如大力发展公共交通，减少个人机动车辆使用，提倡使用清洁干净燃料；积极推行步行与自行车交通，减少交通对环境的污染；采取有效交通管理策略、合适交通技术措施及合理方案，确保人与车的持续流动等。可见，绿色交通是通达有序、安全舒适及低能耗低污染三方面的完整统一与结合，它是一种协调和谐的交通：交通与资源环境的协调；交通与经济社会的协调；交通与未来发展的协调。

绿色交通是涵盖了城市发展总体规划、城市交通的政策制定、交通设施建设以及科学先进的交通管理方式的综合系统。它是现代城市绿色生态低碳发展的必然选择，它既要满足经济社会发展对机动性的要求，还要满足减少环境破坏、采用可再生能源等与外部系统相协调的要求。其主要特征是：运行高效，交通体系服务高效率，满足城市交通基本目的，即经济社会发展派生的人与物的移动，而非简单的交通工具的移动；社会和谐，交通体系有利于促进社会公平，保护社区的和谐传统；环境友好，交通污染排放控制在城市系统环境可接受幅度内，注重地方风貌及历史文脉延续与经济现代化发展相协调。因此，绿色交通理念作为交通网络规划的指导思想，应将其融入城市科学发展的决策之中。

（二）绿色基础设施及主要特征

绿色基础设施是指为维护生态过程，提升人居环境，在尽量不改变自然生态环境的前提下，利用自然条件和自然规律开展建设的基础设施，即由各种环境资源组成的相互联系、有机统一的绿色网络系统。它分为两大类：一类是指涵养和支持物种生存的自然生命保障系统，强调生态价值保护与修复，维护生态系统完整性，包括自然土地、水系、林地、绿道、湿地、雨水花园、公园、保护区、农场、牧场和森林、乡土植被等狭义的绿色基础设施；另一类是指基础设施工程生态化，强调改善和美化环境、防灾避险，包括通过重新研发对环境冲击破坏程度最小化的、为人的生活与生产服务的市政设施，如交通、能源、供水、通信、污水污物处理设施。绿色基础设施不同于传统意义的城市绿化和造林绿化，它是由一切自然、半自然和人工设计的相互连接的绿色空间，与各种生态化基础设施共同构成的生命支撑系统。

绿色基础设施概念源于美国自然规划与保护运动的思想理念，它是相对于道路、机场、铁路、管道、桥梁等“灰色基础设施”或者学校、医院、图书馆等“社会基础设施”而提出的一种新概念。城市扩张一般依赖于灰色基础设施的先期系统建设，灰色基础设施即传统的市政基础设施，它以单一功能的市政工程为主导，具有系统化、规模化和结构化等特点，对城市生产生活发挥着不可缺失的作用。针对灰色基础设施概念和如何控制城市无序扩张问题，西方学者于20世纪90年代中期正式提出了绿色基础设施概念，即指由水道、湿地、森林、野生动物栖息地和其他自然区域，绿道、公园和其他保护区域，农场、牧场和森林，以及荒野和开敞空间所组成的相互连接、有机统一的网络体系。而后该概念受各地区发展条件影响而趋于多元化，目前国际上尚未有统一定义。但是，它实际上是由各种开敞空间和自然区域形成的一个相互联系、相互协调的网络系统，这一网络系统具有自然生态体系功能和价值。

绿色基础设施建立在生态理论基础上，是为应对气候和环境挑战而寻找的城市开发新模式，具有主动性、连通性、多功能、多尺度等特点。其本质上是一种可持续发展关键战略和自然生命支持系统，它的提出是希望能改变工业革命和城市化浪潮以来，人类开发建设以破坏自然生态环境为代价的做法，将开发建设与自然生态的紧张对立变成和谐共生。其核心内涵是加强对社会、经济、人文等要素的充分尊重，以自然和绿地系统为基础，创造更加高效的土地利用发展模式，以保护自然资源，维持和恢复生态环境，以改善城市发展中的生态问题，使自然融入社会，构建一种环境与经济社会全面协调、可持续发展的生态框架体系。其最终目的是通过推进技术、社会和城市创新，以更加主动、系统、多功能和大尺度的绿地规划，催生和协调各种自然生态过程，维护生态系统的完整性，对人类生存环境进行永续保护。

建设绿色基础设施是精明增长及精明保护的控制方式之一，是能将环境保护与经济社会健康发展紧密联结起来的有效手段和综合途径。高质量的绿色基础设施能带来广泛的经济、社会与环境效益，可以为人类带来多方面的福祉，包括维系自然过程、保护生物多样性、涵养水土、净化空气，以及保护城乡环境资源等，同时对减少生态影响和破坏，改善人居环境和质量、提升人们生活品质发挥着重要作用。作为维持自然生命过程必须具备的“基础设施”，绿色基础设施与城市生态系统健康及人类健康有非常紧密的关系。它是开发建设必需依赖的基础、保障生活质量和连续性的基础、其他设施存在和发展的基础、推动可持续发展的基础，因此应当先于其他设施展开建设。当前，加强绿色基础设施建设势在必行，其发展方向是按照生态绿色环保的要求，积极推广绿色交通、绿色建筑、绿色能源等行业环保标准和实践，大力提升基础设施运营、管理和维护的绿色化、低碳化水平。

二　贵安新区交通及基础设施建设取得的成效

（一）配套性基础设施建设不断加快

2016年，新区共投资300多亿元，加快打造完善交通路网，新建续建城市道路28条、总长180公里。花溪大学城人才路、文化路、科技路全部建成；东纵线南二段建成通车2公里，高峰经活龙至县界改扩建项目建成通车13公里；黔中大道三期控制性工程松柏山水库特大桥基础及下部构造工程全部完成。正加快推进西纵线南二段、高端产业园北部路网建设，平坝东外环线及新区至贵安、安顺联络路网工程全面开工。贵安高铁站I类变更全部完工，沪昆高铁贵安站站房完成工程总量60%，贵阳市域快铁西南环线、贵安高铁站市政接驳工程、东广场及地下空间工程快速推进，启动了湖林铁路外迁改、核心区地下空间及联络通道、贵阳城市轨道交通S1号线建设。城市地下综合管廊建设加快推进，已全面开工建设15公里综合管廊项目；正加快实施核心区污水处理厂尾水排放通道工程，湖潮、马场、龙山、南部、高峰污水处理厂新增固定资产投资1亿元；小寨水厂新增固定资产投资2亿元。为打造绿色交通出行体系，新区着力推动新能源大数据一体化，目前高端要素集聚发展条件已初步具备。年产24万辆新能源纯电动车项目正式落地并建设，还吸引了电池、电机、电控等20个配套产业项目落地，投资3500万元推进车桩网一体化大数据运营示范项目，建成新能源充电桩 40 个，新能源产业取得重大突破，初步完成了能源互联网产业布局。

（二）功能性基础设施建设不断完善

花溪大学城规划建设 12 所高校，9 所已招生入驻，集聚师生 13.6 万人，区域人口达 16 万人，大学城城市雏形初现。目前大学城建设项目共 51 个，其中在建项目 25 个，总投资 348 亿元；拟建项目 26 个，总投资 400 亿元，共计 748 亿元。新区新开工建设功能性设施 270 万平方米，如中国—东盟教育交流周永久会址、群升豪生大酒店等一批高端服务设施已投用。生态城（中心区）大力推进两河一湖、中英生态示范园、规划建筑艺术馆、贵安智慧城市运营中心、碧桂园贵安 1 号、贵安市民中心、绿色金融港、贵安中心商务楼等一批重大标志性工程，到 2016 年共完成固定资产投资 160 亿元。通过着力完善新区行政、交通枢纽、文化、商业服务等公共服务功能，不断聚焦人气和培育产业。率先普及十五年免费教育，贵州电子科技职业学院、北师大贵安附校建成投用，提质改貌 4 所中小学工程基本完成。推进城乡居民医疗、养老和最低生活保障制度全面并轨，构建劳有应得、学有优教、病有良医、住有安居、老有颐养的综合服务体系，实现城乡一体化基本服务全覆盖。其中，同济贵安医院建设顺利推进，主要建筑已全面封顶，并完成了三轮次基础性专业技术人才的招聘工作；瑞康医院正进行土石方开挖、贵阳中医学院附属医院及配套综合体项目正进行基础施工，中心敬老院已完成主体工程；泰豪 e 时代、富贵安康小镇、实验幼儿园等一批配套设施投入使用。政法类项目有序实施，其中湖潮派出所基本建成，羊艾监狱、女子第一监狱已开展基础性施工，省戒毒中心搬迁项目、新区监管羁押场所已进场施工。

（三）生态环保基础设施建设不断加强

新区生态建设步伐进一步加快，绿色基底不断筑牢。坚持严格实施生态文明建设“1 +9”等系列制度，建立完善“河长制”考评体系。大力实施“五区八廊百园”、“十河百湖千塘”工程和“绿色贵安三年会战”，启动直管区 88 个可绿化山头 2.16 万亩绿化建设，投入 26 亿元打造 212 公里城市道路绿廊，完成绿化 4.2 万亩，森林覆盖率提升 6 个百分点。国家海绵城市建设试点开工建设项目75个，其中完工20个，区域面积为5.99平方公里，在建区域面积11.28平方公里；建成月亮湖、七星湖等公园一期，星月湖、北斗湖公园正加紧施工，环城水系、花溪大学城“两河两园”和6个河湖治理等重点工程加快推进，湖潮车田生态体育公园已完工，截至2017年8月已累计完成海绵投资31.13亿元。停产或关闭48家位于饮用水源二级保护区的排污企业，完成农村“煤改气”工程1.4万户，率先在全省全面淘汰燃煤锅炉。着力打造“产为基、净为底、美为形、文为魂、人为本”的贵安美丽乡村，实施美丽乡村建设“六大工程”，创新资源共享、企业参与、共建共营、共管共治美丽乡村建设和治理机制，建设全域美丽乡村，完成直管区所有农业人口就近就地城镇化；北斗七寨等20个升级版美丽乡村示范点建设加快推进；总面积400万平方米的14个新型生态智慧社区启动回迁10个，安置近2000户。

（四）产业基础设施建设不断夯实

贵安综合保税区坚持实行项目标准化、制度化管理，科学推进项目建设，目前已正式封关运行。综保二期及三期在建项目共28个，截至2017年6月累计完成固定资产投资43.78亿元，云谷综合体项目50万平方米主体工程已基本完成，龙山工业园建设顺利推进，启动实施了七星湖产业园。新区大力推进信息基础设施和“满格贵安”建设。2016年1～10月，全区信息设施建设完成投资16.36亿元，占全年任务的65.44%；光缆线路（含广电）达到5.6万公里，3G/LTE基站共712个，均超额完成全年任务；城域网上链宽带1600Gbps；行政村通宽带覆盖比例达100%。新区信息基础设施框架基本形成，三大运营商数据中心一期项目全部建成投运，可承载服务器配置15万台以上。高端装备制造产业园建设快速推进，一期22万平方米标准厂房基本建成并投入使用，入驻企业25家，其中投产17家；二期15万平方米标准厂房已开工建设。园区南部18公里骨干路网完成建设，北部路网正加快推进建设。新医药产业园完成控制性详细规划、城市设计、产业规划编制，园区路网工程前期工作基本完成。生物科技产业园已完成城市设计编制、项目投资可行性研究报告、园区规划、用地报规等前期工作，园区路网工程已开工建设，截至2017年5月完成投资3.03亿元。大文旅产业基础进一步夯实，通过扎实打造系列精品景区，推进摆门棚户区改造、车田村“美丽乡村”景区、龙山村景区、龙山湖景区、六月六风情街、北斗湾商业古街和北斗湾湖区景观等项目建设，已累计完成投资2.7亿元。目前中国贵安·四季禾图生态农业文化旅游产业园正进行育苗工作；贵澳农业科技园一期建成正式营业；瑞士风情小镇—云漫湖国际休闲旅游度假区一期基本建成并开园，二期项目已启动；万水千山国际温泉旅游度假区、森泊旅游度假村（乐园）、足球小镇和中心区体育公园等项目前期工作正有序推进。

三　贵安新区绿色交通及基础设施建设的不足与困难

（一）配套设施尚未完善

新区交通及基础设施目前处于建设期，仍然存在着整体规划不足，基础设施不齐全、功能性配套设施建设较缓、基本公共服务供给不足等问题。主要是交通物流服务水平不高，路网不健全、等级不高，缺少公交系统配套，特别是产业园区水、电、路、气等配套设施不完善，标准厂房、给排水系统等建设滞后；园区及周边缺乏教育、医疗、住宿、餐饮、娱乐等生活资源和设施，难以满足企业员工日常生活需求。新区共建共享的基础设施少、现有服务配套能力不足，使初期入驻企业生产生活成本偏高，加重了企业“招工难”“留人难”问题，难以使人才扎根，这给企业生产经营带来了较大困难。

（二）建设资金困难较大

新区开发建设从一张白纸起家，特别是交通及基础设施建设体量大、任务重，其建设以政府决策为主，主要依靠财政投入，而目前新区处于起步阶段，财政基础薄弱，政府财力有限；另外，新区投融资体制机制尚未健全完善，缺乏投融资服务平台，融资困难成为企业发展的瓶颈。而且新区建设有关规划尚未定型，支持创业的配套政策、优惠条件存在不确定性；管理体制不够通畅，缺乏多方面衔接机制，不能很好整合社会资源，跨行政区产业配套少，影响了投资者信心，造成投资拉动力不足，社会资本投入很少。由于建设资金投入存在较大困难，使新区建设项目落地开工率较低，项目建设推进滞后。

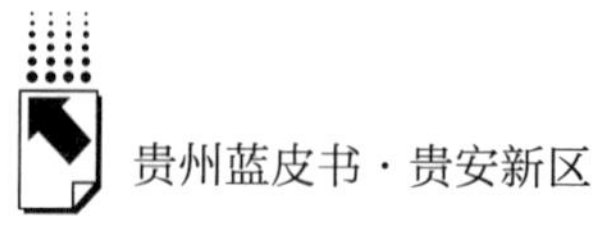

（三）建设用地资源紧缺

新区直管区大部分土地属生态红线区，辖区内水源保护区多，工业建设用地少，可建设用地基本饱和，无法满足客商需求，使引入企业落地难。如新医药产业园选址在非直管区平坝夏云工业园内，建设用地指标由安顺市平坝县负责协调解决，此项工作进展缓慢，致使后续工作无法推进。生物科技产业园规划区域为原花溪区羊艾产业园范围，该区域地质情况复杂，用地报批和土地出让程序无法在短期内完成，建设方案未最终确定，建设工期不明确，导致园区基础设施建设整体进展缓慢。同时，受建设用地指标限制，已签约项目未能如期完成土地挂牌而开工建设，影响了企业入驻，使许多产业项目难以落地。

（四）公众参与建设不够

目前新区在交通及基础设施建设上，政策过于宽泛，缺乏有效激励政策，如公交优先政策未体现出来，慢行交通被忽视；建设方式过于单一，不够系统全面，没有从多角度多方面考虑。而广大公众缺乏发言权，参与不够，实际需求和利益难以得到满足和实现，节能环保意识难以被激活，参与建设管理的热情不够、积极性不高。受征地拆迁困难、群工矛盾等因素影响，部分在建项目未能按工程进度要求完成，新开工项目迟迟不能上马实施，一定程度上影响了投资增长。由于缺乏足够的社会基础，绿色交通及基础设施建设乏力、进展较慢，与群众需求的矛盾逐步凸显。

四　贵安新区绿色交通及基础设施建设思路与目标任务

（一）总体思路

以科学发展观为指导，深入贯彻落实习近平总书记系列讲话精神和治国理政新思想新战略，全面落实党的十九大精神，按照中央和省委省政府关于加快建设国家生态文明试验区的决策部署和总体要求，牢固树立创新、协调、绿色、开放、共享新发展新理念，主动适应新常态、引领新常态，牢牢守住发展和生态两条底线。新区应坚持以节约资源、提高能效、控制排放、保护环境为目标，围绕服务发展、支撑发展、保障发展，聚焦主攻方向，大力完善综合交通运输体系、建设绿色生态基础设施。深化供给侧结构性改革和投融资体制改革，大幅提升科技创新能力，提高运营管理智能化水平，推行绿色安全发展新模式，加快打造和构建绿色交通及基础设施现代网络体系，着力发挥对经济社会发展的支撑引领作用，为全面建成小康社会奠定坚实基础。

（二）目标任务

建设绿色交通及基础设施是贯彻落实科学发展新理念，加强生态文明建设，构建资源节约型、环境友好型社会的重要内容。“十三五”时期，新区要按照全面建成小康社会的发展要求，紧密结合三大战略定位和自身实际，以增强经济社会发展支撑能力为攻坚方向，坚持以提高质量和效益为中心，着力推动交通及基础设施绿色发展、循环发展、可持续发展。要坚持围绕完善衣食住行等服务配套，着力推动基础设施、市政设施、配套设施合理规划、布局和建设，重点推进交通、能源、水利、城建、信息通信等项目建设，大力建设和打造绿色交通及基础设施综合网络体系，切实加快城市开发建设。

到2020年，新区交通及基础设施能耗排放显著下降，能源消费结构显著改善，资源节约集约利用水平不断提高；管理体制机制进一步完善，污染防治和应急处置能力进一步提升，监管能力显著提升；智能技术得到广泛应用，行业绿色安全水平大幅提升。全区基本形成“低消耗、低排放、低污染，高效能、高效率、高效益”的绿色交通及基础设施现代综合网络体系。

在交通运输建设方面，通过加快建设骨架通道，完善地面路网布局，推动网络覆盖加密拓展，综合衔接一体高效，运输服务提质升级，建成现代化综合交通枢纽，实现新区高铁、轨道、公交、长途等多种交通方式的高效、便捷转换。通过加快推进新旧动能转换，全面优化交通出行方式结构，形成以常规公交、轨道交通、步行和自行车、新能源汽车等方式为主体的绿色交通出行体系。到2020年，新区实现绿色交通方式（公交 + 慢行）分担率达到50%；2030年，实现绿色交通方式分担率达到80%，全面建成符合生态文明建设的绿色出行系统。

五　贵安新区绿色交通及基础设施建设的对策与建议

（一）牢固树立绿色发展理念

绿色是永续发展的必要条件和人民对美好生活追求的重要体现，注重的是解决人与自然的和谐问题，目前绿色发展作为五大理念之一已被纳入治国方略。交通及基础设施作为基础性、先导性和服务性行业，属能源消耗型和环境污染型产业，是节能减排和环境保护的重点领域之一，应该并且有条件做绿色发展的“先行官”。因此，构建绿色交通及基础设施综合网络体系，已成为新区当前推进转型升级、破解资源环境制约瓶颈、实现可持续发展的必然选择。新区应牢固树立和践行绿水青山就是金山银山的绿色发展理念，切实将其融入交通及基础设施建设各领域和全过程。要以绿水青山、永续发展为目标追求，坚持高标准、高起点，努力探索可持续发展新模式。通过节约集约利用土地，调整优化结构，合理布局交通及基础设施，积极发展先进组织方式，拓展绿色发展空间。通过加强新技术、新工艺、新材料、新能源的应用，挖潜扩容升级存量资源，推广高效节能、低碳环保装备运用，强化节能减排、生态保护和污染综合防治，推进绿色循环基础设施建设。通过建立健全交通及基础设施绿色发展制度和标准体系，强化标准实施与监督，推进环境影响评价和节能评估，形成推动绿色发展的长效机制，支撑和引导交通及基础设施绿色发展，实现与经济社会和生态环境的协调发展、和谐发展。

（二）加强规划引领及顶层设计

绿色交通及基础设施建设事关全局、影响长远，对其进行合理规划和建设，可以有效降低城市对灰色基础设施的依赖，节省公共资源投入，实现土地资源合理保护及城市蔓延有效控制，减少对自然灾害的敏感性。因此，新区必须牢固树立规划先行理念，坚持先规划后建设，切实抓好顶层设计。一是坚持科学设计。编制绿色交通及基础设施建设专项规划，必须充分考虑资源环境承载力，遵循自然、经济、社会发展规律，坚持以人为本、适度超前，坚持科学设计、可持续设计、包容型设计，增强规划的科学性、权威性和严肃性，充分发挥规划的调控引领作用。二是坚持统筹兼顾。对专项规划要进行统筹布局，严格依据城市总体规划，坚持与国土空间开发、重大产业发展、信息通信发展、生态环境建设等规划相衔接，并考虑城乡公共服务设施建设。要注重空间的协调性、系统的协同性和整体的协作性，保证规划的完整性、系统性和可实施性，坚持统一有序推进建设，充分发挥规划综合功效。三是强化组织保障。政府要切实履行主体责任，强化监督、指导和协调，细化主要目标和重点任务，大力组织实施。各有关部门要按照职能分工，加强协同联动，完善配套政策措施，抓好项目具体落实。要着力打造形成上下联动、齐抓共管的组织保障体系，保证规划顺利实施。四是提升管理水平。科学制定规划实施方案，明确项目牵头部门、配合部门和实施主体；加强规划实施监管和动态监测，适时开展中期环境影响与建设项目后评估，及时进行动态调整。建立完善目标考核制度，健全激励约束机制，将建设目标、重点及具体项目纳入工作目标与考核体系。通过实行统一规划、建设、管理，严格绩效考核，确保规划目标任务的全面落实和完成。

（三）着力打造良好的制度环境

坚持以改革创新统揽全局，建立完善市场导向机制，深入实施创新驱动战略，打造和形成鼓励创新、加快建设的良好制度环境。一是着力深化管理体制改革。加快推进简政放权、放管结合、优化服务改革，在建立大部门管理体制上实现突破。积极探索完善监管政策和方式，研究制定绿色交通及基础设施建设的地方性法律法规体系，建立健全技术标准和质量评价体系，加强诚信体系建设，为行业发展提供制度保障。二是加快推进市场化改革步伐。加快开放行业竞争性业务，健全准入与退出机制，促进经济资源优化配置；健全价格机制，适时放开竞争性领域价格，扩大市场定价范围。通过建立完善绿色交通及基础设施市场体系，营造良好营商环境。三是积极推动国有企业转型升级。强化国企市场主体地位，健全法人治理结构，增强其活力、影响力、抗风险能力；通过典型示范、专项行动，推动国企履行绿色发展责任。四是加快提升行业科技创新能力。坚持科技创新与产业升级紧密结合，加快构建科技创新体系，激发创新动力活力。推进基础研究、应用开发、成果转化、产业发展的创新设计和一体化组织实施；聚焦交通及基础设施重点领域和环节，致力突破一批重大关键性技术瓶颈，提升创新效能，促进产业发展换档升级。五是推动形成全面开放的新格局。坚定不移推进全方位、高水平、多领域开放，统筹用好国际国内两种资源、两个市场。着力推动国内外协同开放，加强相互交流与协作，促进发展资源开放共享；积极开展国际合作，办好系列对外交流活动，努力吸纳国际创新资源，推动绿色交通及基础设施建设实现突破。

（四）大力拓宽资金投入渠道

坚持抓投资就是抓发展，聚焦新区绿色交通及基础设施建设，发挥政府引导作用和市场决定作用，千方百计扩大投资规模。一是健全完善财政投入机制。积极争取国家和省级各种资金支持，促进上级转移支付进一步增长，稳步提高政府财政投入；加大资金整合力度，统筹安排使用，确保绿色交通及基础设施系统建设的需要。二是加强资金规范使用和管理。优化政府投资结构，重点投入道路交通、能源水利、信息通信、生态建设、公共服务、民生保障等领域和项目；设立重点项目专项资金，保障专项资金拨付、分配、使用和管理，更加注重政府投资质量和效益，确保投资项目高效实施。三是建立健全绿色金融发展机制。探索投融资新模式新路径，加快创建新区绿色金融创新试验区，大力吸引银行、证券、保险等金融企业入驻；加强政银企对接，争取金融机构加大支持力度，创新金融产品和服务，积极开展政策性金融业务；建立绿色贷款审批“绿色通道”机制，扩大绿色信贷投放；鼓励支持符合条件的金融机构发行绿色金融债券。四是多方吸纳建设资金和力量。全面激发民间投资活力，坚持狠抓社会投资项目，以政府购买服务、PPP 模式运用等多种方式，发挥产业引导基金的杠杆作用，撬动社会资本加大对重大基础设施和重点项目投资。通过最大限度地鼓励和吸引社会资本投入，加快提升新区绿色交通及基础设施建设的社会投资比重。

（五）积极鼓励公众参与建设

建设绿色交通及基础设施是为人们生产生活服务的，未来建设项目将更多来源于民。对于公众来说，绿色交通及基础设施是与自己紧密联系的解决其出行质量和生活质量的有效途径，公众参与将更加深刻、更加广泛，它不仅仅是公众要积极参加有关项目或行动，更重要的是要提高自己的素质、改变自己的思想，建立有节制的出行观念，进而用符合绿色发展理念的方法去改变自己的行为方式。因此，新区必须真正将用户需求摆在首位，坚持以人为本，大力提倡公众广泛参与。一是完善政府组织引导机制。加强政府组织领导，进一步提升建设理念，健全激励约束机制，充分调动各级主管部门积极性；加强行业发展指导，强化行业内外合作，形成合力，实现共赢。二是建立健全公众参与机制。坚持多方参与，更加关注用户体验，制定合理政策制度，构建全社会协同推进的发展机制，鼓励支持民间企业、专业人才和社区公众协同配合，积极主动参与建设。三是加快构建第三方参与机制。完善管理服务体系，鼓励发展交通及基础设施建设的环境质量监测第三方机构，使其不断增强实力，向国际化、规模化、品牌化方向发展；支持引导生态环保公益组织和志愿者队伍有序建设，充分发挥社会组织和志愿者的积极作用。四是广泛向公众进行宣传引导。综合利用各种传媒，对绿色交通及基础设施建设的典型示范、展览展示、岗位创建等进行广泛宣传；组织开展有行业特色和地域特征的主题宣传活动，积极推广节能低碳、生态环保技术等。同时，健全举报、听证、舆论和公众监督等制度，及时准确披露建设信息，保障公众知情权。通过大力提升广大公众参与程度，努力营造推动绿色交通及基础设施建设的良好社会环境和氛围。

参考文献

《贵州省国民经济和社会发展第十三个五年规划纲要》，《贵州日报》2016 年 2 月 17 日。

《国家生态文明试验区（贵州）实施方案》，人民网，2017 年 10 月 3 日。

《贵安新区国民经济和社会发展第十三个五年规划纲要》，2016 年 9 月 6 日。

孙登峰：《在贵安新区 2017 年工作会议上的讲话》，贵安新区官方网站，2017 年 2 月 9 日。

杨传堂、李小鹏：《抓住发展黄金时期　打造绿色交通体系》，《经济日报》2017 年 6 月 12 日。

陆小成、李宝洋：《城市绿色基础设施建设研究综述》，《城市观察》2014 年 2 月 19 日。

B.21
贵安新区绿色消费及文化建设研究

王红霞*

摘　要： 本报告通过系统阐述绿色消费基本内涵、特征及国外绿色消费发展实践，结合贵安新区着力提供制度保障、开展绿色行动、全方位协同推动绿色环保、开创绿色消费新局面的发展现状，分析论述贵安新区面临民众绿色消费意识淡薄、购买能力有限、绿色消费基础设施及产品不足等诸多挑战，并提出努力构建绿色消费文化、政府引导绿色消费、企业主导绿色消费、个人实践绿色消费的对策建议，助推贵安新区绿色消费及文化建设加快发展。

关键词： 贵安新区　绿色消费　文化建设

随着人们生活水平不断提高，大众追求美好生活的向往越来越迫切，人类多样化需求与生态环境危机的矛盾也日益突出，为缓解这一现实矛盾，绿色消费应运而生，绿色消费是开创新时代生态文明建设的意愿和价值期盼，是一种可持续的消费模式。作为新时代的国家级新区，贵安新区坚定不移走高端化、绿色化、集约化发展道路，着力绿色文化建设，从政府、企业、个人三方主体为突破口，合力推动贵安新区绿色消费持续发展。

一　绿色消费及绿色消费文化内涵

绿色消费是生态文明建设框架中的一部分，是生态文明的一个具体环节，它反映了生态文明的思想，有着丰富的独特内涵。

---

* 王红霞，贵州省社会科学院农村发展研究所助理研究员，研究方向：乡村新建设。

（一）基本内涵

1. 绿色消费

绿色象征着生命、健康、活力，它是一种理念，是一种价值观的凝结。绿色消费是绿色经济发展的重要部分，既是国家顶层设计重要战略的具体体现，也是国民生活、文化、教育水平提高的具体表现。绿色消费的内涵主要有三个基本内容：一是倡导消费者在消费过程中理性选择原生态的、有利人们健康的绿色产品；二是消费者在消费时自觉抵制或不消费那些需要大力破坏环境和浪费大量资源的产品；三是引导消费者转变消费观念，崇尚自然、追求健康，坚决反对攀比、炫耀及过度消费，人们在追求其生活便利、舒适的同时，随时维持并践行环保意识，注重节约资源，养成绿色消费习惯。

2. 绿色消费文化

绿色消费文化是人类促进经济社会可持续发展所形成的一种文化，是指消费者在绿色消费过程中的价值取向及行为规范，是消费者对绿色产品选择所反映的观念、态度、意识的总和，它是一种全新的消费观念，它基于现代人类生存和发展危机背景下所做出的对传统消费观念的反映。它主要体现在绿色消费精神层面文化、绿色消费行为层面文化及绿色消费者物质层面文化三个方面。同时，绿色消费文化始终保持与生态文明理念一脉相承，并将生态文明贯穿到文化建设的各个方面中。绿色消费文化促进人与自然和谐发展，引导公众理性消费，促进经济社会可持续发展，为生态文明建设提供重要的精神支撑力量。

（二）主要特征

1. 绿色消费是一种适度消费

适度消费是经过理性选择的、与一定物质生产相适应的、由消费水平决定的并能保证一定生活质量的消费。具有必须型、健康型、生态型的消费特征，个人消费能力和消费结构要与收入水平相适应，不过度消费，也不过度节制消费。

2. 绿色消费是一种可持续消费

这种可持续性消费着眼公平消费，即满足当代人消费需求的同时，又着力追求代际的消费公平。绿色消费要求我们在满足自身物质资料的同时，自觉做到节约资源和保护环境，给他人和子孙后代留下生存和发展空间。

3. 绿色消费推崇健康生活方式

绿色消费要求人们在消费结构上多元化、丰富化，提倡以人为本的消费。从纵向看，人们的消费从初级消费到高级消费发展，从基本需求的消费到人的价值需求。从横向看，除了物质消费，还有精神文化消费、健康消费、环保消费等，在总的消费结构中，尤为强调精神文化生活的消费比重，建立物质、精神、文化互为一体的生活方式，有助于实现人的全面发展。

4. 绿色消费引导绿色生产

从生产和消费的关系看，消费是第一推动力，并且，消费决定生产，从而绿色消费决定绿色生产或引导绿色生产，着力消费和再生产其他环节与环境的动态平衡。因此要善于利用绿色消费的“倒逼”机制，充分发挥绿色消费对绿色生产的引导作用，促进生产和服务的绿色化。

二　国外绿色消费发展实践

（一）日本

日本是发展绿色消费、制定循环经济立法最全面的国家，已制定《绿色采购法》《食品回收法》《促进资源有效利用法》等多种绿色消费方面的法律，为营造绿色消费良好社会环境提供了制度保障。1996 年，日本政府与企业及消费者团体组建了日本绿色采购网络（GPN），绿色采购网络组织的主要活动包括颁布绿色采购指导原则、拟定采购指导纲要、出版环境信息手册、进行绿色采购推广活动等，要求参与到该组织中的会员团体必须承诺做到“购买环境友善产品及服务，减少采购活动对环境和人类的不良影响”。到 2000 年，日本颁布了《绿色采购法》，它是日本为建立绿色型社会颁布的 6 个核心法案之一，该法要求政府、企业、个人都要采购节能环保的产品和服务。《绿色采购法》规定，年度绿色采购计划要在所有的中央政府所属的机构中制定出并实施开来，而且这些机构要向环境部长提交报告，对于地方政府，则要尽其最大可能制订和实施年度绿色采购计划。[①]

① 丁丹丹：《西方发达国家发展绿色消费的经验做法及启示》，《经营管理者》2010 年第 7 期，第 70 ~ 71 页。

作为能耗较大且资源匮乏的日本，还建立了相对完善的绿色税收体系，通过提供补贴、减轻税率等一系列优惠税收措施来鼓励全民开展节能活动，节约资源，保护环境，促进国民绿色消费，致力倡导“低碳、绿色、循环型社会”。比如定期减免税收、普通退税、特别退税、特别折旧率等措施，2001年，日本开始对汽车税实行绿色税制，按照汽车的环保性能增加税率或者是减少税率，为鼓励国民购买环境负荷小的汽车，对耗油低、排放低的汽车减征汽车税，并且还在相关环节的税额、保险费等方面采取特殊待遇，对于使用年限较长的汽车一般提高税率。同时，政府机构还对汽车耗油进行评估，公布车辆耗油指标，并要求车体上贴上数种绿色标签，便于消费者购买时参考，形成一整套购买车辆税费减免体系。

（二）新加坡

新加坡把培养民众绿色消费习惯作为推动绿色消费关键节点来抓，在位居热带的新加坡，不少家庭都配备空调，几乎每个家庭都使用冰箱，为了节省资源，政府早在2006年就通过修订法律实施“能源标签计划”，即对电冰箱和空调必须贴上“对号”标识的能源标签，“对号”越多越省电，使消费者都能清晰识别。对水龙头、洗衣机、抽水马桶等用水产品也实行省水标签，目前已经有近两万种产品标有节能标识，同时，政府每隔一定时间对洗衣机的省水标准提高，通过强制措施推行达到一定省水标准的产品才能在市场上自由流通，不符合标准的则淘汰。在政府的倡导和强制规定下，逐步培育了消费者自愿购买节能电器的习惯。

为鼓励节能，新加坡力推绿色出行。首先，在交通出行方式选择上，政府为了鼓励民众选择公共交通出行，政府打造成熟的公交地铁体系，在每一组房屋附近均设有公交车站，多数到达公交站点的道路还设有遮盖棚，可为民众遮挡烈日和暴雨，公交出行非常方便舒适，如果没有体验良好的公交系统，按照新加坡民众的消费能力，也很难控制消费者购置小汽车的刚性需求。其次，政府对高能耗汽车实行征收惩罚性税收，并且办理车牌的价格很高，还规定有效期，在小轿车出行的高峰时段征收拥堵费，让消费者的用车成本节节攀升。同时，政府也鼓励使用混合动力车，让利部分税收给车主，即鼓励民众节约汽油资源，又惩罚浪费行为，让民众理性习惯绿色消费。

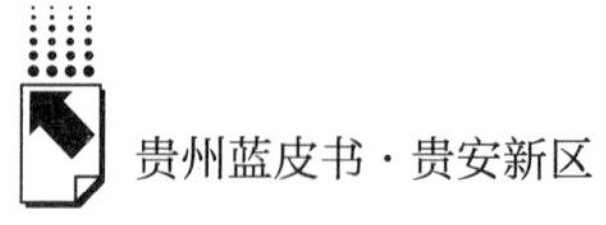

（三）德国

为了更好地推行绿色消费，德国政府采取了一系列措施，制定了许多科学合理的经济政策，对生产绿色产品的企业实行税收减免优惠政策，同时简化程序，对购买绿色产品的消费者实行一定比例的补助。并且，德国还制定了多层次的法律制度，以推进绿色消费发展，1972 年，联邦德国制定了《废弃物处理法》，1990 年联邦德国颁布实施《电力输送法》，随后还颁布《可再生能源优先法》《循环经济与废弃物管理法》《循环经济法》《包装及包装废弃物管理条例》等相关法律法规。

在《电力输送法》中明确规定，电力运营商有义务、有偿接纳在其供电范围内生产出来的可再生能源电力，政府就给予电网运营商一定财政补贴，补贴的金额至少为其从终端用户所获平均收益的 80%。2000 年，德国颁布的《可再生资源优先法》又进一步强调要对可再生能源的发电实施鼓励和奖励政策，在该政策的鼓励下，德国风力发电发展迅速，从 1990 年开始起步，到 2003 年底装机容量已达 1460 万 kW，全国发电总量的 5% 的份额由其提供，[①]目前德国已经成为风力发电大国。

德国政府鼓励企业实施环境管理，生产绿色产品，严格打击生产销售中的违法行为，对一些违反规定、造成严重环境污染和高能耗、低效率企业予以罚款或责令停产整顿，保证良好的绿色消费环境。同时加强绿色产品的标识管理，统一消费者对绿色产品的判别标准。其中，产品责任制度是德国推进循环经济、绿色消费的重要经济手段之一，《循环经济与废弃物管理法》对产品责任规定：生产者对其产品的整个生命周期都承担着实现循环经济目标的产品责任，即从产品的开发设计、生产、加工、处理或销售、售后服务，直至产品回收或者废弃物处理，生产者必须承担相关的废物利用或者清除的费用。德国同时也重视制定绿色标志制度，如“蓝色天使标志”，使绿色标志和价格、质量一样成为市场竞争的重要因素。[②]

---

① 高辉清、钱敏泽、郝彦菲：《建立促进绿色消费的政策体系——日、德经验与中国借鉴》，《中国改革》2006 年第 8 期，第 46 ~ 48 页。

② 《绿色、低碳发达国家政府推进绿色消费的经验》，《青海日报》2011 年 9 月 19 日，http：//www. chinadaily. com. cn/hqpl/zggc/2011 -09 -19/content_ 3820228. html。

三 贵安新区绿色消费及文化建设现状

贵安新区全面贯彻落实习近平总书记视察贵安新区的重要指示精神，坚持开放、创新、协调、绿色、共享五大发展新理念，努力践行新区高端化、绿色化、集约化发展，在推动新区绿色消费及文化建设发展方面不断探索，并取得初步成效。

（一）构建绿色长效机制，努力形成绿色消费格局

为加快生态文明建设，推动经济社会绿色发展，贵安新区于2017年制定了《贵安新区大力发展绿色消费实施方案》，明确了指导思想、发展目标和基本原则，为贵安新区推动绿色消费及文化建设发展提供了制度保障。按照绿色发展理念和建设生态利用型、循环高效型、低碳清洁型、环境治理型“四型”社会的要求，树立勤俭节约的风尚，推动消费理念绿色化。通过引导消费行为，打造绿色消费主体，推广绿色消费产品和服务，增加绿色供给，营造绿色消费环境。完善政策体系，构建有利于绿色消费的长效机制，努力形成市场导向、政府推动、金融机构等企业和公众主动参与的绿色消费格局。

（二）持续举行绿色活动，增强绿色文化意识

贵安新区大力推动绿色消费及文化建设工作，新区大学城2016年、2017年持续举行“多彩贵州·青春绿动——绿色大学城三年行动计划”，以培养贵州生态文明建设生力军为目标，开展一系列绿色活动，大力推动全民参与生态文明试验区建设，宣传倡导绿色化发展理念，让大学生和青少年们从知绿、懂绿、护绿、爱绿做起，培养绿色生态文明好习惯，引领贵安新区绿色文化建设发展潮流。

（三）全方位协同推动绿色环保，开创绿色消费新局面

以贵安新区建设绿色金融改革创新试验区为抓手，根据新时期绿色金融发展的新要求，贵安新区将促进新区绿色产业、绿色能源、绿色交通、绿色建筑、绿色消费等协调发展，深化改革创新，强化政策支持，努力构建新区发展

绿色、低碳、环保新模式。2017 年底，贵安新区管理委员会、新区开发投资有限公司分别与北京摩拜科技有限公司、新特电动汽车工业有限公司合作建设绿色智能共享出行系统、定制共享汽车、助力电动车，并兴建电动汽车共享平台，启动建立共享汽车投资基金等合作协议。这标志新区为推动绿色出行、绿色消费打开了新局面。

四　贵安新区发展绿色消费优势及挑战

（一）贵安新区发展绿色消费的优势

1. 顶层设计引领绿色消费

贵安新区始终贯彻落实习近平总书记、李克强总理视察贵安新区时的重要指示精神，总书记对贵州提出了守住发展和生态两条底线，培植后发优势，奋力后发赶超，走出一条有别于东部、不同于西部其他省份的发展新路要求，对贵安新区提出建设成为生态文明示范区，要走高端化、绿色化、集约化的路子，明确了发展定位，提出了发展目标，指明了发展路径。新区紧紧围绕高端化、绿色化、集约化统领经济社会发展，精心谋划、精心打造，打造生态贵安。

示范带动践行绿色消费，新发展理念是以习近平同志为总书记的党中央治国理政思想的重大创新，贵安新区率先起步要做到崇尚创新、注重协调、倡导绿色、厚植开放、推进共享，推动实践这五大发展新理念，贵州省委明确提出要把贵安新区建设成为全省践行五大发展新理念先行示范区，要求新区坚持求“特”、求“安”、求“新”，妥善处理好“五大关系”，为生态文明建设积累经验、提供示范。

贵安新区的“绿色”不仅是国家级生态新区的历史重任，也肩负贵州省委省政府的使命担当，同时也是美丽贵安的现实追求。其中，绿色发展是核心、是关键，也是一项具体的系统工程，而绿色消费又是绿色发展到一定程度的主要成效体现之一，所以，贵安新区发展绿色消费大有可为、大有作为。

2. 经济快速发展，人均可支配收入不断提高

贵安新区按下“快进键”，跑出“加速度”，经济快速发展，经济规模持

续扩大，2017 年直管区地区生产总值完成 150. 4 亿元，增长 32. 8%，其中一、二、三产分别增长 6%、38. 8% 和 26. 5%；工业总产值完成 200. 7 亿元，增长 270%，其中规模以上工业总产值完成 182. 1 亿元，增长 779. 6%；社会消费品零售总额完成 90 亿元，增长 757. 1%。经济质量向新台阶迈进，一般公共预算财政总收入完成 30. 7 亿元，增长 71. 7%；一般公共预算收入完成 16 亿元，增长 38. 6%；税收收入完成 14. 7 亿元，增长 41. 6%，占一般公共预算收入的 91. 6%，其中国税完成 4. 4 亿元，地税完成 10. 3 亿元；一般公共预算支出完成 41. 7 亿元，增长 78. 2%；年末金融机构存贷款余额分别达到 231 亿元和 138 亿元，分别增长 15% 和 12%。2017 年城镇、农村居民人均可支配收入分别达到 27137 元和 12517 元，分别增长 9% 和 10%，① 新区居民收入水平迅速提高，为推动绿色消费提供了基本条件。

3. 绿色消费大环境逐步优化

2017 年 7 月，贵安新区已成为西南地区首批批准为绿色金融改革创新的国家试验区，绿色发展体系已形成绿色金融 + 绿色产业、绿色交通、绿色建筑、绿色能源，以及绿色消费，形成了六大绿色新兴产业，即电子信息产业、高端设备制造、大健康新医药、绿色旅游、现代服务业和绿色金融，以绿色大数据为主导，并将这六大绿色产业培育为新区的战略重点和核心竞争力。同时，新区相关部门还出台了一系列围绕绿色发展体系为主题的实施方案，按照高端规划先行、生态文明引领、区域一体化发展的原则推动绿色发展，这为新区绿色消费及文化建设提供了先天优越的大环境。

（二）贵安新区发展绿色消费的挑战

绿色消费是一种新的健康消费方式，需要人们摒弃传统消费方式。在贵安新区党委、政府及相关部门大力倡导和推动下，绿色消费发展较快，但是由于起步较晚，在绿色消费实践中还面临诸多挑战。

1. 民众绿色消费意识淡薄

绿色消费需要消费者有较高的环保意识、生态意识以及较强的社会责任感，由于新区普通群众对绿色环保主观能动性不强，总的来说，消费观念陈

① 2018 年贵安新区工作报告。

旧，绿色消费意识还比较淡薄。并且，由于贵安新区成立时间短，即便建立初期就已明确定位绿色化，但绿色消费及文化建设理念还需要经过长时间的培育和积淀才能塑造形成，目前仍缺乏全域绿色消费的格局和氛围，人们还未在日常生活中形成良好的绿色消费意识、习惯和行为方式。按消费群众主体来分，对于新区普通民众来说，绿色消费概念不清、意识不强、观念保守，造成对绿色产品认识不足，普通民众日常消费中最为关注的还是产品价格或口碑，并且对绿色产品范围的理解也有限，有的人认为绿色产品主要就是食品领域的产品，对绿色产品的认识存在局限性。对于新区大学城的大学生来说，一是大学生对绿色消费认知不全，大学生虽然有一定的绿色消费观念，但具体内容并不全面深入，他们没有接受过关于如何实行绿色消费的系统教育或培训，他们只通过报纸、网络和其他媒体随机了解绿色消费知识。二是大学生绿色消费态度不明确，大部分大学生愿意参加环保活动，但自觉落实到具体日常生活中的人不多。

2. 绿色消费基础设施及产品仍显不足

具备绿色消费设施及产品是实现绿色消费的前提，但目前新区的绿色产业体系还在逐步建设健全过程中，绿色消费公共设施尚需加快建立完善，绿色产品尚需更加多样化和规模化，以满足广大消费者对绿色设施、绿色产品、绿色服务的需求。对于一部分具有绿色消费能力和意愿人群来说，由于绿色产品有限和绿色市场不足从而阻碍了绿色消费及文化建设发展。同时，贵安新区绿色消费环境还需进一步改善或构建，绿色消费环境错综复杂，铺张浪费、攀比消费短时期内还难以灰飞烟灭。

3. 购买能力有限

绿色产品的价格通常比较高，由于绿色产品在技术选择、产品设计、原材料选购、包装方式等一系列过程中都要考虑对环境的影响，以尽量做到安全、健康、无公害，而这样就使绿色产品售价比普通产品高。目前，由于生产绿色产品的成本高于普通产品，销售价格也较高，对新区一般工薪阶层来说，购买产品首要考虑的还是价格；对于大学生来说，绿色消费意愿不高，这是因为大学生绿色消费水平较低所导致的，因为绿色产品价格相对较高，而大学生大部分生活费用来源于父母，因此不愿意花费更高价格去购买绿色产品。虽然贵安新区 2016 年贫困村已全部出列，贫困人口已经按照高标准脱贫，但大部分民众的收入水平还是处在中低等层次，加上收入分配不均，贫富差距较大，也使人们对绿色消费的购买能力受到限制。

五　推动贵安新区绿色消费及文化建设的对策建议

绿色消费及文化建设发展是一项系统工程，它需要方方面面的力量协同推进，在实施过程中，需要几个关键主体起主导作用，以带动和组织其他各方力量，去推动绿色消费及文化建设发展。绿色消费首先要树立绿色消费观念，推行绿色消费生活方式，自觉选择绿色消费行为，从而形成绿色消费文化，这就需要从政府、企业、个人三方重要主体着手，努力构建绿色消费文化，政府引导绿色消费，企业主导绿色消费，个人实践绿色消费，合力持续推动绿色消费发展。

（一）努力构建绿色消费文化

绿色消费不仅是个人利益最大化的选择，它更是一种文化行为，在贵安新区大力推动绿色化发展的今天，要发展绿色消费，只依靠政府相关部门的努力和市场机制是不够的，首当其冲的、也是最艰难的任务就是构建绿色消费文化。

1. 培养正确消费观，促进绿色消费成为时代风尚

绿色消费是一种心境、一种价值观，它是人类发展一定阶段的体现，代表人类和自然要和谐共处，构建形成人类命运共同体。绿色消费方式本质是一种以人为本的消费观，以绿色为核心内容的消费文化与绿色消费观念是内在统一的。因此，建设绿色消费文化要坚决反对消费主义价值观，消费主义价值观提倡挥霍消费、纵情享乐，是一种丧失理想、堕落的消费观，其实质是违背人和自然的发展规律的，这和我们生态文明建设是冲突的。所以培养正确的消费观，让绿色消费成为新区的时代风尚，对加快构建新区绿色消费文化至关重要。

2. 明确绿色消费丰富内涵，助推绿色消费文化建设

绿色消费是一种适度消费，绿色消费提倡节俭，反对过度消费，但也不是以降低基本生活水平、有损身心健康的生活来提倡绿色消费，绿色消费水平是

随着社会经济发展水平提高而不断提高。有了绿色消费理念，绿色消费行动才会水到渠成。无论是个人的吃穿住行，还是企业市场交易，当绿色消费文化逐步形成一种价值理念，并贯通到企业以及每个公民的日常工作和生活中时，它就会内化为所有人和组织的自觉，外化成顺其自然的实际行动。同时，绿色消费也是一种精神文化需求，随着人类的全面发展和经济社会进步，人们的基本物质需求得到满足后，需求就会向更高层级提升，而绿色消费有利于满足人们对美好生活向往的精神追求。绿色消费本质上就是一种可持续消费方式，可持续消费引导人们不浪费资源，减少废弃物排放，提倡保护环境，既满足当代人的基本需要，也不危及子孙后代的基本需要，可持续消费是绿色消费文化的本质要求。适度消费、可持续消费、精神文化需求的内涵是构建绿色消费文化的主要内容，具有丰富的内涵。

3. 传承创新贵安新区民族文化中呈现的绿色消费

贵安新区少数民族众多，在规划控制面积内，世居少数民族主要有苗族、布依族、仡佬族等，随着经济社会发展和不同民族的相互交流，各民族优秀传统文化孕育了新区多彩灿烂的民族文化，不同民族文化和民族习俗对当地消费观念产生着极大影响。一方面，我们要摒弃愚昧陋习、破坏环境的传统民族习俗；另一方面，我们继承创新发展优秀民族传统文化的消费观念和简朴的生活方式，发扬优秀消费文化、生活文化，这将大大有利于促进绿色消费文化的建设，取其精华、创造性转化民族习俗，形成贵安新区独特的绿色消费文化。

4. 加强媒体舆论引导，增强人们绿色消费文化意识

在信息技术迅速发展的今天，媒体宣传形式多样，覆盖范围广泛，要注重利用多样化的宣传媒体在绿色消费中的推动作用，宣传媒体理应担当起绿色社会责任，向大众宣传绿色消费价值观理念。人类发展与自然是命运共同体，是一个整体，密不可分，引导人们进行适度消费，树立绿色消费观和构建生态文明责任感，使消费者做出绿色选择。采取多种传播方式使绿色消费真正入脑入心，引导绿色消费从个人做起，从细节做起，让“绿色消费”随处可见、随时可为。精心策划系列报道，让“绿色消费”融入主流价值观，让绿色消费理念及绿色消费文化成为生活中的主流，通过多样化全方位的媒体影响力和感召力，让绿色消费逐步渗透到人们的心里，营造全民自觉绿色消费的良好氛围。

5. 强化环保责任担当，守住绿色消费底线

绿色消费是未来人们消费生活方式的主要趋势，由于绿色消费与生产力布局、产业结构、生产方式、生活方式，以及价值理念、制度体制紧密联系，整体来看是一项全面系统工程，同时也是一场全方位、系统性的绿色变革，所以，各组织和个人必须要有责任担当，牢固树立“钱是你的，但资源是大家的”的理念，相互监督，共同践行绿色消费，人人都为构建绿色消费文化做出应尽的义务。

（二）政府引导绿色消费

贵安新区建设全国生态文明示范区，政府有关部门需要制定一系列有利于生态文明建设的政策，要尽快建立健全绿色消费制度体系，积极引导居民绿色消费，为生产者、消费者塑造一个良好的绿色消费环境。

1. 建立健全绿色消费制度体系，优化消费环境

绿色消费需要政府提供良好的制度环境，而这个良好的制度环境需要通过法律来规范相应的消费行为，也可通过相关条例或规定来要求引导各组织实行绿色消费，明确“规定动作”，鼓励“加分动作”，惩罚“减分动作”。新区相关部门要尽快建立健全绿色消费制度体系，如实行产品押金制度，鼓励产品循环利用，对电池、饮料、含有害物质的包装物等产品实行产品押金或保证金制度，激励企业引导消费者回收这类产品进行循环利用或无害化处理，在避免资源浪费的同时，减少对环境的损害。合理引导大众绿色消费，实行绿色产品使用补贴制度，如“以旧换新”制度、特别折旧制度等。同时按照贵安新区目前人群组成结构，还要注意政策设计的针对性，对大学城师生群体重绿色教育和鼓励型措施；对企业重利益引导和禁止性措施；对城镇居民重绿色观念传播和示范带动，从而逐步改变企业和公众的消费行为，营造良好的消费环境，不断推动绿色消费向前迈进。

2. 政府全力推行绿色采购，做好表率作用

政府绿色采购是引导绿色消费的直接、有效途径，政府采购数量庞大，市场驱动效应明显，这极大有利于政府加强宏观调控，倡导绿色消费，有效实施可持续发展战略。贵安新区需要进一步完善政府绿色采购名单和环境标签产品认证，通过行业和产品的最佳选择制定绿色采购标准和名单，形成全民绿色消

费格局。贵安新区要在实践中全面推行绿色采购制度，这不仅有助于可持续生产和完善消费体系，还能进一步优化产业结构、转变经济增长方式。如日本推行《绿色采购法》，美国实施再生产品计划、能源之星计划、生态农产品法案等一系列绿色采购计划，均取得了显著的社会经济效益。

3. 着力发挥绿色金融对绿色消费的重要驱动作用

贵安新区是国家级绿色金融改革创新试验区，《贵州省贵安新区建设绿色金融改革创新试验区总体方案》被赋予了创新绿色信贷产品，探索绿色金融引导西部欠发达地区经济转型发展有效途径等功能。抓住政策红利契机，全面实施绿色经济发展的财税金融，提供多元多样绿色金融业务，鼓励发展绿色信贷，建设绿色信用体系，探索环境权益抵质押融资和建立排污权、水权等环境权益交易市场，建立绿色产业、项目优先的政府服务通道等。在推动建设绿色金融改革创新试验区发展的同时，也为建立健全绿色消费体制机制建设发挥了重要作用，新区绿色金融改革创新取得一定成效，也定会带动绿色消费快速发展。

4. 协同推进绿色消费基础设施与美丽乡村建设

贵安新区持续推进美丽乡村“三建二改一清运”、慢行系统、环境整治和山塘等建设项目，促进乡村人居环境焕然一新，倾力建设打造美丽乡村贵安样板，要注重和绿色消费基础设施多规合一、协同推进，始终践行绿色建筑、绿色交通、绿色能源、绿色生活方式理念，增强绿色消费的“硬环境”，为绿色消费“软环境”打好坚实基础。

5. 大力推进绿色消费宣传教育

依托生态文明示范试验区、绿色金融改革创新试验区建设，结合贵安新区实际，设定科学合理的绿色指标，举办一系列倡导绿色消费活动，如举办一年一度评选贵安新区“绿色学校”“绿色机关”“绿色企业”“绿色乡村”“绿色家庭”等，在各级各类学校中加强绿色消费的教育，包括课程的设置、教学大纲的调整等，思想政治教育课程增加绿色消费价值观知识，提高学生绿色消费认知水平，懂得感恩与责任担当，并要按照书本教育和课外实践紧密联系的原则，开展有意义的活动。如在大学城试点课本循环利用，鼓励大学城设立跳蚤市场，方便大学生交换闲置旧物，自下而上地从幼儿园至高校把绿色消费理念渗透到各个学习阶段；在机关、企业、社区，充分利用各类媒体在全社会范围内宣传普及绿色发展和绿色消费基本知识。结合全国节能宣传周、全国低碳日、环境日等主题宣传活动，举办“践行绿色消费活动周”“践行绿色消费活动月”等活动，及时宣传报道绿色消费理念、经验和成功做法。通过宣传和教育，在全社会树立起人与自然和谐相处的价值观念，把绿色消费文化、环境道德纳入社会运行的公序良俗中。

（三）企业主导绿色消费

绿色市场的形成离不开企业的绿色发展，企业是绿色消费重要主体之一，是绿色产品设计和研发的主体，是绿色生产的组织者和实践者，是绿色产品和服务的提供者，同时，企业也是社会绿色责任的主要承担者。

1. 探索建立绿色标准，建立健全节能体系

贵安新区要进一步加快建立健全绿色企业标准，以及制定消费环节的能耗标准，要结合实际，对各产业及国标中未能体现的产品制定个性化标准，这是迈向生态文明的重要环节。同时要采取市场准入制度，淘汰传统能耗企业，构建绿色产品合理的供应结构，严厉打击伪劣能源及耗能的违法行为，健全节能体系，并且企业还需自觉接受公众的监督，建立信息披露机制，树立良好的绿色企业形象。

2. 推行企业社会责任与公共政策相结合

新区处于高速发展阶段，大数据产业、高端制造产业、文化旅游产业是新区主导产业，企业必须履行社会责任，这是作为新区企业可持续发展的重要因素，所以，企业务必和新区绿色化、高端化、集约化发展理念血脉相通，相互匹配，企业在追求经济效益的同时也要兼顾社会效益。建立健全新区企业绿色责任标准，可率先进行试点，对企业开展社会责任自我评价和绿色环保第三方评估，同时，强制性将公司社会责任与相关公共政策联系起来，可有效促进企业主动担当社会责任的意识。如在新区政府采购项目中，规定只有企业达到某些绿色指标或符合其他绿色环保要求，才有资格参与竞标。

3. 多措并举鼓励扶持企业绿色化发展

首先，除了政府实施的相关财税优惠政策外，对践行绿色标准、具有技术创新的企业给予其他方面的优惠，或是给予一定奖励以提高企业职工福利。其次，整个社会对积极进行绿色生产企业给予赞誉，通过多种媒体全方位进行宣

传报道，既增强企业实现自我价值的精神需求，又为企业扩大影响力，营造良好的企业形象。最后，当企业处于发展瓶颈期时，政府及职工要给予积极扶持和支持，共渡难关，保证企业可持续发展。只有把企业发展所有相关利益统筹考虑，实现企业发展各方利益共赢、共享，才能充分发挥企业践行绿色发展的主观能动性。

（四）个人实践绿色消费

个人是绿色消费中范围最广的实践者，是绿色消费的亲身体验者、推广者及利益捍卫者，这个群体的消费行为影响绿色消费的广度和深度。

1. 改变传统观念

消费者应该树立正确的绿色消费观，实践绿色消费，摒弃追求奢侈炫耀性的过度、不合理消费价值观，改变传统消费观念。生活中，戒除使用“一次性”用品的偏好，如限制使用塑料袋，在推行初期，人们短时间内觉得不便、不习惯，但经过长时间的潜移默化，现在较多人也已经养成少用塑料袋、不用塑料袋的习惯。杜绝“面子消费”和“奢侈消费”，这种消费方式与生态文明建设背道而驰，不仅损害人力财力，更是消耗大量的资源。当前，新区的消费者在生活、工作中更要有担当意识，积极努力参与到新区建设生态文明示范区大行动中来，从我做起，从点滴做起。

2. 践行绿色生活方式

贵安新区要大力提倡人们随时随地践行绿色消费，推行绿色生活方式。在饮食方面，选择绿色标识的食品，首先考虑食品安全，在此基础上考虑健康和环保因素，多食绿色蔬菜和水果，拒绝山珍野味。在穿着方面，尽量按照生态环保、舒适健康的原则，选购绿色服装，适度购买，避免真皮毛制作的衣物，尽量对旧衣物回收利用。在住房方面，推广绿色居住，对房屋选购及装修主要参考这几个方面，选择绿色建筑、绿色装饰、绿色家具。在用品方面，选用节能电器，减少无效照明，减少电器设备待机能耗，提倡家庭节约用水并循环利用，减少一次性生活物品，对垃圾进行分类丢弃，分类处理，支持发展共享经济，鼓励个人闲置资源有效利用。在出行方面，合理选择出行方式，鼓励选择乘坐公交车，积极支持选购环保小轿车，积极提倡自行车、步行的健康出行方式，坚持每周少开一天车，多步行，多骑自行车，提倡拼车出行，除非必要，不单独驾车外出，要做到“能走不骑、能骑不坐、能坐不开”。争做绿色出行的宣传者、文明交通的实践者，带领家人、朋友和更多的人参与绿色出行行动。绿色消费就在身边，既不遥远，也不昂贵，既可以让生活变得便利，又能实现人们追求美好生活的愿望。

参考文献

丁丹丹：《西方发达国家发展绿色消费的经验做法及启示》，《经营管理者》2010年第7期。

高辉清、钱敏泽、郝彦菲：《建立促进绿色消费的政策体系——日、德经验与中国借鉴》，《中国改革》2006年第8期。

孙二伟：《贵州构建低碳消费方式的对策研究》，贵州财经学院硕士学位论文，2011。

胡雪萍：《绿色消费》，中国环境出版社，2016。

安艳玲：《绿色企业》，中国环境出版社，2015。

管仲连、涂方祥：《贫穷与浪费：当代中国自然资源忧思录》，海洋出版社，2007。

连玉明：《绿色新政》，中信出版社，2015。

中国21世纪议程管理中心可持续发展战略研究组：《全球格局变化中的中国绿色经济发展》，社会科学文献出版社，2013。

佟贺丰、杨阳、王静宜、封颖：《中国绿色经济展望——基于系统动力学模型的仿真分析》，科学技术文献出版社，2015。

刘昊：《两型社会建设中家庭绿色精量消费文化建设》，《现代经济探讨》2013年第9期。

南丽军、王玉华：《生态文明视野下绿色消费文化探析》，《黑龙江社会科学》2016年第1期。

《2018年贵安新区工作报告》。

B.22
贵安新区基层治理建设研究

马 琨*

摘 要： 本报告全面总结了贵安新区（以下简称新区）基层治理在经济、政治、文化、社会和生态等领域的主要做法与成效，对新区基层治理存在的体系不全、能力较弱、建设不足、保障不畅等问题进行了剖析，在此基础上，以党的十九大精神为指导，提出了加强和完善新区基层治理的建议。一是以基层党建为关键、政治治理为主导，构建多元共治的基层治理模式；二是以信息应用为手段、提质增效为引领，提升基层治理的现代化水平；三是以设施建设为基础、完善管护为重点，补齐基层治理社会建设的短板；以强化领导为保障、加大投入为支撑，增强基层治理的可持续发展能力。

关键词： 贵安新区 基层治理 做法 问题 建议

基层治理，即指对“基层”的治理。“基层”在政治层面是指政权体系上的基层，指国家公共管理中的最低层次，主要包括县、区、乡镇等层级的政府、党组织、国家机构以及基层政权组织。① “治理”是指各种公共的或私人的个人和机构管理及其共同事物的诸多方式的总和。它是使相互冲突的或不同的利益得以调和并且采取联合行动的持续的过程。这既包括有权迫使人们服从的

* 马琨，南京大学博士研究生，贵州省政府发展研究中心副研究员，研究方向：传统哲学、文化旅游、大健康产业及社会政策等。

① 谢正富著《基层治理行动逻辑研究》，华中科技大学出版社，2015，第19页。

正式制度和规则，也包括各种人们同意或以为符合其利益的非正式的制度安排。[①]“基层治理”是指以乡镇、村或城市的邻里社区为基本范围，直接面对社会和居民，依靠治理机制，发挥各自的社会力量，共同解决社会公共问题的活动。[②] 结合以上学者观点，本文“基层治理”主要是指以新区直管区贵阳市花溪区湖潮乡、党武镇，安顺市平坝区马场镇、高峰镇“一乡三镇”、91 个行政村（居、社区）作为基本框架结构，以经济、政治、文化、社会、生态等领域公共问题为对象，以治理体制机制建设为依托的动态均衡调试过程。

一　贵安新区基层治理建设的主要做法与成效

（一）推进以“产业体系、品牌建设、联结机制、集体经济”模式创新为重点的经济治理，不断增强基层治理的发展力

新区把坚持农民主体地位、增进农民福祉作为基层经济治理的出发点和落脚点，通过推进发展模式创新，厚植农业农村发展优势，保持农业稳定发展和农民持续增收，不断增强基层治理的发展力。一是创新生产与经营一体化发展模式。湖潮乡采取“精品种植 + 黔货出山”的方式，将获得的财政专项扶贫资金 13 万元扶持种植辣椒 176 亩、红蒜 131 亩、紫云红心薯 100 亩，在保留提升型村寨种植精品李树 500 亩，并与“我家菜篮子”等公司对接，实现“精品种植”生产体系与“黔货出山”经营体系协调发展。党武镇重点扶持农村专业合作社等新型农民经济组织，规范创建了“龙山果蔬”“龙塘果树种植农民专业合作社”等 11 个专业合作社，采取“公司 + 协会 + 农户”合资参股的经营模式，解决产销对接难题，逐步实现农户个体自产自销向规模化生产经营模式转变。二是推进优质农产品品牌建设。新区深入实施品牌发展战略，打造了贵安山禾，林卡辣椒、高峰葡萄、羊艾毛峰、贵安古树红茶等优质农产品品牌。党武镇通过摸底调研、有机认证、宣传推介等方式，培育掌克茶叶品

① 俞可平主编《当代西方学术前沿论丛之一　治理与善治》，社会科学文献出版社，2000，第 4 页。

② 程又中、张勇：《城乡基层治理：使之走出困境的政府责任》，《社会主义研究》2009 年第 4 期，第 2 页。

牌。依托存有的18.2万株古茶树，规划建设掌克古树红茶保护基地400亩，推进茶旅一体化发展，2017年党武镇被贵州省茶产业协会授予“古茶树之乡”的称号。三是完善农业产业链与农民的利益联结机制。在优质蔬菜种植、食用菌、经果林种植三大产业发展中，马场镇采取“企业+合作社+农户”“合作社+农户”等方式，将农户利益与农产品产销对接、冷链物流配套推广等产业链延伸有效联结，让农民共享产业融合发展的增值收益。2017年，马场镇专项安排100万元用于支持优质蔬菜种植，已完成西兰花种植面积520亩，预计丰收期，农户可获利近440万元；设立18亩食用菌基地、标准化种植平蘑、木耳、猴头菇、巴西菇等，一年可生产两季，加上菌棒销售，农民可分红逾36万元；在9个村规模化种植6794亩红富士苹果，到丰产期时，所产高钙苹果，每亩可产生9万元经济效益，整体毛收入可达6.12亿元。四是探索村级集体经济多元发展模式。新区各级党委、政府高度重视发展村级集体经济，把发展村级集体经济作为抓基层、打基础的重要抓手，鼓励村级集体依法合理开发利用村域内土地、森林、水域、旅游等资源，以入股、租赁和流转等形式，发展现代设施农业、林下经济、乡村旅游等产业和经济实体，探索形成“资源开发型、股份合作型、资产经营型、异地置业型”等多种发展模式，为村级集体经济的发展插上了腾飞的翅膀。新区直管区4个乡镇91个行政村（居、社区），已形成集体经济积累1000万元以上的11个、100万元至1000万元以内的23个、10万元至100万元以内的40个、10万元以下的17个，分别占总量的13%、25%、44%和18%。

（二）推进以“基层党建、创新服务、人才建设”为内容的政治治理，不断强化基层治理的保障力

新区始终坚持基层党组织领导核心地位不动摇，不断夯实党在基层执政的组织基础，创新政务服务模式，加强基层人才队伍建设，为新区开发建设提供了坚强有力的政治保证和组织保障。一是加强基层党组织建设。新区立足建设项目多、征地拆迁任务重等实际，在生态新城、绿色金融港等园区、重大项目指挥部中建立13个非常设党工委，在富士康绿色产业园、亿象网络公司、贝格数据等非公企业聚集园区或非公企业建立22家党组织，充分发挥基层党组织在重大项目、重大工程、重点产业等领域的引领作用。持续整顿软弱涣散村

党组织，强化组织整顿、强化教育培训建立一名副科级以上包保领导、一个专门工作组、一名“第一书记”或驻村干部、一名大学生志愿者、一个结对帮扶党组织、一套整顿方案、一套科学健全制度机制、一套合格验收标准的“两强化八个一”机制，实施“一村一第”全面整顿。湖潮乡通过对基层党组织的常态化调研，实现动态化管理。党武镇探索实践党建工作“3434”工作法，坚持“学、干、监、评”全覆盖、常态化。马场镇召开“党支部书记抓党建述职述廉大会”，对标先进，学习好经验，加强基层党风廉政建设。高峰镇努力提高村支部书记工作能力，召开示范点现场观摩暨培训会，引领各村（社区）档案建设规范化。二是创建“乡镇级政务服务中心+”服务体系新模式。新区打造“互联网+政务服务”新模式，建立“新区+4个乡镇、大学城、综保区+村、社区”三级立体政务服务体系。各乡镇在积极推进政务服务中心标准化建设实践中，形成“乡镇级政务服务中心+”多种服务模式。高峰镇创建“乡镇级政务中心+村级服务站”模式，将服务事项延伸到村级便民利民服务站，政务中心对村实行窗口式管理，做到中心和便民利民服务站服务事项统一。党武镇创建“政务服务中心实体大厅+网上办事大厅”模式，实现“手续齐备即时办、资料不齐指导办、急需事项加快办、特殊项目跟踪办、重大项目督促办”的高效模式。湖潮乡构建乡、村（居）、组三级政务服务体系，充分利用行政审批“六朵云”，实施“一号申请、一窗受理、一网通办”政务服务改革，有效推进“互联网+政务服务”。政务服务体系的建设和完善对于方便群众办事，提升办事效率起到十分重要的作用，逐渐成为乡镇政务工作提速增效的亮丽风景。三是实施政治待遇、经济待遇和工作力量“三大倾斜”工程。解决基层政治待遇，出台《贵安新区管理体制方案》，直管区4个乡镇党政正职按县处级干部配备。提高基层经济待遇，干部年终目标绩效考核、专业技术职称评聘、基层一线专业技术人员工资薪酬等方面对乡镇予以倾斜，村支两委正副职干部每月增加绩效奖励1000元，有力激发了基层党员干部干事创业的热情。增强基层工作力量，从机关、开投公司等单位抽派100名干部到乡镇开展控违拆违、征地拆迁安置等专项工作，选派105名驻村干部、20名“第一书记”到村开展工作，招募135名大学生志愿者到乡镇、村（居）开展服务，为每个乡镇平均增加60名城市管理协管员、每个村（居）配备1名综合协管员。

（三）推进以“建设文化设施、开展文体活动、强化文化传承和文明建设”为路径的文化治理，不断增强基层治理的软实力

新区大力推进公共文化设施建设，积极开展文体活动，强化文化传承和文明建设，不断增强基层治理的软实力。一是推进公共文化服务设施均衡建设。争取到车田生态体育公园、泰豪易象万维《黄帝内经》全国动漫品牌建设创意项目等115万元，投入400余万元，完成新建乡镇、村级农体工程和路径工程17个。投入1412万元，顺利通过省级多彩贵州“广电云”村村通项目评估验收，建成92个点的干线光缆302.6公里，完成平寨电信、移动、联通、广电四网融合入地改造。参照省级标准，启动实施了47个文化家园创建工作。一批文化广场、农家书屋、文化大院等文化设施相继建成。二是积极开展丰富多彩的文体活动。牵头承办了“文脉所系·人文贵安”考古论坛，VR虚拟现实教育和游戏论坛，开展“迎新春·庆元旦”长跑活动、文化下乡、骑行大赛、全省农民体育运动会、全省广场舞大赛、全省山地户外运动大会等系列文体活动40余次。高峰镇通过举办首届贵安高峰文化活动月，推进北斗湾小镇迁建安置工作，为创建国家级特色小镇营造了良好文化氛围。党武镇每年春节期间举办独具特色的民族民间文化游演和群众文艺调演等成为重要文化品牌活动。湖潮乡成功举办第三届民间民族文化艺术节，创办“荷花节”，开展“美丽乡村比美丽”活动。马场镇举办第二届乡村旅游文化节，长桌宴、打糍粑、文艺汇演、篝火晚会等系列活动丰富多彩。三是强化民族民间文化传承。高峰镇依托域内丰富的民族文化资源，传承马尾刺绣、吃新节等传统文化，发扬“团结开拓实干创新”的三线文化；加快招果洞博物馆、文化服务中心、文化广场等文化服务设施建设，实施高峰文化数字虚拟工程；打造樱花节、葡萄节、稻香节等节庆活动，成为贵安新区首个全国特色小镇。马场镇依托“黔中桃源、田园马场”别具特色的民族民间文化，以乡村文化旅游为切入点，构建集旅游主题、旅游产品和民族民间文化于一体的乡村文化旅游节系列活动体系，大大促进了马场镇苗族、布依族、仡佬族等各少数民族文化的深度开发和持续发展，逐步形成以“生态美·百姓富”的文化传承生动样板。四是加强乡风文明建设和农村思想道德教育。党武镇积极开展“立家训、树家风”活动，依托龙山村明末清初黔籍著名诗人吴中蕃故居，收集整理吴氏家风家

训，精心打造新区首个“吴氏家风馆”，通过以好家风为“圆心”的扩张辐射，润泽了社会。湖潮乡积极开展道德模范大讲堂、“宣传部长上讲堂”、“广电云户户用”等工作，深度挖掘推选“最美家庭”“文明村寨”，突出核心价值引领，进一步大力弘扬“心齐艰卓”的湖潮精神。

（四）推进以“建设新型社区、创新综治模式、实施民生工程”为举措的社会治理，不断增强基层治理的服务力

新区通过加强新型社区建设、创新社会综合治理模式、大力实施民生工程等举措，不断增强基层治理的服务力。一是加强城乡新型社区建设。贵安新区将直管区 366 个自然村寨按整体搬迁、保留提升、分散整合三类规划建设，对整体搬迁型基本建成总面积 400 万平方米的 14 个新型生态智慧社区，可安置被征收群众近 6 万人；对 78 个保留提升型和 109 个分散整合型村寨建设美丽乡村，探索乡村资源资本化运作、村庄品牌化经营新路，已建成 20 个“精品乡村”。湖潮乡探索“一建二转三保四有”安置模式，建设独具特色的城市新型社区，安置房转为商品房、被征收农民转为新型社区居民，配套教育保障、医疗保障、养老保障，让群众有房产收入、有财产收入、有工资收入、有理财收入。构建劳有应得、学有优教、病有良医、住有安居、老有颐养的“五有”综合服务体系。总面积 400 万平方米的 14 个新型生态智慧社区启动回迁 10 个，安置近 2000 户。高峰生态新城和马场科技新城全面建成 13 个新型社区，完善配套进城农民的教育、医疗、卫生和保障制度，转移农民就业 10 万人。二是创新社会综合治理模式。创新“政社互动”模式，健全一个党委、一个居委会、一个便民利民服务站、一个综治办“四个一”社区组织架构，完善社区、社会组织、社会工作专业人才“三社联动”机制。建立应急与非应急两措并举，新区、乡镇、村（社区）三级联动，电话、网络、短信、微信四位一体的“二三四”便民服务与社会治理新模式。开展社会综合治理确保群众满意率达到 95% 以上，安全感达到 95% 以上。三是实施民生工程。压缩党政机关 6% 的行政经费共计 100 万元用于教育精准扶贫，率先普及十五年免费教育，贵州电子科技职业学院、北师大贵安附校实现招生，提质改貌 4 所中小学工程基本完成。高峰镇卫生计生院主体工程已完成，贵安新区首家三甲公立医院——同济贵安医院主体工程即将完工，新开工建设新区疾病预防控制中

心。推进城乡居民医疗、养老和最低生活保障制度全面并轨，中心敬老院完成主体工程，城镇新增就业3568人，农村劳动力转移就业8643人，“十件民生实事”全面完成，人民群众幸福感、获得感持续提升。

（五）推进以“推进河长制、健全管理机制、创建美丽乡村”为手段的生态治理，不断增强基层治理的持续力

新区守好山上、天上、水里、地里四条底线，全面推进“河长制”，建立环境综合整治长效机制，大力创建美丽乡村，推动基层生态治理取得新成效。一是全面推进“河长制”。全面贯彻落实区、乡（镇）、村三级河长体系，建立健全领导、责任、考核、工作等体制机制。党武镇建立领导机制，实施《关于成立党武镇河长制工作领导小组的通知》，成立由镇党委书记任组长，镇党委班子成员为副组长，镇属各部门负责人、各村党支部书记为成员的党武镇环境保护工作领导小组，保障制度实施。湖潮乡建立河长、段长、护河员三级责任体系，构建责任明确、协调有序、监管严格、保护有力的河湖管理保护机制。马场镇制定出台河长制各项制度及考核办法，建立健全河湖管理保护监督和责任追究制度，守住生态底线。高峰镇建立健全工作开展四机制：重点问题协调推进机制、日常巡查督查机制、投诉举报受理机制、工作例会和信息报告机制。二是健全基层生态环境监管机制。新区围绕建设生态文明示范区，构建以环境保护、农林水务、规划建设、国土资源、综合行政执法等相关职能部门为监管主体和技术支撑，以各园区、乡镇环境监管机构为触角的多级多部门齐抓共管的环境监管体系，党武镇通过建立“村级环境保护工作委员会+环境保护巡查专干+环境保护群众监督员”，提升了广大干部群众环保意识，增强了各村、各部门环保工作的责任感和使命感。湖潮乡以做好中央环保督察迎检及整改工作为契机，开展“满意在湖潮”和“清洁家园”行动，推进环境整治工作。三是开展宜居美丽乡村创建活动。加强美丽乡村基础设施和环境设施建设，启动了北斗七寨等20个村寨的美丽乡村“三建二改一清运”、慢行系统、环境整治和山塘等建设项目，建成117个地埋式垃圾收集桶，完成20个村寨污水收集系统建设，完成村寨绿化30000平方米、污水管网24000米、化粪池227个、污水处理站8座。高峰镇将创建工作纳入第四季度村干部绩效考核，要求驻村干部除加强对各村创建指导、开展全面环境卫生整治外，还根

据新区“美丽乡村比美丽”“百姓富·生态美”要求，按照创建细则中的产业发展、乡风文明、管理民主等5类35项内容，对辖区内16个行政村逐项对照评分。平寨村获得全国最美村镇生态奖项，以平寨、场边等为代表的美丽乡村已成为贵安新区生态美的实力名片。通过多措并举，全区新增绿化面积在20万亩以上，完成造林绿化近5万亩，直管区环境质量保持稳定，环境空气质量稳定Ⅱ类及以上功能区要求，优良率100%、达标率100%，饮用水源稳定达到Ⅱ类，地表水稳定达到Ⅲ类水环境质量要求，生态得到有效治理。

二　贵安新区基层治理中存在的问题

（一）治理主体结构不完善，政府主导与社会参与的非均衡问题逐步显现

新区基层主要以乡镇政府治理与领导为主，社会组织发育不全，村民村治主体性不强。一是基层以乡镇政府治理与领导为主，但也存在相关领域执法受限的问题。乡镇由新区托管，但森林公安、农机监理、专业的动物检疫机构等机构不健全，导致森林资源遭到破坏却无法进行执法、农机安全行政执法难以开展、无法对辖区内牲畜进行检疫并出具动物检疫合格证明等问题不断出现，对新区百姓的生产生活产生了较为严重的安全隐患。二是社会组织发育不全。由于社会组织的法律性、政策性比较强，工作人员的业务水平又不高，严重影响了新区社会组织的发展。而业务许可权限与登记权限不统一，也给社会组织年检和赋码工作造成了一定困难。比如，新区目前尚不具备养老机构许可权限，一些在平坝区、花溪区民政部门登记的养老机构委托给新区管理后，无法进行年检，原因是民办非企业单位名称与养老机构许可证名称不一致。三是村级组织的自治功能发育不足。受到长期以来自上而下管理体制的影响，新区村级组织的自治功能发育不足，有的村委会处于瘫痪或半瘫痪的状态，有的村委会自治权则异化为变相的行政管理，不能很好发挥服务群众、化解纠纷的作用。

（二）治理能力还较弱，适应新形势新任务的体制机制还未健全

新区总体上治理能力还较弱，适应新形势新任务的体制机制还未健全。一是基层主要领导法定授权少，造成“人治”思维与行为普遍存在。基层一把

手主政和治政责任众多、绩效考核指标中“一票否决事项”过多，而相应的法定授权缺失偏少、依法依职依责科学绩效考核偏少，为了完成、应对上级领导部门下达的繁重治理任务，基层一把手或者自设权力、自授权力，或者向自己管辖范围内的相关职能部门收权。二是村干部年龄大、文化素质低，难以应对新区发展的新形势。在新区大开发大建设的热潮中，新思想新问题凸显，加之村干部年龄和文化素质因素，村干部存在“老办法不顶用、新办法不会用、硬办法不敢用、软办法不管用”的问题，基层治理能力亟待提高。三是稳控工作难度大，综治机制未完善。随着新区建设任务的不断推进，各乡镇辖区内涉及征地、信访、维稳、禁毒、流动人员、涉外人员、失地农民就业等影响社会和谐稳定的各项因素在不断增加，综治机构人员、经费严重不足，相关协同机制、评价机制、奖惩机制等不够健全，给维稳工作带来了极大困难。

（三）社会建设仍不足，生态环境和公共服务设施滞后尚未根本改变

基础设施缺口较大，新区处于起步阶段，城镇化率低，功能性配套设施建设起步晚，生活和商业设施缺失缺位。新区村寨多而散，各村寨地形存在多样性和复杂性，造成路网覆盖率低、互联互通水平低、乡村道路等级低、后期维护难等问题。教育软硬件水平仍然滞后，离优质教育示范区和教育惠民先行区建设要求存在较大差距，还不能满足人民对优质教育的新期盼。医疗卫生资源总量小、人均水平低，基层医疗卫生条件还不能满足新农村建设和现代旅游发展的需要。公共文化服务供给不足，城镇社区文化中心、村级文化活动室文化和各村体育休闲广场等基础设施建设滞后。社区警务室的设施过于陈旧，公共服务设施和警务室配备的设施不完善、治安防控体系有待加强。

（四）体制保障欠通畅，组织领导和人才队伍建设亟待强化

资金缺口大，新区正处于建设初期，百事待举，各类基础设施和服务设施都需大量的资金项目。社会力量参与不足，缺少鼓励引导社会资本参与设施建设与服务供给的有效举措。协同机制不够健全。普遍缺乏“大综治”观念，仅仅依靠行政执法部门开展周期性的“严打”来解决问题，不能发动和依靠群众，有效地整合社会资源，实现全民共治。政务服务中心大厅的内容和领域有待进一步拓展和延伸。受审批权限和部分领域管理体制的制约，事项进驻不

全，一些事项未能按要求真正进驻政务服务大厅办理，老百姓跑完窗口跑单位，跑完单位跑窗口，单位体外循环现象较为普遍。各类人才储备不足。教育、医疗、城建等各方面专业人才都极为匮乏。年青党员较少，党员年龄结构以45岁为分界点，各占50%；文化程度普遍偏低，初中以下文化程度约占党员人数的80%，大专以上文化程度不到10%。

三　加强和完善贵安新区基层治理的建议

习近平总书记在党的十九大报告中指出，我国社会主要矛盾已经转化为“人民日益增长的美好生活需要和不平衡不充分的发展之间的矛盾”①，并且指出“人民群众对美好生活需要日益广泛，不仅对物质文化生活提出了更高要求，而且在民主、法治、公平、正义、安全、环境等方面的要求日益增长”。为了有效解决新区基层社会的新矛盾，回应人民群众的新需要，加强和完善新区基层治理要以十九大精神为指导，结合新区实际，坚持问题导向和目标导向，按照“加强管理、多元共治，整合资源、高效服务，安全有序、管理共享、明确权责、理顺关系，积极稳妥、配套推进”的原则，建立共建共治共享的基层治理格局，提升基层治理系统化、科学化、智能化和法制化水平。

（一）以基层党建为关键、政府治理为主导，构建多元共治的基层治理模式

一是充分发挥基层党组织领导核心作用。“落实到基层、落实靠基层”。加强和改进新区乡镇、村（居）党组织对基层各类组织和各项工作的领导，聚合党内外力量，构造党建引领工建团建妇建一体化新格局。着力抓好抓实同步小康驻村和“第一书记”工作，打造创新型服务型基层党组织。高度重视村（居）党组织书记和党员干部队伍建设，建立选任渠道多元、培养措施务实、管理制度可行、待遇保障合理、发展空间较大的工作机制，以党建促村

① 《决胜全面建成小康社会　夺取新时代中国特色社会主义伟大胜利　党的十九大报告单行本》，北京：人民出版社，2017，第11页。

建，发挥引领村民自治、建设美丽乡村、土地确权调整和化解社会矛盾等方面的作用。二是有效发挥基层政府主导作用。深入推进“互联网+政务服务”，强化新区、园区、乡镇三级政务联动，积极开展“网上全办、同城通办、全程帮办”试点。创新政府向社会力量购买服务工作机制和方式。探索建立新区职能部门、乡镇政府和基层群众性自治组织履职履约双向评价机制。加强对村（居）、社区治理的政策支持、财力物力保障和能力建设指导，加强对基层群众性自治组织建设的指导规范，不断提升依法指导基层治理的能力和水平。三是统筹发挥社会力量协同作用。促进基层群众自治与网格化服务管理有效衔接。加强村（社区）便民服务站规范化、制度化建设，建立健全服务承诺制、首问责任制、AB岗工作制等制度，方便群众办事。充分发挥自治章程、村规民约、居民公约在城乡社区治理中的积极作用。制定完善孵化培育、人才引进、资金支持等扶持政策，落实税费优惠政策，大力发展为基层提供公共服务、参与社会治理、化解各种矛盾、整合社会资源、加强交流合作等服务的各类基层组织。

（二）以信息应用为手段、提质增效为重点，提升基层治理的现代化水平

一是积极发展公共服务智慧应用。广泛运用大数据、互联网、物联网、云计算等信息技术，在教育文化、医疗卫生、设施建设、社会保障等领域，积极发展公共服务智慧应用并向基层延伸。探索“互联网+教育”，推动实现新型社区和大学城高校学生素质教育、职业培训、创新创业为主要内容的信息化管理；加快发展“互联网+健康管理”，结合大数据产业，把物联网、云计算等最新信息技术与健康管理服务相融合，创建个人全程全方位的健康管理新模式；探索“互联网+基础设施”，提升水、电、气、路、迅、物流等公用基础设施智能化水平，为群众提供更为便捷、高效的公共服务；推进“互联网+社会保障”，实现网上实时办理政策咨询、低保办理、农机补贴、养老保险缴纳、新农合医保、老年证办理、户籍户政管理、高龄补贴等社会保障事务，提高基层社会保障的信息化水平。二是加强平安新区防控网络建设。通过物联网、区块链等技术，广泛汇聚新区人口、建筑、街道、管网、环境、交通等数据信息，建立云计算辅助决策的综治新方式，融入“平安村寨”、“平安单

位”、“平安家庭”等创建工作，逐步建成人防、物防和技防相结合的防控网络，实现广时域、多手段、全方位的监督和管控。有效发挥大数据在重大决策社会稳定风险评估中的作用，提升风险预防预测预警能力，着力营造和谐稳定的社会环境。注重诚信建设，建立信用信息数据库，健全征收、拆迁、安置诚信机制，弘扬诚信文化，大力营造“守信光荣、失信可耻”的良好社会舆论氛围。

（三）以设施建设为基础、完善管护为重点，补齐基层社会建设的短板

一是深入推进基层设施建设。加快构建供水、供电、排污、垃圾处理等市政设施体系，开展农村环境综合整治，深入推进“四在农家·美丽乡村”基础设施建设，实施业、路、水、电、房、讯、寨、绿“八个小康行动计划”，努力做到全域覆盖、普遍均等惠及全区，坚持不让一个村寨漏网、不让一户农民掉队，推动八个小康行动计划从示范点、观摩点打造向全面推进转变。探索运用PPP模式提供农村生态环境治理服务，对于新建生活污水收集、处理设施、垃圾处理、河道修复及管护、秸秆综合利用、农业清洁生产等生态环境治理公共服务类项目，优先采用PPP模式。二是着力完善基层公共设施管护。聚焦美丽乡村的长远发展，确保通村路、通组路和连户路，饮水管道沟渠蓄水池，污水和垃圾处理设施，电杆电线和变压器，通信基站和宽带网络，教科文卫体事业发展的房屋和设施设备等，能得到经常性的养护，确保安全使用，顺畅通达，损伤得到及时修缮，提高基础设施和公益设施的使用寿命和保障能力。推行“制治分离”环境管理制度，逐步建立“谁污染、谁付费、第三方专业化治理”模式，实行环境污染治理设施运营资质许可制度，建立业主投入，通过市场选择专业化公司运营，政府职能部门在线监管为主、现场巡查为辅的企业环境保护监管机制。借力基础设施的改善和公益设施的完善，加快推进基层生产方式和生活方式的转变，提高设施的使用效率。

（四）以强化领导为保障、增加投入为支撑，提升基层治理的可持续发展能力

一是强化组织领导。新区各级党委和政府要把基层治理工作纳入重要议事

日程，完善党委和政府统一领导，有关部门和群团组织密切配合，社会力量广泛参与的基层治理工作格局。建立基层治理体系监测机制，由第三方组织对基层治理体系建设情况进行年度评估，为调整实施计划改进新区基层治理工作提供依据。二是加大资金投入。采取争取支持、财政预算、金融贷款、社会参与、群众投入等办法，多渠道筹措资金，确保基层治理和建设的需要。充分利用国家大数据产业集聚区、国家新型城镇化试点、国家美丽乡村标准化建设试点、国家双创基地等9项国家试点试验示范任务，积极争取更多国家和省级试点试验示范任务，争取中央和省级进一步加大对新区资金的支持力度。三是强化人才支撑。实施干部培育选拔工程，依托“贵安新区干部管理云平台”，构建“管理在平时、考核在平时、监督在平时”的干部动态跟踪考核评价模式，探索建立融政绩考核、民主测评、资历学历考评等为一体的科学考核选拔机制。抓好干部轮岗交流，打破干部流动“玻璃墙”，让从属单位交流到机关、综合性岗位轮岗到专业性岗位等，开阔眼界、创新思路，补齐干部短板。四是强化宣传引导。充分利用传统媒体和新兴媒体，打造强势宣传阵地和平台。巩固拓展网站、新闻客户端、微博、微信、新闻手机报等网络阵地，打造区、镇、村三级政务新媒体矩阵。强化舆情监测、引导与危机应对工作。与国内外主要新闻出版单位建立战略合作关系，通过组织举办国际性的年度基层治理建设论坛等大型活动和主题策划，扩大贵安新区品牌影响力。

参考文献

谢正富著《基层治理行动逻辑研究》，华中科技大学出版社，2015。

俞可平主编《当代西方学术前沿论丛之一　治理与善治》，社会科学文献出版社，2000。

程又中、张勇：《城乡基层治理：使之走出困境的政府责任》，《社会主义研究》2009年第4期。

《决胜全面建成小康社会　夺取新时代中国特色社会主义伟大胜利　党的十九大报告单行本》，人民出版社，2017。

案例报告

Case Report

B.23
典型经验助推贵安新区大数据新发展

王翠华*

摘　要： 本报告通过对成长成性较好的国内首家云链服务提供商贵安新区白山云科技有限公司、贵阳互联网+物流领域的独角兽贵阳货车帮、遵义新蒲新区智能终端引领性企业财富之舟集团等三家典型企业和贵安新区、贵阳市、遵义市三地支持大数据产业发展的主要做法经验进行总结提炼、对比分析，针对贵安新区大数据产业发展中存在的产业竞争压力越来越大、企业规模小、人才支撑不足、招商引资政策等亟待配套等主要困难和问题，提出突出强化“四个注意”、加大培育壮大市场主体、加快推进大数据人才队伍建设，增强企业发展新动能等推动贵安新区大数据产业加快发展的政策措施。

关键词： 大数据战略行动　国家大数据综合试验区　大数据

* 王翠华，中共贵州省委政策研究室经济处副处长，副研究员，研究方向：宏观经济。

贵州省第十二次党代会报告提出："深入推进大数据战略行动，充分挖掘大数据商用、政用、民用价值，更好地以大数据引领经济转型升级、提升政府治理能力、服务民生社会事业"。为贯彻落实好党代会精神，贵安新区大力实施大数据战略行动，以建设国家大数据综合试验区为契机，坚持高端化、绿色化、集约化发展，强化制度保障，加强试点示范，初步形成了以电子信息制造业为基础，软件和信息技术服务业、通信服务业为增长点，物联网、电子商务、大数据、云计算为突破口的发展格局。2017 年，以大数据为引领的电子信息制造业发展势头强劲，跑出了一条亮丽的"风景线"，预计完成工业总产值 118 亿元，同比增长 850%。实现富士康绿色隧道数据中心、中国电信云计算贵州信息园、中国移动（贵州）数据中心、中国联通（贵安）云计算基地如期建成，已引进上海浦东软件园国家服务外包交易促进中心、中科院计算机研究所等大数据及其关联企业 30 余家。涌现出白山云科技有限公司等典型性企业，与贵阳市、遵义市涌现出来的贵阳货车帮、遵义财富之舟集团的做法和经验值得贵安新区乃至全省相关企业学习和借鉴。

一　贵安新区、贵阳市、遵义市三家典型企业做法经验

（一）案例之一：成长性较好的国内首家云链服务提供商贵安新区白山云科技有限公司发展模式研究

作为诞生在贵安、成长在贵安的白山云科技有限公司是国内首家云链服务提供商，为客户提供高效数据内容应用与交互的定制化服务，其以惊人的成长速度引人瞩目。该公司于 2015 年 4 月成立，三个创始人霍涛（CEO）、沙涌（CFO）、代翔（CMO）自掏腰包凑了不到 1000 万元资金，2017 年销售收入突破 6 亿元。成立 3 年以来，营收连续 10 个季度保持环比快速增长，最新单季营收为成立时的 56 倍，2018 年 1 月完成 3.3 亿元 C 轮融资。做法和经验主要是以下几方面。

1. 强有力的核心创业团队

创业过程中始终把组建核心创业团队放到第一位，通过资金入股、技术入股等方式团结了 13 位合伙人。这些合伙人作为资深互联网专家，主要来自百

度、新浪、蓝汛、网宿、康明斯等各行业，以及分管销售、市场、研发等业务的顶尖人才。在这些核心创业团队带领下，企业在产品、业务和技术上都取得了巨大突破。目前，白山云共有 12 项国内领先创新技术，特别是 2018 年 7 月推出的“深度威胁识别”产品获得国内云计算市场权威认证——可信云“安全类技术创新奖”。

2. 加大技术投入

从成立之初就把“创新放在首位”，将公司定位为一家高新技术企业，依托新区政策扶持，依靠自主研发和技术创新，发挥市场优势，将技术领先与产品先进作为公司的核心竞争力，不断向科技创新要增量。公司每年研发投入比例，接近公司销售收入的 15%。公司不仅在云分发、云存储、云聚合三大产品线投入研发，在包括大数据分析、物联网传输等基础领域也投入相当人员进行前瞻性研究。在成立的短短两年中已经申请 100 余项发明专利，与云上贵州公司合作成立云上白山协同创新中心，成功打造中国第一个省级 Open API 开放平台。

3. 敏锐把握客户需求

客户的需求是企业发展的源动力。白山云创始合伙人兼首席人力资源官张坤说：“企业的发展必须打通人才—研发—客户这个链条，根据客户的需求，研发相应的产品，从而实现劳动力转化为生产力，实现企业持续发展。”公司一直认为虽然企业已经有阿里、腾讯等公司介入，但客户的需求仍然没有全部满足。目前，大中型互联网企业客户已由 2017 年的 100 多家猛增到包括微软、腾讯、搜狐在内的 300 多家。

4. 积极创建人才引进、培养高地

大数据风生水起，人才至关重要。公司依托花溪大学城这个人才基地，先后拜访了贵州 21 所院校大数据相关专业及培训机构，宣传介绍企业发展情况，让高校师生深入了解企业，积极探索“人才 + 项目 + 团队”等人才培养新模式，吸引核心技术开发、客户维护服务、运营等方面的人才和团队进入企业。2017 年 4 月，与印度信息学院达成人才培养战略合作，成为相关人才培养与引进合作伙伴，双方的合作将为贵安乃至贵州大数据的发展提供人才保证和支撑。目前企业员工 223 人，大学本科及以上学历人数占比 86%，研发人员占员工总数的 70%，平均年龄 30 岁。

5. 全球化的业务视角

在公司成立之初就确定了公司开展全球业务的规划。2016 年 3 月，在美国西雅图设立了北美公司，开拓全球市场。设立美国公司有助于公司了解海外公司的业务发展情况、技术演进路线。同时企业积极参与“一带一路”建设，在沿线国家和地区建设业务节点。如，帮助小米在印度开展业务，帮助猎豹在东南亚的业务开展。2017 年 6 月，微软成为该公司客户，使企业海外业务取得良好发展。

（二）案例之二：互联网 + 物流领域的独角兽贵阳货车帮科技有限公司发展模式研究

货车帮自 2014 年 3 月落户贵阳以来，在省、市、经开区领导及有关部门的支持下，各项业务稳步推进，2017 年 11 月与运满满合并成立满帮集团，由不到 200 人的小企业发展到现在近 6000 余人，在全国设有服务网点 1000 余家，成为中国公路物流产业互联网领军企业和第一家覆盖全国的货源信息平台，互联网 + 物流领域的独角兽公司。做法和经验主要是以下几方面。

1. 搭建全国物流信息共享平台，为货主和司机提供高效便捷多样性服务

一是提供精准货运信息服务。货车帮通过 3 年时间建立起了覆盖全国的公路物流中长途货运信息网，打造“货车帮 App”“物流 QQ”两个平台，使货主和司机能够非常方便地发布信息，快速高效对接，提高车货匹配效率，改变了目前国内货运车辆大量空驶乱跑、趴窝等待等公路物流高能耗以及货运信息交易低效率的原生态配载经营模式。据不完全统计，未使用信息平台前，我国每辆货车月均行驶里程约 9000 公里，使用平台后增加到约 11000 公里。二是积极推广货车 ETC 卡业务。货车帮与贵州高速、陕西高速、内蒙高速等全国众多合作方发行货车 ETC 卡，其国内 ETC 合作发卡量位居全国首位，通过货车帮 POSS 机就能够轻松快捷地开卡、充值，架起了交通主管部门和司机的桥梁。三是通过普惠金融解决司机资金短缺问题。货车帮与金融机构合作开展货运小额贷款业务，对司机在一个周期中的运营数据划分信用等级发放贷款。目前签约用户已累计超 15 万户，累计发放贷款 6 亿元。四是开展保险新业务降低货运风险。开发了运费保险、放空赔付保险等系列创新产品，解决了货车司机在发生重大交通事故后货损、运费没着落以及货主放空产生空驶损失等

问题。

2. 利用“互联网 +”促进多种运输方式有效结合，推动传统物流业态转型升级

一是探索发展“互联网 + 公铁联运”新业态。货车帮与神华集团签署公铁联运战略合作协议，联手开展“互联网 + 公铁联运”项目，利用大数据技术实现货运数据与铁路资源共享，打造“互联网 + 大物流”新模式，提升现代物流效率和降低物流成本。二是助力传统物流园区转型升级。通过信息技术和管理模式输出，司机在停车休息的同时，可以迅速准确地找到全国各地货源信息，提高了司机和物流园区的生产效率，助力传统物流园区转型升级为“智慧物流数字港”。

3. 创新“党建 + 互联网”，将支部建在车轮上

货车司机党员面广量大，因常年奔波在路上，导致流出地党组织“鞭长莫及”，流入地党组织“无能为力”，存在思想动态难掌握、“三会一课”难规范、组织活动难开展等问题。针对这些问题，货车帮于 2016 年 10 月成立党委，创新“大数据 + 党建”新模式，以“支部建在车轮上，红色引擎领方向”为党建理念，通过货车帮 App 推送宣传动员信息，引导会员主动亮出党员身份，成为全国第一家将流动党员线上学习平台整合进企业核心产品 App 中的企业。

4. 助力政府治理，彰显企业社会价值

一是助力政府决策。受国家统计局委托，省统计局与货车帮、阿里巴巴共同打造的“全国公路物流指数”入选世界互联网领先科技成果 50 强，能够客观全面反映公路物流货物运输流向、货物分布、车辆分布等情况，为政府加强物流运行与国民经济的关联性研究奠定了基础。二是缓解社会治安压力。与公安系统合作进行人脸身份识别，定期提供司机行驶路线等信息，减少了恶性竞争矛盾和失信问题。三是服务保障国防交通。在省交战办的指导下，开展基于大数据的货车动员潜力动态监控与调度指挥研究，实现平时各型货车的潜力实时掌控，急时战时运力紧急征用、快速集结。

5. 建立信用认证机制，强化诚信交易保障

货车帮采取会员注册实名认证和身份识别等方式，把好会员入口关，诚信注册车辆会员达到 370 万台，诚信注册货主会员达到 63 万。建立货主放空赔付、信用担保交易等机制，若货源方失约，司机空跑，平台将首先赔付货车司

机，然后再向货源方追诉；如果是司机跑单，平台首先赔付货主，然后向货车司机追诉。设立投诉热线，对交易过程中的问题及时处理，让失信者受到更多限制。2016 年 11 月，货车帮与国家发改委签订加强信用信息共享共用和推进公路货运领域信用建设的合作备忘录，成为国内货运领域信用体系建设首家试点单位。

（三）案例之三：智能终端引领性企业财富之舟集团发展模式研究

财富之舟集团是一家专业的全球移动智能终端设备解决方案、OEM/ODM 制造供应商，国家高新技术企业。产品主要涵盖 PCBA、手机、智能穿戴、人工智能等消费电子产品。集团始终保持高速发展的态势，短短几年时间，业务已遍及欧洲、美洲、亚洲、中东和非洲等全球 60 多个国家和地区。2016 年和 2017 年，财富之舟两年共计总产值 107 亿元，出口量达 95%。做法和经验主要是以下几方面。

1. 重视技术创新，不断提升企业核心竞争力

技术是企业的核心竞争力。财富之舟高度重视技术研发，积极打造国内一流的智能终端研发基地、孵化中心、智能终端产品检测中心。建立了五个研发基地，十余个研发事业团队，研发工程师近 1000 人，每年企业销售收入的 6% 以上都投入研发当中，企业的核心竞争力不断增强，在同行业中树立了良好的形象。

2. 建立创新创业机制，点燃员工创业激情

采用事业部运作架构，成立内部以产品或地区划分的具有相对独立性的生产经营单位，并在内部经营管理上拥有自主性和独立性。这种组织结构形式最突出的特点是“集中决策，分散经营”。以利润责任为中心、各事业部实行统一平台、独立核算、自负盈亏。公司还设立创业基金，成立“双创”平台，发掘企业内部具有创业潜力的人才，掀起“精英创业”“大众创业”“草根创业”，鼓励支持科研人员、留学归国人员创新创业。

3. 坚持精准服务，把客户的需求“置于顶上”

坚持提供专业、快速、有效、高性价比的服务。售前由销售经理、软硬件设计师等专业团队与客户沟通，深入了解客户需求；售中由专业的项目团队为客户提供产品定义、开发到生产、测试的全流程支撑；售后由服务部门、FAE

工程师服务团队在客户现场提供服务，完善的服务流程和标准，实现端到端交付，提供高品质产品。

4. 始终加强人才激励，让员工真正成为企业的主人

员工是最宝贵的财富及高速发展的核心动力。财富之舟建立了员工与企业共同成长的机制，让员工实现个人价值，成为企业的主人。开通了五级发展双通道，即初做者—有经验者—骨干（监督者）—专家（管理者）—资深专家（领导者）的专业通道和管理通道。同时，员工享有“月薪＋绩效＋季度奖＋年终奖＋专项奖＋创新奖”的薪酬体系，享有五险一金、商业保险等保险保障，享有生日礼物、入职一年免费全套体检的福利待遇。

二　贵安新区、贵阳市、遵义市助推企业发展的对比分析

三家企业之所以能取得这样的业绩，主要得益于当地政府对企业的强力支持。

（一）贵安模式：五个精准齐发力，打造企业创业创新营商环境

1. 服务对象精准

企业发展需要政策支持的“阳光雨露”，更需要为企业精准搭建各类服务平台。新区积极营造数字经济发展的良好环境，构建“亲”“清”的政商关系，真诚为企业服务。建立各单位各园区纵横互动的大数据产业调度机制，采取“量身定制”“一对一”指导联系企业，及时帮助解决生产经营中遇到的困难和问题。对白山云的税务和行政审批，基本都是当天响应，有些甚至当天解决，创造了审批最少、流程最优、体制最顺、机制最活、效率最高、服务最优的营商环境。根据白山云的企业发展情况，积极搭建跨企业跨行业的价值链、供应链合作大平台，帮助企业与落户贵安的富士康、高通等众多知名企业合作，为贵安大数据产业发展激发最大活力。

2. 项目资金投放精准

新区避免“撒胡椒面”和“大水漫灌”式的资金投放方式，在基金投放前做好大量准备工作，将项目资金精准滴灌到效益较好、发展潜力强的企业。2016 年 7 月，新区通过实施“基金＋产业”的发展模式，将产业基金注资白

山云，开展以大数据为核心的存储、分发链接、应用等方面的合作，使白山云有充足的资金迅速开拓业务，月收入在半年内翻了三番，并实现当年盈利。还积极打造“基金+金融支持”服务模式，支持配套的租赁公司、基金公司与白山云开展多项合作。

3. 人才培训精准

新区针对白山云数据加工、分析等专业大数据人才缺乏问题，积极联系NIIT为白山云开展定点的人才培训，建立人才输送通道，为企业发展提供源源不断的专业技术人才支撑。依托花溪大学城、清镇职教城优质教育资源，积极为白山云搭建校企间长期定向合作的平台，推进白山云与高校在大数据“政产学研”方面合作。

4. 信息基础设施建设精准

新区坚持信息基础设施先行，着力推进无线WiFi、4G网络、宽带网络、数据中心等基础设施建设。2017年，三大运营商和富士康服务器的承载能力突破30万台。阿里、苹果、中科院生物医学大数据中心、FAST天文大数据中心、超级计算中心等一批示范性引领性数据中心项目先后落地，腾讯数据中心、华为数据中心项目已开工建设，中国南方大数据中心雏形初显。基础设施建设精准推进，为白山云等大数据企业快速发展提供了强有力的保障。

5. 措施到位精准

新区以五大新发展理念为指引，坚持“高端化、绿色化、集约化”发展，全力实施“钻石计划”厚植大数据产业优势，出台《贵安新区支持大数据应用与创新十条政策措施》《推进大数据战略行动建设大数据综合试验区实施方案》等一系列政策举措，为白山云插上腾飞的翅膀。还针对企业发展实际，采取一企一策，给予白山云在办公设备、办公场地装修补贴、专段号牌等方面优惠。

（二）贵阳模式：政策+资金+人才+基础设施保障，“四个着力”助推企业发展

1. 着力加大政策扶持力度

货车帮的发展得到省委省政府、贵阳市委市政府主要领导的高度重视，时任省委书记陈敏尔、省长孙志刚到货车帮进行调研，了解企业生产经营情况，

希望货车帮做大做强，为贵州大数据发展做出更大贡献。时任市委书记陈刚多次召开专题会议研究支持货车帮公司发展的具体措施，重点围绕智能物流数字港、中国现代物流呼叫中心集群、货运物流信息服务平台、中国公路物流大数据应用平台、打造货车后服务 O2O 交易平台、积极开展金融创新业务等六方面支持货车帮公司加速发展。

2. 着力加大发展资金扶持

贵阳市经开区从办公条件、总部设立、设备购买、园区建设等多方面全力支持货车帮的发展。货车帮公司落户后，经开区给予其 150 万元产业扶持资金和 200 万元设备及系统软件采购资金支持；2015 年给予其 200 万元的资金支持；2016 年，经开区给予其发展货车司机会员补贴 500 万元、场地租金补贴 432 万元、装修补贴 500 万元、呼叫设备补贴 300 万元。

3. 着力加大人才智力支持

一是挂职帮扶。经开区委派区原招商引资局局长到货车帮挂职，帮助协调园区建设以及互联网金融有关资质手续办理。二是积极帮助企业解决用工难问题。区招商引资局多次组织企业参加各类社会招聘、网络招聘等十余场招聘会。贵阳市人才服务中心充分利用“贵阳市人力资源网”，长期为企业免费开辟招聘员工专栏。三是切实解决货车帮引进人才的住房问题。截至目前，为企业高、中、低人才解决 110 套住房。

4. 着力加大运营场地等基础设施保障

为支持货车帮公司做大做强，经开区与货车帮签订补充协议，于 2015 年 9 月将原凯沃重工厂区约 80 亩土地、3 万平方米厂房进行腾笼换鸟，整体提供给货车帮公司先期建设呼叫中心、信息大厅、卡车展示、汽车配件 O2O 电商线上线下体验区。2016 年 11 月，经开区帮助货车帮启动总部基地建设，项目总投资 2 亿元，占地面积 67 亩，建筑面积约 4. 8 万平方米。

（三）遵义模式：“四聚四增”，助推财富之舟

1. 聚焦服务主体，增大项目落地投产率

遵义市在实施“千企改造”“双百企业”“双服务”等工程中，将财富之舟纳入龙头企业、引领型企业、创新成长型企业给予重点帮助。新蒲新区为财富之舟提供各项落地行政审批，海关、国税等相关职能部门，组成专人、专

班，上门对财富之舟进出口业务、出口退税等提供指导和服务。强化企业周边基础设施建设，积极协调解决消防送审、水电保障、员工宿舍装修等，为其快速落地生产提供强有力的后勤保障。

2. 聚焦项目申报，加大资金对企业的扶持力度

新蒲新区制定《企业服务指导手册》，积极协助做好行政审批代办、专项资金申报、项目申报等综合服务工作。针对企业申报难的问题，采取一事一议政策，定期与企业召开专门座谈会，根据情况邀请市级相关部门领导参会，解决相关困难和问题。财富之舟投产以来，已获得省级大数据重点企业、省级龙头型企业等称号，争取了上级资金支持200余万元。

3. 聚焦人才，增强企业用工“蓄水池”功能

出台《遵义市新蒲新区智能终端产业人才引进办法》，不断释放人才优惠政策红利，帮助解决产业高级人才匮乏问题。通过选送优秀人才到财富之舟挂职学习，帮助企业解决发展难题，不断提升发展智能终端产业的核心竞争力。设立新蒲新区职业技术学校，制定企业用工补贴制度，出台园区智能终端企业用工政策，建立企业用工“蓄水池”，帮助企业解决“用工荒”。

4. 聚焦招商引资，增强“虹吸效应”

新蒲新区紧盯智能终端，全面改革和加强招商引资工作，通过精准招商、专业招商、以商招商、驻点招商等多元结合的方式，积极主办和参加智能终端主题招商推介会，打出一整套“组合拳”，引进“外生变量”激活转型升级“内生动力”，让智能终端的遵义新蒲优势在企业家那里入脑入心，让智能终端企业一转移就想到新蒲，让企业在其他地方的投资流入新蒲。

三　推广成功经验，助推贵安大数据产业加快发展的对策建议

党的十九大报告指出，“加快建设制造强国，加快发展先进制造业，推动互联网、大数据、人工智能和实体经济深度融合，在中高端消费、创新引领、绿色低碳、共享经济、现代供应链、人力资本服务等领域培育新增长点、形成新动能”。贵安新区应牢牢把握这一历史契机，借鉴贵阳、遵义助推典型企业好的做法和经验，总结推广好白山云科技有限公司等典型企业，

加快发展大数据，培育发展新动能、拓展经济发展新空间，促进经济提速转型发展，走出一条西部地区利用大数据实现弯道取直、后发赶超、同步小康的发展新路。

（一）破解产业竞争压力越来越大之痛，突出强化“四个注重”

从省外看：2016 年 2 月，国家批复同意贵州省建立全国首个国家级大数据综合试点区；10 月，京津冀等七个区域获批第二批国家大数据综合试验区建设。全国各地纷纷抢抓历史机遇，积极谋划，大力发展大数据、云计算等产业，竞争愈演愈烈。据《中国省域大数据发展指数分析报告》分析，2016 年各省份大数据发展指数评介结果显示，广东、北京、上海、浙江、江苏、重庆等省市排在贵州省之前，山东、福建、河南、河北等省紧追其后。广东在 2012 年底宣布“率先启动大数据战略”并成立了大数据管理局，北京、上海等地率先建立了政府数据资源开放平台，河南省 2016 年以来全力推进 18 个大数据产业园区建设，重庆成立西南大数据联盟全力推进西南大数据产业的发展。从贵州省内来看：贵阳、遵义两市各出奇招，贵阳已集聚大数据相关企业 4000 多家，大数据产业规模总量突破千亿元；遵义集聚大数据企业 400 多家，其中手机生产和配套企业 23 户，带动全省智能终端产量跨入全国前 10 位。前有标兵、后有追兵，贵安大数据要发展壮大，必须坚定不移实施好大数据战略行动，突出强化“四个注重”。即：一是要更加注重抢抓机遇和应对竞争相结合。贵阳、遵义二地根据自身的产业优势、合理规划、准确定位，科学布局大数据产业，因地制宜走出了与新区差异化发展路子。新区应既要紧紧拥抱大数据时代到来和数字经济发展的新机遇，把国家政策用好用足用活，找准产业定位和发展方向，在“特色”和“优势”上做文章，实施差异化发展战略，因地制宜闯出一条符合贵安实际的大数据发展新路；又要积极应对其他市州在大数据发展方面日趋激烈的竞争，提升产业核心竞争力，强化产业统筹规划，避免一哄而上一味用优惠政策吸引企业，出现“村村点火，户户冒烟”重复建设、同质化竞争，出现新的产能过剩。二是要更加注重信息基础设施建设和改革创新引领相结合。既要强化数字经济基础设施保障，加快建设城乡高速宽带网络“完成末梢建设一公里”，推进贵阳·贵安国家骨干直联点建设，拓宽互联网出省带宽“打通出省一公里”，巩固贵安在中国电信网络的骨干节点地位，为大数据发展提供牢固的基础支撑；又要强化体制机制保障，建立完善数字经济开放合作体制机制、推动数字经济创新创业、深化科技管理体制改革、推动数字经济法制化标准化改革，为大数据发展提供牢固的制度保障，抢占大数据发展制高点，保持在全国乃至全球的领先优势。三是要更加注重产业发展和融合带动相结合。既要进一步丰富大数据产业发展的内涵和外延，加快“资源型、技术型、融合型、服务型”数字经济的发展；又要坚持以应用促发展，利用好“互联网+”，积极开展“大数据+产业深度融合行动计划”，大力发展智慧旅游、智慧健康、数字金融、智慧物流、电子商务等产业，促进大数据与大生态、大旅游、大健康、大扶贫等深度融合，打通与外部世界联系的通道。四是要更加注重网络安全和营造良好营商环境相结合。既要坚持广泛监管、重点监管并举，加快构建以信息共享为基础，事前预防、事中控制、事后恢复与惩治的关键信息基础设施保护体系，为数字经济发展创造良好的安全环境；又要减少审批环节，深化商事制度等改革，强化企业创新主体地位，减少政府对数字经济企业创新创业活动的干预。

（二）破解企业规模小、产品低端之痛，加大培育壮大市场主体

发展大数据主体是企业、根本靠企业。而贵安新区支柱企业少风险隐患大。如2018年1~5月新区直管区规模以上工业总产值完成24.47亿元，仅富士康集团公司就完成了19.55亿元，占规模工业总产值近80%，一旦富士康集团公司生产稍有波动，新区工业经济生产局面将十分被动。应实施好新兴产业突破工程，大力开展好“数字经济项目建设年活动”，加快培育壮大主体企业，以推进大数据产业集聚区建设等为载体，形成“大企业顶天立地、小企业铺天盖地”的良好局面。一是围绕“培育一批大数据中小微企业”做文章。全面落实支持中小微企业发展政策措施，发挥好省、区大数据发展专项资金作用，重点支持一批符合种子期、初创期成长型中小微企业发展。推动大众创业、万众创新，启动实施大数据小微企业创新创业培育三年行动计划，推动中小微企业向“专精特新”发展，打造形成一批中小微大数据创新型企业集群。二是围绕“建立‘种子企业’到‘领军企业’的良性发展梯队”做文章。借鉴贵阳市经开区委派区原招商引资局局长到货车帮挂职，帮助解决企业发展中面临的困难和解决问题的经验。对大数据企业进行摸底调研，列出一批成长性

帮扶企业，委派一批有经验工作人员到企业进行挂职帮扶，帮助企业解决困难和问题，助推企业从“种子企业”成长为“领军企业”。建立健全创新型小微企业、成长型中小企业项目库，构建“创业苗圃+孵化器+加速器+放大器”孵化体系，采取“创业培训、创业引智、创业孵化、创业融资、创业大赛和创业服务”的双创扶持措施，培育孵化形成一批成长潜力大、商业模式新、产业特色鲜明的高成长型大数据企业。启动实施骨干企业培育工程，培育一批自主创新能力强、主业突出、掌握核心关键技术、拥有自主知识产权和品牌优势的领军型企业。鼓励和支持领军型企业积极探索“资源变资产、资金变股金、企业变股东”的“三变”模式，做大做强，深扎新区、走向全国。三是围绕“打造一批数字经济的领军型企业和示范基地”做文章。依托贵州大数据综合试验区、“1+8”国家级开放创新平台、数博会等招商引资引智平台，实施大型龙头企业和跨国企业培育引进计划，培育一批有国际影响力、竞争力的大型企业集团。发挥好富士康、高通等龙头企业的作用，引进培育一批大数据企业，推动智能手机、集成电路、服务器产业发展。以园中园、合作共建、企业自建等方式，推动“一带一路”沿线国家参与贵安数字经济产业园区的建设。

（三）破解人才支撑不足之痛，加快推进大数据人才队伍建设

“功以才成，业由才广”。三企实践启示我们，必须下好“先手棋”，把人才作为支撑发展的第一资源，为企业发展筑牢人才之基。当前，贵安发展大数据产业的最大短板就是人才严重不足，既缺少高层次的领军型人才，如大数据理论创新专家、大数据挖掘专家，大数据架构师等。也缺少中低层次的人才，如数据清洗人才、数据搜集人才等。另外，党政干部对大数据知之不深，深入了解大数据、坚定不移地用大数据推动发展的干部亟待进一步增多。一是加大企业高端人才和紧缺人才引进力度。加快制定完善贵安支持大数据人才创新创业若干措施、贵安大数据人才支撑行动计划等政策措施，围绕设立人才创业基金、产业扶持、人才创业环境打造、强化培养力度、优化人才激励服务等方面提出有较大吸引力的优惠政策措施，大力吸引企业高端人才和紧缺人才。二是引进培养大数据专业技术人才。推广白山云依托花溪大学城，先后拜访贵州21所院校大数据相关专业及培训机构，宣传介绍企业发展情况，让高校师生

深入了解企业、进入企业的做法。应建立健全一套完善的大数据人才引进培养机制助推校企合作，支持新区企业到花溪大学城、清镇职教城、清华大学等省内外高校进行宣传，让高校师生了解企业发展情况，从根本上解决数字经济专业人才稀缺问题。加强与科研机构、高科技企业、相关专家的合作，建设一批数字经济专业人才培养基地。三是增强广大干部掌握大数据、驾驭大数据的能力。针对党政干部对大数据知之不深等情况，积极争取省委组织部、省人社厅、省商务厅等培训及项目资金，通过省委党校、行业协会、企业组织等开办大数据专题培训班、巡回宣传宣讲等方式，普及推广大数据发展知识、全面详细地展示贵安大数据发展思路、好的做法及典型案例，帮助广大干部认识大数据、支持大数据、参与大数据，更好地以大数据引领经济转型升级、提升政府治理能力、服务民生社会事业。四是牢固树立把“企业家举过顶”的理念。应不断优化企业家成长环境，建立健全有利于企业家参与创新决策、凝聚创新人才、整合创新资源的新机制，进一步营造尊重、关怀、宽容、支持企业家的社会文化氛围，建立“亲、清”的新型政商关系。

（四）破解招商引资政策等亟待配套之痛，增强企业发展新动能

企业引进来之后，如何让企业留得住，配套政策是保障。贵安大数据产业具备良好的政策基础，但配套招商引资政策、资金缺乏、数字经济统计调查和监测分析体系尚未健全等问题仍然制约着大数据产业的持续发展。一是强化政策支撑。贵阳、遵义按照“引进培育双结合、形成一链、壮大一片”的发展思路，突出引进培育业内知名、竞争优势明显、专业化水平较高的企业。企业入驻后，站在企业的角度思考问题，研究其经营模式，采取“一对一”“量身定制”等优惠政策措施，帮助企业发展壮大，成为市场竞争力强、产业带动性大的领军式企业，带动了当地产业的发展。为此，应加快出台创业、税收、土地、招商等一揽子配套扶持政策，帮助企业做大做强。创新招商引资方式，搭建招商引资平台，瞄准大数据产业高端、技术前沿，以打造“产业园”为抓手，通过一系列优惠招商引资政策大力引进一批国际国内优强企业，进而吸引上下游配套相关产业进入，形成产业集聚化发展新格局。加快引进一批国家部委、行业和大企业数据容灾备份中心落户贵安。注重内增实力，夯实基础，把大数据重点企业纳入工业“百千万”工程，深入实施“双服务”大行动和

“民营经济服务年”行动，分类施策、精准服务。加大对白山云科技有限公司等典型试点示范企业支持力度，宣传好其经验做法，供其他企业学习借鉴。二是加快建立适应数字经济发展的融资模式。加快组建政府出资的大数据产业基金，与云上贵州公司运营的市场化基金等组成互为补充和支持的基金支持体系，多层次助推大数据产业发展。培育有条件的数字经济企业上市融资，鼓励中小数字经济企业在“新三板”等股权交易中心挂牌融资。三是发挥好基层党组织作用。货车帮针对部分货运司机党员党性意识不强，先锋模范作用难以发挥的实际，“把支部建在车轮上”，创新“大数据+党建”新模式，助推了企业的发展。应根据大数据企业特点，建立健全非公经济基层党组织，不断发挥基层党组织的战斗堡垒作用，让基层党组织“力量倍增”，为企业发展插上腾飞的翅膀。四是加强监测分析。建立健全数字经济统计调查和监测分析制度，强化数字经济数据搜集、处理、发布和共享工作，建立数据沟通和分享机制。加大引进360、金山等一批国内顶级数据安全技术提供商，建立数据安全核心能力，确保数据信息安全和应用可靠。

参考文献

《决胜全面建成小康社会　夺取新时代中国特色社会主义伟大胜利》，习近平总书记代表第十八届中央委员会于2017年10月18日在中国共产党第十九次全国代表大会上的报告。

《中共贵州省委关于制定贵州省国民经济和社会发展第十三个五年规划的建议》，2015年11月13日贵州省第十一届委员会第六次全体会议通过。

《紧密团结在以习近平同志为核心的党中央周围　决胜脱贫攻坚同步全面小康奋力开创百姓富生态美的多彩贵州新未来》，陈敏尔书记代表中共贵州省第十一届委员会于2017年4月16日在贵州省第十二次党代表大会上的报告。

连玉明：《中国省域大数据发展指数分析报告》，载《2017年中国大数据发展报告》。

B.24

贵安新区国有企业创新发展报告

——以贵安新区开发投资有限公司为例

熊 伟　王 庆　杨福江*

摘　要： 在全面深化改革的大棋局中，国有企业的改革创新发展是重中之重。贵安新区开发投资有限公司作为国家级新区贵安新区的开发运作载体，成立四年以来，把强化公司改革作为优化发展的主攻方向，始终坚持优先抓发展，同步推改革，在继承中创新，在创新中发展。努力构建公司全面深化改革的立柱架梁型支撑体系，为公司转型升级增添了活力和动力，在改革创新发展过程中，敢闯敢试，真抓实干。

关键词： 贵安新区　国企改革　创新发展

贵安新区开发投资有限公司（以下简称“开投公司”）是贵州省人民政府批准成立的省管国有大型企业，成立于2012年11月29日，注册资本200亿元人民币，系国家级新区贵安新区开发建设的运作平台和执行层。

开投公司成立以来，始终坚持“高端化、绿色化、集约化”发展方针，立足贵安，助力贵安，深耕贵安，一手抓服务新区开发建设，一手抓自身产业发展。以全面深化改革为主线，以降成本、提质量、增效益为核心，始终坚持问题导向、目标导向，聚焦投资融资、开发建设、产业发展、经营管理等精准

* 熊伟，中共贵州省委当代贵州杂志社全媒体记者，研究方向：国有企业改革；王庆，中共贵州省委当代贵州杂志社驻贵安新区记者站站长，贵州文化音像出版社总编辑、总经理，美丽贵安杂志社执行总编辑，贵安开发杂志社执行总编辑；杨福江，中共贵州省委当代贵州杂志社全媒体记者。

发力，为公司改革转型夯实基础、蓄势聚力。

在改革创新发展过程中，公司坚持发展、坚持“两手抓两手硬”，继承贵安理念、贵安精神、贵安模式的优秀成果，借鉴新区开发建设中积累的成功经验，充分发挥贵安新区党政企一体化的体制机制优势，始终把创新作为推动公司发展的第一动力，稳步推进投资融资、财务管理、人事薪酬、风险防控等方面的改革。按照“试点带动，逐步铺开”的思路，先易后难、循序渐进、渐次推进，以推动商业类子公司作为改革试点，不断总结提升、示范推广，努力探索公司市场化改革路径，逐步推动公司向市场化、实体化、集团化、国际化转型。

一　开投公司重点工作开展情况

“国有企业属于全民所有，是推进国家现代化、保障人民共同利益的重要力量，是我们党和国家事业发展的重要物质基础和政治基础。”开投公司成立以来，开发建设高效有序推进，始终坚持高标准推进贵安新区开发建设，全力推动贵安新区实现生产、生活、生态“三生空间”融合发展。高端产业快速聚集发展，始终把大数据引领下的电子信息、高端装备制造、大健康新医药、文化旅游和现代服务业作为支柱型产业进行培育发展，按照新区“五大主导产业”发展布局规划，开投公司充分发挥国有资本整合资源和调配资源的功能，把抓产业发展作为推动新区实现产城融合的重要途径，以“基金＋项目”引导产业，以“园区＋项目”聚集产业，以“资本＋股权”投资产业，以“资本＋研发”提升产业，实现以资本驱动产业发展，以园区聚集产业发展。

自身动能持续稳步增强，开投公司在推进新区开发建设进程中，不断夯实巩固发展基础，着力增强发展动能。全力推进自身城市综合开发运营业务、金融服务业务、产业投资业务、商贸流通业务加快发展，培育内部发展动能。同时，聚焦大数据、大健康、大文旅、新能源新材料“三大一新”产业，按照“链条式培育，集群化发展”的总体思路，全力打造产业生态，以精准医疗为核心的大数据产业、以新能源汽车和车桩网一体化项目为核心的新能源新材料产业正在布局发展，初步构建起产业链体系，培育外部发展动能。

开投公司始终坚持“涓涓细流，海纳百川”的企业精神，“节约、严谨、开放、包容”的企业作风，“整合资源，搭建平台，融合发展，创新跨越”的经营理念和“双源四驱动”创新发展模式，以“根植新区发展，引领城市未来”为企业使命，致力于将开投公司发展成为服务新区开发建设平台“升级版”，成为助推新区产城融合的“新引擎”。

步入“十三五”，开投公司严格按照党中央、国务院关于推动国有企业深化改革的决策部署，按照贵州省委、省政府关于推动政府平台公司转型升级的总体要求，以把贵安新区建设成为践行五大新发展理念先行示范区为统领，坚持政策导向、目标导向、问题导向和发展导向，全面深入实施“一体两翼三融合四核心五转变”改革转型战略，通过管理体制机制创新，实现公司法人治理结构、治理体系和治理能力“三个现代化”，建立健全现代企业管理体系，推动公司向市场化、实体化方向转型发展。着力构建以城市综合开发运营业务为核心，以产业投资和金融服务业务为支撑的“一体两翼”业务模式，推动“城市综合开发运营、金融服务、产业投资”三大核心板块业务互动融合发展，形成“产城融合、产金融合、城金融合”发展格局，奋力打造一流的城市综合开发运营商。力争到“十三五”末，公司实现经营收入500亿元以上，实现净利润30亿元以上，资产规模达到3000亿元以上。

二　开投公司改革创新工作推进情况

（一）明确改革创新发展总体思路

1. 不断完善顶层架构设计

“国企改革与发展要进一步遵循市场经济原则，不能无边界的发展，不能成为市场经济的主角。”进入新的历史发展阶段，面对深化改革的关键之年，开投公司围绕“投、融、建、产、管、运”六位一体的发展模式开展顶层设计，细化具体路径和实施策略。按照核心业务和核心能力架构公司的体制机制，通过横向板块和纵向条块的设计布局，对相同或相近板块业务的子公司进行整合，从顶层设计明确战略实施步骤和方案，明确子公司定位和发展方向。

在管控上合理授权，确保权责一致。以产业化、实体化为目标，根据子公司发展战略对现有资源进行有效配置，理顺资产关系。通过对不同业务配置不同资源的方式，将相关资产注入子公司，进一步做实做强子公司，提升其经营能力和市场竞争力。

重点围绕构建核心业务、优化业务流程、明确管控边界等关键领域、不断建立和完善公司转型发展的管控体系，实施路径和保障机制，有序有效推进战略规划稳步实施。

2. 着重优化板块加强竞争

开投公司制定出符合公司发展的城市综合开发运营商实施方案，建立起发展城市经济供应链、资金链、产业链。以此完成公司信息化建设顶层设计，并组建信息管理部门。

在贵安新区开发建设中，开投公司承担开发建设主力军的重任，通过不断发展、壮大和转型升级为市场竞争主体。并围绕新区开发建设主力军和发展成为市场竞争主体这两大目标，统筹设计和处理好两大目标之间的关系，架构并搭建好两大目标的支撑体系，划分和规划好两大目标阶段性发展的不同重点，整合并分配好两大目标的资源。实现两大目标的相互协调、互为保障、互为促进和整体推进。

利用板块和条块设计与分割，在做实做强子公司的基础上，将原集中于总公司的功能进行下放，以板块、业务为指向，将融资、投资、建设、运营等前台功能放在各子公司，总公司只作后台支撑和审核，实现功能职能下移，前台后台互换。这种前后体系设计，既可以让总公司有更多的回旋余地，降低风险集聚，形成后台支撑，又可避免重复建设，更有利于子公司在区块内的统筹管理，并通过良性竞争提高子公司的专业化运营能力，进而提升整体竞争力。

通过进一步理顺和发挥好公司内设专业机构、服务机构的功能和作用，使其具备较高的分析、测算和判断能力，通过全面精准的分析，提出具体方案或建议，为公司经营决策提供有效支持。在实体产业领域加强自身管理、技术等专业人才的培养，为后续产业拓展打下基础。

3. 持续加强经营项目运营

开投公司自 2016 年以来，加大工程建设、商业贸易、建材生产销售、金融业务等业务板块的运营力度，重点加强商投公司区外大宗商品贸易业务、建设集团新建项目全面开工。

（1）加快推进自营项目建设和运营工作，如土地一二级开发、综合综合体、旅游、酒店等市场运营工作，特别是土地整治公司土地一二级开发业务，要为公司整体利润目标完成提供有力支撑。

（2）加强资金调配，重点解决内部三角债造成的资金周转效率低下，影响经营业务的问题。

（3）加强与管委会的协调工作，合理制定安置房回购价格并尽快组织实施，确保本年度已安置房屋所产生收益能进入公司财报，以保障集团全年营收、利润目标的完成。

（4）加强个性问题的解决力度和效率，各子公司在经营分析报告中提出了许多建设和经营中存在的具体问题，部分问题是长期存在未能解决的，子公司应就个性问题专项报告并提出解决建议，呈报总公司总经理办工会和董事长办公会研究，讨论一个解决一个，提高解决效率，保障经营工作顺利运行。

（二）深化重点领域改革

继承创新，深化改革，是开投公司始终保持不竭动力的关键所在。公司成立以来，始终坚持在继承中创新，在创新中积累，在积累中发展，用好深化改革这一关键招，探索推进经营理念创新、发展模式创新和体制机制创新，着力推动投资融资、财务管理、风险管控、人事薪酬等重点领域改革，使公司始终保持良好的成长性和旺盛的生命力。

1. 加强城市综合体开发

开投公司打造“投、融、建、产、管、运”六位一体的城市综合开发运营商的定位，推动公司实现“五个转变”，一是由融资建设向投融一体转变，二是由平台公司向市场实体转变，三是由集中管控向分类管控转变，四是由外延式扩张向内涵式发展转变，五是由以建设为主向开发建设和产业发展并重转变。

2. 加强对工程咨询行业的管理

开投公司加强对工程咨询行业的管理，规范从业行为，保障工程咨询服务质量，促进投资科学决策、规范实施，发挥投资对优化供给结构的关键性作用。

根据《中共中央国务院关于深化投融资体制改革的意见》（中发〔2016〕

18号）文件，2017年2月，国务院下发《工程咨询行业管理办法》规定。开投公司抓牢服务新区建设和促进自身发展两条主线，在继承中创新，在创新中发展，坚持“整合资源、搭建平台、融合发展、跨新创越”的经营理念，实施“双源四驱动”的创新发展模式，塑造“涓涓细流、海纳百川”的企业精神，建设能力不断加强。

3. 加强市场化改革

中国人民大学经济学院杨其静教授认为，“国企的弊端是随着非国企的发展而逐渐暴露而逐渐被我们所认识。在此过程中相关的争论不断，但却引导我们将改革不断向前推进”。可见，在市场经济大环境下，国企市场化改革势在必行。2017年初，开投公司成立改革领导小组，实时指导公司专项改革，制定了《“1+5+N”改革方案》。这里的“1”，主要是指开投公司市场化改革的一个总体设计；“5”指的是基于这个总体设计的5个专业指向；分别为财务、风控、薪酬、人力资源和投资；“N”指的是开投公司旗下子公司的市场化改革。

在落实“1+5+N”这个措施的“N”中，为了市场化改革的顺利推进，开投公司按照“成熟一个、审定一个、实施一个”的原则，选择了四家单位作为改革试点：贵州省招标有限公司（以下简称：“招标公司”），贵州贵安金融投资有限公司（以下简称：“金投公司”）、贵州贵安建设集团有限公司（以下简称：“建设集团”）、贵州贵安商贸投资有限公司（以下简称“商贸公司”）。

招标公司改革：市场化改革势在必行，招标公司为了加强公司全过程工程咨询，对招标、咨询、勘察、设计、监理、造价招标等企业采取联合等方式发展全过程工程咨询，政府及民建项目推行全过程工程咨询服务。

金投公司市场化改革：通过深化体制机制改革，理清各主体权责边界，以改革唤起经营活力、培育核心竞争优势、积累改革经验、形成改革示范效应。金投公司市场化改革的着力点主要有七个：法人治理结构、人事管理、薪酬绩效、投资决策机制、财务管理、风控机制和党建工作。

商贸公司改革：通过激发企业活力，使公司的运营更加高效。在公司总经理岗位上首先推行职业经理人制，中层部分重要岗位推行全员竞聘上岗，努力创建一个高素质、有效率的团队。

建设集团改革：为了实现市场化改革的顺利推进，建设集团采取改革措施，理清企业发展思路，明确企业管理方向；理顺企业管理体制，明晰企业管理权责；强化人力资源管理，提高人事管理效率；加快员工薪酬激励改革，提高企业劳动生产率；拓展市场经营模式，扩大生产经营规模；规范项目成本管理，确保企业营业收入；定期开展经济运行分析，提高企业管理效率；加强企业党建工作，深入开展党风廉政建设。

4. 加强体制机制改革

2017 年，开投公司充分发挥“一心两翼”的体制机制优势。重点围绕核心业务，优化业务流程，明确管控边界，建立和完善公司转型发展管控体系，实施路径和保障体制，有序推动开投公司的战略稳步实施。

开投公司按照“成熟一个、讨论一个、审定一个、实施一个”的原则启动了金融投资公司、置业投资公司、商贸投资公司、市政景观公司、建设集团、招标公司 6 家一级子公司市场化改革。

子公司以精准设计战略路径、阶段目标和主营业务。战略实施路径要以准确的市场调查、数据分析和前景预测为支撑，用科学的方法进行科学决策。在总公司的政策支持和扶持下，主动拓展优质资源，参与市场竞争，走出一条独立自主、业务明晰的经营管理新路。

（三）整合布局产业生态

1. “1 +4”产业格局初步形成

为了不断给平台公司提供改革的政策环境和良好的市场环境，公司将注重做强主业，合理布局产业生态，不断增强公司内部造血功能，为新区开发建设提供源源不断的动力支持。

产业发展作为公司乃至新区发展中的重头戏，开投公司始终聚焦“1 +4”主导产业，瞄准“三大一新”产业链。公司始终把开发建设作为推动新区发展的首要任务，勇当先锋队，勇做排头兵。

按照公司转型发展战略部署，加快构建以城市综合开发运营为主体，以金融服务和产业投资为两翼的“一体两翼”产业发展布局，同时推动“产、城、金”融合发展，打造互促共进、共生共荣的产业生态——“1”是指城市综合开发运营，公司重点立足新区，不断做优做强做大地产开发业务，围绕城市功能布局，开发一批极具商业价值和盈利空间的商业综合体。2018年的主要任务就是完成城市综合体三开发建设工作，启动城市综合体四、城市综合体六项目建设，启动总面积150万平方米以上；完成富贵安康中心广场喜来登酒店、城市综合体三豪生酒店等酒店物业建设；完成土地一级开发1800亩以上，在符合条件的区域推动土地一二级联动开发，为做大城市经济产业奠定基础。"4"就是大数据、大文旅、大健康和新能源新材料。对于"三大一新"产业链，公司将按照"产业发展主要靠基金"的总体思路，以"新兴产业母基金+专业化产业子基金"二层架构模式，找准各产业链条节点和关键点进行精准投资。在提升产业基金团队的专业能力和市场化水平的基础上，推动大数据、大健康、大文旅、新能源新材料等产业快速发展，构建完整的产业体系。在金融产业方面，通过控股或申筹方式，加快获取证券、保险、银行等核心金控牌照，加快完成平坝、长顺等5家农信社改革改制工作，加快推进金融资产管理公司、金融资产交易中心申筹工作，为促进金投公司向金控集团转型发展奠定基础。按照打造"融、投、贷、保、服"全方位金融服务体系的总体思路，加快完善金融服务平台，大力发展融资租赁、小贷担保、商业保理等金融服务。

在金融供应链上打通集资金蓄积通道、资金中介通道、股权投资通道、债权投资通道、金融服务通道于一体的金融产业链体系，为新区提供全方位金融配套服务。

2. 创建"三大一新"产业布局

开投公司始终把发展产业作为推动新区建设和促进自身发展的重要途径，始终坚持整合大资源、搭建大平台，依托新区大舞台，促进重点产业布局发展，围绕"三大一新"产业布局，全力做好大数据、大文旅、大健康、新能源新材料产业领域投资工作，为公司转型升级积蓄发展动能。

（1）大数据：产业集群的示范引领

狠抓大数据产业承建平台搭建，开投公司抓好高速信息传输网络布局，加快搭建智能充电云平台，并逐步推进全省能源互联网布局，加快推动新区直管区范围内高速光纤传输网络的规划布局。

狠抓大数据产业重大项目落地。开投公司加快推进"影像+基因"精准医疗大数据中心，SPI新能源互联网，VR园区等一批重大项目落地，形成现实生产力。实施精准化招商，加快引进大数据产业项目聚焦。

抓好大数据产业关键节点投资，实施走出去和请进来相结合的发展模式，重点聚焦能源大数据、医疗大数据、旅游大数据、智能终端、智慧城市应用等投资节点，确保形成稳定的投资收益，夯实公司产业发展的基础。

抓好大数据产业链生态构建。整合数据产业上游资源，中游技术和下游运用，重点在旅游大数据、医疗大数据、能源大数据、交通大数据、智慧城市应用等领域形成“互联网+”产业生态，打造大数据产业集群。

（2）大健康：转型发展的重要支撑

按照“高端化、绿色化、集约化”的发展要求，新区规划引领大健康医疗产业发展，制定并出台《贵安新区大健康医疗产业发展规划（2014～2020年）》《贵安新区大健康医疗产业发展实施方案（2014～2017年）》。

以“绿色、健康、高端、创新”为引领，新区将围绕“一园、一城、一基地”产业布局、重点建设新医药产业园、健康医疗城、医疗器械及医用材料产业基地，到2017年大健康医药产业实现产值100亿元。

聚焦中小企业150家以上，形成研发孵化、贸易物流“两个中心”，建成医疗制造，医疗器械及医用材料产业、医疗健康服务、生态旅游养生度假“四个基地”。

加快推进贵安新区的产业园区开发建设，促进新区产业聚焦，打造特色产业，贯彻贵安新区开发投资有限公司转型改革路径，夯实企业可持续发展的基础。

借助全省大力发展大健康医药产业的大契机，根据新区党工委管委会、开投公司相关会议精神，贵州贵安新医药产业投资有限公司由二级子公司调整为一级子公司，名称变更为贵州贵安大健康医药产业投资有限公司。

（3）大文旅：全域旅游的发展基础

打造全域旅游。贵安新区文旅集团投资7.3亿元，用于车田、龙山湖等已经开发景区景点的改造提升。开通“周末看贵安”旅游专线、“领略户外·体验精彩”亲子免费体验等活动。

建设国际休闲度假区。文旅集团投资76亿元进行云漫湖国际旅游度假区、森泊国际度假酒店、世界民间艺术博览城等重大项目的落地建设，增强新区的旅游文化产业核心竞争力，全力将贵安新区打造成为国际休闲旅游度假区、全域旅游示范区。

打造文旅生态圈。依托智慧出行、智慧出游等智慧平台内容建设，率先打造中国首个智慧型旅游综合服务平台，推进业态互联互动、大数据整合串联、生活消费培育，实现生产、生活、消费联动，打造文旅集团产业生态圈。

打造特色旅游品牌。依托产业生产圈建设，打造“五贵三乐”旅游品牌体系，即围绕“万水千山·美丽贵安”品牌，建设贵安旅、贵安情、贵安客、贵安行、贵安养等产品品牌，实现“乐游贵安、乐活贵安、乐业贵安”城市旅游品牌。

围绕精品项目建设，夯实集团产业实力，加快谋划以精品景区、酒店建设管理为重点的基础产业，以新能源车、贵州旅游集散中心建设运营为重点的支撑产业，以会节庆、影视传媒、体育赛事为重点的前沿产业。

对旅游产业进行嫁接。加快人才团队建设，以市场化机制引入专业人才，推进集团内部人才培育，加快强援合作联盟，推进前沿业态、管理运营、品牌赛事、产业基金等方面的强援合作嫁接。

加快资本市场运作，通过资本市场运作，推进优质资产兼并收购，联动金投公司及外界资本，嫁接产业基金发展支持，进一步做大做强项目资本运作。

（4）新能源新材料：全产业链的贵安模式

抢占经济制高点。通过抢占“新技术、新产业、新业态、新模式”的经济制高点，与五龙电动车集团有限公司签署《贵安新区新能源汽车产业项目一期投资合作协议》《贵州客车制造厂有限公司增资扩股协议》，与27家新能源汽车核心零部件企业分别签署《平台企业战略合作协议》。投资50亿元，占地1300亩，形成千亿元级的汽车产业生态园。

加强产业链条合作。与北京电桩、伽马创投签署战略合作协议，首期募集3亿元，联合打造国内首个新能源汽车暨充电基础设施投资基金，共同在贵安新区打造完整版的新能源汽车全生态产业链条。

三　开投公司改革创新发展存在的问题

国有企业改革是一项复杂的系统工程，我们既要充分认识推进国有企业改革的重要性和紧迫性，又要清醒地看到这项工作的艰巨性和长期性。开投公司在改革创新发展的过程中仍存在大量的问题。

（一）各业务板块、各子公司发展战略定位尚不明确

开投公司下属子公司仍存在发展方向不明确、主营业务不明确、市场化转型路径不明确的问题。传统业务品种单一，缺乏市场竞争力，新的业务还未构建。

（二）管控边界仍然不清晰，管理层级还未理顺

开投公司原有的集团化管控模式还未彻底打破，造成子公司责、权、利不对等，决策效率不高、管理层级混乱。开投公司下属子公司之间的业务同质化问题突出，内部协同效率不高。

（三）市场意识淡薄，经营管理不能满足公司转型发展要求

开投公司下属子公司在企业经营管理方面尚未建立起符合现代企业制度、符合市场规律、符合自身实际的经营管理体系。子公司实现市场化、实体化转型的措施不多，公司内生动力和造血功能依然不足。

（四）人力资源配置难以满足转型发展需求

经营管理团队市场竞争意识不强、开拓市场的能力不足、对现代企业经营管理缺乏经验，能力素质结构还不能完全适应公司转型发展需求。

四　开投公司改革创新发展对策建议

2017 年 3 月，开投公司财务共享服务中心正式落地，标志着公司深化改革取得实质性突破，财务管理改革稳步有序推进。开投公司的人力资源管理改革、薪酬体系改革、风险防控体系改革陆续落地，重点领域改革取得实实在在的成效。同时，启动实施金投公司、商贸公司、建设集团 3 个改革试点，公司在市场化改革上迈出了新步伐。

内部管控不断趋于规范，按照“精简、高效、实用”的原则，分类、分级、分层推动公司制度建设。启动了重点领域实施方案编制，关键环节管理制度、管理办法、管理流程的“废、改、立”工作。以打造战略管控型总部职

能为目标，推动部门回归主职、公司回归主业，明确“后台服务”与“前端运营”之间的服务和管控关系。按制度管人、按流程办事的内部管控机制正在逐步形成。

（一）要在推动改革落深落透上取得实效

（1）按照“保时限、保质量、保效果”的要求，细化分解各项改革任务，确保每项改革任务对应相关工作机制，确保各项改革任务横向到边，确保抓执行落地纵向到底。在重大专项改革上尽快取得实效。

（2）对改革出现的问题及时跟踪，及时评估，建立信息反馈机制，加快建立和完善“员工能进能出、干部能上能下、薪酬能高能低”的现代企业管理体系。

（3）要加快研究推进投资决策管理改革，建立程序规范、流程优化、依法合规的投资决策体系，不断提高投资决策效率，切实有效防范投资风险。在市场化改革试点上尽快取得实效。

（二）坚持以投资融资为重点，推动投融模式创新见效

（1）要着力拓展资金来源渠道。要紧紧围绕全年完成融资的目标任务，采取多元化融资手段，拓展资金来源渠道，切实强化资金保障，有效防范债务风险。

（2）要把握节奏推进固定资产投资。紧紧围绕全年完成投资的目标任务，既要开启冲刺模式，又要把握好节奏力度，关键是要千方百计做大有效投资。

（3）要推进投融资模式创新取得实效。在政府债务管控严格，平台公司融资受限的政策导向下，推动投融资模式创新，是推动新区开发建设和公司转型发展的根本出路，核心是要加快研究设计社会资金进入新区开发建设领域的交易架构，借助社会资本的力量，确保投资、融资实现良性互动，双轮驱动。

（4）按照“借、用、管、还、运”一体化的思路，通过城镇化基金和产业基金引入央企增信和撬动社会资本对新区进行区域性开发。

（5）按照“三大一新”产业发展目标和土地整治规划，积极拓展融资渠道，加大对社会资本的撬动，缓解公司资金压力。

（6）探索推进“融建模式”“区域开发 + 融建模式”推动投融资实现市场化，在有效防范债务风险的同时，确保投融资工作稳步有序开展。

（三）坚持以产业发展为根本，促进新旧动能持续转换

（1）突出做好以地产开发为主的城市综合开发业务。探索搭建地产开发平台、项目建设平台和城市运营平台，平台之间通过项目引流、土地价值提升和资金融通，整合政策资源、资金资源、土地资源和特许经营权等，形成协同融合、一体化联动发展。

（2）持续推动金融业务创新发展。要坚定不移地贯彻落实全国金融工作会议精神，紧紧围绕“服务实体经济、防控金融风险、深化金融改革”三大核心任务，确保公司金融产业始终沿着正确的方向不断发展。

（3）更加注重以完全市场化方式做大产业投资板块。要强化投资分类管理，着力提高公司自营项目、公司自身产业的精准化投资能力和投资收益；要加快完善投资决策体系，防范投资风险。

（4）开展招商引资和园区建设向优质的园区运营服务提供商转型发展。

（四）坚持以开发建设为抓手，强化转型发展战略储备

（1）要把创新开发建设模式作为前提。要在政府债务管控政策要求下，加快在开发建设模式上实现“破题”，坚决不能触碰政策底线和红线。

（2）综合利用好政府购买服务、PPP 和投融建一体化等措施，探索新区开建设新模式。

（3）要在完善城市功能中提升自身实力。要坚持以供给侧结构性改革为主线，在基础设施、公建配套建设、环境工程方面持续发力，不断提升新区要素配套保障水平，强化有效供给，提高供给效率。要在重点区域开发中卡位核心资源。

（五）坚持以经营管理为突破，提升转型发展质量效益

（1）要强化运行成本管控。大力实施“成本管控年”计划，实现开源节流。严控财务成本，全面提升财务管理部门成本核算和管控能力，强化对公司经营管理成本、项目建设成本的定期分析，建立起对运行成本的动态化监控机制。

（2）全面加强财务预算管理，合理安排和执行资金使用计划，避免资金积压造成财务成本攀升。

（3）继续推进债务展期和存量债务置换工作，降低资金成本，延长资金周期。严控建设成本，突出重点、分清主次、把握节奏，坚决不搞“大水漫灌”。

（4）着力提升发展质量。树立质量第一意识，开展质量提升行动，建立完善项目决策机制，凡是公司自营类项目，必须以具备可研水平的项目论证资料作为项目进入投资决策程序的前置条件；凡是进入投资决策程序的项目，必须具备尽职调查报告或经营运行策划、投资管理部门审核意见和审计法务部门的法律审查意见“三个必备要件”；凡是提请上会研究的项目，必须经过分管领导先行研究并形成初步意见。

（5）要切实强化项目分析评估、投资风险防控和责任追究机制，扎实提升投资决策的科学化水平，提高投资收益，有效防范投资风险。

参考文献

《国务院关于深化国有企业改革的指导意见》（中发〔2015〕22号），2015年08月24日。

杨卫东：《国企改革与“再国有化”反思》，《华中师范大学学报》（人文社会科学版）2013年第1期。

杨其静：《国企改革：在摸索与争论中前进》，《世界经济文汇》2008年第1期。

附　　录

Appendix

B.25
2016年贵安新区大事记

王庆　熊伟　赵昭颖*

一月

1月1日　贵州省委常委、常务副省长、贵安新区党工委书记秦如培检查高端装备制造产业园、电子信息产业孵化园项目建设情况。

1月3日　贵州省委常委、常务副省长、贵安新区党工委书记秦如培召开研究民博会和民族民俗博览城建设有关工作专题会。

同日　贵州乐华城国际欢乐度假区项目开工奠基仪式举行，贵安新区管委会副主任黄家耀出席活动并讲话。

1月4日　贵州省委在贵安新区召开常委会，专题听取新区工作情况汇

* 王庆，中共贵州省委当代贵州杂志社论坛工作室主任，高级记者，研究员，贵州大学中国试验区研究中心常务副主任，《当代贵州·美丽贵安》杂志社执行总编辑，《贵安开发》杂志社执行总编辑；熊伟，《当代贵州·美丽贵安》杂志社编辑、记者；赵昭颖，贵安新区党工委管委会办公室工作人员。

报，研究指导贵安新区经济社会发展。省委书记陈敏尔主持会议并讲话。省委副书记、代省长孙志刚，省政协主席王富玉，省委副书记、省委政法委书记谌贻琴，省委常委宋璇涛、刘晓凯、秦如培、陈刚、张广智、慕德贵、王盛槐、龙超云等省人大、省政府、省政协班子成员和党组成员参加会议。

1月5日 贵州省委常委、常务副省长、贵安新区党工委书记秦如培主持召开党工委（扩大）会议，学习传达省委常委会精神，研究贯彻落实意见。贵安新区领导马长青、孙登峰、宗文、杜丹等出席。

同日 贵安新区管委会主任马长青主持召开学习贯彻落实省委常委会精神座谈会。新区领导孙登峰、宗文、黄家耀、王春雷、许剑龙等参加。

1月6日 贵安新区管委会主任马长青与贵阳农村商业银行负责人座谈。

1月7日 贵州省委副书记、代省长孙志刚，省委常委、常务副省长、贵安新区党工委书记秦如培会见上海联影医疗科技有限公司董事长薛敏、深圳华大基因科技股份有限公司董事长汪建、中金数据系统公司董事长杨洁等企业家。贵安新区管委会主任马长青，新区党工委副书记、开投公司董事长宗文陪同会见。

1月8日 贵州省委常委、常务副省长、贵安新区党工委书记秦如培，贵安新区管委会主任马长青，新区党工委副书记、贵安综保区党工委书记、贵安综保区管委会主任孙登峰参加新区党工委管委会领导班子“三严三实”专题民主生活会。

1月11日 贵州省委副书记、代省长孙志刚出席贵安新区规划建设领导小组第五次全体会议并做重要讲话。贵州省委常委、常务副省长、贵安新区党工委书记秦如培主持会议，省委常委、贵阳市委书记陈刚，省委常委、副省长慕德贵出席并讲话。省政府秘书长唐德智，管委会主任马长青，新区领导孙登峰、宗文、曾瑜、欧阳武、张富杰，王春雷、许剑龙、蔡光辉、李建峰等参加会议。

同日 马长青主持召开党工委（扩大）会议，传达学习新区规划建设领导小组第五次全体会议精神。

1月12日 贵安新区管委会主任马长青会见上海贝格集团董事长李常青一行，并出席新区与上海贝格集团签约仪式。双方合作共建大数据小镇，努力打造中国最大的大数据采集和清洗基地。

1月13日 贵安新区管委会主任马长青主持召开2016年新区城乡规划建设委员会第一次会议，审议《贵安新区中心区中央活力区暨高铁综合交通枢纽城市设计》《贵安新区环城水系规划方案》等有关规划方案。新区领导曾瑜、张富杰、王春雷、许剑龙等出席。

同日 马长青与汉邦集团华宇投资控股有限公司董事长张昭座谈，新区党工委副书记、开投公司董事长宗文参加座谈。

1月14日 贵安新区管委会主任马长青主持召开主任办公会，审议《贵安新区直管区落实“雁归兴贵”促进农民工返乡创业就业行动计划的实施方案》等。

同日，马长青与人民日报社贵州分社社长万秀斌一行座谈，党工委副书记、管委会副主任曾瑜参加座谈。

1月15日 贵州省委常委、常务副省长、贵安新区党工委书记秦如培主持召开党工委（扩大）会议，传达学习贯彻习近平总书记在中央政治局“三严三实”专题民主生活会上的重要讲话精神和中纪委第六次全体会议精神。贵安新区管委会主任马长青，新区领导孙登峰、曾瑜、张富杰、黄家耀、王春雷、许剑龙、耿贵刚等出席。

同日 秦如培主持召开党工委（扩大）会议，传达学习贯彻贵安新区规划建设领导小组第五次全体会议精神。

同日 国家网信办新闻媒体传播局局长姜军一行考察新区，马长青陪同考察。

同日 贵安新区管委会副主任李建峰参加“贵工贷”启动大会暨签约仪式。

同日 贵安新区管委会副主任黄家耀出席“领导者”移动客户端启动仪式并致辞。

1月17日 美国高通公司和贵州省人民政府签署战略合作协议，并为贵州华芯通半导体技术有限公司揭牌。合资公司首期注册资本18.5亿元人民币，贵州方面占股55%，美国高通公司方面占股45%，合资公司注册地为贵州贵安新区。贵州省委书记陈敏尔，省委副书记、代省长孙志刚参加签约仪式。省委常委、常务副省长、贵安新区党工委书记秦如培，贵安新区管委会主任马长青，贵安新区党工委副书记、开投公司董事长宗文等参加签约仪式。

同日 2016年中国国际电子信息创客大赛暨“云上贵州”大数据商业模式大赛启动仪式在新区举行。

1月18日 贵州省委常委、常务副省长、贵安新区党工委书记秦如培会见中亚国家驻华使节团一行。

1月19日 贵安新区管委会主任马长青主持召开主任办公会，听取关于审核第二批集中划转行政许可事项有关情况的汇报。

同日 国家发改委西开司副司长肖渭明一行在新区调研，贵安新区管委会副主任耿贵刚陪同调研。

1月20日 贵州省委常委、常务副省长、贵安新区党工委书记秦如培主持召开新区2016年工作会议。

1月22日 中财办副主任舒国增一行在新区考察，贵安新区管委会主任马长青、副主任耿贵刚陪同考察。

同日 贵安新区管委会与贵阳银行签订银政战略合作协议。贵安新区党工委副书记、开投公司董事长宗文出席。

1月23日 贵安新区管委会主任马长青与福爱电子总经理郗大光座谈。

1月24日 贵州省委常委、常务副省长、贵安新区党工委书记秦如培主持召开党工委（扩大）会议，传达学习十一届省纪委五次全会精神。

同日 贵安新区管委会主任马长青主持召开2016年新区规划建设委员会主任委员会第二次全体会议。

1月25日 贵州省委常委、常务副省长、贵安新区党工委书记秦如培主持召开专题会，研究新区中心区建设以及与贵阳市互联互通有关工作。贵安新区管委会主任马长青、管委会副主任许剑龙参加会议。

同日 秦如培与国际民间艺术组织副主席陈平研商讨论新区世界民俗民间艺术博览城策划及规划方案。

同日 马长青与上海云信留客董事长汤寒林一行座谈。

同日 贵安新区开发投资有限公司总经理王春雷代表贵安新区管委会与上海云信留客有限公司签署《贵安云信留客大数据机器人产业园项目合作框架协议》，前期预计投资5亿元，建设成为大数据采集加工产业孵化园和大数据人才培训基地。

1月27日 贵安新区管委会副主任耿贵刚出席新区首届电商年货节开幕仪式。

1月28日 贵州省委书记陈敏尔，省委副书记、代省长孙志刚会见世界旅游论坛主席马丁·巴尔特一行。贵安新区领导马长青、曾瑜参加会见。

1月29日 贵州省委常委、常务副省长、贵安新区党工委书记秦如培会见中国中冶总裁张兆祥一行。

同日 贵安新区管委会主任马长青出席新区与安顺市“五联十同”签约仪式。协议确定北斗湖路二期、平坝东外环线、观安路安顺段等重点合作项目，涉及投资200亿元。

同日 马长青与世界旅游论坛主席马丁·巴尔特一行座谈。

同日 贵安新区管委会副主任耿贵刚分别会见河北衡水工业新区党工委书记、管委会主任姚幸福一行，毕节深圳智慧产业园董事长彭洪友一行。

1月30日 贵安新区党工委副书记、开投公司董事长宗文会见四川蓝光英诺生物科技股份公司首席科学家、美国毒理科学院院士、千人计划专家、川大华西医院再生研究中心主任康裕建。

1月31日 贵安新区管委会主任马长青，党工委副书记、开投公司董事长宗文，管委会副主任许剑龙出席中冶贵州公司揭牌仪式。

二月

2月1日 贵州省委常委、常务副省长、贵安新区党工委书记秦如培与高通公司大中华区总裁孟樸一行座谈。贵安新区领导孙登峰、宗文、欧阳武等参加座谈。

同日 贵安新区管委会主任马长青召开主任办公会，研究新区2015年度安全生产工作目标和任务考核奖励有关事宜、新区2015年度计划生育目标任务考核奖励有关事宜等。

同日 贵安新区党工委副书记、开投公司董事长宗文，管委会副主任许剑龙出席贵安小寨水厂揭牌暨通水仪式。

2月2日 贵州省委常委、常务副省长、贵安新区党工委书记秦如培出席新区纪工委第一次全体扩大会议第二阶段会议并做重要讲话。

同日 举行2016年新区新春团拜会，秦如培发表新春致辞，贵安新区管委会主任马长青主持会议。新区领导孙登峰、宗文、曾瑜，欧阳武、张富杰、黄家耀、王春雷、许剑龙、蔡光辉等出席会议，新区各界代表参加活动。

同日 秦如培在贵安新区高峰镇走访慰问困难企业、职工、老党员以及群众代表。

同日 秦如培会见三一集团创始人、董事、高级副总裁毛中吾一行。宗文参加会见。

2月3日 贵州省副省长、省公安厅厅长孙立成到贵安新区公安机关检查调研，看望慰问正在执勤、备勤的一线民警。

同日 贵安新区管委会主任马长青主持召开城乡规划建设委员会主任委员会2016年第3次会议。

2月4日 贵州省委常委、常务副省长、贵安新区党工委书记秦如培主持召开城乡规划建设委员会第六次全体会议。

2月5日 贵州省委常委、常务副省长、贵安新区党工委书记秦如培主持召开党工委会议，审议《贵安新区2016年精准招商工作实施方案》《关于加强山地特色现代化新型城市“五位一体”风貌管理的实施意见（试行）》等。

同日 贵安新区管委会主任马长青主持召开新区领导干部大会，传达学习省“两会”精神，研究部署新区贯彻落实意见。

2月14日 贵安新区在国务院常务会议上被列为全国首批十五个省市或国家级新区服务贸易创新试点。

同日 贵州省委常委、常务副省长、贵安新区党工委书记秦如培主持召开党工委会议，传达学习中央、省领导对“2·5”爆炸事故批示精神。

同日 贵安新区管委会主任马长青出席绿色贵州建设三年行动计划义务植树贵安分会场活动。新区领导及新区各部门各单位、开投公司及子公司、省电子工业学校、大学城社区服务中心等干部职工代表共700余人参加义务植树活动。

2月15日 贵州省委常委、常务副省长、贵安新区党工委书记秦如培召开专题会议，研究新区机构编制有关问题。

同日 贵安新区管委会主任马长青主持召开主任办公会议，审议《关于建立健全防灾减灾救灾体系的实施方案》等，并研究部署相关工作。

2月18日 贵州省委常委、常务副省长、贵安新区党工委书记秦如培，贵安新区管委会主任马长青陪同神州数码控股有限公司董事长郭为一行考察新区。

2月19日　贵州省委副书记、省长孙志刚会见神州数码控股有限公司董事长郭为一行。贵州省委常委、常务副省长、贵安新区党工委书记秦如培，贵安新区管委会副主任耿贵刚参加会见。

同日　秦如培会见西门子医疗公司大中华区总裁曾繁忠一行。

2月23日　贵安新区管委会主任马长青主持召开主任办公会，传达学习中央编办相对集中行政许可权试点工作座谈会等近期重要会议精神，研究部署贯彻落实意见。

同日　马长青会见世界旅游论坛组织大中华区首席代表徐建国一行。

2月23~24日　国务院办公厅督查室副巡视员左孟孝一行在新区调研，贵安新区管委会主任马长青、副主任李建峰陪同调研。

2月26日　贵州省委常委、常务副省长、贵安新区党工委书记秦如培主持召开新区党工委书记办公会。

同日　贵安新区党工委副书记、管委会主任马长青主持召开党工委会议，传达学习2月23日省扶贫开发领导小组会议精神、全省组织部长会议精神。

2月27日　贵安新区党工委副书记、开投公司董事长宗文出席管委会与五龙电动车（集团）有限公司新能源汽车产业项目战略合作协议签约仪式并代表管委会签约。

2月28日　贵安新区管委会主任马长青与泰豪集团董事局主席黄代放一行座谈。

2月29日　2016年全省第一批重大项目集中开工仪式在贵安新区分会场贵安1号城市综合体建设项目现场举行。此次贵安新区开工重点项目9个，总投资55.6亿元。

同日　万达集团万达商业地产发展中心常务副总兼华中及西南区总经理范光耀一行考察新区，贵安新区党工委副书记曾瑜陪同考察。

三月

3月1日　贵安新区管委会主任马长青与黔南州州长向红琼一行座谈，双方就开展多领域深层次合作达成共识。

3月2日 2016云上贵州·大数据招商引智推介会在北京国家会议中心举行。云计算绿色IDC基地建设项目、合利智能精密制造项目、联影医疗影像大数据中心及设备制造项目、新浪网游戏产品开发项目、中国教育卡试点示范及教育卡备份中心项目等17个项目现场完成签约落户贵安，签约资金161.03亿元。其中，新区管委会与北京电庄科技、伽马创投签署战略合作协议，首期预计募集3亿元，联合打造国内首个新能源汽车暨充电基础设施投资基金。

同日 工信部副部长陈肇雄，贵州省委常委、常务副省长、贵安新区党工委书记秦如培在京出席管委会与国家互联网应急协调处理中心战略协议签约仪式。

3月4日 华芯集成电路产业投资有限公司董事长、管委会副主任、巡视员欧阳武会见天津格罗普斯公司董事长秦荣英、俄罗斯亚洲航空公司总经理基尔山诺夫一行，座谈交流通用航空产业合作问题。

3月5日 贵州省委常委、常务副省长、贵安新区党工委书记秦如培接待大公国际信用评级集团董事长关建中一行。

3月6日 贵安新区党工委副书记、贵安综保区党工委书记、贵安综保区管委会主任孙登峰，新区管委会副主任许剑龙会见云南省文山州州长张秀兰一行。

3月7日 贵安新区管委会副主任黄家耀出席新区文明旅游活动争做“文明游客”启动仪式。

3月8日 贵安新区党工委副书记、开投公司董事长宗文与西南证券股份有限公司总裁余维佳一行座谈并签署战略合作协议。

3月9日 受贵安新区管委会主任马长青委托，新区党工委副书记、开投公司董事长宗文主持召开主任办公会，传达2016年全省政府法制工作会议精神，审议《贵安新区直管区海绵城市建设工程规划建设管理暂行办法》等。

同日 贵安新区党工委副书记、贵安综保区党工委书记、贵安综保区管委会主任孙登峰会见河北省商务厅厅长李石一行。

3月11日 贵安新区贵阳顺心纸品有限公司获得“贵州省著名商标”证书及牌匾。

3月13日 贵州省委常委、常务副省长、贵安新区党工委书记秦如培主

持召开党工委会，听取新区新型城镇化发展基金、新区项目推进工作情况汇报。

3月14日 贵安新区党工委副书记、贵安综合保税区党工委书记、管委会主任孙登峰会见贵州黔信数据公司董事长肖辉一行。

3月15日 贵州省委常委、常务副省长、贵安新区党工委书记秦如培与韩国三星集团SDI企划部常务李汪键一行和五龙电动车集团副总裁姜安宁一行座谈。

同日 贵安新区党工委副书记、开投公司董事长宗文与北京电桩科技有限公司总裁先越一行座谈。

同日 贵安新区党工委副书记曾瑜与富士康科技集团党委书记刘忠先一行就党群建设、党员管理等工作开展座谈。

3月17日 贵安新区管委会主任马长青，新区党工委副书记曾瑜与世界旅游论坛组织中国区首席代表徐建国一行就夏季峰会及公司设立等工作进行座谈。

3月18日 贵州省委常委、常务副省长、贵安新区党工委书记秦如培，贵安新区管委会主任马长青出席贵安乐华城国际欢乐度假区概念规划评审座谈会。

3月20日 贵州省委常委、常务副省长、贵安新区党工委书记秦如培，贵安新区管委会主任马长青出席新区与智能终端全球供应链企业签约仪式。

3月21日 贵州省委常委、常务副省长、贵安新区党工委书记秦如培会见兖矿集团公司总经理李伟一行。

同日 召开法律顾问专家委员座谈会，成立贵安新区法律顾问专家委员会。

3月22日 贵安新区管委会主任马长青主持召开主任办公会，审议《贵安新区国民经济和社会发展第十三个五年规划纲要（讨论稿）》等。

同日 贵安新区旅游文化产业发展中心与国家旅游商品研发中心战略合作协议签约仪式在浙江义乌举行。

3月23日 贵州省委常委、常务副省长、贵安新区党工委书记秦如培会见光大集团副总经理郭新双一行。贵安新区党工委副书记、开投公司董事长宗文，新区管委会副主任黄家耀参加会见。

3月24日 贵安新区管委会主任马长青主持召开城乡规划建设委员会

2016 年第四次主任委员会议，审议《贵安新区直管区地下空间利用专项规划》等有关规划方案。

3 月 25 日 贵州·云南经济社会发展情况交流座谈会在贵安新区举行。贵州省委书记陈敏尔、云南省委书记李纪恒讲话，贵州省长孙志刚、云南省省长陈豪分别介绍两省经济社会发展情况，贵州省政协主席王富玉出席会议。出席座谈会的两省领导还有：云南省委常委、常务副省长李江，云南省委常委、省委统战部部长黄毅，云南省委常委、省委宣传部部长赵金，云南省委常委、省委高校工委书记李培，云南省委常委、昆明市委书记、滇中新区党工委书记、管委会主任程连元，云南省人大常委会常务副主任张百如、副省长董华、省政协常务副主席白成亮；贵州省领导刘晓凯、秦如培、陈刚、刘奇凡、张群山、孙国强等。

3 月 26 日 贵州省委常委、常务副省长、贵安新区党工委第一书记秦如培与 HPE 公司全球副总裁、企业服务集团中国区总经理谢少毅座谈。

3 月 27 日 召开领导干部大会。贵州省委组织部副部长郑德川出席并宣布省委决定：秦如培兼任贵安新区党工委第一书记，不再担任贵安新区党工委书记职务；马长青任贵安新区党工委书记，继续担任贵安新区管委会主任。

同日 贵州省委常委、常务副省长、贵安新区党工委第一书记秦如培主持召开党工委（扩大）会议，传达学习全国“两会”和全省领导干部会会议精神，讨论“贯彻落实省委常委专题会议精神建设践行五大发展新理念先行示范区动员大会”有关文稿。贵安新区党工委书记、管委会主任马长青，新区领导孙登峰、宗文、曾瑜、张富杰、黄家耀、王春雷、许剑龙、蔡光辉、李建峰、耿贵刚等出席会议。

同日 秦如培主持召开 2016 年第一次全面深化改革领导小组会议，审议通过了《中共贵州贵安新区工作委员会全面深化改革领导小组 2016 年工作要点》。

同日 秦如培、马长青会见美国杭州商会董事局主席陈景东一行。

3 月 28 日 贵州省委常委、常务副省长、贵安新区党工委第一书记秦如培，贵安新区党工委书记、管委会主任马长青与联邦德国经济发展与外贸协会法人代表、中国区事务负责人舒曼出席联邦德国经济发展与外贸协会西南办事处揭牌仪式。

3月30日 贵安新区党工委书记、管委会主任马长青主持召开主任办公会，审议《关于统筹推进贵安新区直管区征收安置工作的实施意见》等文件。

同日 马长青出席贵安综合保税区封关仪式，贵安新区党工委副书记、贵安综合保税区党工委书记、贵安综合保税区管委会主任孙登峰主持仪式，标志着贵安综合保税区正式封关运行。

同日 孙登峰出席贵安新区综合保税区跨境电商综合服务平台运行仪式。

3月30~31日 贵州省委常委、常务副省长、贵安新区党工委第一书记秦如培，贵安新区党工委书记、管委会主任马长青会见河南省委常委、郑州市委书记吴天君一行。

3月31日 贵安新区党工委书记、管委会主任马长青与中国银行贵州省分行行长李民一行座谈。

四月

4月1日 中铁（贵州）市政工程有限公司通过企业资质核准，取得包括建筑工程施工二级资质在内的19项建筑业企业资质，成为自省住建厅下放二级资质核准权限以来，首家在新区办理建筑业施工总承包二级资质的属地企业。

4月2日 贵安新区党工委副书记、贵安综合保税区党工委书记、贵安综合保税区管委会主任孙登峰与河马动画公司（金罡石科技）董事长徐克一行座谈。

4月4日 中央政研室经济局局长冯海发一行在新区调研。贵安新区党工委书记、管委会主任马长青，新区党工委副书记、开投公司董事长宗文陪同调研。

4月5日 贵州省委常委、常务副省长、贵安新区党工委第一书记秦如培，贵安新区党工委书记、管委会主任马长青会见印度驻华大使馆公使巴拉·巴斯卡一行和印度国家信息技术学院（NIIT）、印度工业联合会、贵州海上丝路国际投资有限公司有关负责人一行并共同出席贵州NIIT软件服务外包职业培训学校开班仪式。NIIT全球总裁帕特，印度工业联合会中国区首席代表马德武，贵安新区党工委副书记、开投公司董事长宗文等出席仪式。

同日 秦如培主持召开贵安新区一季度经济形势分析专题会。

同日 马长青主持召开党工委会议，传达学习《中共贵州省委组织部关于在“两学一做”学习教育中认真学习贯彻习近平总书记重要批示精神切实加强党委（党组）领导班子建设的通知》等。

同日 马长青主持召开主任办公会，传达贯彻国务院实施新一轮农村电网改造升级工程电视电话会议精神等。

4月6日 贵州省委常委、常务副省长、贵安新区党工委第一书记秦如培会见微软全球资深副总裁、大中华区董事长兼首席执行官贺乐赋一行。

同日 贵州省副省长陈鸣明出席在花溪大学城贵州师范大学举行的微软“创新杯”Imagine cup2016 贵州地区区域赛决赛颁奖典礼。贵安新区党工委书记、管委会主任马长青，新区党工委副书记、开投公司董事长宗文，开投公司总经理王春雷出席颁奖典礼。

同日 马长青会见乐华恒业投资控股有限公司常务副总裁付光辉一行。

4月7日 华芯集成电路产业投资有限公司董事长、贵安新区管委会副主任、巡视员欧阳武参加贵州师范大学大数据与计算机科学学院揭牌仪式。

4月10日 贵安新区党工委副书记曾瑜与中国科学院院士、浙江农科院院长陈剑平座谈。

4月11日 中国作家协会副主席叶辛和“重走长征路”采风考察团在新区考察。贵安新区党工委书记、管委会主任马长青，新区党工委副书记曾瑜陪同考察。

同日 中国科学院院士、浙江农科院院长陈剑平在新区考察，曾瑜陪同考察。

4月13日 贵安新区党工委书记、管委会主任马长青主持党工委会议，传达全省2016年一季度经济形势分析暨第一次项目建设现场观摩总结会议精神、全省“两学一做”学习教育工作部署会议精神。

同日 马长青主持召开主任办公会，听取直管区2016年一季度经济运行情况汇报。

同日 贵州省电子工业学校与贵州贵安电梯工程有限公司举行校企合作挂牌仪式。

4月16日 贵州省2016年职业院校技能大赛暨全国职业院校技能大赛选

拔赛电子工业学校赛点开幕式在新区举行，贵安新区管委会副主任张富杰出席。

4月17日 贵州省委常委、常务副省长、贵安新区党工委第一书记秦如培，贵安新区党工委书记、管委会主任马长青分别会见韩国 KORVAN 公司董事长李荣基一行、浙江上市公司协会会长陈国平一行、泰豪集团主席黄代放一行。

同日 马长青主持召开新区城乡规划建设委员会主任委员会 2016 年第六次会议。

4月18日 贵安新区党工委书记、管委会主任马长青主持召开主任办公会，传达贯彻全省全面推进“营改增”试点视频动员会、全省防汛抗旱工作会、全省易地扶贫搬迁工程推进电视电话会议精神。

4月19日 贵州省委常委、常务副省长、贵安新区党工委第一书记秦如培与美国高通公司全球高级副总裁阿南德一行座谈。华芯集成电路产业投资有限公司董事长、贵安新区管委会副主任、巡视员欧阳武参加座谈。

同日 贵安新区管委会副主任张富杰陪同贵州省副省长陈鸣明会见中南大学党委书记高文兵一行，并代表新区与中南大学签署战略合作框架协议。

4月20日 贵州省委常委、常务副省长、贵安新区党工委第一书记秦如培会见理工大学酒店及旅游业管理学院院长田桂成、联合国世界旅游组织前秘书长弗朗西斯科·弗朗加利一行、中国战略性新兴产业联盟秘书长陈东升一行。

4月21日 由贵州省旅发委、贵安新区管委会、香港理工大学酒店及旅游业管理学院共同举办的第十届中国酒店品牌建设国际论坛暨亚欧世界酒店与旅游教育论坛在新区开幕。贵州省委常委、常务副省长、贵安新区党工委第一书记秦如培，香港理工大学酒店及旅游业管理学院院长田桂成先后致辞。贵州省人大常委会副主任李岷，贵州省政协副主席李汉宇，联合国世界旅游组织前秘书长弗朗西斯科·弗朗加利，中国旅游协会副会长、开元旅业集团董事长陈妙林，世界酒店与旅游教育及培训协会主席菲利普·弗朗索瓦，贵州省政府副秘书长丁雄军，贵州省旅游发展委员会副主任牟勇，贵安新区领导宗文、黄家耀、王春雷等出席开幕式。贵安新区分别与世界酒店与旅游教育培训协会、君域酒店管理有限公司、棕榈生态城镇发展股份有限公司、贵州饭店酒店管理公司、海南三亚国际旅游学院签订合作协议。

4月22日 国家发改委体改司巡视员王强一行到新区调研，贵安新区党工委副书记、开投公司董事长宗文陪同调研。

4月23日 贵州省委常委、常务副省长、贵安新区党工委第一书记秦如培会见香港理工大学酒店及旅游业管理学院院长田桂成。

4月26日 贵州省委常委、常务副省长、贵安新区党工委第一书记秦如培主持召开新区5708世界民间艺术博览园概念策划方案专家意见交流会。

4月27日 贵州省政府批复同意贵安新区管委会组建贵州华芯集成电路产业投资有限公司，明确为国有独资省管大型企业。

同日 台湾地区新党主席郁慕明一行考察新区。贵州省委统战部副部长、省台办主任周素平，贵州省台办副主任代玲等省台办领导及贵安新区相关领导陪同考察。

同日 云南民族大学党委书记陈鲁雁、云南民族大学校长那金华一行在新区考察。

4月28日 贵州省委常委、常务副省长、贵安新区党工委第一书记秦如培主持召开新区数博会期间观摩及重大活动推进情况专题会议。

4月29日 贵州省委常委、副省长慕德贵赴贵安新区电子信息产业园调研中国联通、中国移动、中国电信数据中心建设和运营情况。

同日 贵安新区党工委书记、管委会主任马长青与上海贵州商会会长李建忠一行座谈。

同日 贵州省2016年第二批重大项目集中开工仪式新区分会场活动举行。贵安新区共开工重点项目17个，总投资213亿元。

同日 广西政协副主席彭钊一行在新区考察，贵安新区管委会副主任黄家耀陪同考察。

4月30日 贵安新区党工委书记、管委会主任马长青主持召开主任办公会，审议《贵安新区“审管分离”实施办法（试行）》等7个制度、审议《贵州贵安新区“证照分离”改革试点方案》等。

五月

5月1日 贵安新区管委会副主任黄家耀出席为期3天的“贵安万水千山

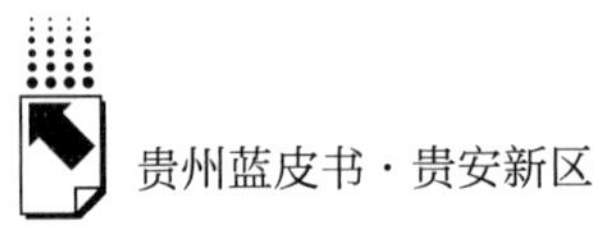

游高峰田园草莓香”2016 年贵安新区（高峰）乡村草莓音乐节开幕式。

5 月 2 日　贵州省委常委、常务副省长、贵安新区党工委第一书记秦如培会见中科院计算所副总工程师张立新一行。

同日　秦如培主持召开研究新区大数据发展有关工作专题会。

5 月 4 日　贵州省委书记陈敏尔赴清镇职教城调研，贵安新区党工委书记、管委会主任马长青陪同调研。

同日　贵州省委常委、常务副省长、贵安新区党工委第一书记秦如培主持召开新区城乡规划建设委员会第七次全体会议。

同日　秦如培、马长青与宝能集团董事长姚振华一行座谈。

5 月 5 日　贵州省委书记陈敏尔在新区调研并指导“两学一做”学习教育活动，强调要深入贯彻习近平总书记关于开展“两学一做”学习教育的重要指示精神和中央决策部署，充分发挥领导干部示范带动作用、基层党组织战斗堡垒作用、广大党员先锋模范作用。贵州省委常委、常务副省长、贵安新区党工委第一书记秦如培，贵安新区党工委书记、管委会主任马长青，新区领导孙登峰、曾瑜等陪同。

同日　中央“两学一做”学习教育协调小组督导一组成员、中组部组织二局六处副处长仲辉在新区调研“两学一做”学习教育开展情况，曾瑜陪同调研。

5 月 6 日　贵安新区党工委书记、管委会主任马长青召开领导干部大会，传达省委书记陈敏尔 5 月 5 日在新区调研指导“两学一做”学习教育讲话精神。

同日　马长青主持召开党工委（扩大）会议，传达学习省委书记陈敏尔考察新区有关讲话精神、全省市县乡换届选举工作会议精神。

同日　马长青会见中国铁建地产集团党委书记兼董事长吴仕岩、总经理倪真一行。

同日　马长青与 IOV 中国区主席陈平座谈。

5 月 7 日　贵州省委常委、常务副省长、贵安新区党工委第一书记秦如培会见五龙电动车集团董事局主席曹忠一行，贵安新区党工委副书记、开投公司董事长宗文参加会见。

5 月 8 日　贵州省委常委、省政协主席王富玉在新区调研民博城项目建设和民博会筹备情况，贵州省委常委、常务副省长、贵安新区党工委第一书记秦如培，贵安新区党工委书记、管委会主任马长青陪同调研。

同日 秦如培、马长青出席首届中国（贵安）新能源汽车产业高峰论坛暨纯电动车汽车项目签约仪式。

同日 国务院办公厅印发《关于建设大众创业万众创新示范基地的实施意见》，贵安新区成为贵州唯一代表，入选全国首批28个大众创业万众创新示范基地。

5月9日 贵州省委常委、常务副省长、贵安新区党工委第一书记秦如培到大学城、三大运营商数据中心、星湖社区调研。

同日 贵安新区党工委书记、管委会主任马长青主持召开主任办公会议，审议《万水千山·贵州贵安新区农旅综合开发投资有限公司组建方案》《宁方（贵州）生物工程技术有限公司项目投资协议》《深圳水秘方科技有限公司项目投资协议》等。

5月10日 贵安新区党工委副书记、开投公司董事长宗文，新区管委会副主任李建峰参加“多层次资本市场·多彩贵州行—走进山水贵安”宣讲培训活动。

5月12日 贵州省委书记陈敏尔会见浙江硕维科技总裁邹单娜一行，贵安新区党工委书记、管委会主任马长青陪同会见。

同日 贵州省委常委、常务副省长、贵安新区党工委第一书记秦如培与ARM公司全球执行副总裁兼大中华区总裁吴雄昂一行座谈，华芯集成电路产业投资有限公司董事长、贵安新区管委会副主任、巡视员欧阳武参加座谈。

同日 重庆市人大常委会主任张轩一行在贵安新区考察，新区党工委书记、管委会主任马长青陪同考察。

5月13日 贵安新区党工委书记、管委会主任马长青与美国维亚康姆集团执行副总裁Ron Johnson、世界旅游论坛组织中国区首席代表徐建国座谈，就共同打造世界级文化创意公园达成共识。

5月15日 贵州省委常委、常务副省长、贵安新区党工委第一书记秦如培，贵安新区党工委书记、管委会主任马长青出席贵安贝格大数据服务有限公司揭牌暨贵安贝格大数据小镇项目合作协议签约仪式，贵安贝格大数据服务有限公司正式揭牌成立。双方将合作共建贵安数据小镇，规划年产值30亿元，

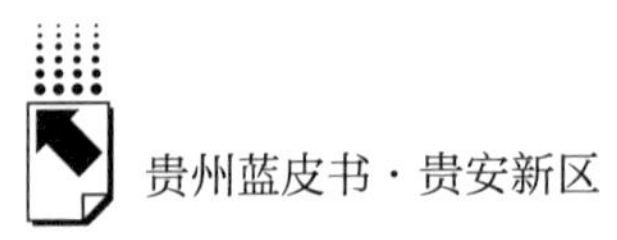

拟打造成为中国最大的大数据采集与清洗基地。

5 月 17 日 贵州省省长孙志刚会见日本武田工业株式会社董事长、日本经济同友会干事长谷川闲使，前日本驻华大使宫本雄二一行，贵安新区党工委书记、管委会主任马长青陪同会见。

同日 马长青主持召开主任办公会，传达贯彻第十一届贵州旅游产业发展大会暨“唱响多彩贵州”旅游文化展示推介会精神。

5 月 18 日 贵州省委常委、常务副省长、贵安新区党工委第一书记秦如培分别会见陕西省委常委、延安市委书记徐新荣一行、拟任华芯通公司 CEO 汪凯。

同日 贵安新区党工委副书记、贵安综合保税区党工委书记、贵安综合保税区管委会主任孙登峰与上海超级计算中心主任周曦民一行座谈并代表新区管委会与上海超级计算中心签署战略合作协议。

5 月 20 日 工信部副部长陈肇雄、贵州省副省长慕德贵在贵安新区调研，新区党工委书记、管委会主任马长青陪同调研。

同日 国家发改委规划司司长徐林一行在贵安新区调研，新区党工委副书记、开投公司董事长宗文陪同调研。

5 月 22 日 贵安新区党工委书记、管委会主任马长青与 IOV 中国区主席陈平女士座谈。

5 月 23 日 贵州省委书记陈敏尔，贵州省委副书记、省长孙志刚会见外交部党委书记、副部长张业遂及中国联通集团公司董事长王晓初，秦如培参加会见。

同日 贵州省委常委、常务副省长、贵安新区党工委第一书记秦如培会见思爱普公司全球高级副总裁、大中华区总裁纪秉盟一行，集中会见参加 2016 贵安新区·全球智能终端产业创新发展峰会暨大数据与人工智能院士论坛的重要嘉宾。

5 月 24 日 国家发改委主任徐绍史到贵安新区调研，贵州省委常委、常务副省长、贵安新区党工委第一书记秦如培陪同调研。

同日 秦如培参加贵安新区、高通公司、贵州华芯通半导体技术有限公司战略合作及业务发展成果通报会。

同日 贵州省委常委、常务副省长、贵安新区党工委第一书记秦如培，贵安新区党工委书记、管委会主任马长青，贵安新区党工委副书记、贵安综合保税区党工委书记、贵安综合保税区管委会主任孙登峰分别会见富士康集团董事长郭台铭、韩国三星 SDS（数据系统）全球 CEO（社长）洪元杓、韩国 SK 集团（IT 服务事业）社长李镐洙一行。

同日 秦如培接待清华紫光公司董事长赵伟国一行，新区领导欧阳武陪同接待。

同日 马长青出席 2016 贵安·全球智能终端产业创新发展峰会暨中国大数据与人工智能院士论坛，贵安新区领导宗文、曾瑜、王春雷、蔡光辉、耿贵刚、樊晓江等出席会议，来自智能终端产业和人工智能产业的 8 位院士、27 位外宾、300 余名企业家代表参会。会上，贵安战略性新兴产业研究院揭牌，新区被授予国家软件和集成电路公共服务平台大数据与智能终端产业平台，并与印度国家信息技术学院、杭州联众医疗科技股份公司等企业签约项目 28 个、总投资 188 亿元。

同日 苏州市委副书记、市长曲福田一行在贵安新区考察。贵安新区党工委副书记、开投公司董事长宗文陪同考察。

同日 第八届中国国际旅游商品博览会上，贵安新区国家旅游商品研究中心创作的“竹叶布依系列——泥土的初心”获银奖。

5 月 25 日 贵州省委书记陈敏尔，贵州省委副书记、省长孙志刚会见高通公司全球总裁德里克·阿伯利、富士康科技集团总裁郭台铭一行，贵州省委常委、常务副省长、贵安新区党工委第一书记秦如培，贵安新区党工委书记、管委会主任马长青，新区领导孙登峰、宗文等参加会见。

同日 贵州省委常委、常务副省长、贵安新区党工委第一书记秦如培参加 2016 中国大数据产业峰会暨中国电子商务创新发展峰会开幕式。

同日 秦如培、马长青会见韩国现代汽车中国战略总管谭道宏、智能事务总裁黄承浩一行。

同日 秦如培会见腾讯公司董事会主席马化腾一行，贵安新区党工委副书记、贵安综合保税区管委会主任孙登峰陪同会见。

同日 贵安新区党工委书记、管委会主任马长青，新区党工委副书记曾瑜会见 22 度科技公司总经理郭振东、晋江商会吴侨军一行。

5 月 26 日 贵州省委书记陈敏尔会见韩国驻华大使金章洙。贵安新区党工委书记、管委会主任马长青陪同会见。

同日　贵州省委常委、常务副省长、贵安新区党工委第一书记秦如培会见参加2016绿色数据中心发展国际论坛的重要嘉宾。

同日　贵州省副省长、省公安厅厅长孙立成，公安部党委委员、部长助理、装备财务局局长王俭在新区考察，马长青、王春雷陪同考察。

同日　马长青与美国杭州商会董事局主席陈景东、赛思科技董事长许文、互联控股高级副总裁韦京汉、硕维科技总裁邹单娜座谈。

同日　贵安新区党工委副书记曾瑜分别与中国科学院院士、福建省政协副主席郑兰荪一行、云南省人民政府党组成员李正阳一行座谈。

5月27日　贵州省委常委、常务副省长、贵安新区党工委第一书记秦如培会见中航信托董事长姚江涛一行，贵安新区管委会副主任耿贵刚陪同会见。

5月28日　贵安新区党工委书记、管委会主任马长青会见中冶五局董事长、党委书记程并强一行，贵安新区党工委副书记、开投公司董事长宗文，开投公司总经理王春雷陪同会见并出席战略合作框架协议签署仪式。

同日　2015年10月23日入驻贵安新区的第一家央企总部——中铁贵州公司举行生产基地奠基仪式。

5月29~31日　贵安新区首次举办“美丽乡村”建设学习培训班，组织直管乡镇的200多名村第一书记、村支书等到遵义市播州区集中培训。

5月29日　贵安新区党工委书记、管委会主任马长青参加2016贵安·全球智能终端产业创新发展峰会暨中国大数据与人工智能院士论坛闭幕式。

同日　代表贵州组团参加的贵安新区第四届中国（北京）国际服务贸易交易会——“服贸高地·数聚贵安”主题日活动在国家会议中心举行，贵安新区党工委副书记，贵安综合保税区党工委书记、管委会主任孙登峰出席活动并作推介。

5月30日　贵州省委常委、常务副省长、贵安新区党工委第一书记秦如培出席花溪大学城总体规划专题汇报会。贵安新区党工委书记、管委会主任马长青，贵阳市副市长钟汰勇、贵安新区领导王春雷、许剑龙出席会议。

同日　北京考察团在贵安新区调研，新区管委会副书记曾瑜陪同调研。

同日　贵安新区管委会副主任张富杰与国家卫计委卫生发展研究中心主任李滔一行座谈。

5月31日 贵州省委常委、常务副省长、贵安新区党工委第一书记秦如培会见侨兴集团有限公司董事长吴志阳一行，贵安新区党工委书记、管委会主任马长青，新区党工委副书记曾瑜、新区管委会副主任黄家耀陪同会见并出席新区管委会、侨兴集团有限公司、东湖国际控股有限公司战略合作框架协议签约仪式。

同日 马长青主持召开党工委会议，传达学习中央领导重要讲话精神及贵州省委、省政府重要会议精神。

同日 马长青会见中航信托股份有限公司总经理余萌一行，贵安新区管委会副主任耿贵刚参加会见。

六月

6月1日 贵安新区党工委书记、管委会主任马长青出席新区重点项目集中开工仪式，贵安中心、规划建筑艺术馆、绿色金融港、市民中心、高铁站东广场等22个重大项目正式开工建设，总投资146亿元。

同日 贵州省人大常委会副主任李岷一行在新区开展《贵州省信息基础设施条例》执法检查，贵安新区管委会副主任张富杰陪同检查。

6月2日 贵安新区党工委书记、管委会主任马长青出席开发性金融支持国家级新区贵安新区建设座谈会暨《开发性金融合作备忘录》签字仪式。

同日 马长青主持召开主任办公会，传达贯彻《国务院关于印发2016年推进简政放权放管结合优化服务改革工作要点的通知》及全省“放管服”会议精神。

6月3日 著名经济学家胡鞍刚在贵安新区考察，新区党工委副书记曾瑜陪同考察。

6月4日 贵安新区党工委书记、管委会主任马长青与熠美投资创始合伙人、总裁叶庆一行座谈。

同日 贵安新区党工委副书记曾瑜与中央政策研究室经济发展局局长冯海发一行座谈。

同日 贵安新区管委会副主任黄家耀出席新区与望谟县联动推进脱贫攻坚工作座谈会。

6月5日 贵安新区党工委副书记曾瑜陪同人民日报社“多彩贵州走新路”专题采访组在新区考察。

同日 贵安新区管委会副主任许剑龙陪同住建部科技与产业发展中心处处长孔祥娟、上海城市建设研究院原总工程师张善发、深圳市规划设计研究院副总工程师任心欣、中国投资咨询公司副总经理谭志国、南京水利科学研究院教授级高级总工程师王银堂、住建部科技与产业发展中心薛重华一行检查新区相关工作。

6月6日 贵州省委副书记、省长孙志刚会见中铁股份有限公司董事长、党委书记李长进一行，贵安新区党工委书记、管委会主任马长青参加会见。

同日 贵安新区推介会在伦敦成功举办，并与英国侨报举行签约仪式，正式成立贵州贵安新区对外交流欧洲办事处。

同日 马长青主持召开第20次党工委会议，传达学习全省大数据战略行动推进大会精神。新区领导曾瑜、王春雷、蔡光辉、李建峰、樊晓江等出席会议。

同日 黔东南州纪委书记黄兴文一行在贵安新区考察，新区纪工委书记蔡光辉陪同。

6月7日 贵州省委常委、常务副省长、贵安新区党工委第一书记秦如培，贵安新区党工委书记、管委会主任马长青会见联邦德国经济发展与外贸协会总经理左军一行。

同日 马长青主持召开主任办公会，传达学习全国普通高等学校毕业生就业创业工作电视电话会议精神，会议审议通过《贵州华芯云数据技术有限公司组建方案》等。

同日 马长青会见清华大学计算机系张钹院士一行，贵安新区管委会副主任李建峰陪同会见。

6月8日 贵安新区党工委书记、管委会主任马长青会见贵州省机场集团董事长、总经理申振东一行。

同日 马长青主持召开党工委全面深化改革领导小组第二次全体会议。

同日 贵州省政府批复同意设立贵州轻工职业技术学院怀卡托国际学院。由贵州轻工职业技术学院和新西兰怀卡托理工学院合作办学，首期开设室内艺术设计、会计、建筑工程技术3个专业，招生纳入国家普通高校招生计划，首届招收300人，办学规模暂定900人。

6月9日 贵州省委常委、常务副省长、贵安新区党工委第一书记秦如培，贵安新区党工委书记、管委会主任马长青到党武镇摆门村调研，并与基层党员开展“两学一做”座谈。

6月10日 贵州省委常委、常务副省长、贵安新区党工委第一书记秦如培主持召开专题会，研究贵安开投公司市场化改革以及贵安新型城镇化发展基金推进有关工作。

6月12日 召开建设践行五大发展新理念先行示范区暨“十三五”规划实施动员大会。贵州省委常委、常务副省长、新区党工委第一书记秦如培出席并讲话。贵安新区党工委书记、管委会主任马长青分别就建设五大发展新理念先行示范区和“十三五”规划实施做动员讲话。贵安新区领导孙登峰、宗文、欧阳武、张富杰、许剑龙、蔡光辉、李建峰、耿贵刚、樊晓江等出席会议。

6月12～19日 贵安新区在临时行政中心办公区举办习近平总书记视察新区一周年图片展，分为领导关怀、创新、协调、绿色、开放、共享6个板块。

6月15日 花溪大学城与西南商贸城举行“同城专线”往返快巴通车仪式。

同日 生态文明贵阳国际论坛2016年年会贵州省重大活动组工作人员到贵安新区勘验观摩示范项目。

6月16日 贵州省委常委、常务副省长、贵安新区党工委第一书记秦如培会见威盛集团副总裁黎少伦、北京多普达公司总监刘家文一行。

同日 陕西省调研组尤战存一行在贵安新区考察，新区管委会副主任李建峰陪同考察。

6月17日 贵安新区党工委副书记、贵安综合保税区党工委书记、贵安综合保税区管委会主任孙登峰主持召开学习贯彻习近平总书记视察贵安新区重要讲话精神座谈会并讲话，新区领导宗文、黄家耀、许剑龙、蔡光辉、樊晓江等出席会议。

同日 中央党史研究室副主任冯俊一行在新区考察，贵安新区管委会副主任李建峰陪同考察。

6月18日 贵安电投公司、深圳特康公司、深圳西美公司签订合资企业协议，在贵安电子信息产业园合资成立贵州美安智慧供应链管理公司，注册资本金20亿元。

6月18～19日 贵州省首届“贵安杯”青少年3D打印创意设计大赛决赛在高端装备制造产业园举行，有54个参赛作品获一等奖，87个参赛作品获二等奖，53名科技教师获优秀指导教师奖，29个学校获优秀学校奖，10个单位获优秀组织奖。

6月20日 贵安新区管委会副主任耿贵刚会见青岛西海岸新区管委会主任、黄岛区区长李奉利一行并座谈。

同日 耿贵刚代表新区与华创证券、贵州股权金融资产交易中心两家公司有关负责人签订战略合作协议，将在金融资产交易平台建设方面展开合作。华创证券董事长陶永泽，贵州股权金融资产交易中心董事长洪峰等出席仪式。

6月21日 贵安新区首个安置房项目“星湖云社区”正式启用，首批165户群众回迁工作正式展开。

同日 井冈山经开区党工委书记刘志坚率考察团一行到新区考察。

6月22日 贵州省委书记陈敏尔会见国家发改委副主任连维良一行，贵州省委常委、常务副省长、贵安新区党工委第一书记秦如培陪同会见。

同日 贵州省委常委、常务副省长、贵安新区党工委第一书记秦如培陪同重庆市党政代表团一行在贵安新区考察。

同日 国家发改委副主任连维良在贵安新区调研，新区党工委副书记、开投公司董事长宗文陪同调研。

同日 贵安新区管委会副主任耿贵刚出席贵安新区与东莞市华欧泰电子科技公司项目投资合作协议签约仪式。

6月23日 贵州省委常委、常务副省长、贵安新区党工委第一书记秦如培出席贵安新区·黔南州经济发展情况交流座谈会并见证双方签署深化区域合作框架协议。黔南州委书记龙长春，贵安新区党工委副书记、开投公司董事长宗文，黔南州委常委、常务副州长罗桂荣等参加座谈并出席签约仪式。

同日 国务院办公厅副处长周陈、国家发改委规划司韩云一行在新区考察，贵安新区管委会副主任耿贵刚陪同。

同日 宗文主持召开新区管委会与黔南州人民政府座谈会，贵安新区管委会副主任许剑龙出席会议。

6月25日 贵安新区党工委副书记、开投公司董事长宗文主持召开主任办公会，传达全省安全生产紧急电视电话会议精神，审议《贵安新区政务信息公开管理办法》《贵安新区“十三五”消防发展规划》《贵安新区建设大众创业万众创新示范基地实施方案》等。

6月26日 贵州省委常委、常务副省长、贵安新区党工委第一书记秦如培出席新区管委会与中科院上海生命科学研究院“共建国家生物医学大数据基础设施（中心）”座谈会并讲话，现场见证双方签署战略合作协议。中科院上海生命科学研究院院长李林、副院长廖侃，贵州省中国科学院天然产物化学重点实验室主任郝小江，贵州省科技厅厅长廖飞，贵州省政府副秘书长陈训华，贵安新区党工委副书记，贵安综合保税区党工委书记、管委会主任孙登峰，管委会副主任耿贵刚等出席会议。

6月27日 贵安新区管委会副主任黄家耀陪同国家林业局驻贵阳森林资源监督专员办专员喻泽龙一行在新区调研森林资源占用情况。

同日 全国政协教科文卫体委员会调研组在贵安新区考察，新区管委会副主任李建峰陪同考察。

6月28日 贵安新区党工委副书记、贵安综合保税区党工委书记、贵安综合保税区管委会主任孙登峰陪同前来参加2016两岸（贵州）商贸与产业项目对接会暨台企走进贵州省“1+7”开放创新平台的台商考察团一行50余人在新区考察并作推介，海峡两岸经贸交流协会副秘书长吴傑等参加考察。

同日 贵安新区管委会副主任李建峰会见毕节市委、六盘水市委领导一行。

6月29日 贵州省委书记陈敏尔会见印度安得拉邦首席部长奈杜一行，贵州省委常委、常务副省长、贵安新区党工委第一书记秦如培，贵安新区党工委副书记、开投公司董事长宗文陪同会见。

6月30日 贵州省委常委、常务副省长、贵安新区党工委第一书记秦如培到马场镇走访慰问部分老党员和生活困难党员，代表贵州省委省政府、贵安新区党工委管委会向新区广大共产党员致以节日的问候。

同日 新区举办2016年“祖国好·贵安美”纪念中国共产党建党95周年合唱大赛。

七月

7月1日 贵州省副省长陈鸣明出席贵安新区“新城市、新市民、新创业”启动大会，为第一批落户贵安新区的新市民发放户口本和身份证，为贵州联科卫信科技公司负责人郑传伟等9名首批“双创贷”授信客户代表授牌，为贵州贵安新区腾龙物业管理公司负责人黄华等9名代表兑现“双创扶持”政策资金。

同日 第十六届中国企业未来之星年会在贵安新区成功举行，与会企业家围绕“开启未来”主题做主旨演讲。贵安新区分别与《中国企业家》杂志社、理才网信息技术公司等10家企业签署战略性合作协议，将在电子信息、大数据等重点产业领域展开交流合作。

7月3日 贵安新区隆重举行庆祝中国共产党成立95周年大会，学习贯彻习近平总书记建党95周年重要讲话精神和陈敏尔书记在贵州省庆祝中国共产党成立95周年大会上的讲话。贵州省委常委、常务副省长、贵安新区党工委第一书记秦如培作批示，贵安新区党工委书记、管委会主任马长青出席并讲话。新区领导宗文、曾瑜、欧阳武、张富杰、蔡光辉、李建峰、耿贵刚等参加会议。

7月4日 贵安新区党工委书记、管委会主任马长青主持召开党工委会议，传达学习中央和省庆祝中国共产党成立95周年大会精神、贵州省委书记陈敏尔在宣传思想文化工作调研座谈会上的重要讲话精神。

7月6日 贵州省委、省政府在贵安新区召开会议，专题听取花溪大学城规划建设情况汇报。陈敏尔出席会议并讲话，孙志刚主持，秦如培、刘奇凡、陈鸣明出席。贵阳市、贵安新区、省有关部门、有关规划设计单位负责同志参加会议。

同日 贵州省委常委、常务副省长、贵安新区党工委第一书记秦如培，贵安新区党工委书记、管委会主任马长青陪同贵州省委书记陈敏尔参加“A6204”接待任务并在新区考察。

同日 秦如培、马长青出席2016年贵州省第三批重大项目集中开工仪式。全省2016年第三批重大项目集中开工仪式在贵安新区贵州长江纯电动汽车项目现场举行。开工仪式前，贵州省委书记陈敏尔，贵州省委副书记、省长孙志刚会见了五龙电动车集团董事局主席曹忠一行。随后，孙志刚出席项目集中开工仪式并讲话。秦如培主持开工仪式，贵州省委常委、省委秘书长刘奇凡参加会见。贵安新区贵州长江纯电动汽车产业项目、新能源汽车电池模块生产项目、三一工业4.0创新产业园项目等25个重点项目集中开工建设，总投资398亿元。

同日 贵安新区党工委书记马长青，贵安新区纪工委书记蔡光辉会见广州南沙新区党工委书记丁红都一行。

7月7日 贵州省委常委、常务副省长、贵安新区党工委第一书记秦如培，贵安新区党工委书记、管委会主任马长青与韩国世宗特别自治市市长李春熙一行座谈，新区领导孙登峰、许剑龙等陪同座谈。

同日 马长青出席国家级新区绿色发展联盟会议暨贵安新区项目集中签约仪式。

同日 挪威驻华大使馆发展参赞杨瑞德一行、英国驻重庆总领事馆总领事艾佩诗一行在新区考察。

同日 2016苗医药发展国际论坛在花溪大学城贵阳中医学院学术报告厅隆重举行。贵安新区管委会副主任张富杰出席论坛。论坛上，8位国内外知名业界学者围绕“多彩贵州·贵在健康”主题展开精彩演讲，法国国家药学科学院外籍院士林瑞超出席并发表主旨演讲。苗医药互联网平台的“苗医云”正式启用，中国民族医药学会为贵州省“中国苗医药之乡”和“民族医药标准研究推广基地”授牌。

同日 贵安新区管委会副主任黄家耀会见舟山新区副主任许小月一行。

同日 云南省丽江市副市长陈星元一行到新区考察。

同日 贵安新区管委会副主任许剑龙主持召开新区生态文明（国际）研究院成立暨授牌仪式，中国首个以生态文明为主题的研究机构——贵州贵安新区生态文明国际研究院正式成立。

同日 贵安新区与其他17个国家级新区及郑东新区在贵阳开展国家级新区绿色发展联盟第一次联合绿色路演，与来自北美、欧洲、日本和中国的企业界代表交流探讨合作。

7月8日 生态文明贵阳国际论坛2016年年会贵安新区主题论坛在贵阳

国际生态会议中心举行，论坛以“绿色城市创新发展—高端化、绿色化、集约化”为主题，用国际化视野研讨绿色城市创新发展。

同日 贵州省委常委、常务副省长、贵安新区党工委第一书记秦如培，华芯公司董事长、管委会副主任、巡视员欧阳武会见高通公司中国区董事长孟樸一行。

同日 贵安新区党工委书记、管委会主任马长青会见河北省副省长张杰辉一行。贵安新区党工委副书记、贵安综保区党工委书记、贵安综保区管委会主任孙登峰参加会见。

同日 秦如培、马长青与中国电信集团党组成员、副总经理陈忠岳，中国太平洋人寿保险股份有限公司浙江分公司总经理张鸣放一行座谈。

同日 贵安新区管委会副主任张富杰出席贵州绿色博览会·大健康医药产业博览会巡馆暨开馆仪式，并代表新区管委会签署合作协议。

同日 云南省副省长刘慧晏一行在新区考察，贵安新区管委会副主任黄家耀陪同考察。

7月9日 贵州省委书记陈敏尔会见韩国SK集团全球董事长崔泰源一行。SK集团全球成长委员会委员长俞柾准、SK中国区总裁孙子强，贵州省领导秦如培、刘奇凡、卢雍政，贵安新区党工委书记、管委会主任马长青，SK集团、贵安新区和贵州省有关部门负责人参加会见。

同日 由贵安新区管委会、深圳市生命行业协会主办，贵安新区花溪大学城管委会、贵州医科大学承办，以“生命与梦想同行”为主题的生态文明论坛贵安分论坛系列活动之2016“诺奖得主、院士进高校”在花溪大学城贵州医科大学道德讲堂举行。贵安新区党工委副书记、开投公司董事长宗文出席并讲话。

7月10日 由贵州省政府主办，贵州省台办、贵安新区管委会、省商务厅、贵州省投资促进局承办，以产业对接、深化合作、融洽亲情为主题的第四届贵州·台湾经贸交流合作恳谈会在贵安新区开幕，贵州省副省长卢雍政致欢迎词，海峡两岸关系协会会长陈德铭，台湾新党主席郁慕明，台湾工业总会副理事长、丰兴钢铁公司董事长林明儒分别致辞，贵安新区党工委书记、管委会主任马长青作推介，富纳源创公司董事长、总经理张曾隆发言，贵州省台办主任周素平主持会议。同时还举行了大数据电子信息产业对接会，大健康医药产业对接会，黔台农业、旅游、文化创意产业对接会，贵州“1+7”开放创新平台推介会及黔台绿能环保交流会。

同日 贵安新区党工委副书记、开投公司董事长宗文出席2016生命科学（贵阳）国际峰会并见证签约，贵安新区与深圳市生命科学行业协会、深圳市北科生物科技有限公司、深圳市融汇仁和投资管理有限公司三家联盟公司签署《贵安“生命城”建设项目战略合作协议》，总投资1000亿元，将打造以生命科学为导引，集大健康、大数据、大旅游于一体的健康家园。

7月11日 全国人大原财经委主任委员、贵州省省长石秀诗一行在新区考察，贵安新区党工委书记、管委会主任马长青，贵安新区党工委副书记、管委会副主任曾瑜陪同考察。

同日 贵州省第一个多元化混合所有制配售电有限公司——贵安新区配售电有限公司正式挂牌成立，贵州省委常委、常务副省长、贵安新区党工委第一书记秦如培出席并为公司揭牌。公司注册资本15亿元，主要负责对直管区470平方公里范围内110千伏及以下配电网进行统一规划、投资、建设和运营。

同日 马长青出席安顺市、贵安新区路网建设联合指挥部揭牌仪式，并在安顺市—贵安新区“五联十同”首批重点建设项目平坝区东外环线道路工程开工仪式上宣布开工。安顺市委副书记、市长曾永涛，安顺市委常委、副市长陈好理等出席仪式。

7月12日 贵州省委常委、常务副省长、贵安新区党工委第一书记秦如培会见中芯国际集成电路制造有限公司董事长周子学一行。

同日 贵安新区党工委副书记、开投公司董事长宗文主持召开新区开投公司与贵州省水利投资（集团）有限责任公司合作洽谈会暨签约仪式，贵安新区获得克酬、大松山、上坝和孟寨四座水库的所有权、管理权及使用权。

7月13日 SAP公司与贵安新区管委会签署战略合作备忘录，双方将致力于通过信息技术，提高城市管理运营效率，加速贵安新区数字化转型。该合作备忘录是在中国国家发改委和欧盟委员会共同举办的2016中欧城镇化伙伴关系务实合作项目签约仪式上，由国务院总理李克强与欧盟委员会主席容克共同见证签署。

同日 华芯公司董事长、管委会副主任、巡视员欧阳武与格尔木市市长吴天晓一行座谈。

7月14日 贵州省委常委、常务副省长、贵安新区党工委第一书记秦如培，贵州省委常委、宣传部部长张广智同志会见甘肃省委常委、兰州市委书记虞海燕一行，贵安新区党工委书记、管委会主任马长青，管委会副主任张富杰陪同会见。

同日 马长青主持召开党工委会议。

同日 贵安新区党工委副书记、开投公司董事长宗文与长顺县委书记高晓昀一行座谈，双方明确在工业、旅游、园区等多个领域展开合作。

7月15日 贵安新区党工委书记、管委会主任马长青，党工委副书记、开投公司董事长宗文出席华贵人寿保险股份有限公司（筹）座谈暨签约仪式。

同日 马长青主持召开主任办公会议，传达贯彻中央领导同志在全国科技创新大会两院院士大会中国科协第九次全国代表大会上的重要讲话精神，审议《贵州省商贸投资（集团）有限责任公司商贸电商平台项目合作协议书》《贵州美博国际会展有限公司总部落户贵安新区合作协议书》等。

7月16日 贵州省委常委、常务副省长、贵安新区党工委第一书记秦如培主持召开城乡规划建设委员会主任委员会第八次会议，会议通过了《花溪大学城总体规划（修编）》《月亮湖公园规划设计方案》《贵安新区直管区棚户区城中村改造专项规划》《贵安新区档案馆项目规划方案》等10个方案。

7月16~17日 由中国服务网、中国服务贸易协会、贵安新区主办的第六届中国服务外包产业发展与人才培养峰会在贵安新区成功举行。贵安新区党工委副书记、贵安综保区党工委书记、贵安综保区管委会主任孙登峰，贵安新区管委会副主任樊晓江出席峰会。

7月17日 贵州省委常委、常务副省长、贵安新区党工委第一书记秦如培，贵安新区党工委书记、管委会主任马长青与浙江正泰集团董事、副总裁徐志武一行座谈，贵安新区党工委副书记、贵安综保区党工委书记、贵安综保区管委会主任孙登峰，贵安新区党工委副书记、开投公司董事长宗文参加座谈。

7月18日 贵安新区党工委副书记、开投公司董事长宗文参加贵阳贵银金融租赁有限责任公司开业暨项目签约仪式。

7月19日 2016年全省第二次项目建设现场观摩会在贵安新区召开。

7月20日 北师大贵安附校通过北师大基础教育对外合作办学部的开学条件复评。

7月21日 富贵安康羽毛球馆举行开馆仪式，新区第一个高标准体育运动场所正式开馆。

7月23日 贵州省委常委、常务副省长、贵安新区党工委第一书记秦如培会见清华大学党委书记陈旭、清华大学党委副书记史宗恺一行。

同日 中国生态经济学会第九次全国代表大会暨生态经济与生态城市学术研讨会在新区举行，贵安新区管委会副主任许剑龙出席并致辞。

7月25日 贵州省委常委、常务副省长、贵安新区党工委第一书记秦如培会见浪潮集团董事长兼CEO孙丕恕一行，新区领导马长青、孙登峰、耿贵刚陪同会见。

同日 贵安新区党工委书记、管委会主任马长青与网秦天下科技有限公司史文勇一行座谈。

7月26日 贵安新区党工委书记、管委会主任马长青主持召开新区领导干部大会，传达学习2016年全省第二次项目建设现场观摩总结会议暨全省第三次民营经济发展大会精神，听取新区上半年经济运行情况汇报，部署下半年经济工作。

7月27日 贵安新区党工委书记、管委会主任马长青主持召开主任办公会，传达《关于2015年国家级新区发展建设有关情况的通报》，审议《2016“创响中国”贵安巡回接力活动暨2016贵安大数据创新创业创客汇总体实施方案》等。

7月28日 贵州省委常委、常务副省长、贵安新区党工委第一书记秦如培，贵安新区党工委书记、管委会主任马长青同志会见出席贵安新区对接长江经济带和“一带一路”建设研究评审会暨研讨会的专家。

7月29日 贵州省委常委、常务副省长、贵安新区党工委第一书记秦如培慰问新区驻地部队官兵。

同日 贵州省政协副主席谢晓尧一行赴新区调研大数据发展情况，贵安新区党工委副书记、贵安综保区党工委书记、贵安综保区管委会主任孙登峰陪同调研。

同日 贵安新区管委会与贵州威爱教育科技有限公司（筹）举行威爱虚拟现实教育（VIEDU）项目合作协议签约仪式。

7月31日 柬埔寨副首相兼内阁部长索安及夫人等一行到新区考察，贵州省副省长卢雍政陪同考察，开投公司总经理王春雷陪同考察。

八月

8月1日 贵州省委常委、常务副省长、贵安新区党工委第一书记秦如培主持召开研究新区月亮湖公园规划设计方案专题会。

同日 秦如培会见格罗方德半导体有限公司中国区总裁白农一行。贵安新区领导孙登峰、欧阳武陪同会见。

同日 贵安新区党工委书记、管委会主任马长青与中欧商协会投促联盟秘书长黄玉敏一行座谈。

8月2日 贵州省委常委、常务副省长、贵安新区党工委第一书记秦如培主持召开新区中心区规划设计汇报交流会。

同日 秦如培会见HPE公司中国区董事长毛渝南一行。贵安新区领导孙登峰、欧阳武陪同会见。

同日 孙登峰与省能源局局长张应伟一行商谈新区电力改革有关工作。

同日 贵安新区管委会与瑞士中国学人科技协会举行合作协议签署仪式，双方将在电子信息、精密制造、生物医药、金融服务四大高新技术产业开展合作。

同日 广西壮族自治区政协副主席李彬一行到新区考察。

8月3日 贵州省委常委、常务副省长、贵安新区党工委第一书记秦如培陪同阿里巴巴集团董事局主席马云一行考察新区。

8月4日 贵安新区党工委书记、管委会主任马长青与韩中文化友好协会会长曲欢、梨花女子大学副校长朴善基一行座谈并出席签约仪式暨“中韩缘—贵州行”黔韩友好交流活动。贵安新区管委会副主任黄家耀出席相关活动。

8月8日 贵州省委常委、常务副省长、贵安新区党工委第一书记秦如培出席数据宝chinadatapay.com网站上线仪式暨大数据双创平台发布会活动。

8月9日 贵州省委常委、常务副省长、贵安新区党工委第一书记秦如培，贵安新区党工委书记、管委会主任马长青陪同中央第15巡视组组长杨文明、中编办副主任何建中一行在新区考察。

同日 贵州省委常委、常务副省长、贵安新区党工委第一书记秦如培，贵州省委常委、省委宣传部部长张广智出席在新区召开的2016年“民博会”第二次项目推进会。

同日 贵安新区党工委副书记、贵安综保区党工委书记、贵安综保区管委会主任孙登峰与SAP大学联盟大中国区总监杨焜一行座谈。

同日 贵安新区党工委副书记、开投公司董事长宗文与欧盟中国经济文化委员会秘书长谢建中一行座谈。

同日 河南省政协副主席、省工商联主席梁静一行在新区考察。

8月10日 贵安新区党工委书记、管委会主任马长青会见新加坡驻广州总领事馆商务副总领事胡丽燕一行。

同日 贵安新区党工委副书记、贵安综保区党工委书记、贵安综保区管委会主任孙登峰会见福建自贸区国际贸易商会副会长黄景新一行。

同日 贵安新区党工委副书记、贵安综保区党工委书记、贵安综保区管委会主任孙登峰，开投公司总经理王春雷与牛津大学数学学院、牛津金融大数据实验室博士王宁洽谈项目合作相关事宜。

8月11日 贵州省政协副主席蒙启良在新区调研黔中水利枢纽工程进度及沿线环境保护情况，贵安新区管委会副主任黄家耀陪同调研。

同日 贵安新区党工委书记、管委会主任马长青主持召开主任办公会，传达贯彻全省发展村级集体经济推进大会会议精神，审议《关于贯彻落实五大发展新理念加快实施大数据战略行动的意见》等系列配套文件。

同日 马长青与中商投实业控股有限公司常务副总裁匡导球一行座谈。贵安新区党工委副书记、开投公司董事长宗文参加座谈。

8月13日 贵州省委常委、常务副省长、贵安新区党工委第一书记秦如培到大学城贵州师范大学大数据与计算机科学技术学院调研并主持召开“贵安新区与花溪大学城各高校联动推进科技协同创新暨大数据战略行动座谈会”。贵安新区领导张富杰、王春雷、李建峰等出席座谈会。

同日 贵州省副省长卢雍政陪同国内知名企业家代表团一行在新区考察。贵安新区党工委副书记、贵安综保区党工委书记、贵安综保区管委会主任孙登峰，贵安新区管委会副主任樊晓江陪同考察。

同日 秦如培到新区大数据港及中国—东盟教育交流周永久会址调研。

同日 北京市昌平区委书记侯君舒一行、贵州省侨联主席吕虹一行在新区考察。孙登峰分别陪同考察。

8月14日 贵州省委常委、常务副省长、贵安新区党工委第一书记秦如培参加新区大数据推进大会，贵安新区党工委书记、管委会主任马长青，新区领导孙登峰、张富杰、黄家耀、王春雷、许剑龙、蔡光辉、李建峰、耿贵刚、樊晓江等出席会议。

8月16日 贵州省委书记陈敏尔，贵州省委副书记、省长孙志刚与苹果公司CEO库克、富士康集团总裁郭台铭一行座谈。贵州省委常委、常务副省长、贵安新区党工委第一书记秦如培，贵安新区党工委书记、管委会主任马长青，贵安新区党工委副书记、贵安综保区党工委书记、贵安综保区管委会主任孙登峰等陪同座谈。

同日 马长青主持召开主任办公会，传达贯彻全省改善农村人居环境工作大会精神，审议《新建安置点社区组建工作实施方案》等。

同日 马长青会见新加坡国际企业发展局中国司司长王俐恩一行。孙登峰参加会见。

同日 国家新型城镇化综合试点评估调研组一行调研新区新型城镇化建设工作，贵安新区管委会副主任许剑龙陪同调研。

8月17日 贵州省委书记陈敏尔，贵州省委副书记、省长孙志刚专题听取新区CBD、月亮湖公园规划情况汇报。贵州省委常委、常务副省长、贵安新区党工委第一书记秦如培，贵安新区党工委书记、管委会主任马长青，新区领导宗文、曾瑜、许剑龙等参加会议。

同日 秦如培会见贵州黎阳航空动力有限公司党委书记、董事长牟欣一行。贵安新区党工委副书记、开投公司董事长宗文陪同会见。

同日 马长青与富士康集团副总裁吴慧锋一行洽谈数据中心合作事宜。贵安新区党工委副书记、综保区党委书记、贵安综保区管委会主任孙登峰参加洽谈。

同日 马长青、宗文与上海联影医疗科技有限公司高级副总裁张芬平一行座谈。

同日 贵安新区与中检集团中国质量认证中心举行《战略框架协议》签约仪式。

8月18日 贵州省委常委、常务副省长、贵安新区党工委第一书记秦如培会见华金润有限公司顾问连建国一行。贵安新区党工委副书记、贵安综保区党委书记、贵安综保区管委会主任孙登峰陪同会见。

同日 秦如培同志会见国威集团董事长王靖宇一行。贵安新区党工委副书记曾瑜、管委会副主任耿贵刚陪同会见。

同日 举行2016贵安·高峰月亮湾乡村生态旅游葡萄节开幕式。贵安新区党工委书记、管委会主任马长青，新区领导黄家耀、樊晓江等出席开幕式。

同日 贵安新区举行“两学一做同谱先锋曲、军地企携手共筑贵安梦”活动启动仪式，新区党工委副书记曾瑜出席。

同日 贵安新区管委会副主任李建峰与陕西西咸新区管委会副主任杨占文一行座谈。

8月19日 贵州省委副书记、省长孙志刚会见安徽省委常委、合肥市委书记吴存荣一行。贵州省委常委、常务副省长、贵安新区党工委第一书记秦如培，贵安新区党工委书记、管委会主任马长青，管委会副主任张富杰陪同会见。

同日 秦如培会见华欧泰公司董事长蔡昌兴一行。贵安新区管委会副主任耿贵刚陪同会见。

同日 贵安新区党工委书记、管委会主任马长青参加新区与观山湖区座谈暨“同城发展合作框架协议”签约仪式。贵安新区管委会副主任张富杰、许剑龙出席签约仪式。

同日 马长青出席SPI新能源科技控股集团与贵安新区座谈暨战略合作协议签约仪式。贵安新区领导孙登峰、宗文、耿贵刚出席签约仪式。

同日 马长青参加贵阳市与贵安新区座谈暨深化“五联十同”合作协议签约仪式。贵安新区领导孙登峰、宗文出席签约仪式。

同日 国家住建部城建司副司长章林伟一行检查海绵城市工作进展情况，新区管委会副主任许剑龙陪同。

8月20日 贵州省委常委、常务副省长、贵安新区党工委第一书记秦如培会见北京车和家信息技术有限公司董事长李想一行。贵安新区党工委书记、管委会主任马长青，管委会副主任耿贵刚陪同会见。

同日 贵州精准医疗大数据投资管理有限公司举行第一次股东大会暨成立大会，贵安新区党工委副书记、开投公司董事长宗文出席。

同日 华芯公司董事长、贵安新区管委会副主任、巡视员欧阳武参加贵州大学—明导电子科技有限公司电子系统及集成电路设计联合实验室揭牌仪式。

8月21日 贵州省委常委、常务副省长、贵安新区党工委第一书记秦如培与HTC董事长王雪红一行座谈。贵安新区党工委书记、管委会主任马长青，党工委副书记曾瑜参加座谈。

8月21日、23日、24日 全国政协原副主席钱运录一行在新区考察，贵安新区党工委书记、管委会主任马长青陪同考察。

8月22日 贵安新区党工委副书记、开投公司董事长宗文与甘肃省发改委党组书记、主任周强一行座谈。

8月23日 贵安新区党工委书记、管委会主任马长青与申银万国（北京）投资基金管理有限公司总裁袁立一行座谈。贵安新区党工委副书记、开投公司董事长宗文，管委会副主任樊晓江参加座谈。

8月24日 召开新区领导干部大会，宣布省委关于贵安新区领导班子有关同志职务调整的决定。

8月25日 全国政协常委、原贵州省省长林树森在贵安新区考察调研。贵州省委常委、常务副省长、贵安新区党工委第一书记秦如培，贵安新区管委会主任孙登峰，党工委副书记、开投公司董事长宗文等陪同。

同日 贵州省政协主席王富玉、省政协副主席孙国强出席2016年“民博会”工艺品设计大赛、能工巧匠选拔大赛总决赛活动。贵安新区党工委书记马长青、管委会主任孙登峰、管委会副主任黄家耀陪同出席活动。

同日 马长青主持召开党工委会议，传达学习习近平总书记在东西部扶贫协作座谈会上的讲话精神和新区CBD、月亮湖公园规划情况专题会议精神，审议《贵州贵安新区直管区教育人才引进实施办法（暂行）》。

同日 孙登峰与国家发改委综合运输研究所罗仁坚一行座谈。

8月26日 贵州省政协副主席孙国强在东盟国际会议中心调研。贵安新区管委会副主任黄家耀陪同调研。

同日 贵安新区党工委书记马长青会见全省“脱贫攻坚·党员先锋”先进事迹宣讲团成员并出席报告会。贵安新区党工委副书记、开投公司董事长宗文，纪工委书记蔡光辉陪同会见。

同日 贵安新区党工委书记马长青出席贵安能矿产品电子商务股份有限公司增资协议签字暨交易平台上线启动仪式。

同日 致公党“科学推进我省大数据发展战略”调研团到新区考察。贵安新区管委会副主任樊晓江参加考察。

8月28日 贵州省委书记陈敏尔会见宁夏回族自治区党政代表团，贵安新区党工委书记马长青，管委会主任孙登峰参加会见。

同日 贵安新区管委会主任孙登峰主持召开主任办公会，传达贯彻全省安全生产紧急电视电话会议精神，审议《贵安新区创新创业投资基金（有限合伙）组建方案》。

同日 马长青与美国硅谷创新学院院长、乐土投资集团董事长刘如银一行座谈。

8月29日 贵安新区党工委书记马长青主持召开新区城乡规划建设委员会主任委员会第9次会议。

同日 工信部副部长、电子科技委员会主任怀进鹏一行在新区考察。贵安新区党工委书记马长青、管委会主任孙登峰、管委会副主任耿贵刚陪同考察。

8月30日 贵州省委常委、常务副省长、贵安新区党工委第一书记秦如培主持召开会议专题听取华芯通工作汇报。贵安新区领导孙登峰、宗文、欧阳武参加会议。

同日 遵义市人大机关离退休老干部考察团在贵安新区考察。贵安新区党工委副书记、管委会常务副主任、贵安综保区党工委书记曾瑜陪同考察。

同日 贵安新区管委会副主任耿贵刚参加电子科技委员会主任工作会议并代表新区致辞。

8月31日 贵安新区管委会主任孙登峰主持召开主任办公会，传达贯彻全省户籍制度改革瓮安现场推进会议精神，审议《贵安新区管委会关于普遍建立法律顾问制度的实施意见》等。

同日 黔西南考察团到贵安新区考察，新区党工委副书记、管委会常务副主任、贵安综保区党工委书记曾瑜陪同考察。

九月

9月1日 北京师范大学贵安新区附属学校举行2016~2017学年第一学期开学典礼。贵州省委常委、常务副省长、贵安新区党工委第一书记秦如培，贵安新区党工委书记马长青，管委会主任孙登峰，管委会副主任张富杰，北京师范大学国内合作办公室主任屈浩，基础教育对外合作办学指导委员会委员、原北京师范大学附属中学校长魏以钧，北京师范大学贵安附校校长梁智诚出席。

同日 秦如培主持召开党工委第一书记专题会议，贵安新区领导马长青、孙登峰、曾瑜、王春雷、蔡光辉出席会议。

同日 马长青与中铁建房地产集团有限公司董事长吴仕岩座谈。

同日 新疆维吾尔自治区人大财经委主任朱立一行在新区考察。

9月2日 云南省政协主席罗正富一行到贵安新区考察创新创业工作和大数据产业发展情况。贵州省政协主席王富玉，省政协副主席孙国强，贵安新区管委会主任孙登峰陪同考察。

同日 贵安新区党工委书记马长青主持召开党工委会议，传达学习中央、贵州省有关文件和重要会议精神，研究部署新区贯彻落实意见，审议《贵安新区万水千山·环高峰山景区配套设施政府与社会资本合作（PPP）项目实施方案》等。

同日 马长青主持召开领导干部会议，传达学习省委十一届七次全会精神，研究部署新区贯彻落实意见。

9月1~3日 贵安新区管委会副主任许剑龙在韩国参加2016应对气候变化全球市长（首尔）论坛。

9月3日 贵安新区党工委书记马长青主持召开中心区CBD、月亮湖公园规划设计方案修改情况汇报会，贵安新区管委会主任孙登峰、管委会副主任许剑龙出席会议。

同日 国家农村综合改革美丽乡村建设标准化试点考核评估组在贵安新区开展试点考核实地验收，新区以111分（总分120分）的优异成绩顺利通过考核验收。新区管委会副主任樊晓江陪同。

9月5日 贵安新区管委会主任孙登峰主持召开主任办公会，审议《贵安新区扶持微型企业发展施行办法》，听取各分管领导汇报2016年上半年工作完成情况及下半年工作打算。

9月6日 贵安新区管委会主任孙登峰，新区党工委委员、开投公司总经理王春雷会见三一集团副总经理曹锦明一行。

9月7日 贵安新区党工委书记马长青主持召开城乡规划建设委员会主任

委员会第10次会议。

同日 马长青主持召开听取5708世界民族民俗艺术博览城规划建设工作进展情况汇报会及审查民博会设计方案专题会。贵安新区管委会主任孙登峰、新区领导王春雷、许剑龙出席会议。

9月8日 贵安新区党工委书记马长青与宝能集团常务副总裁吴浩风一行座谈。

同日 摩尔多瓦副总理卡尔梅克一行在新区参观考察。贵安新区管委会副主任耿贵刚陪同。

9月9日 山东省副省长王书坚一行到贵安新区考察，详细了解新区的规划建设、战略布局等情况。

同日 安徽省副省长谢广祥一行到贵安新区考察，详细了解新区的规划建设、大数据产业发展等。

同日 贵安新区党工委书记马长青与贵州德坤集团董事长罗坤一行座谈。贵安新区管委会主任孙登峰，新区党工委副书记、管委会常务副主任曾瑜，贵州省侨联主席吕红，新区领导耿贵刚参加座谈。

同日 在第32个教师节来临之际，新区举行优秀教育工作者表彰大会。

9月10日 中国—东盟教育交流周永久会址落成仪式在中国东盟国际会议中心举行，贵安新区党工委书记马长青，新区领导王春雷、许剑龙，中国群升集团董事长徐步升，温德姆豪生集团副总裁章宗杰出席启幕仪式。

9月12日 贵安新区管委会主任孙登峰主持召开主任办公会议，传达贯彻2016年全省促进100个城市综合体健康发展推进大会精神、全省现代山地生态畜牧业发展暨产业扶贫推进会议精神，听取新区开展国家相对集中行政许可权试点进展情况汇报等。

同日 孙登峰分别接待思爱普（SAP）全球副总裁、中国区联席总经理李强一行和韩国现代汽车大数据室理事李俊锡一行。

同日 富贵安康社区配套项目——富贵安康中心广场正式开业运营。

9月13日 贵安新区管委会主任孙登峰、管委会副主任李建峰出席新区与思爱普（中国）有限公司签约仪式，SAP将支持贵安新区设立创新人才培养基地。

同日 管委会主任孙登峰会见欧盟议会议员特使及欧盟三国驻华商会总代

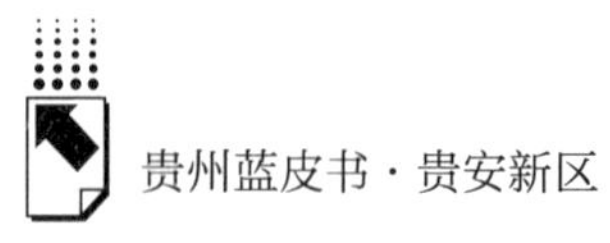

表一行。

同日 贵安新区举办纪念长征胜利80周年暨国防教育宣讲报告会，贵州省委党校教授唐正繁受邀做了题为《美国“亚太再平衡”战略与中国军事安全》的讲座。

9月14日 贵安新区管委会主任孙登峰与中国工商银行贵州省分行副行长蒋云志一行会谈。贵安新区党工委副书记、管委会常务副主任、贵安综保区党工委书记曾瑜参加座谈。

9月15日 原贵州省省长陈士能一行在贵安新区参观考察，新区党工委书记马长青，管委会主任孙登峰陪同考察。

9月16日 贵州省委常委、常务副省长、贵安新区党工委第一书记秦如培在新区调研，贵安新区管委会主任孙登峰，新区党工委副书记、开投公司董事长宗文，新区管委会副主任张富杰陪同调研。

9月18日 贵安新区党工委书记马长青主持召开党工委会议，传达学习省党政代表团赴河北、上海考察学习精神，听取2016民博会筹备情况汇报、2016“创响中国”贵安巡回接力活动筹备情况汇报。

同日 贵安新区首条高纯石墨烯生产线正式建成投产。

9月19~21日 中共中央政治局委员、中央政法委书记孟建柱赴贵安新区调研。最高人民法院院长周强，最高人民检察院检察长曹建明，中央政法委秘书长汪永清，中央政法委副秘书长、中央综治办主任陈训秋，公安部党委副书记、副部长黄明参加调研。贵州省委书记陈敏尔，省委副书记、省长孙志刚，省委副书记、省委政法委书记谌贻琴，省领导秦如培、陈刚、刘奇凡分别陪同调研。

9月19日 贵安新区管委会主任孙登峰主持召开主任办公会，听取生态新城开发建设情况汇报、开展国家海绵城市建设试点工作情况汇报，审议《花溪大学城“贵安创业大街”项目合作协议》《贵州精准医疗大数据中心项目投资合作协议》。

9月20日 贵安新区举行创投A+联盟成立仪式，新区管委会主任孙登峰、中国国际经济交流中心首席研究员张燕生等出席。

9月21日 贵州贵安慧贸通外贸综合服务股份公司正式运营，将联手多家企业整合进口酒类工业链体系，在贵安综保区打造全国性红酒集聚基地。

9月20～21日 四川天府新区管委会办公室党组书记、常务副主任周思源一行到新区考察调研，贵安新区党工委副书记、管委会常务副主任、贵安综保区党工委书记曾瑜，新区管委会副主任李建峰陪同考察。

9月20～22日 以“智汇黔中·数创贵安”为主题的“创响中国”贵安站巡回接力活动暨2016贵安大数据创新创业创客汇在中国东盟国际会议中心举办。

9月26日 贵安新区管委会主任孙登峰主持召开主任办公会，传达贯彻全省第四季度经济运行调度电视电话会议精神，听取新区改革工作情况、开展国家服务贸易创新发展试点工作等情况汇报。

同日 贵安新区管委会副主任耿贵刚出席腾祥项目合作签约仪式。

9月27日 贵州省委常委、常务副省长、贵安新区党工委第一书记秦如培陪同国务院督察组在新区督察，贵安新区领导马长青、孙登峰、曾瑜、王春雷陪同。

同日 秦如培会见中国农业发展银行副行长何兴祥一行。

同日 贵安新区党工委书记马长青、新区管委会主任孙登峰会见国土资源部武汉督查局副专员李红一行。

同日 孙登峰会见西安西古光通信公司董事长宫岛幸男一行。

同日 《今日头条》举办“端政—贵州‘数说’政务新媒体”大会，“贵安发布”荣获2016“贵州最具影响力外宣头条号”奖项。

9月28日 以“山地公园省·多彩贵州风”为主题的2016中国（贵州）国际民族民间文化旅游产品博览会在贵安新区隆重开幕。贵州省委书记陈敏尔出席并宣布开幕。贵州省委副书记、省长孙志刚致辞，贵州省政协主席王富玉，中组部原常务副部长赵宗鼐，外经贸部原副部长、博鳌亚洲论坛原秘书长龙永图，全国妇联书记处书记杨柳等出席开幕式。世界旅游组织荣誉秘书长、贵州旅游发展顾问弗朗西斯科·弗朗加利，国际民间艺术组织全球副主席、中国区主席、德中文化促进会会长陈平发言。瑞士日内瓦州大议会议长马克·格林查，瑞中商会副会长伯努瓦·库努夫，省领导秦如培、张广智、刘奇凡、周忠良、何力、卢雍政、孙国强、班程农出席，张广智主持开幕式。贵安新区党工委书记马长青，新区管委会主任孙登峰，新区党工委副书记、管委会常务副主任、贵安综保区党工委书记曾瑜出席开幕式。本届民博会集聚了来自53个国家和地区，国内15个省（区、市）的200余家参展企业、1000余人参会。

同日 贵安新区党工委机关报——《贵安新区报》正式创刊。同时，成立了由《贵安新区报》《滇中新区报》《湘江早报》《南沙新区报》《青岛日报》发起的国家级新区报全媒体传播联盟。

同日 中国首个家庭型生态自然探索度假公园——云漫湖国际休闲旅游度假区内的森哒星生态度假公园正式开园迎客。

9月30日 贵安新区管委会主任孙登峰与上海交大电子信息与电气工程学院党委书记苏跃增一行座谈。

十月

10月1~2日 贵安新区党工委书记马长青在民博会主会场、云漫湖国际休闲旅游度假区调研检查。

10月3~4日 贵安新区管委会主任孙登峰到云漫湖国际休闲旅游度假区活动现场检查安全工作。

10月7日 贵安新区党工委书记马长青接待HTC董事长王雪红一行。

10月8日 以“虚拟与现实·共创与共享”为主题的2016中国·贵安虚拟现实峰会开幕，峰会由主论坛及VR教育、VR游戏、VR旅游、AR产业四个论坛组成，吸引来自VR产业的一线企业代表、政府主管部门、学术界教授等嘉宾共计400余人参会。贵安新区与威盛宏达集团、启迪控股公司，贵州威爱教育公司、启迪（北京）科技园运营管理公司4家企业签署了战略合作协议。发布了《贵安新区支持虚拟现实产业发展十条政策》、《贵安新区虚拟现实产业发展概念性规划》及《虚拟现实贵安宣言》。

10月9日 贵安新区党工委书记马长青与红樱桃果业有限公司董事长杨雪梅就新区“苹果花开”农旅体验园项目落地事宜进行座谈。

同日 贵安新区党工委副书记、开投公司董事长宗文与长顺县委书记高晓昀一行座谈。

同日 贵安新区党工委委员、开投公司总经理王春雷带队赴杭州与开元集团签订贵安森泊项目合作协议。

同日 国家旅游局发布十一假日旅游“红黑榜”，云漫湖国际休闲旅游度假区获得“旅游服务最佳景区”，是全省唯一上榜的旅游服务最佳景区。

10月10日 贵安新区管委会主任孙登峰主持召开主任办公会，传达2016年调整退休人员基本养老金暨全省机关事业单位养老保险制度改革启动实施电视电话会议精神，听取新区双创示范基地工作推进情况汇报，审议《贵安新区直管区卫生医疗机构建设及能力提升三年行动计划（2016~2018年）》《互联网+智慧精品分益旅游项目投资合作协议》等。

同日 第16期周末大讲堂邀请国家安全生产监督管理总局研究中心副主任贺定超为新区干部职工进行安全生产讲座，贵安新区党工委副书记、开投公司董事长宗文主持会议。

10月11日 大数据与政府治理创新研讨会在新区召开。国家行政学院党委委员、研究生院院长杨文明出席并讲话，贵州省委常委、常务副省长、贵安新区党工委第一书记秦如培，中央编办副主任何建中出席并致辞。贵州省编办主任刘朝容，贵安新区党工委书记马长青，贵阳市委常委、常务副市长陈少荣先后做发言。

同日 贵州省副省长卢雍政到富士康、VR小镇调研，贵安新区党工委副书记、管委会常务副主任、贵安综保区党工委书记曾瑜陪同调研。

同日 马长青分别与欣扬集团总经理薛浩岩、皮海云商董事长黄汉兵一行座谈。

同日 芜湖市、长沙县考察组一行在北京师范大学贵安新区附属学校考察，贵安新区管委会副主任张富杰陪同考察。

同日 贵安新区管委会副主任樊晓江与乌鲁木齐经济开发区管委会主任陈钢一行座谈。

10月12日 贵州省委常委、常务副省长、贵安新区党工委第一书记秦如培在新区主持召开贵州省与苹果公司全体会、贵州省与苹果公司商务交流座谈会、贵州省苹果数据中心项目闭门会及贵州省与苹果公司总结会。贵安新区党工委书记马长青、新区管委会主任孙登峰、管委会副主任李建峰出席会议。

同日 开投公司与贵州高速公路集团公司战略合作框架协议签约仪式举行，马长青出席并讲话，贵州高速公路集团党委书记、董事长任仁，贵安新区党工委副书记、开投公司董事长宗文，省交通厅副巡视员刘建华等出席签约仪式。

同日　铜仁市政府考察组一行到新区考察，贵安新区管委会副主任张富杰陪同考察。

同日　以“我想我干　分享未来”为主题的2016全国大众创业万众创新活动周贵州主会场贵安新区创新创业主题周系列活动在花溪大学城拉开帷幕，双创大街开街仪式同步启动。贵安新区管委会副主任张富杰出席开街仪式。

10月13日　贵安新区管委会主任孙登峰陪同苹果公司数据中心采购选址总监罗伯特·夏普一行在新区考察。

10月14日　贵州省委常委、常务副省长、贵安新区党工委第一书记秦如培主持召开新区城乡规划建设委员会第九次全体会议。

同日　秦如培会见惠普中国首席执行官李为冲、天汉文化有限公司董事长李耀汉一行。

同日　贵安新区党工委书记马长青会见北京汇泽博远机器人投资有限公司总经理冷涛一行。

同日　新区党工委书记马长青，管委会主任孙登峰会见星河互联董事长徐茂栋一行。

同日　孙登峰会见国泰蓝天（北京）新能源投资管理公司李洁一行。

同日　广西壮族自治区人大常委会原副主任丁廷模一行到贵安新区考察，新区管委会副主任樊晓江陪同考察。

10月17日　贵安新区党工委书记马长青主持召开党工委会议，传达贯彻习近平总书记在全国国企党建工作会议上的重要讲话精神和陈敏尔书记在贵州省委常委会议上的讲话精神。

同日　贵安新区脱贫攻坚暨美丽乡村建设推进大会召开。贵州省委常委、常务副省长、贵安新区党工委第一书记秦如培做重要批示。马长青出席并讲话，新区管委会主任孙登峰，新区领导张富杰、黄家耀、许剑龙、蔡光辉、李建峰、樊晓江出席会议。

10月18日　贵安新区管委会主任孙登峰主持召开主任办公会，传达学习新区第33次、34次党工委（扩大）会议精神，研究安全生产和新型城镇化推进等工作，审议加强调解联动工作等文件。

10月19日　贵安新区管委会主任孙登峰分别会见呼和浩特市委副书记、市长李杰翔一行，浙江大学生态修复联合研究中心主任朱仁民一行。

同日　贵安新区党工委委员、华芯投资公司董事长欧阳武接待河北省政协财政经济委员会主任卢瑞卿一行。

同日　广东省肇庆市委书记、市人大常委会主任赖泽华率党政代表团到贵安新区考察海绵城市试点、新型社区建设等情况，新区管委会副主任许剑龙陪同考察。

10 月 20 日　贵安新区党工委书记马长青主持召开党工委会议，审议《贵安新区海绵城市建设试点两湖一河 PPP 项目实施方案》及《贵安新区海绵城市建设试点两湖一河 PPP 项目资格预审文件》。

同日　贵安新区管委会主任孙登峰分别会见中铁建工集团总经理毕彦春一行。

10 月 21 日　国家能源局副局长郑栅洁一行在新区调研，孙登峰陪同调研。

10 月 21～22 日　贵安新区党工委书记马长青会见美国杭州商会董事会主席陈景东、会长宗泽后、中美能源基金执行董事詹家芳一行。

10 月 23 日　贵安新区党工委书记马长青到云漫湖国际休闲旅游度假区、六月六风情街调研。

同日　贵安新区管委会主任孙登峰率队赴中心区 CBD 踏勘点、新区高铁站、综合体三、西南粮食城、贵安国际物流港及湖潮污水处理厂重点项目调研。

10 月 24 日　贵州省委常委、常务副省长、贵安新区党工委第一书记秦如培会见深圳华强方特文化科技集团有限公司董事长刘道强一行，贵安新区管委会主任孙登峰，新区党工委副书记、开投公司董事长宗文参加会见。

同日　贵安新区党工委书记马长青与深圳华强方特文化科技集团有限公司董事长刘道强一行座谈，新区管委会主任孙登峰，党工委副书记、开投公司董事长宗文，管委会副主任黄家耀参加座谈。

10 月 25 日　贵州省政协主席王富玉率领省政协常委视察团赴贵安新区，对落实大数据战略行动、推动大数据应用服务情况进行视察。贵安新区党工委书记马长青、管委会主任孙登峰陪同视察。

同日　马长青与深圳华欧泰公司董事长蔡昌义座谈。

同日　孙登峰主持召开主任办公会，听取新区直管区 2016 年前三季度经济运行情况汇报，审议《西部大数据现代休闲农业观光体验园项目建设投资合同》《新能源高科技产业园项目投资合作协议（SPI）》等。

10 月 26 日　贵州省委常委、常务副省长、贵安新区党工委第一书记秦如培会见惠普公司中国区董事长毛渝南一行，贵安新区管委会主任孙登峰参加会见。

同日　贵安新区党工委书记马长青接待华芯通公司总经理汪凯一行，党工委委员、华芯公司董事长欧阳武陪同接待。

同日　孙登峰会见中国信息安全研究院院长孙迎新一行。

10 月 27 日　贵安新区党工委书记马长青到车田村、摆门安置点调研，新区领导王春雷、许剑龙陪同调研。

同日　贵安新区管委会主任孙登峰分别接待乐视公司副总裁麦庆强一行、SK 集团全球成长委员会副总裁田义忠一行、上海交通大学材料与工程学院党委书记单爱党一行、天津国际生物医药联合研究院副院长兼第三代基因测序中心主任张耀州一行。

同日　广东省云浮市考察团一行到新区考察，贵安新区管委会副主任张富杰陪同考察。

同日　贵州金智网络科技股份有限公司成为新区首家登陆多层次资本市场、在“新三板”挂牌交易的企业。

10 月 28 日　贵州省委常委、常务副省长、贵安新区党工委第一书记秦如培检查 2016 中国·贵州内陆开放型经济试验区跨境投资与贸易合作洽谈会筹备情况，贵安新区党工委委员、开投公司总经理王春雷陪同检查。

同日　贵安新区党工委召开中心组学习会暨“两学一做”学习教育专题研讨会，传达学习《中国共产党第十八届中央委员会第六次全体会议公报》精神，并对《习近平总书记系列重要讲话读本》中的部分文章和《中国共产党纪律处分条例》进行学习。贵安新区党工委书记马长青，新区管委会主任孙登峰，新区党工委副书记、开投公司董事长宗文，新区领导张富杰、许剑龙、蔡光辉出席会议。

10 月 31 日　贵安新区管委会主任孙登峰主持召开主任办公会，传达推进全省旅游业供给侧结构性改革电视电话会议精神，贯彻李克强总理关于全面推行“双随机一公开”监管工作的批示和张高丽副总理在全国推行“双随机一公开”监管工作电视电话会议的讲话精神，贯彻全省安全生产电视电话会议精神等。

同日 孙登峰会见德中卫生组织副主席菲木一行。管委会副主任张富杰、耿贵刚参加会见。

十一月

11月1日 贵安新区党工委书记马长青主持召开党工委会议，传达学习党的十八届六中全会精神。

同日 贵安新区管委会主任孙登峰分别与深圳维骏公司总经理陈柚全一行、江苏澳洋公司沈学茹一行、中电建水环境公司总经理郑永久一行座谈。

11月3日 贵安新区党工委书记马长青陪同求是杂志社总编辑陶骅在新区考察，新区党工委副书记、管委会常务副主任、贵安综保区党工委书记曾瑜陪同考察。

11月4日 中国期刊协会会长石峰率全国党刊“聚焦贵州·走进贵安”调研采访团赴新区调研采风。贵安新区党工委书记马长青，新区党工委副书记、管委会常务副主任、贵安综保区党工委书记曾瑜陪同采风。

同日 2016年省大生态项目暨第四批重大项目（贵安新区分会场）集中开工仪式在中国铁建贵安山语城项目现场举行，此次新区开工重点项目共20个，总投资148亿元。

11月6日 贵安新区管委会主任孙登峰与西安晨曦航空科技公司董事长吴坚一行座谈，新区管委会副主任耿贵刚参加座谈。

11月7日 贵安新区党工委书记马长青与世界旅游论坛组织中国区首席代表徐建国一行座谈。

同日 新区管委会主任孙登峰主持召开主任办公会，传达全省2016年冬春季传染病防控工作会议精神，研究新区投资项目审批改革试点推进和深入推进城市执法体制改革改进城市管理等工作。

11月8日 贵州省委书记陈敏尔，省委副书记、省长孙志刚会见韩国现代汽车集团副会长郑义宣、美国思科公司首席执行官罗卓克一行，共同出席贵州省与现代汽车集团战略合作框架协议签字仪式。现代汽车集团副会长梁雄哲，思科公司高级副总裁兼大中华区董事长陈仕炜，省领导秦如培、陈刚、卢雍政参加。贵州省政府秘书长唐德智，现代汽车集团、思科公司和贵安新区、贵州省有关部门负责人参加会见和签约仪式。

同日 贵州省政协副主席李汉宇检查“贵洽会”筹备情况，贵安新区党工委书记马长青陪同检查。

11月9日 中国世贸集团主席曾智雄一行在新区考察，贵安新区管委会副主任黄家耀陪同考察。

11月10日 由贵州省政府、国家发改委、工业和信息化部、中国银行联合举办的2016中国·贵州内陆开放型经济试验区跨境投资贸易洽谈会在贵安新区开幕。贵州省委副书记、省长孙志刚，中国银行行长陈四清，中国贸促会副会长卢鹏起，国家发改委西部开发司司长田锦尘致辞。贵州省委常委、常务副省长、贵安新区党工委第一书记秦如培主持开幕式。贵州省副省长卢雍政，贵州省政协副主席、省工商联主席李汉宇出席开幕式。会议签约项目193个，签约金额超过1400亿元；发布了300多个优质招商引资项目，组织数百家海外企业与贵州企业进行“一对一”洽谈；国家有关部门和单位负责人，部分外国驻华使节，来自美国、英国、德国、澳大利亚等30多个国家和地区的世界500强、境外优强企业及国内外商协会代表参加会议。

同日 贵洽会贵安新区专场推介会暨项目签约仪式在东盟国际会议中心举行。贵安新区管委会主任孙登峰出席并作推介，中国银行中小企业部总经理王建，中国银行贵州省分行副行长徐鸿周，贵安新区管委会副主任耿贵刚、樊晓江出席会议。

11月12日 贵州省政府与华为技术有限公司在贵阳举行战略合作协议签字仪式。贵州省委书记陈敏尔，贵州省委副书记、省长孙志刚，华为技术有限公司总裁任正非，华为技术有限公司副董事长、轮值CEO徐直军，省领导秦如培、陈刚、慕德贵出席签字仪式。贵安新区党工委书记马长青，华为技术有限公司和省有关部门负责人参加活动。

同日 贵安新区管委会主任孙登峰会见深圳华强集团总裁李明一行，并与华强方特集团签约。

11月14日 国家工信部正式批复贵阳·贵安国家级互联网骨干直联点。

同日 贵安新区党工委书记马长青与宝能集团总裁、CEO邹明武一行座谈。

同日 马长青到马场镇开展党的十八届六中全会精神宣讲。

同日 贵安新区管委会主任孙登峰主持召开主任办公会，传达全省保障农民工工资支付工作电视电话会议精神，审议《关于加强农村留守老人关爱服务工作的实施方案》等。

同日 贵澳农旅产业示范园大数据农业精准扶贫项目发布会在互联网大会永久举办地浙江乌镇召开。

11月15日 贵州省委书记陈敏尔在贵阳会见美国加利福尼亚州众议长安东尼·兰登一行。贵州省领导袁周、卢雍政，美国加州众议院代表团、全国友协及贵州省有关部门负责人，贵安新区党工委书记马长青参加会见。

同日 贵安新区党工委书记马长青，新区管委会主任孙登峰会见棕榈股份投资事业部董事长刘冰一行。

同日 马长青与深圳钜盛华公司金控平台总裁兼CEO张金顺一行座谈。

11月16日 贵安新区举行学习宣传贯彻党的十八届六中全会精神专题宣讲会（第一期）。贵州省政协党组副书记、副主席孙国强作宣讲，贵安新区党工委书记马长青主持并讲话。

同日 马长青主持召开党工委会议，听取关于加强新区村级民生监督员队伍建设有关情况汇报，审议《关于鼓励促进师生落户花溪大学城政策措施》。

11月17日 贵州省委常委、常务副省长、贵安新区党工委第一书记秦如培在京与格罗方公司中国区总经理白农、美国高通公司总裁德里克·阿伯利一行座谈，贵安新区党工委书记马长青参加座谈。

同日 举办2016贵安首届博若莱新酒节。

11月18日 贵安新区党工委书记马长青出席贵州华芯通公司北京研发中心启用仪式暨北京华芯通公司开业典礼。美国高通公司全球总裁德里克·阿博利，高通公司中国区董事长孟樸，高通公司全球高级副总裁阿南德，贵安新区党工委委员、华芯通公司董事长欧阳武，华芯通公司首席执行官汪凯等出席仪式。

同日 第七届国家级新区法制工作交流会在贵安新区召开。14个国家级新区法制工作负责人齐聚贵安，就如何加快新区法制工作建设进行经验交流，并围绕国家级新区地方立法和合同监督管理体制及合同示范文本进行研讨。

11月19日 贵州省委常委、常务副省长、贵安新区党工委第一书记秦如培在新区检查招商引资重大项目推进情况。

11 月 20 日 贵州省委常委、常务副省长、贵安新区党工委第一书记秦如培在新区临时行政中心和湖潮乡芦猫塘村为干部群众宣讲党的十八届六中全会精神。

11 月 21 日 贵安新区党工委书记马长青分别与仁创生态砂基公司董事长秦升益一行、上海联影医疗董事长薛敏一行座谈。

同日 贵安新区管委会主任孙登峰主持召开主任办公会，传达全省卫生与健康大会会议精神、2016 年全省教育改革及乡村教师队伍建设工作推进会会议精神，审议《关于政府向社会力量购买服务的实施意见》。

同日 孙登峰分别会见贵州银行贵安支行负责人梁亚辉一行、中电建水环境公司总经理郑永久一行。

11 月 22 日 贵州省委书记陈敏尔，贵州省委副书记、省长孙志刚在贵阳会见韩国忠清南道知事安熙正一行。贵州省副省长卢雍政、韩国驻成都总领事馆总领事安成国、韩中文化友好协会会长曲欢参加会见，贵安新区党工委书记马长青参加会见。

同日 贵安华域数字医学研发转化基地项目签约暨揭牌仪式在新区举行，贵州省副省长何力，中国工程院院士、南方医科大学教授钟世镇，第三军医大学副校长、国际数字医学学会理事长张绍祥少将，贵安新区领导张富杰、王春雷等出席揭牌仪式。

同日 贵安新区党工委书记马长青、新区管委会主任孙登峰陪同韩国忠清南道知事金熙正在新区参观考察。

同日 孙登峰与省金融办主任李瑶一行座谈，贵安新区党工委副书记、开投公司董事长宗文参加座谈。

同日 贵安电投公司、华创证券、贵州股权金融资产交易中心签订全面金融服务合作框架协议。

同日 贵州贵安新区邮政事业发展办公室正式挂牌运行。

11 月 23 日 贵安新区党工委副书记、开投公司董事长宗文分别与德国迈耶谱蓝工业技术咨询公司董事兼公司中国区事务主管托马斯·迈耶，五龙电动车集团董事局曹忠、北京电桩公司 CEO 先越座谈。

同日 贵州银行贵安支行举行开业仪式，贵安新区管委会副主任李建峰出席。

11 月 25 日 贵州省委副书记、省长孙志刚会见河北以岭集团吴以岭董事长一行，贵州省委常委、常务副省长、贵安新区党工委第一书记秦如培陪同。贵安新区党工委书记马长青陪同其在新区考察。

同日 贵州省委常委、常务副省长、贵安新区党工委第一书记秦如培赴党武镇龙山村、掌克村检查民生监督工作，贵安新区纪工委书记蔡光辉陪同检查。

同日 秦如培会见中兴通信执行副总裁庞胜清一行，贵安新区党工委副书记、开投公司董事长宗文，新区管委会副主任耿贵刚陪同会见。

同日 贵安新区管委会主任孙登峰会见贵阳航空发动机公司党委书记郭坚一行。

同日 法国驻成都总领事满碧滟一行在新区考察，管委会副主任李建峰陪同考察。

11 月 26 日 以“信息化支撑下贵安新区的美好未来”为主题的 SAP“创新设计思维”研讨会召开。贵安新区党工委副书记、管委会主任孙登峰，新区管委会副主任耿贵刚出席会议。

同日 全省“文明在行动 · 满意在贵州”活动暨“多彩贵州文明行动”整脏治乱专项行动贵安新区现场推进会在新区召开。

同日 2016 年“中国梦 · 村镇梦”第四届县市长论坛暨中国最美村镇颁奖典礼举行，马场镇平寨村荣获“中国最美村镇生态奖”。

11 月 28 日 贵州省委常委、常务副省长、贵安新区党工委第一书记秦如培主持召开专题会议，听取新区征收安置工作汇报。贵安新区党工委书记马长青，贵安新区管委会主任孙登峰，新区领导宗文、王春雷、许剑龙、蔡光辉出席会议。

同日 孙登峰主持召开主任办公会，传达学习贵州省军民融合产业招商引资大会精神，贯彻全国全省安全生产电视电话会议精神，审议《贵安新区直管区土地房屋征收及奖励货币化安置的实施办法（试行）》等。

11 月 29 日 贵安新区党工委副书记、管委会常务副主任、贵安综保区党工委书记曾瑜到马场镇松林村宣讲党的十八届六中全会精神。

同日 陕西省西安市副市长方光华一行在新区考察，曾瑜陪同考察。

同日 湖南湘江新区管委会副主任刘中杰一行到新区考察学习行政审批和政务服务改革工作。

十二月

12月1日　贵州省委常委、常务副省长、贵安新区党工委第一书记秦如培到华芯通半导体技术有限公司北京研发中心调研。

同日　贵安新区管委会主任孙登峰与思科大中华区副总裁申平一行座谈，新区管委会副主任耿贵刚参加座谈。

同日　日本驻华大使横井裕代表团一行在新区考察，贵安新区管委会副主任黄家耀陪同考察。

12月2日　贵安新区党工委书记马长青主持召开党工委（扩大）会议，传达学习省十一届委员会第八次全会精神和全省安全生产工作会议精神、2016年全省第三次项目建设暨易地扶贫搬迁现场观摩督查总结会精神、《中共贵州省委办公厅关于对两个〈条例〉贯彻落实情况督查调研报告指出问题和所提建议进行责任分解督办的通知》并研究整改落实意见。

同日　浙江省政协副主席吴晶一行到新区考察，贵安新区管委会主任孙登峰，新区管委会副主任耿贵刚陪同考察。

同日　孙登峰到党武镇曹家庄村宣讲党的十八届六中全会精神。

12月4日　贵州省委常委、常务副省长、贵安新区党工委第一书记秦如培参加“A6214”接待。贵安新区党工委书记马长青，贵安新区管委会主任孙登峰，新区领导宗文、曾瑜、张富杰、王春雷、许剑龙、耿贵刚参加接待工作。

12月5日　贵安新区党工委书记马长青与棕榈园林公司董事长赖国传一行座谈，贵安新区党工委副书记、开投公司董事长宗文参加座谈。

12月7日　贵州省委常委、常务副省长、贵安新区党工委第一书记秦如培主持召开专题会议，听取近期工作汇报。贵安新区党工委书记马长青，新区领导王春雷出席会议。

同日　马长青与印度阿拉宾度制药有限公司中国地区总裁艾维娜一行座谈。

12月8日　贵州省委副书记、省长孙志刚会见中国中铁股份公司董事长李长进一行，贵安新区管委会主任孙登峰参加会见。

同日 贵州省委常委、常务副省长、贵安新区党工委第一书记秦如培会见中国铁建股份有限公司总裁庄尚标一行，贵安新区党工委书记马长青，新区领导许剑龙参加会见。

同日 贵阳银行贵安分行揭牌暨政银合作签约仪式举行。贵安新区党工委副书记、开投公司董事长宗文，新区领导王春雷、李建峰出席签约仪式。

同日 国家能源局市场监管司司长向海平一行在新区调研，贵安新区党工委副书记、开投公司董事长宗文，新区管委会副主任耿贵刚陪同调研。

12月9日 贵安新区党工委书记马长青与省卫计委主任王忠一行座谈，贵安新区党工委副书记、开投公司董事长宗文陪同座谈。

同日 马长青与中国马术协会秘书长李年喜一行座谈，管委会副主任黄家耀陪同座谈。

同日 马长青与中铁建十一局集团董事长何义斌座谈，贵安新区管委会副主任许剑龙陪同座谈。

12月13日 贵安新区党工委书记马长青主持召开第20次全面深化改革领导小组全体会议。

同日 双龙经济区党政代表团在新区考察，贵安新区党工委书记马长青、新区管委会副主任耿贵刚陪同考察。

同日 贵安新区管委会主任孙登峰主持召开主任办公会，审议《贵安新区突发事件总体应急预案》《贵安新区关于建设内陆开放型经济示范区的实施意见》等。

同日 贵安新区举行与贵州医科大学及附属医院有关合作签约仪式，贵安新区管委会主任孙登峰、新区管委会副主任张富杰出席仪式。

12月14日 贵州省副省长黄家培在新区考察，贵安新区管委会主任孙登峰，新区领导许剑龙、耿贵刚陪同考察。

同日 贵安新区党工委书记马长青与高通公司全球高级副总裁 Benson 一行座谈交流。

同日 孙登峰会见中航动力精密铸造有限公司总经理臧川一行，贵安新区党工委副书记、开投公司董事长宗文参加会见。

12月15日 贵州省委常委、常务副省长、贵安新区党工委第一书记秦如培同志主持召开新区城乡建设规划委员会第10次全体会议暨2016年第12次主任委员会议。

同日 秦如培会见四川省广安市委书记侯晓春一行。贵安新区党工委书记马长青，新区管委会主任孙登峰参加会见。

同日 秦如培与华欧泰公司董事长蔡昌义座谈，马长青参加座谈。

同日 马长青、孙登峰与熠美投资总裁叶庆一行座谈。

12月18日 贵安综保区管委会与软通动力信息技术（集团）有限公司举行座谈会，并签署合作协议。贵安新区管委会主任孙登峰，软通动力集团董事长兼首席执行官刘天文见证签约并讲话。贵安新区管委会副主任、贵安综保区管委会主任耿贵刚与软通动力集团副总裁兼西南区总经理罗龙保代表双方签约。

12月20日 贵安新区党工委组织170余名党员干部，到羊艾监狱开展党风廉洁警示教育活动。贵安新区党工委书记马长青，贵安新区党工委副书记、管委会常务副主任、综保区党工委书记曾瑜，贵安新区领导欧阳武、许剑龙、蔡光辉、李建峰、耿贵刚、樊晓江参加活动。

12月21日 贵安新区党工委书记马长青到贵州大学新校区考察。

12月24日 贵安新区党工委书记马长青到新区公安局宣讲党的十八届六中全会及省委十一届八次全会精神。

同日 贵安进口商品直销中心和贵安综保区酒窖在贵安综保区正式启用。

12月28日 贵安新区管委会主任孙登峰率队到花溪大学城检查火灾防控工作。

B.26
2017年贵安新区大事记

王庆　熊伟　赵昭颖*

一月

1月2日　贵安新区党工委书记马长青在临时行政中心大会议室主持召开新区党工委（扩大）会议，传达贯彻全省经济工作会议、贵州内陆开放型经济试验区建设推进大会精神，听取项目观摩会筹备情况汇报，安排部署相关工作。

1月3日　贵安新区党工委书记马长青主持召开新区党工委民主生活会征求意见座谈会，并与新区党工委班子成员、乡镇党委书记进行民主生活会征求意见谈话。

1月4日　贵安新区管委会主任孙登峰主持召开主任办公会议，传达贯彻全省品牌建设大会精神，听取新区生态文明示范区建设、社会治安综合治理工作情况汇报，审议《贵安新区管理委员会关于推进旅游业供给侧结构性改革实施方案》《贵安新区国际休闲旅游度假区建设发展优惠政策及奖励办法》《贵安新区食品安全工作评议考核办法》《贵安新区管理委员会贵州师范大学合作办学协议书》，议定相关事宜。

1月5日　贵安新区党工委书记马长青主持召开党工委会议，传达贯彻省委省政府主要领导对政府债务风险防控化解工作讲话精神，审议《贵安新区管委会关于成立贵安新区政府性债务管理工作领导小组的通知》《党工委管委会领导班子“四位一体”责任书（送审稿）》《贵安新区政府投资项目前置审

* 王庆，中共贵州省委当代贵州杂志社论坛工作室主任，高级记者，研究员，贵州大学中国试验区研究中心常务副主任，《当代贵州·美丽贵安》杂志社执行总编辑，《贵安开发》杂志社执行总编辑；熊伟，《当代贵州·美丽贵安》杂志社编辑、记者；赵昭颖，贵安新区党工委管委会办公室工作人员。

计（评审）暂行办法》《贵安新区直管区政府性投资项目管理办法》等。

1月6日 贵安新区召开生态文明示范区建设推进大会，新区党工委书记马长青，管委会主任孙登峰出席会议并讲话。新区开展“万人迎新”义务植树活动。

1月9日 贵安新区高峰镇毛昌村“智慧畜牧现代高效产业项目”正式开工，该项目首期开发项目占地约50亩，总投资1.5亿元。

1月10日 中国社科院公布2016年中国年度六大考古新发现，贵安新区牛坡洞遗址入选。这是继遵义海龙屯、杨价墓考古发掘之后，近五年来贵州考古项目第三次入选中国社科院年度六大考古新发现。

同日 贵安新区党工委书记马长青主持召开党工委（扩大）会议，会议表决新区出席党的十九大代表候选人初步人选名单，审议省第十二次党代会代表初步人选考察对象建议名单。

1月11日 2017年全省第一批重大项目集中开工。贵安新区分会场开工仪式在新区高端装备制造产业园标准厂房建设工程二期项目建设现场举行。新区集中开工重点项目12个，总投资约171亿元。

1月13日 贵安新区党工委书记马长青主持召开党工委会议，传达贯彻《中共中央〈县以上党和国家机关党员领导干部民主生活会若干规定〉》、十一届省纪委六次全会精神和全省宣传部长会议精神，审议新区出席省第十二次党代会代表候选人初步人选的名单。

1月14日 贵安新区召开2017年工作会议，全面总结2016年工作，对2017年工作进行安排和部署。贵州省委常委、常务副省长、贵安新区党工委第一书记秦如培作批示。新区党工委书记马长青传达批示精神并讲话，管委会主任孙登峰讲话。

1月20日 贵安新区党工委书记马长青在大学城协调处理“1·20”应急有关工作。

同日 新区管委会主任孙登峰会见国家发改委环资司司长任树本一行。

同日 孙登峰主持召开主任办公会议，传达贯彻全省“双安双创”工作推进会议、全省全面推行河长制会议、省委农村工作会议暨全省扶贫开发工作会议精神，审议《贵安新区金融扶贫“特惠贷”实施意见》《贵安新区金融扶贫“特惠贷”风险补偿金实施意见》《贵安新区领导干部因私出国（境）管理暂行办法》《贵安新区超薄双玻太阳能组件及玻璃智能化生产项目投资合作协议》《曙光信息产业股份有限公司实施“数据回家”项目合作协议》《大数据惠民行动计划项目投资合作协议》《威爱虚拟现实教育（VIEDU）项目补充协议》，议定相关事宜。

1月21日 贵安新区党工委书记马长青到党武镇曹家庄村暗访督查脱贫攻坚工作。

1月23日 贵州省委书记陈敏尔到贵安新区检查全面从严治党责任落实情况并指导新区党工委领导班子民主生活会。会前，陈敏尔一行考察调研了贵安新区部分项目和企业。会后陈敏尔一行还深入贵安新区民族村寨，看望慰问老党员和困难群众，代表省委、省政府向他们表示亲切慰问并致以新春的祝福，省领导宋璇涛、孙永春、李再勇参加。

1月24日 贵安新区党工委书记马长青主持召开党工委（扩大）会议，传达贯彻中央农村工作会议、全国党内法规工作会议、贵州省十二届人大五次会议和省政协十一届五次会议、省委农村工作暨全省扶贫开发工作会议等会议和陈敏尔书记指导贵安新区党工委民主生活会重要讲话精神，审议确定贵安新区党代表会议代表。

1月25日 贵安新区举行2017年春节团拜会。

二月

2月3日 贵安新区在马场镇栗木村启动2017年春节义务植树活动。

2月6日 贵安新区管委会主任孙登峰主持召开主任办公会议，传达贯彻全省人力资源和社会保障工作暨优质服务窗口单位表彰会议、全省扶贫开发领导小组第十三次全体会议精神，安排部署新区近期重点工作。

2月8日 贵安新区党工委书记马长青分别与中兴通信副总裁谢海一行、上海联影医疗科技有限公司高级副总裁张芬平一行座谈。

2月9日 贵安新区召开2017年银政企合作座谈会。新区党工委书记马长青出席并讲话，新区管委会主任孙登峰介绍贵安新区开发建设情况，开投公司董事长宗文，新区领导李建峰、耿贵刚等出席会议。

2月10日 贵安新区党工委书记马长青到高峰镇进行脱贫攻坚蹲点调研。

2月13日 贵安新区管委会主任孙登峰主持召开主任办公会议，传达贯彻全省科技知识产权工作会议精神、省国资委监管企业及市（州）国资委监管机构负责人会议精神，审议《贵安新区国有企业重大事项管理暂行规定》《贵安新区国有独资及控股企业负责人经营业绩考核暂行办法》《贵安新区国有独资及控股企业负责人薪酬管理暂行办法》《贵安新区重大行政决策程序规定》《贵安新区重大决策专家咨询制度》《贵安新区“三重一大”事项报告制》《贵安新区建设项目资金计划管理办法（试行）》《贵安新区政府债务风险应急处置预案（暂行）》《贵安新区征地拆迁资金管理暂行办法》《贵安新区财政预算管理暂行办法》《贵安新区乡镇财务管理暂行办法》《贵安新区建设行业企业资质改革试点方案》，研究部署相关工作。

2月14日 贵安新区党工委书记马长青会见复旦大学党委常委、副校长张志勇，新区党工委委员、管委会副主任耿贵刚、樊晓江参加会见。

同日 新区管委会主任孙登峰分别会见贝格大数据公司董事长李长青、贵州华芯通公司董事许文。

2月15日 贵安新区管委会主任孙登峰与中科院上海生命科学研究院院士赵国屏一行座谈。

2月16日 贵安新区与空中（中国）有限公司签署空中网战略合作框架协议。根据协议约定，双方将围绕大数据营销和手游业务、空中金融服务平台、互联网产业投资基金、空中军武生态村、电竞娱乐综合体等领域开展全方位合作。

2月16~17日 河池市委书记、市人大常委会主任何辛幸，市长唐云舒率河池市党政考察团赴新区考察学习。新区管委会主任孙登峰，新区党工委委员、管委会副主任、综保区管委会主任耿贵刚陪同考察。

2月18日 贵安新区党工委书记马长青赴广东招商。

2月20日 贵安新区管委会主任孙登峰主持召开主任办公会议，传达贯彻秦如培常务副省长关于“贵阳市中级人民法院《行政判决书》”（〔2016〕黔01行初767、768、769、770号）批示精神，审议《贵安新区七星湖科技城创新产业投资基金有限合伙协议》《贵州贵安新区管理委员会贵州华芯通半导体技术有限公司补充协议》。

2月22日 贵安新区党工委书记马长青出席并指导华芯公司党委2016年

度民主生活会。

同日 全球贵州博士联盟助力贵安新区产业发展高峰论坛在贵安新区举行。来自贵州博士联盟的多名博士、专家及入驻新区的多家企业负责人参加论坛。

2月23日 国家发改委副主任、国家能源局局长努尔·白克力一行到贵安新区考察。贵州省委常委、常务副省长、贵安新区党工委第一书记秦如培陪同考察。

2月24日 贵安新区党工委书记马长青主持召开党工委会议，传达《贯彻落实中国共产党问责条例实施办法（试行）》等精神，通报2016年度贵安新区党工委领导班子民主生活会情况。

同日 新区召开2016年基层党组织书记抓党建工作述职评议会，贯彻落实中央和省委有关全面从严治党的要求部署，听取部分党委（党组）书记党建述职，对新区党建重点工作进行安排部署。

2月27日 贵安新区管委会主任孙登峰主持召开主任办公会议，传达贯彻全省脱贫攻坚投资基金扶贫产业子基金春季攻势部署会、2017年全省扩大民间投资暨重点项目建设·PPP项目建设推进大会、全省信息基础设施建设三年会战攻坚年动员部署电视电话会议精神，审议《年产4Gwh锂电子电池项目战略合作框架协议》《美国Provision集团质子肿瘤医疗项目投资合作协议》《启迪（北京）科技园运营管理有限公司项目合作协议》。

三月

3月1日 贵安新区党工委书记、全面深化改革领导小组组长马长青主持召开全面深化改革领导小组第21次会议，传达贯彻中央全面深化改革领导小组第32次会议及省委全面深化改革领导小组第31次会议精神，审议《中共贵州贵安新区工作委员会全面深化改革领导小组2017年工作要点》《贵安新区直管区义务教育均衡发展实施意见》《贵安新区推进“三变”改革试点实施方案》，听取新区9大国家级试点工作情况汇报。

3月6日 贵安新区管委会主任孙登峰主持召开主任办公会议，传达贯彻省政府党组深入贯彻中央经济工作会议、全省消防工作会议、全省民政工作会议、全省国土资源会议等精神，听取新区安置工作推进情况汇报。

同日 贵安新区开发投资公司财务共享服务中心举行揭牌仪式。

同日 新区开展2017年第四次义务植树活动。

3月7日 贵安新区党工委书记马长青主持召开党工委会议，审议贵安新区党代表会议有关事宜。

同日 贵州华芯通公司加入专为ARM架构生态系统开发软件的开源协作工程组织Linaro，成为其企业小组（LEG）成员。

3月8日 贵州省委常委、常务副省长、贵安新区党工委第一书记秦如培与苹果公司全球高级副总裁艾迪·库伊一行座谈，管委会主任孙登峰参加座谈。

同日 全国人大代表，贵安新区党工委书记马长青、贵州省科技厅厅长廖飞、朗玛信息董事长王伟以及贵州华芯通公司首席执行官汪凯，在京参加以“供给侧结构改革的‘数字动力’”为主题的2017年全国“两会”贵州代表团集中采访活动。

同日 受新区党工委书记马长青委托，新区党工委副书记、管委会主任孙登峰主持召开党代表会议，通过《贵安新区出席省第十二次党代会代表选举办法》，选举出席中国共产党贵州省第十二次代表大会代表10名。

3月10日 国土资源部规划司司长庄少勤率队到贵安新区调研海绵城市建设情况。贵安新区管委会主任孙登峰、管委会副主任许剑龙陪同调研。

3月12日 贵安新区组织开展2017年植树节义务植树活动。

同日 开投公司与招商银行贵阳分行在花溪大学城开展“招银林”植树活动。

3月13日 贵安新区管委会主任孙登峰主持召开主任办公会议，听取新区2017年重要会务活动情况、2017年贵安樱花自助游保障工作情况等汇报，并研究部署相关工作。

同日 商务部服贸司巡视员汤军一行在新区调研大数据服务贸易产业发展情况，新区管委会副主任耿贵刚陪同调研。

3月14日 贵州省委常委、常务副省长、贵安新区党工委第一书记秦如培与青海省副省长王黎明一行座谈，新区管委会副主任李建峰参加座谈。

同日 新区管委会主任孙登峰会见天津国际生物医药联合研究院副院长张耀洲一行。

3月15日 贵州省政协副主席谢晓尧一行考察调研贵安综保区，贵安新区党工委副书记、管委会常务副主任、贵安综保区党工委书记曾瑜，新区管委会副主任、贵安综保区管委会主任耿贵刚陪同调研。

同日 省政协原主席王思齐一行在新区参观考察，新区党工委委员张富杰陪同考察。

同日 青海省副省长王黎明一行在新区参观考察，新区管委会副主任李建峰陪同考察。

3月16日 贵州省委常委、常务副省长、贵安新区党工委第一书记、新区城规委主任秦如培主持召开新区城乡规划建设委员会第十二次全体会议。

同日 新区管委会主任孙登峰会见新区源通科技公司董事长陈洪一行。

同日 新区首次独立中考正式开启网上报名。

3月17日 贵安新区党工委书记马长青主持召开党工委（扩大）会议，传达贯彻十二届全国人大五次会议、全国政协十二届五次会议精神及《领导干部报告个人有关事项规定》《领导干部个人有关事项报告查核结果处理办法》。

3月18日 “《人民日报》贵州生态文明建设专题采访组”到贵安新区采访，先后走访了贵州华芯通公司、贵安综保区、数据宝、精准医疗大数据展示中心、中国电信云计算贵州信息园等。

3月19日 贵州省委副书记、省长孙志刚在京会见美国苹果公司CEO蒂姆·库克一行，贵州省委常委、常务副省长、贵安新区党工委第一书记秦如培陪同会见并代表省政府与美国苹果公司签订战略合作备忘录。贵安新区管委会主任孙登峰参加会见。

3月20日 贵安新区管委会主任孙登峰主持召开主任办公会议，传达贯彻全国“两会”精神和全省领导干部会议精神，研究《关于加快项目“投转固”工作的若干措施》等。

3月22日 贵州省委书记陈敏尔，贵州省委副书记、省长孙志刚会见美国高通公司全球总裁德里克一行，贵州省委常委、常务副省长、贵安新区党工委第一书记秦如培，新区党工委书记马长青，华芯投资公司董事长欧阳武参加会见。

同日 孙志刚会见印度驻华大使顾凯杰一行，马长青参加会见。

3月23日 国家发改委验收组一行在贵安新区考察，贵安新区管委会副主任李建峰陪同考察。

3月24日 贵州省委常委、常务副省长、贵安新区党工委第一书记秦如培会见微软全球资深副总裁、微软亚太区教育总经理亚历克斯一行。新区党工委副书记、开投公司董事长宗文参加会见。

同日 贵安新区党工委书记马长青主持召开党工委会议，传达学习全省党委系统保密、信息、督查工作会议精神，听取新区脱贫攻坚“春季攻势”九项行动落实情况汇报，审议《贵安新区开发投资有限公司“1+5”改革方案》。

3月25日 贵州省政协副主席、省职教学会会长蔡志君，贵安新区管委会副主任李建峰出席2017年贵州省职业院校技能大赛暨全国职业院校技能大赛选拔赛贵州电子科技职业学院赛点开幕式。

3月26日 贵安综保区（电子园）管委会与启迪科技园运营管理公司签约合作共建启迪贵安数字小镇。

同日 新区管委会副主任李建峰参加江西省南昌经开区（临空区）党工委书记熊一江一行考察座谈会。

3月27日 贵安新区党工委书记马长青主持召开党工委会议，补选新区参加省第十二次党代表会议人选。

同日 江西省人大常委会副主任、省总工会主席谢亦森一行在新区考察，新区党工委委员张富杰陪同考察。

3月30日 贵安新区党工委委员张富杰主持召开英国驻重庆总领事考察团一行赴新区考察座谈会。

3月31日 贵州省委常委、常务副省长、贵安新区党工委第一书记秦如培参加“A7101”接待任务。贵安新区党工委书记马长青、管委会主任孙登峰、管委会副主任黄家耀参加接待。

同日 新区党工委书记、城乡规划建设委员会主任马长青主持召开新区规委会主任委员会第2次会议。

四月

4月1日 贵州省委常委李邑飞赴贵安新区调研，贵安新区党工委书记马长青，新区党工委副书记、开投公司董事长宗文，新区党工委副书记、管委会常务副主任、贵安综保区党工委书记曾瑜陪同调研。

4月2日 香港立法会考察团到贵安新区考察万亩樱花园、云漫湖国际休闲旅游度假区、贵澳农旅产业示范园。新区管委会主任孙登峰陪同考察。

4月5日 贵州省委常委、常务副省长、贵安新区党工委第一书记秦如培赴贵安数字经济产业园、高端装备制造产业园、贵安综保区（电子园）、同济贵安医院等地调研。

同日 贵安新区党工委书记马长青主持召开党工委（扩大）会议，传达贯彻全省县级以上党政主要领导干部专题研讨班、全省脱贫攻坚投资产业子基金项目申报管理业务培训会、全省地方政府性债务管理工作专题培训会精神，听取新区脱贫攻坚春季攻势开展情况和第一季度综合安全监管工作情况汇报，审议通过了《贵安新区2017年“效率效益年”实施方案》。

4月7日 贵安新区与现代汽车（中国）投资有限公司举行座谈会，双方就大数据中心项目合作情况进行深入交流讨论。新区管委会主任孙登峰参加座谈。

同日 新区举行贵州白山云科技有限公司揭牌仪式暨贵安新区白山煦安产业投资基金签约仪式，标志着国内首家云链服务提供商正式落户贵安。

4月8日 贵安新区党工委书记、新区城乡规划建设委员会主任马长青主持召开新区城规委主任委员会会议，审议《贵安新区看守所、拘留所、戒毒所刑事侦查支队业务技术用房方案设计》《碧桂园学府1号》《贵安新区中心区ZB-（02-01、02-03、08-01、03-03、03-04、14-01、15-01）地块区域城市设计方案》。

同日 马长青主持召开党工委会议，传达贯彻贵州省委省政府迎接中央环境保护督查专题会议精神，讨论《贵安新区加快推进政府投资项目“投转固”工作的指导意见》《关于认真学习贯彻陈敏尔书记指导新区党工委领导班子民主生活会重要讲话精神的实施意见》《推进全面从严治党向基层延伸的实施意见》《贵安新区加强城市社区党的建设工作指导意见》《贵安新区加强机关党的建设工作指导意见》，并对相关工作进行安排部署。

4月9日 贵州省委常委、常务副省长、贵安新区党工委第一书记秦如培出席新区干部大会并做重要讲话。会议印发了《中共贵安新区党工委关于认真学习贯彻陈敏尔书记指导新区党工委领导班子民主生活会重要讲话精神的实施意见》《关于加强和改进机关党建工作实施方案》《关于推动全面从严治党向基层延伸实施方案》《关于开展“十化”建设大力推进城市社区党建工作实施方案》《贵安新区2017年“效率效益年”实施方案》。

4月10日 贵州师范大学传媒学院挂牌成立，并与贵州日报报业集团、贵州广播电视台、当代贵州杂志社等媒体签署合作框架协议，共同推进全省新媒体时代传媒人才的培养。

4月11日 贵安新区管委会主任孙登峰主持召开主任办公会议，听取了贵安新区直管区2017年第一季度经济运行情况汇报，会议还对当前经济运行工作进行了分析研究。

同日 孙登峰会见北京邮电大学教授、灾备技术国家工程实验室主任杨义先一行。

4月13日 贵安新区与贵州省档案局举行座谈会，双方就省档案馆（地方志馆）新馆一期和贵安新区档案馆（贵安新区城建档案馆）建设相关事宜进行交流。省档案馆（地方志馆）新馆一期和贵安新区档案馆（贵安新区城建档案馆）规划占地103亩，总建筑面积8.84万平方米，估算总投资约3.16亿元。项目9月开工建设，预计2019年6月完工。

4月14日 贵州省委常委、常务副省长、贵安新区党工委第一书记、贵安新区城规委主任秦如培主持召开贵安新区城乡规划建设委员会会议，审议《贵安新区贵阳中医学院附属医院一期规划设计方案》《贵安新区高端装备制造产业园南部公共租赁住房建设项目规划设计方案》《贵安新区高端装备制造产业园二期规划设计方案》《碧桂园·贵安1号建设项目二期规划设计方案》《碧桂园学府1号建设项目方案》《贵安新区北斗湾六月六风情街二期规划设计方案》《贵安新区海绵城市建设项目施工、验收与维护管理技术导则》《贵安新区海绵城市低影响开发建设项目审查（审图）指导手册规划方案》。

4月21日 贵安新区党工委书记马长青主持召开党工委（扩大）会议，传达贯彻省第十二次党代会、省委十二届一次全会和省纪委十二届一次全会精神，研究新区贯彻落实意见。

4月22日 贵州省委常委、常务副省长、贵安新区党工委第一书记秦如培调研新区考古发掘工作，并实地查看牛坡洞遗址、招果洞遗址、杨家桥墓地遗址博物馆和省考古研究所选址地。贵安新区党工委书记马长青，新区管委会主任孙登峰，新区党工委副书记、贵安开投公司董事长宗文，贵州省文化厅副厅长、省文物局局长王红光，新区管委会副主任黄家耀参加调研。

4月24日 贵州省委常委、常务副省长、贵安新区党工委第一书记秦如培与富士康手机事业部总经理池育阳一行座谈。贵安新区党工委书记马长青参加座谈。

同日 新区管委会主任孙登峰主持召开主任办公会议，传达贯彻全省农村危房改造精准服务脱贫攻坚工作推进会精神，审议《贵安新区“十三五”安全生产规划》。

同日 孙登峰主持召开管委会党组（扩大）会议，传达贯彻省第十二次党代会、省委十二届一次全会、省纪委十二届一次全会和新区党工委（扩大）会议精神。

4月28日 贵安新区党工委书记马长青到高峰镇，为基层党员干部群众宣讲省第十二次党代会精神。

五月

5月3日 贵安新区管委会主任孙登峰主持召开主任办公会议，听取相关工作情况汇报，审议《贵安新区关于促进智能终端及装备制造产业发展的若干政策（试行）》。

同日 贵州省人民政府正式批复《贵安新区环境保护规划》，《规划》确定了新区环境保护的基本原则，将通过源头控制、综合治理、精准发力、联动共治等措施，助推新区生态文明建设。

5月4日 贵安新区与对外经济贸易大学举行座谈，双方就合作共建对外经贸大学贵州研究院相关事宜进行沟通交流。贵安新区党工委书记马长青，对外经贸大学副校长张新民讲话。新区党工委副书记、管委会常务副主任、贵安综保区党工委书记曾瑜，新区领导耿贵刚参加座谈。

5月5日 贵安新区党工委书记马长青主持召开党工委会议，传达贯彻2017年全省干部监督工作部署会精神，审议《贵安新区全面推行河长制工作方案》《贵安新区选派村党组织第一书记管理暂行办法》《贵安新区2016年预算执行情况及2017年预算草案的报告》，并对相关工作进行安排部署。

同日 河北省委组织部副部长、省人社厅党组书记、厅长王亮率队到贵安新区考察。贵安新区党工委书记马长青，新区党工委副书记、管委会常务副主任、贵安综保区党工委书记曾瑜，贵州省人社厅副厅长徐海涛，新区领导张富杰陪同考察。

5月8日 贵安新区党工委书记马长青分别与中兴通信高级副总裁朱永涛一行和深圳正威集团投资委员会主席江道祥、金融副总裁刁忠一行座谈。

同日 新区管委会主任孙登峰主持召开主任办公会议，听取贵安新区服务贸易创新发展试点工作推进情况、集中开展直管区环保隐患企业整治工作情况、2016年森林保护“六个严禁”执法专项行动工作开展情况汇报，审议《贵安新区技术先进型服务企业认定管理办法》《2017年贵安新区“美丽乡村比美丽”评选活动方案》《贵安新区直管区土地成本管理核算办法（试行）》《贵安新区直管区土地一级开发规划（2017～2020）》《贵安新区直管区2017年土地一级开发计划》《阿里巴巴创新中心（贵安新区）项目合作框架协议》《阿里巴巴创新中心项目运营协议书》《大数据技术服务中心投资协议》《贵民投资集团有限责任公司投资协议书》，研究贵安实验中学提升改造、普贡中学改扩建项目建设工作。

同日 新区举行2017年全省第二批重大项目贵安新区分会场集中开工仪式。此次集中开工的10个重大项目和重点工程，总投资131.8亿元。

5月9日 贵州省委常委、常务副省长、贵安新区党工委第一书记秦如培深入新区党武镇松柏村，为基层党员干部群众宣讲省第十二次党代会精神。新区相关部门、党武镇负责人及基层党员干部群众代表听取宣讲。

同日 国家交通运输部党组成员李建波、规划司副司长范振宇、科技司副司长袁鹏一行到新区考察。贵州省交通运输厅党委书记、副厅长高卫东，贵安新区党工委副书记、管委会常务副主任、贵安综保区党工委书记曾瑜陪同考察。

同日 贵州省委常委、常务副省长、贵安新区党工委第一书记秦如培就贯彻落实河长制到清水河上游、松柏山水库、车田河调研督导环境保护治理工作，现场听取水源保护区环境综合整治行动开展情况和河长制推行情况汇报。

5月13日 贵州省委常委、常务副省长、贵安新区党工委第一书记秦如培，贵州省委常委、省委组织部部长李邑飞在新区调研。贵安新区党工委书记马长青，新区管委会主任孙登峰陪同调研。

5月14日 贵安新区管委会与中国电信贵州公司战略合作协议签约仪式暨中国电信贵安新区分公司成立揭牌仪式举行。新区党工委书记马长青，管委会主任孙登峰出席揭牌仪式。

5月16日 贵安新区党工委书记马长青主持召开党工委（扩大）会议，传达贯彻全省第三次大扶贫战略行动推进大会、全省“两学一做”学习教育工作部署会、全省宣传部长座谈会精神，审议《贵安新区国有资产履行出资人职责机构管理暂行办法》等七个规范文件，听取安置点有关工作情况汇报。

5月18日 贵州省委常委、省纪委书记夏红民一行在新区考察调研，贵安新区党工委书记马长青陪同调研。

同日 新区管委会主任孙登峰调研富士康贵安产业园（二期）、华芯通公司、浪潮公司、综保区项目建设。

5月19日 贵州省委副书记、省长孙志刚会见东盟各代表团团长，贵安新区党工委书记马长青参加会见。

5月20日 贵安新区召开干部大会。会议总结回顾五大新发展理念先行示范区建设一年多来的工作，深入贯彻落实省第十二次党代会精神，对加快建设五大新发展理念先行示范区工作进行安排部署。新区党工委书记马长青，管委会主任孙登峰到会并讲话。

5月22日 贵安新区党工委书记马长青与华为公司中国区总裁鲁勇一行座谈。

同日 贵安新区管委会主任孙登峰主持召开主任办公会议，传达贯彻全省脱贫攻坚投资基金扶贫产业子基金推进工作现场会议精神、2017年全省电动汽车充电基础设施建设工作推进会议精神，听取贵安新区突出环境保护问题整改情况等工作汇报，审议《贵安新区年度目标绩效管理考核办法（试行）》《贵安新区综保区和大学城财税管理模式试点方案（试行）》《贵安新区高端装备制造产业园政府奖励和招商引资优惠政策补助方案（试行）》《贵安新区招商引资体制机制改革创新试点工作方案》《贵安新区数字经济创新发展试验区创建方案》《贵州贵安新区土地利用总体规划（2013～2020年）》《贵安新区高峰镇麻郎村、狗场村、桥头村迁建安置补充方案》《贵安新区“云创大学城”项目投资协议》《鼻腔护理产品生产项目投资协议》。

5月23日 贵安新区党工委书记马长青到华侨城V谷小镇、启迪数字经济小镇调研。

5月24日 2017中国国际大数据产业博览会贵安国际数字经济论坛开幕式在贵安新区举行。贵州省委常委、常务副省长、贵安新区党工委第一书记秦如培出席并会见有关嘉宾。贵安新区党工委书记马长青出席开幕式并陪同秦如培同志会见有关嘉宾。新区管委会主任孙登峰出席开幕式并做新区推介。

5月25日 贵州省委书记陈敏尔，省委副书记、省长孙志刚会见美国高通公司总裁德里克·阿伯利、美国苹果公司副总裁戈峻。贵安新区党工委书记马长青参加会见。

同日 贵州省委副书记、省长孙志刚在贵阳会见中国航天科技集团公司董事长雷凡培和神州数码控股公司董事局主席郭为，并共同见证签约。贵州省委常委、常务副省长、贵安新区党工委第一书记秦如培，新区管委会主任孙登峰参加会见并见证签约。

5月26日 贵安新区党工委书记马长青，管委会主任孙登峰出席中科院上海生命科学研究院贵安新区生物医学大数据中心、贵安超算中心签约仪式并致辞。

5月31日 贵州省副省长刘远坤到新区西南粮食物流城、高铁站调研，贵安新区管委会主任孙登峰陪同调研。

六月

6月1日 贵安新区与贵州铁路投资有限责任公司召开座谈会，贵安新区党工委书记马长青，贵州铁路投资有限责任公司董事长、党委书记吴勇出席。

6月2日 贵州省委常委、常务副省长、贵安新区党工委第一书记秦如培在新区检查中心区重大基础设施项目建设推进情况，并会见泰豪集团董事局主席黄代放一行，贵安新区党工委书记马长青，新区管委会主任孙登峰，新区党工委副书记、开投公司董事长宗文陪同会见。

同日 秦如培主持召开新区审计工作情况汇报会。马长青、孙登峰参加会议。

同日 马长青主持召开党工委会议，传达贯彻全省国有企业党建工作会议、汪洋副总理在部分省份易地扶贫搬迁工作推进会上重要讲话精神，审议《贵安新区综合保税区和大学城财税管理模式试点方案（试行）》《贵安新区招商引资体制机制改革创新试点工作方案》。

6月5日 贵安新区党工委书记、新区城乡规划建设委员会主任马长青主持召开新区城规委主任委员会2017年第四次会议，审议《贵安新区城乡规划建设委员会章程》《兴安大道、金马南路加油加气站规划设计方案》《贵安新区金岩路消防站规划设计方案》《中国铁建贵安山语城（二期）规划设计方案（调整）》《贵州省武警警卫局营房训练场项目规划设计方案》《花溪区麦坪镇杉木农民新村安置房项目规划设计方案》《花溪区麦坪镇落底农民新村安置房项目规划设计方案》《贵安新区西纵线南二段道路工程绿化设计方案》《贵安新区东纵线南二段道路工程绿化设计方案》《贵安新区黔中大道（三期）道路绿化设计方案》。

6月6日 贵安新区党工委书记马长青主持召开专题会议，听取新区债务管理工作、金融港方案汇报。

6月7日 贵安新区党工委书记马长青主持召开党工委会议。

6月8日 贵安新区党工委书记马长青，新区管委会主任孙登峰会见新区全国公安系统英雄模范立功集体代表。

6月11日 贵安新区党工委书记马长青与侨兴集团董事长吴志阳座谈。

6月13日 贵安新区管委会与北京航空材料研究院签署涡轮叶片生产基地项目框架合作协议。

6月14日 贵安新区党工委书记马长青主持召开党工委会议。

同日 新区管委会主任孙登峰主持召开主任办公会议，传达贵州省政府食安委第六次全体会议、省能源工业转型发展工作会议、秦如培常务副省长6月3日赴新区召开审计工作专题会议精神，听取新区防汛工作、迎接国务院第四次大督查筹备、2017年贵安新区规划编制、贵安新区砂石及拌合站生态环境问题整改落实情况汇报，审议《贵安新区公交IC卡实施管理暂行办法》《贵安新区直管区特困人员救助供养实施办法》，并研究部署相关工作。

6月15日 贵州省委常委、常务副省长、新区党工委第一书记、贵安新区城规委主任秦如培主持召开贵安新区城乡规划建设委员会第十四次全体会议。

同日，贵安新区党工委书记马长青主持召开党工委（扩大）会议，传达贯彻全省安全稳定工作情况汇报专题会议和中共贵州省委办公厅关于认真研究部署安全稳定工作的通知精神。

6月16日 贵安新区党工委书记马长青主持召开党工委中心组学习。

6月17日 腾讯贵安七星数据中心开工仪式在贵安新区举行。贵州省委书记陈敏尔宣布开工。贵州省委副书记、省长孙志刚，腾讯公司董事会主席兼首席执行官马化腾致辞。贵州省委常委、常务副省长、贵安新区党工委第一书记秦如培主持开工仪式。贵州省委常委、省委秘书长李再勇参加开工仪式。

6月18日 贵安新区党工委书记马长青到松柏山水库调研。

同日 新区管委会主任孙登峰到马场镇调研。

6月19日 贵安新区党工委书记马长青到松柏山水库巡查水环境保护，并调度新区防汛救灾工作，新区管委会副主任黄家耀陪同巡查。

6月20日 贵州省委常委、常务副省长、贵安新区党工委第一书记秦如培赴深圳华为技术公司对接有关工作并与总裁任正非座谈，考察华为松山湖基地。新区管委会主任孙登峰陪同。

6月21日 贵安新区管委会主任孙登峰率经发局、规建局有关负责人在深圳考察宝能集团、A8新媒体集团。

6月22日 贵安新区党工委书记马长青与RDC公司总经理李明龙就项目落户贵安综保区有关事宜进行座谈。

同日 贵安新区公路管理局举行成立大会。

6月24日 贵州省委常委、常务副省长、贵安新区党工委第一书记秦如培赴数字经济产业园调研并召开座谈会。贵安新区党工委书记马长青、新区管委会主任孙登峰参加调研。

6月26日 贵安新区党工委书记马长青主持召开党工委会议，审议《在党费收缴工作专项检查中清理党费收缴新区预留部分使用建议方案》《新区2017年基层先进党组织、优秀党务工作者、优秀共产党员拟表彰对象名单》等文稿。

同日 新区管委会主任孙登峰主持召开主任办公会议，传达全省农产品产销对接助推脱贫攻坚工作电视电话会议精神，听取防汛工作、上半年经济运行、服务贸易创新发展试点工作推进情况汇报，审议《贵州贵安新区旅游安全管理办法（试行）》《贵安新区“证照分离”改革试点方案》。

6月28日 贵安新区管委会主任孙登峰出席中国煤炭地质总局与新区战略合作框架协议签约仪式。

同日 孙登峰主持召开新区审计工作调度会议。

6月29日 贵安新区党工委书记马长青到马场镇滥坝村开展“七一”建党慰问活动。

同日 新区管委会主任孙登峰出席与中国航天科工集团第十研究院院长张兆勇一行交流座谈会。

6月30日 贵安新区党工委书记马长青到车田湖、松柏山水库、贵州财经大学、综合救援指挥中心、甘河等地检查防汛、地质灾害预防工作。

同日 新区管委会主任孙登峰会见中国人保财险总公司副总裁沈东一行。

七月

7月1日 贵安新区党工委书记马长青会见中国华冶科工集团有限公司总经理周志军一行。

7月4日 贵安新区党工委书记马长青率队赴中心区考察调研。

7月5日 贵安新区党工委书记马长青组织召开党工委（扩大）会议，传达贯彻中央维稳办关于部署集中开展新一轮影响社会稳定矛盾问题摸排调研工作会议、全省办公厅（室）系统工作等会议精神，听取新区党建、纪检监察、中央环保督查整改情况等工作情况汇报，审议通过《关于加强贵安新区国有企业党建工作责任制实施方案（送审稿）》。

同日 新区召开2017年党风廉政警示教育大会。新区党工委书记马长青出席并讲话。

7月5日 贵安新区党工委书记马长青主持召开党工委会议，听取新区党的建设、纪检监察、迎接中央环保督查整改落实情况汇报，并研究部署相关工作。

7月7日 贵安新区党工委书记马长青率队赴贵阳市大数据展示中心、黔东南州丹寨县考察学习。

同日 第十二届中国传媒年会在贵安新区召开，本次年会以“媒体深度融合与大数据”为主题，大会分为主题报告会、主题演讲、分会论谈、实地考察等四大板块。

7月8日 黄大发同志先进事迹报告会巡回宣讲活动在贵安新区举行。贵安新区党工委书记马长青出席并讲话。新区党工委副书记、管委会常务副主任、贵安综保区党工委书记曾瑜主持，贵州省委讲师团副团长刘正品、新区领导许剑龙、李建峰出席。

7月11日 贵安新区党工委书记、新区城乡规划建设委员会主任马长青主持召开新区城规委主任委员会2017年第5次会议。审议《贵安新区山水林田湖生态保护直管区修复规划（2017～2030）和贵安新区直管区山水田湖保护修复实施方案（2017～2020）》《贵安新区直管区总体交通设计》《马场镇幼儿园规划设计方案》《中铁贵州工程有限公司生产基地项目规划设计方案》《中国移动（贵州）数据中心二期工程单体立面设计方案》《贵州轻工职业技术学院GB学生宿舍立面设计方案》《贵安国际物流港规划》。

7月12日 贵州省政府与苹果公司在贵阳举行iCoud战略合作框架协议。省委书记陈敏尔，苹果公司副总裁丽萨、杰克逊，省委常委、常务副省长、贵安新区党工委第一书记秦如培出席签约仪式。苹果公司将在贵安新区注册本地化公司，联合云上贵州公司建设主数据中心，为中国用户提供iCloud服务。

7月13日 贵州省委常委、常务副省长、新区第一书记秦如培与贵州省副省长何力，省政府副秘书长、省大数据局局长马宁宇出席并见证“云上贵州”全球合作化签约仪式。

同日 “云上贵州”全球合作伙伴峰会在贵安新区举行。贵安新区管委会与碧桂园集团签订战略合作框架协议。根据协议，碧桂园三年内将完成投资1500亿元，采取投资、开发、建设、管理、运营一体化的方式对合作项目进行全方位的整体开发。

7月14日 贵安新区在花溪党校举办2017年贵安新区办公室系统综合业务培训班。

7月17日 贵安新区党工委书记马长青主持召开党工委（扩大）会议，传达贯彻全省领导干部会议精神。

同日 贵州省人大常委会副主任李飞跃赴贵安新区开展执法检查工作，贵安新区管委会副主任邓波陪同检查。

同日 贵安新区互联互通重点项目——高峰山大道（西纵线南二段）正式通车，这是黔中大道、“三纵一横”等骨干网竣工投用后新区基础设施建设又一大成果。

7月18日 贵州省委书记、省长孙志刚会见宝能集团董事长姚振华一行，贵安新区党工委书记马长青参加会见。

同日 贵州省委常委、常务副省长、贵安新区党工委第一书记秦如培与台湾地区世界先进积体电路股份有限公司董事长方略、美国高通公司中国区董事长孟樸一行座谈。

同日 贵安新区与中国煤炭地质总局签署战略合作协议，标志着中国煤炭总局西南总部正式落户贵安综合保税区。

7月20日 贵州省副省长钟勉率队到贵安新区调研村庄规划和农民住房建设、农村宅基地管理工作。

同日 贵安新区与苹果公司商务技术交流讨论会在贵安新区召开，双方就土地用途变更、征地、规划、招拍挂、数据中心建设、环保安置、地质等问题进行磋商协调。

7月21日 贵安新区党工委书记马长青主持召开新区领导干部会议暨党工委会议，传达贯彻《中国共产党巡查工作条例》《中共中央办公厅甘肃祁连山国家级公园自然保护区生态环境问题通报》和全国金融工作会议精神，听取新区卫生计委工作情况、东盟教育周活动筹备情况汇报，并研究部署相关工作。

7月23日 贵州省副省长陈鸣明一行在贵安新区检查中国—东盟教育交流周永久会址筹备工作情况，随后主持召开第十届中国—东盟教育交流周筹委会工作调度会。贵安新区管委会副主任、社管局局长邓波陪同并参加座谈。

7月24日 贵安新区五大理念专题研修班在浙江大学西溪区开班。贵安新区党工委副书记、管委会常务副主任、贵安新区综保区党工委书记曾瑜出席并讲话。

7月26日 贵安新区党工委书记马长青主持召开党工委（扩大）会议，传达贯彻全国全省安全生产电视电话会议、中央政治局会议和全省经济工作电视电话会议、全省干部监督工作推进会精神，听取新区2017年上半年经济运行、工青妇等工作情况汇报。

7 月 27 日 住房和城乡建设部发布《关于拟公布第二批全国特色小城镇名单的公示》，对拟认定 276 个特色小城镇名单进行公示，贵安新区高峰镇榜上有名，这是贵安新区首个入选全国特色小镇的乡镇。

7 月 28 日 第十届中国东盟教育交流周在贵州贵安新区开幕。中共中央政治局委员，国务院副总理刘延东出席开幕式并做主旨讲话，贵州省委书记、省长孙志刚，老挝副总理宋赛、西潘敦，东盟来华留学生代表致辞，教育部部长陈宝生和贵州省委常委、常务副省长、贵安新区党工委第一书记秦如培分别主持开幕式。国务院副秘书长江小涓、教育部副部长田学军、外交部部长助理钱洪山，贵州省领导王富玉、李再勇、孙永春、陈鸣明、何力、卢雍政、郭瑞民等出席开幕式。

同日 贵州省委副书记、省委政法委书记谌贻琴参加在新区举办的中国—东盟教育交流周十周年庆典晚会。贵安新区管委会主任孙登峰陪同。

7 月 31 日 贵安新区管委会主任孙登峰主持召开主任办公会议，听取绿色金融改革创新试验区推进情况、2017 年上半年食品安全工作情况、关于国家新型城镇化试点工作推进情况汇报，审议《贵安新区城市环境总体规划（2013～2020 年）》《贵安新区网络预约出租车汽车经营服务管理暂行办法》，并研究部署相关工作。

同日 贵安新区召开第一轮巡查工作部署会，对新区新一轮巡查工作进行安排部署。

八月

8 月 1 日 贵安新区党工委书记马长青主持召开党工委（扩大）会议，传达贯彻习近平总书记在省部级主要领导干部专题研讨班上的重要讲话、省委常委（扩大）会议、全省维护稳定工作电视电话会议、全省组织工作座谈会议等精神，并听取贵安新区安全维稳工作汇报。

8 月 2 日 华为七星湖数据存储中心在贵安新区举行开工仪式，贵州省委书记、省长孙志刚致辞并宣布开工，贵州省委常委、常务副省长、贵安新区党工委第一书记秦如培主持开工仪式。

8 月 3 日 贵安新区党工委书记马长青主持召开新区党工委全面深化改革

领导小组第三十次会议。

同日 中央企业党建政研会2017年课题研究第十五课题组中期研讨会在贵安新区召开，28家央企单位的40多名代表参会。

同日 贵安新区二期新兴产业发展基金成立发布会在北斗湾开元酒店举行，此次设立的基金总规模达30亿元，是贵州省首只银行认购优先级的股权基金。

8月4日 贵州省委常委、常务副省长、贵安新区党工委第一书记秦如培出席省委常委会议并会见恒大集团董事局主席许家印一行。

8月5日 2017全国中医药现代化论坛暨中华中医药学会中医药现代化联盟成立大会在贵安新区举行。十一届全国人大常委会副委员长、中国工程院院士桑国卫向大会致贺信。贵州省副省长、省公安厅厅长郭瑞民宣布开幕。中华中医药学会副会长兼秘书长王国辰致辞。天津大学党委书记李家俊，全国政协委员、云南黄家医圈中医肿瘤医院院长黄传贵出席成立大会。贵安新区管委会主任孙登峰致欢迎词。贵安新区领导耿贵刚、邓波出席成立大会。

同日 以“共商绿色金融创新发展·助推贵安试验区建设”为主题的贵安新区建设绿色金融改革创新试验区咨询会召开。会上，与会人员就健全机构体系、加快产品创新、拓宽融资渠道、完善基础设施、开展交流合作等进行交流发言。

同日 “E起黔行”为主题的“中科建工&电桩股份合作发布会暨一起行平台上线发布”活动在贵安新区举行。该平台作为“车桩网一体化”运营的关键环节，标志着“车桩网一体化”在应用端和运营端迈出了坚实的一步。

8月7日 贵州省2017年第三批重大项目贵安新区分会场开工仪式在新区高铁综合交通枢纽公交车站及物业综合开发项目现场举行。新区集中开工重点项目共10个，总投资529.5亿元。

8月8日 贵安新区管委会主任孙登峰主持召开主任办公会议，传达贯彻全省卫生计生“五个全面建成”推进会议精神，听取贵安新区大数据发展、北师大贵安附校2017年秋季义务教育阶段拟招生、对口帮扶望谟脱贫支持郊纳极贫镇易地扶贫搬迁工作、组建贵安教育科技发展集团情况汇报，审议《贵安新区城市道路（第二批次）命名方案》《贵安新区直管区政府投资项目管理办法（修订试行）》，并议定相关事项。

8月10日 贵安新区与恒大集团工作对接会召开，新区管委会主任孙登峰出席并讲话，新区领导许剑龙主持会议，恒大旅游集团常务副总裁兼恒大贵阳公司董事长崔奥出席并讲话。双方就5708厂、禅茶园、车田景区、温泉小镇、高峰镇玲珑湖、六月六旅游文化街、高铁站项目的用地性质、控制指标、项目边界、下一步推进计划、合作模式等方面进行交流。

8月12日 贵安新区党工委书记马长青到花溪大学城调研。

8月13日 由贵州省旅游发展委员会、贵州省体育局、贵安新区管委会、贵安新区开发投资有限公司主办的2017STC大铁联赛之贵州铁人三项赛在贵安新区云漫湖举行。

8月15日 贵安新区党工委书记马长青主持召开党工委会议，传达贯彻落实习近平总书记在庆祝中国人民解放军建军90周年大会上的重要讲话、全省网军建设工作推进会精神，听取关于对口帮扶望谟脱贫支持郊纳极贫镇易地扶贫搬迁工作等情况汇报。

8月17日 贵安新区党工委书记、新区城规委主任委员会主任马长青主持召开贵安新区城乡规划建设委员会主任委员会2017年第6次会议，审议通过了《贵安新区高峰镇王家院青鱼塘美丽乡村风貌改造和环境综合整治规划》《贵州省无线电管理综合业务用房方案设计》《贵安云谷分布式能源站建筑立面方案设计》《中国铁建贵安山语城项目二期规划设计方案》《贵安新区西南粮食城调控交易中心（贵州军粮应急保障中心）修建性详细规划及建筑方案设计》《贵安新区公共交通规划》《贵安新区中心区海绵城市建设规划》。

8月18日 贵安新区党工委书记马长青主持召开贵安新区重大基础设施建设攻坚战专题会，听取《贵安新区重大基础设施建设攻坚战实施方案》汇报，并安排部署下一步工作。

8月19日 贵安新区开投公司与国研经济研究院签署合作协议暨国研经济研究院（贵安）西南分院揭牌仪式在贵安新区举行。

同日 贵安新区召开绿色金融创新研讨会。

8月21日 贵安新区党工委书记马长青在深圳与宝能集团签订《农产品综合物流项目合作协议》、《综合体项目合作协议》和《宝能城项目合作协议》。

同日 贵安新区管委会主任孙登峰主持召开主任办公会议，传达贯彻全省农民工返乡创业就业工作现场会暨第三届返乡农民工创业之星命名大会精神，听取新区安全生产工作情况汇报，审议《〈贵安新区直管区环境功能区划定技术方案〉环境空气质量功能区区划修改单》。

8月22日 贵安新区党工委书记马长青带队到深圳考察华为松山湖项目，并与华为公司就新区七星湖数据存储中心项目推进工作进行座谈。同时考察腾讯总部，并就腾讯数据中心项目推进工作进行座谈。

同日 中国邮政储蓄银行总行考察团到新区考察并召开座谈会。中国邮政储蓄银行总行党委委员、副行长姚红讲话，贵安新区党工委副书记、开投公司董事长宗文主持座谈会并讲话，中国邮政储蓄银行贵州省分行党委书记、行长周亚平，新区领导李建峰参加座谈会。

同日 山东省人大常委会副主任夏耕率队到新区考察。贵安新区管委会主任孙登峰、新区领导邓波陪同考察。

8月24日 贵州省委常委、常务副省长、贵安新区党工委第一书记秦如培会见西部青橙董事长王迅一行，新区管委会副主任耿贵刚参加会见。

8月25日 贵安新区党工委书记马长青主持召开党工委会议，传达贯彻全省政法综治工作现场观摩会、《中共贵州省委办公厅、贵州省人民政府办公厅关于印发〈贵州省公务活动全面禁酒的规定〉的通知》《省委组织部关于深刻吸取玉屏县扶贫办腐败窝案教训进一步从严管理监督干部的通知》精神，审议通过《贵安新区关于进一步加强新形势下督促检查工作的实施办法》。

同日 新区党工委书记马长青与硕维新能源汽车公司总经理邹单娜座谈。新区党工委副书记、管委会常务副主任、贵安综保区党工委书记曾瑜参加座谈。

同日 为期三天的贵安山禾·高峰生态葡萄节在贵安王家院村开幕。

同日 新区管委会主任孙登峰同志会见西部青橙董事王迅一行，新区党工委委员、管委会副主任、贵安综保区管委会主任耿贵刚参加会见。

同日 孙登峰主持召开贵安新区与恒大集团合作座谈会，新区党工委委员、管委会副主任许剑龙，新区管委会党组成员、开投公司总经理王春雷参加座谈。

同日 新区党工委副书记、开投公司董事长宗文与36氪集团创始人兼CEO刘成城一行座谈。

同日 贵安清镇融合发展推进调度会召开。新区管委会主任助理、开投公司副总经理王维仲，清镇市委常委、副市长蒋静出席会议。

8月27日 贵州省委常委、常务副省长、贵安新区党工委第一书记秦如培到贵安新区召开华芯公司工作汇报会，听取华芯公司近期工作情况汇报。贵安新区党工委书记马长青，新区党工委委员、管委会副主任、贵安综保区管委会主任耿贵刚，新区党工委委员、华芯公司董事长欧阳武参加汇报会。

8月28日 贵安新区党工委书记马长青分别与碧桂园贵州区域总裁黄仕冯、中铁建房地产公司董事长吴仕岩会谈。

同日 新区党工委委员、管委会副主任、贵安综保区管委会主任耿贵刚同志会见中商国能（厦门）分公司董事长陈晔一行，洽谈建设云计算中心项目事宜。

同日 贵安新区管委会主任孙登峰主持召开主任办公会议，传达贯彻全省产业扶贫暨扶贫产业子基金工作推进会议、2017年第三季度全省扩大有效投资民间投资暨重点项目建设电视电话会议及全省工业经济调度会议精神，听取2017“贵洽会”筹备工作情况汇报，审议《贵安新区直管区矿产资源总体规划（2016～2020年）》。

8月29日 重庆市委常委、常务副市长吴存荣在新区考察，贵安新区党工委书记马长青，新区党工委副书记、开投公司董事长宗文，新区党工委副书记、管委会常务副主任、贵安综保区党工委书记曾瑜，新区党工委委员、管委会副主任、贵安综保区管委会主任耿贵刚，新区党工委委员、管委会副主任金和平陪同考察。

同日 马长青率队到贵州双龙航空港经济区考察学习。

同日 贵安新区党工委委员、管委会副主任黄家耀带队到广西南宁考察农业项目。

8月31日 贵州省委书记、省长孙志刚会见高通公司首席执行官史蒂夫·莫伦科夫一行。贵州省委常委、常务副省长、贵安新区党工委第一书记秦如培，贵安新区党工委书记马长青，新区管委会主任孙登峰参加会见。

同日 贵安新区党工委副书记、开投公司董事长宗文与微软大中华区副总裁滕文一行座谈。

九月

9月1日 贵州省副省长陈鸣明在贵安新区出席省实验中学2017年秋季开学典礼并讲话，贵安新区管委会主任孙登峰致辞，管委会副主任邓波出席开学典礼。

同日 贵安新区党工委书记马长青主持召开党工委（扩大）会议，传达学习全省2017年脱贫攻坚秋季攻势暨农村“组组通”公路三年大决战启动大会、《中共中央办公厅关于印发〈被巡视党组织配合中央巡视工作规定〉的通知》精神，听取“贵洽会”筹备工作情况汇报。

9月2日 贵州省委书记、省长孙志刚，省委副书记、省政府党组书记、省委政法委书记谌贻琴在贵阳会见新加坡总理公署部长陈振声一行。贵安新区党工委书记马长青参加会见。

9月4日 贵安新区管委会主任孙登峰主持召开管委会主任办公会议，传达贯彻全省地质灾害防治工作紧急电视电话会议精神，听取新区各园区板块开发建设情况汇报。

9月5日 贵安新区党工委书记马长青主持召开新区领导干部会议，传达学习省委书记孙志刚对贵安新区的重要指示精神。

同日 贵安新区党工委副书记、开投公司董事长宗文会见湖北恒信汽车集团贵州片区负责人牛建平。开投公司副总经理王维仲参加会见。

同日 贵安新区管委会党组成员、开投公司总经理王春雷主持召开中国第一重型机械集团孙敏副总裁一行赴贵安新区考察座谈会。

9月6日 贵州省委常委、常务副省长、贵安新区党工委第一书记秦如培会见上海仪电集团总经理王强一行，贵安新区管委会主任孙登峰参加会见。

9月7日 贵州省委书记孙志刚到贵安新区调研并召开座谈会，听取有关工作情况汇报，在花溪大学城向全省广大教师致以节日的祝贺。他强调，要认真学习贯彻习近平总书记系列重要讲话精神和对贵安新区的重要指示要求，担负职责使命，把握战略定位，聚焦高端化、绿色化、集约化发展，努力打造全省发展战略支撑和重要增长极，以优异成绩迎接党的十九大胜利召开。贵州省委常委、省委秘书长唐承沛，贵州省委常委、省委组织部部长李邑飞参加相关活动。

同日 贵安新区管委会主任孙登峰出席上海仪电（集团）有限公司与贵安新区座谈会。新区党工委委员、管委会副主任金和平参加座谈。

同日 贵安新区党工委副书记、管委会常务副主任、贵安综保区党工委书记曾瑜与中国煤炭地质总局党委书记、局长赵平一行座谈。新区党工委委员、管委会副主任、贵安综保区管委会主任耿贵刚参加座谈。

9月8日 2017“贵洽会”贵安新区专场推介会暨签约仪式举行。此次签约项目涵盖大数据电子信息、大健康以及现代服务贸易等产业，签约项目共计19个，签约金额38亿元。

9月9日 在2017年第七届中国（贵州）国际酒类博览会上，贵安新区与来e瓶召开战略投资合作发布会，贵安新区开发投资有限公司旗下贵安新区产业发展基金管理有限公司与来e瓶签署了战略投资协议，根据协议，贵安新区将与来e瓶携手打造国内首个“中国白酒消费大数据中心”。

9月11日 贵安新区党工委书记马长青主持召开党工委（扩大）会议，传达贯彻省委书记孙志刚到贵安新区调研座谈时的重要讲话精神，研究贯彻落实意见。

同日 贵安新区管委会主任孙登峰主持召开管委会主任办公会议，传达贯彻省政府党组（扩大）会议精神，审议《贵安新区2017年脱贫攻坚秋季攻势实施方案》《贵安新区扶持残疾人创业就业实施办法（送审稿）》。

同日 2017全国电视新闻年会在贵安新区举行。

9月12日 贵州省委副书记、代省长谌贻琴会见华夏银行董事长李民吉一行。贵安新区管委会主任孙登峰参加会见。

同日 贵安新区党工委书记马长青与中国供销农产品批发市场控股有限公司董事长王文春一行座谈。新区党工委副书记、开投公司董事长宗文，新区管委会党组成员、开投公司总经理王春雷，开投公司副总经理王维仲参加座谈。

同日 马长青与三峡资本党委委员、副总经理程志明一行座谈。孙登峰、宗文、金和平参加座谈。

同日 宗文分别与江苏智航新能源有限公司董事长周发章一行、高点（深圳）科技有限公司总工程师赵孝连一行、贵州华贵人寿保险股份有限公司董事长汪振武一行会谈。

9月14日 贵安新区党工委书记、新区全面深化改革领导小组组长马长青主持召开贵安新区全面深化改革领导小组第33次会议，传达学习中央全面深化改革领导小组第三十八次会议、省委全面深化改革领导小组第三十六次会议精神，审议《关于支持干部干事创业容错纠错实施办法》《关于建立健全党内激励关怀帮扶机制的实施意见》《贵州省总工会贵安新区办事处改革方案》《共青团贵州贵安新区工作委员会改革方案》《贵安新区妇女工作委员会改革方案》《贵安新区审批服务“三办”试点工作方案》，听取了部分部门负责人关于推进全面深化改革的述职汇报，并观看了专题片《将改革进行到底》第二、第三集。

9月15日 以“双创促升级，壮大新动能”为主题的2017年全国大众创业万众创新活动周贵州贵安新区主会场活动启动仪式在贵安新区举行。贵州省委常委、常务副省长秦如培宣布活动启动并颁奖。贵州省政协党组副书记、副主席陈海峰，贵安新区管委会主任孙登峰颁奖并致辞。

同日 贵州省委常委、常务副省长秦如培到平坝酒厂调研，贵安新区党工委副书记、开投公司董事长宗文，开投公司副总经理王维仲参加调研。

9月18日 国务院副秘书长、国管局局长李宝荣在新区考察调研。党工委书记马长青，管委会党组成员、开投公司总经理王春雷陪同调研。

同日 贵安新区管委会主任孙登峰主持召开管委会主任办公会议，传达贯彻全省农村危房改造和村庄规划宅基地管理推进会暨培训会议、全省政府性债务化解调度暨投融资工作专题会议精神，学习《中共贵州省委办公厅贵州省人民政府办公厅关于印发〈贵州省地方政府性债务管理问责暂行办法〉的通知》《中共贵州省委办公厅贵州省人民政府办公厅关于政府性债务管理“七严禁”的通知》，听取直管区2017年前三季度经济运行情况汇报。

9月19日 贵州省委书记孙志刚，省委副书记、代省长谌贻琴会见世界先进积体公司董事长方略、高通中国控股公司总裁孟樸一行。贵安新区党工委书记马长青，新区管委会主任孙登峰，新区党工委委员、华芯公司董事长欧阳武参加会见。

同日 全国政协外事委员会主任、中国工程院原常务副院长、党组副书记、院士潘云鹤率全国政协外事委员会考察团就加强西部地区引进外资工作到新区进行考察。孙登峰、邓波陪同考察。

同日 世界先进积体公司董事长方略在新区考察。马长青、欧阳武陪同

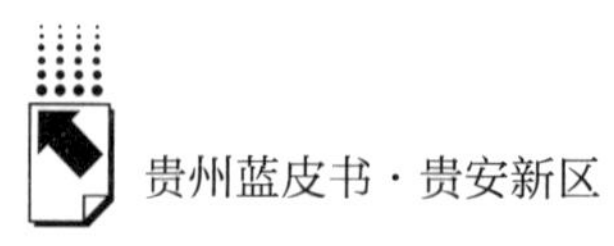

考察。

同日 新区党工委副书记、开投公司董事长宗文与五龙电动车集团董事局副主席苗振国一行座谈。

同日 新区管委会党组成员、开投公司总经理王春雷与北京易宗生耀贸易有限公司董事长胡耀尹一行洽谈项目合作事宜。

同日 开投公司副总经理王维仲与中电智云控股有限公司董事长张岱座谈。

9月20日 贵州省委常委、常务副省长秦如培会见富士康有关负责人，贵安新区管委会主任孙登峰参加会见。

同日 贵安新区党工委书记马长青主持召开新区党工委中心组专题学习会，深入学习贯彻习近平总书记“7·26”重要讲话精神和视察新区时的重要指示精神，重温《实践论》《矛盾论》，再次认真学习孙志刚书记到新区调研考察指导工作时的重要讲话精神，研究贯彻落实意见。

同日 贵州省环保厅公布全省9个市（州）及贵安新区2017年第二季度水环境质量排名，贵安新区继续稳居第一。

9月21日 贵安新区党工委书记马长青主持召开贵安新区脱贫攻坚“组组通”大决战行动专题会议。

同日 浙江瑞华昌信科技有限公司董事长任淑红在新区考察，贵安新区管委会主任孙登峰陪同考察。

9月22日 贵安新区召开领导干部会议，贵州省委书记孙志刚出席会议并讲话。贵州省委常委、常务副省长秦如培，省委常委、省委组织部部长李邑飞出席会议。孙志刚强调，要认真学习贯彻习近平总书记对贵安新区的重要指示要求，切实担负历史使命，牢牢把握战略定位，艰苦奋斗、再接再厉、奋发有为，努力打造全省发展战略支撑和重要增长极，以优异成绩迎接党的十九大胜利召开。

同日 省委常委、常务副省长秦如培会见华为高级副总裁姚福海一行，党工委委员、管委会副主任、贵安综保区管委会主任耿贵刚参加会见。

同日 贵安新区管委会主任孙登峰与中利集团董事长王柏兴，华为高级副总裁姚福海一行座谈。新区党工委委员、管委会副主任、综保区管委会主任耿贵刚参加座谈。

同日 贵安新区党工委委员、管委会副主任黄家耀出席大战100天造林1000万亩暨2017年贵安新区经果林秋种启动仪式。

9月23日 贵安新区与省科技厅在贵州饭店国际会议中心举行会商协议签约仪式。贵州省科技厅厅长廖飞，贵安新区管委会主任孙登峰分别代表双方签约并致辞，新区管委会副主任邓波出席签约仪式。

9月24日 贵安新区管委会主任孙登峰与中国航发北京航空材料研究院副院长骞西昌一行座谈。

9月25日 贵安新区党工委书记马长青主持召开党工委（扩大）会议，传达学习习近平总书记关于信访工作的重要指示及省委书记孙志刚在新区领导干部会议上的重要讲话精神，研究贯彻落实意见。传达学习《中共贵州省委办公厅贵州省人民政府办公厅关于政府性债务管理“七严紧”的通知》和《中共贵州省委办公厅贵州省人民政府办公厅关于印发〈贵州省地方政府性债务管理问责暂行办法〉的通知》精神，听取省委督查组对贵安新区贯彻执行中央八项规定及省委十项规定开展督促检查情况的汇报，以及近期新区关于中央环保督查组反馈问题整改落实情况的汇报。

同日 受新区管委会主任孙登峰的委托，新区党工委副书记、管委会常务副主任、贵安综保区党工委书记曾瑜主持召开管委会主任办公会议，传达学习全省第四次美丽乡村建设暨农村污水处理现场推进会议精神，审议《2017年中国（贵州）国际民族民间文化旅游产品博览会贵安新区工作方案》《贵安新区综合行政执法实施办法（试行）》。

同日 贵安新区党工委副书记、开投公司董事长宗文与杭州中恒电气股份有限公司总经理赵大春一行座谈。

同日 孙登峰在浙江舟山群岛新区参加第三次国家级新区工作经验交流会暨新区工作推动会。

同日 新区党工委委员、管委会副主任、综保区管委会主任耿贵刚与四川好医生药业集团党委书记、常务副总经理耿福昌一行座谈。

同日 现代汽车集团（中国）大数据中心开业典礼在贵安新区举行，标志着现代汽车集团在海外地区投建的首个大数据中心正式落户新区。

9月28日 贵安新区党工委书记、新区城规委主任委员会主任马长青主持召开贵安新区城乡规划建设委员会主任委员会会议，审议《贵安高铁站东广场概念设计方案》《同济贵安医院一期新增项目方案设计》《贵州理工学院新校区建设一期（南区）建设项目设计方案》《贵安新区直管区停车设施及充电设施建设专项规划》《安平生态区总体规划》。

同日 新区党工委委员、管委会副主任李建峰与建信信托西南业务中心总经理张新国洽谈集成电路产业基金有关事宜。

9月29日 贵安新区党工委委员、管委会副主任金和平与美国驻成都总领事林杰伟一行进行座谈。

9月30日 贵安新区党工委书记马长青主持召开党工委会议。

十月

10月4日 贵安新区党工委书记马长青看望国庆中秋期间值班干部职工，新区党工委副书记、开投公司董事长宗文陪同。

10月9日 贵安新区党工委书记、新区城规委主任委员会主任马长青主持召开贵安新区城乡规划建设委员会主任委员会2017年第8次会议，审议《贵安新区绿色金融港规划设计方案》《碧桂园贵安1号领航中心规划设计方案》《安平生态区总体规划》。

10月10日 贵州省副省长何力到贵安新区督查调研省档案馆新馆项目建设推进情况，并召开项目督查调研会。贵安新区党工委副书记、管委会主任孙登峰，新区党工委委员、管委会副主任许剑龙陪同并参加调研会。

同日 孙登峰主持召开第59次主任办公会议，传达学习贵州省委书记孙志刚，省委副书记、代省长谌贻琴在《中共贵州省委贵州省人民政府扶贫专线月度分析报告》（第一期）上的批示精神、《中共中央办公厅国务院办公厅关于印发〈统计违纪违法责任人处分处理建议办法〉的通知》，审议《贵安新区电动汽车充电基础设施建设专项规划（2017~2020）》。

10月11日 贵州省委常委、常务副省长秦如培会见高通公司中国区董事长孟樸、高通全球副总裁阿兰德一行，贵安新区党工委书记马长青，新区党工委委员、华芯公司董事长欧阳武参加会见。

同日 新区党工委副书记、管委会主任孙登峰率队到国家土地督察武汉局对接工作。

同日 新区党工委委员、管委会副主任金和平与哈尔滨恒电科技发展有限公司高级工程师徐健座谈。

10月12日 贵安新区党工委书记马长青主持召开第84次党工委会议，听取新区安全维稳工作、组建贵州贵安财务共享服务有限公司与贵阳公交集团公司组建贵州贵安公共交通运输有限公司情况汇报，审议《贵安新区综合行政执法实施办法（试行）》《贵安新区开发投资有限公司章程（修订版）》《贵州华芯集成电路产业投资有限公司章程（修订版）》。

10月13日 全国政协常委、致公党中央专职副主席闫小培率队到贵安新区调研。贵安新区党工委副书记、管委会常务副主任、贵安综保区党工委书记曾瑜陪同调研。

同日 安徽省经信委副主任王厚亮率队到贵安新区考察。贵安新区党工委书记马长青，曾瑜陪同考察。

同日 贵安新区党工委书记马长青与中瑞恒泰投资集团有限公司董事长文卫座谈，新区党工委委员、管委会副主任樊晓江参加座谈。

同日 贵州华芯通半导体技术有限公司ARM架构云平台发布会在贵阳举行。ARM架构云平台是国内首个完全基于ARM商业架构的云平台。

10月14日 华侨城集团公司党委书记、总经理段先念到贵安新区调研，贵安新区党工委副书记、管委会主任孙登峰，贵安新区党工委副书记、管委会常务副主任、贵安综保区党工委书记曾瑜，新区党工委委员、管委会副主任、贵安综保区管委会主任耿贵刚陪同调研。

10月16日 贵安新区党工委副书记、管委会主任孙登峰主持召开第29次主任办公会议，传达学习全省留守儿童困境儿童“合力监护相伴成长”专项行动现场推进会议精神，听取新区信访维稳和安全生产工作情况汇报。

10月18日 贵安新区党工委书记马长青，新区党工委副书记、管委会主任孙登峰等新区领导集中收看习近平总书记在中国共产党第十九次全国代表大会上的报告视频。

同日 孙登峰与微软企业服务部亚太地区业务总经理费迪南·富奇一行座谈。新区党工委委员、管委会副主任金和平参加座谈。

同日 新区党工委副书记、开投公司董事长宗文分别与中国医药集团副总裁蔡仲曦一行、华融证券股份有限公司副总经理宋洁一行座谈。

10月19日 贵安新区党工委副书记、管委会主任孙登峰主持召开山东省国资委副巡视员李现实一行赴贵安新区考察座谈会，新区管委会党组成员、开投公司总经理王春雷参加座谈。

同日 孙登峰与罗森伯格亚太公司总裁办总监张静一行座谈，新区党工委委员、管委会副主任、贵安综保区管委会主任耿贵刚参加座谈。

同日 贵安新区党工委副书记、开投公司董事长宗文与冉盛健康产业投资有限公司总裁韩雪梅一行座谈。

10月20日 国家统计局总统计师曾玉平一行赴贵安新区调研，贵安新区党工委副书记、管委会主任孙登峰，新区党工委副书记、管委会常务副主任、贵安综保区党工委书记曾瑜陪同调研。

同日 孙登峰会见天河智慧公司总经理一行，新区党工委副书记、开投公司董事长宗文参加会见。

10月21日 贵安新区党工委书记马长青同志参加中国电信云计算贵州信息园A7A8项目开工仪式。

10月23日 贵安新区党工委副书记、管委会主任孙登峰主持召开第30次主任办公会，传达全国深化教育体制机制改革工作电视电话会议、中央环保督查问题整改暨四季度环保重点工作调度会、全省农业产业结构调整助推脱贫攻坚现场会精神，审议《贵安新区服务贸易发展支持办法》等服务贸易1+7系列配套文件、《贵安新区2016年财政决算报告（草案）》。

同日 贵安新区党工委副书记、开投公司董事长宗文与晶淼科技股份有限公司董事长李俊昌一行座谈。

10月24日 贵安新区党工委书记马长青主持召开第85次党工委（扩大）会议，传达学习贯彻党的十九大报告和习近平总书记在参加贵州省代表团讨论时的重要讲话精神，审议《贵州玲珑水乡·樱花风景区生态整治及环境保护PPP项目协议》。

同日 贵安新区党工委副书记、管委会主任孙登峰会见国防科技大学计算机学院院长、研究员廖湘科一行。新区党工委委员、管委会副主任、贵安综保区管委会主任耿贵刚，新区管委会副主任邓波参加会见。

10月26日 贵安新区党工委书记马长青到贵安综保区宣讲党的十九大精神。

同日 新区党工委副书记、管委会主任孙登峰会见微软大中华区项目交付总经理周瑾一行。新区党工委委员、管委会副主任金和平参加会见。

10 月 27 日 贵安新区召开领导干部会议，传达学习贯彻党的十九大精神。

10 月 30 日 贵州省委常委、常务副省长秦如培到贵安新区调研，贵安新区党工委书记马长青，新区党工委副书记、管委会主任孙登峰，新区管委会党组成员、开投公司总经理王春雷陪同调研。

同日 马长青主持召开第 86 次党工委会议，听取新区"十件民生实事"有关工作情况汇报，审议《中共贵州贵安新区工作委员会〈关于贵安新区政治生态分析研判情况反馈意见〉的整改落实方案》。

10 月 31 日 贵安新区党工委书记马长青到马场镇滥坝村宣讲党的十九大精神。

同日 贵安新区党工委副书记、管委会主任孙登峰主持召开管委会党组（扩大）会议，传达学习贯彻党的十九大精神、习近平总书记参加贵州省代表团讨论时的重要讲话精神、贵州省传达学习贯彻党的十九大精神领导干部大会精神、省政府党组（扩大）会议精神、新区领导干部会议精神，并研究部署有关工作。

十一月

11 月 1 日 为期 2 天的贵安新区县处级领导干部学习贯彻党的十九大精神专题培训班开班。

同日 贵安新区党工委委员、管委会副主任黄家耀到高峰镇麻郎村宣讲党的十九大精神。

11 月 2 日 贵安新区党工委副书记、管委会主任孙登峰到党武镇曹家庄村宣讲党的十九大精神。

同日 美国洛杉矶河滨市代表团到新区考察并召开座谈会。新区党工委副书记、开投公司董事长宗文参加。

同日 贵安新区党工委副书记、管委会常务副主任、贵安综保区党工委书记曾瑜到马场镇松林村宣讲党的十九大精神。

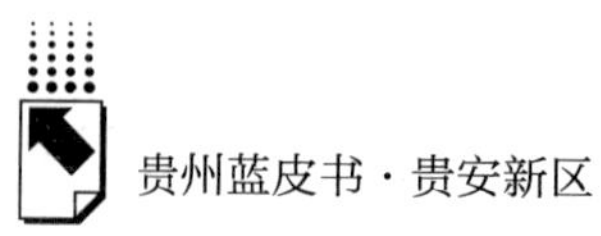

同日 贵安新区党工委委员、华芯公司董事长欧阳武到马场镇四村村宣讲党的十九大精神。

同日 贵安新区党工委委员、管委会副主任樊晓江到马场镇凯洒村宣讲党的十九大精神。

同日 贵安新区管委会副主任邓波会见北大培文教育集团总经理屈浩一行。

11月3日 贵安新区举行新能源产业项目集中签约仪式。

同日 贵安新区管委会副主任邓波会见北京景山榕晖学校考察团。

11月4日 贵安新区管委会副主任邓波到高峰镇大狗场村宣讲党的十九大精神。

11月5日 贵安新区管委会党组成员、开投公司总经理王春雷到上海考察擎天电子科技有限公司并洽谈项目合作。

11月7日 贵安新区党工委书记、城规委主任委员会主任马长青主持召开贵安新区城乡规划建设委员会主任委员会2017年第9次会议，审议《ZH－3－04地块概念规划设计方案》《ZH－01－03地块概念规划设计方案》《MM－13－01地块概念规划设计方案》《贵州理工学院新校区建设一期（南区）学术交流中心项目设计方案》。

同日 贵安新区党工委副书记、管委会主任孙登峰主持召开管委会2017年第32次主任办公会议。

同日 贵安新区与中国航发北京航空材料研究院签约仪式举行。

11月8日 贵安新区党工委赴遵义开展重温入党誓词活动。

同日 贵安新区党工委副书记、管委会主任孙登峰与福建中科康膳生物科技有限公司董事长上官鑫华一行座谈。

同日 重庆市武隆区委书记何平一行到贵安新区考察，贵安新区党工委委员、管委会副主任金和平陪同考察。

11月10日 贵安新区管委会主任孙登峰会见中美合资杭州火腾科技有限公司董事长兼首席执行官黄炜一行。

同日 贵安新区党工委委员、管委会副主任、贵安综保区管委会主任耿贵刚与中美合资杭州火腾智能芯片公司董事长黄炜一行座谈。

11月13日 贵州省委常委、常务副省长、贵安新区城规委主任秦如培主持召开贵安新区城乡规划建设委员会第十五次全体会议，审议《贵安新区绿色金融港概念性规划设计方案》《安平生态区生态建设规划》《贵安高铁站东广场景观概念设计方案》《贵安新区直管区总体交通设计》《贵安新区公共交通规划》《贵安新区山水林田湖保护修复规划（2017~2030）》《贵安新区直管区山水林田湖保护修复实施方案（2017~2020）》《贵安新区中心区海绵城市建设规划》《贵安新区西南粮食城调控交易中心（贵州军粮应急保障中心）修建性详细规划及建筑方案设计》《北斗湾酒店四期规划设计方案》《碧桂园贵安1号领航中心规划设计方案》。

11月13日 贵安新区党工委书记马长青主持召开第87次党工委（扩大）会议，传达学习省委十二届二次全会精神，安排部署相关工作。

11月14日 贵州省委宣讲团到贵安新区宣讲党的十九大精神。

同日 新区党工委副书记、开投公司董事长宗文与西南证券股份有限公司党委副书记、总裁吴坚一行座谈。

同日 新区党工委委员、管委会副主任金和平与重庆市九龙坡区委副书记蒋鹏座谈。

11月15日 贵安新区党工委副书记、管委会主任孙登峰主持召开管委会党组（扩大）会议；主持召开管委会2017年第33次主任办公会，研究部署“奋战60天，全面完成全年目标任务”有关工作。

11月16日 贵安新区党工委副书记、管委会常务副主任、贵安综保区党工委书记曾瑜，新区党工委委员、管委会副主任耿贵刚在深圳柔宇科技公司、眼界科技公司、劲托自动化科技公司考察。

11月17日 贵安新区党工委副书记、管委会主任孙登峰，与邯郸市委常委、组织部部长，冀南新区党工委书记张才一行座谈。新区党工委副书记、开投公司董事长宗文，新区党工委委员、管委会副主任金和平参加座谈。

同日 贵安新区党工委副书记、管委会常务副主任、贵安综保区党工委书记曾瑜，新区党工委委员、管委会副主任耿贵刚在深圳华星光电科技有限公司、广州视源股份公司、云宏信息科技公司考察。

11月20日 贵安商贸投资有限公司与贵州贵安供应链科技有限公司共同开发建设的“贵安供应链金融平台”正式上线运营。

11月21日 贵州省委常委、常务副省长秦如培会见国防科技大学鲍翊平一行，新区党工委副书记、管委会常务副主任、贵安综保区党工委书记曾瑜，新区党工委委员、管委会副主任耿贵刚参加会见。

同日 全省第二次项目观摩会第三观摩组观摩贵安新区贵州华芯通服务器芯片项目、贵安数字经济产业园、浪潮服务器终端产品制造项目、富士康第四代绿色产业园等“千企引进”“千企改造”“大数据与实体经济深度融合发展”项目。

同日 新区党工委副书记、管委会主任孙登峰与中国人民银行清算总中心副主任陈晓平一行座谈。新区党工委委员、管委会副主任金和平，新区管委会党组成员、开投公司总经理王雷参加座谈。

同日 新区党工委委员、管委会副主任许剑龙会见青海省海东市委副书记李国忠一行。

同日 新区党工委委员、纪工委书记朱克乾带队到省工委旧址纪念馆瞻仰革命遗址，重温入党誓词。

11月22日 贵安新区党工委副书记、管委会常务副主任、贵安综保区党工委书记曾瑜与深圳市眼界科技有限公司CEO吴大雄一行座谈。

同日 新区管委会党组成员、开投公司总经理王春雷与中航国际建设投资有限公司董事长方近勇一行座谈。

11月23日 贵安新区党工委书记马长青主持召开新区第88次党工委（扩大）会议，传达学习中共中央有关精神和省委书记孙志刚在全省第二次项目建设现场观摩总结会上的重要讲话精神、《中共中央印发〈中共中央政治局关于加强和维护党中央集中统一领导的若干规定〉的通知》《中共中央办公厅、国务院办公厅关于印发〈中共中央政治局贯彻落实中央八项规定实施细则〉的通知》。

同日 支持贵安新区建设绿色金融改革创新试验区专题讨论会在新区召开。

11月23~27日 贵安新区党工委书记马长青率队赴长三角地区招商。

11月24日 贵安新区大数据工程技术研究中心挂牌，该中心是贵州城市职业技术学院大数据学院与贵州智软科技有限公司合作项目。

同日 新区党工委副书记、开投公司董事长宗文与清华大学苏州汽车研究院北京花开紫荆信息服务有限公司董事长陈红军一行座谈。

11月25日 贵州省委常委、省委秘书长、省委办公厅主任、省委政法委书记唐承沛在贵安新区考察。新区党工委副书记、管委会主任孙登峰，新区党工委副书记、管委会常务副主任、贵安综保区党工委书记曾瑜，新区党工委委员、管委会副主任、贵安综保区管委会主任耿贵刚陪同考察。

11月27日 国务院参事室特邀研究员、国家安监总局原党组成员、总工程师黄毅（副部级）到贵安新区开展安全生产知识宣讲活动。

同日 贵安新区党工委副书记、管委会主任孙登峰主持召开2017年第34次主任办公会议，审议《贯彻落实全面两孩政策改革完善计划生育服务管理的实施意见》《坚持和完善计划生育目标管理责任制实施办法》《贵安新区集成电路产业发展规划（2017～2020）》，研究调整贵安新区市民中心建设性质和规划指标等相关事宜。

11月28日 贵安新区党工委副书记、管委会主任孙登峰与中国一重集团有限公司董事长刘明忠一行座谈。

同日 新区党工委委员、管委会副主任李建峰会见北京得意音通技术有限责任公司董事长兼总裁郑方。

11月29日 贵安新区党工委书记马长青主持召开新区第89次党工委会议。

同日 马长青与宝能集团高级副总裁、宝能城市发展集团总裁余英一行座谈。

11月30日 贵安新区与贵阳市座谈会在贵阳市召开，双方就基础设施联通、产业发展联动、合作机制优化、加快区域融合等问题进一步达成共识，决心大力推进同城化发展，积极打造利益共同体、发展共同体和命运共同体，共同在续写新时代贵州发展新篇章中当好“急先锋”。

同日 新区党工委副书记、开投公司董事长宗文与交通运输部科学研究院交通信息中心副主任刘礼勇一行座谈。

11月29日至12月1日 贵安新区党工委副书记、管委会主任孙登峰率新区党工委委员、管委会副主任金和平等在北京开展招商引资。

十二月

12月1日 中华全国供销总社党组成员、理事会副主任肖仲凯一行在新区调研，贵安新区党工委副书记、开投公司董事长宗文陪同调研。

12月2日 贵州师范大学足球学院揭牌成立，这是贵州首家足球学院。

12月4日 安徽省安庆市党政代表团在贵安新区考察，贵安新区党工委副书记、管委会主任孙登峰陪同考察。

12月5日 贵安新区党工委书记马长青主持召开第90次党工委会议。

同日 新区党工委委员、管委会副主任耿贵刚与国威公司董事长王靖宇一行座谈。

12月6日 贵州省政协主席王富玉，省政协副主席谢晓尧赴花溪大学城调研，贵安新区党工委书记马长青，新区管委会党组成员、开投公司总经理王春雷陪同调研。

同日 贵州省委常委、常务副省长秦如培会见高通公司中国区董事长孟璞一行，贵安新区党工委副书记、管委会主任孙登峰，新区党工委委员、华芯通董事长欧阳武参加会见。

同日 孙登峰主持召开管委会2017年第35次主任办公会议，听取生态新城（中心区）开发建设情况汇报，审议《贵安新区开发投资有限公司“十三五”发展战略规划（2016～2020）》《贵安新区农村小型水利产权制度改革方案》等。

同日 贵安新区党工委委员、管委会副主任耿贵刚与榕晖景山教育集团董事局党委书记王克越一行座谈。

12月7日 贵安新区党工委书记马长青与群升集团董事长徐步升会谈。

同日 新区党工委委员、管委会副主任耿贵刚与北京蜃景光电科技有限公司董事长黄晖一行座谈。

12月8日 贵安新区党工委书记、新区全面深化改革领导小组组长马长青主持召开新区党工委全面深化改革领导小组第35次会议，审议《贵安新区关于加快发展成品住宅的实施意见（试行）》《贵安新区雇员管理办法实施细则（试行）》《贵安新区“一照经营”“一证经营”改革试点方案》《关于加快推进卫生与健康事业改革发展的实施意见》《贵安新区市场监管改革工作方案》《贵安新区推动不动产登记“四统一”改革工作方案》。

同日 贵安新区党工委副书记、管委会主任孙登峰与华夏幸福保定区域总经理雷霄座谈。

12月11日 贵州省政协常委视察团在贵安新区视察调研，新区党工委书记马长青，新区党工委副书记、管委会主任孙登峰陪同视察调研。

同日 孙登峰陪同中国证监会党委委员、副主席李超一行在贵安新区考察。

同日 贵安新区被认定为第6个贵州省省级创业型城市。

12月13日 贵安新区党工委书记马长青主持召开第91次党工委（扩大）会议，传达学习全省扶贫开发领导小组会议精神、《中共中央办公厅印发〈习近平总书记关于进一步纠正“四风”、加强作风建设重要批示〉的通知》《中共贵州省委关于坚决维护以习近平同志为核心的党中央权威和集中统一领导的规定》《进一步贯彻落实中央八项规定切实加强作风建设实施细则》《关于五年来我省贯彻执行中央八项规定精神及省委十项规定加强和改进作风建设的情况报告》，审议《贵安新区兴办“新时代农民（市民）讲习所”的实施意见》。

12月14日 贵安新区举行新时代农民（市民）讲习所揭牌仪式。

12月18日 贵安新区党工委副书记、管委会主任孙登峰主持召开管委会2017年第36次主任办公会议，传达贯彻全省安全生产电视电话会议精神，听取新区2017年经济运行情况和2018年经济指标初步安排意见。

同日 新区管委会党组成员、开投公司总经理王春雷带队赴深圳腾讯总部考察并与腾讯微校总经理余斐一行召开座谈会洽谈腾讯贵安项目推进有关事宜；赴宝能集团考察并与宝能集团副总裁余英一行召开座谈会洽谈宝能贵安科学城项目推进有关事宜。

12月20日 贵安新区党工委书记马长青主持召开第92次党工委会议。

12月27日 贵安新区党工委书记马长青主持召开第93次党工委（扩大）会议，传达学习全省脱贫攻坚表彰暨秋季攻势总结电视电话会议精神，听取迎接扶贫成效检查准备工作情况、中央环保督查组反馈问题整改情况汇报，对相关工作进行安排部署。

同日 新区党工委副书记、开投公司董事长宗文陪同中国第一汽车集团有限公司党委常委、副总经理王国强，北京摩拜科技有限公司CEO王晓峰一行在新区考察并座谈。

12月29日 贵州省副省长陈鸣明一行赴贵安新区调研省妇幼保健院项目事宜，新区管委会副主任邓波陪同调研。

同日 长江新能源汽车和摩拜共享汽车正式下线。

中国社会发展数据库（下设 12 个子库）

全面整合国内外中国社会发展研究成果，汇聚独家统计数据、深度分析报告，涉及社会、人口、政治、教育、法律等 12 个领域，为了解中国社会发展动态、跟踪社会核心热点、分析社会发展趋势提供一站式资源搜索和数据分析与挖掘服务。

中国经济发展数据库（下设 12 个子库）

基于"皮书系列"中涉及中国经济发展的研究资料构建，内容涵盖宏观经济、农业经济、工业经济、产业经济等 12 个重点经济领域，为实时掌控经济运行态势、把握经济发展规律、洞察经济形势、进行经济决策提供参考和依据。

中国行业发展数据库（下设 17 个子库）

以中国国民经济行业分类为依据，覆盖金融业、旅游、医疗卫生、交通运输、能源矿产等 100 多个行业，跟踪分析国民经济相关行业市场运行状况和政策导向，汇集行业发展前沿资讯，为投资、从业及各种经济决策提供理论基础和实践指导。

中国区域发展数据库（下设 6 个子库）

对中国特定区域内的经济、社会、文化等领域现状与发展情况进行深度分析和预测，研究层级至县及县以下行政区，涉及地区、区域经济体、城市、农村等不同维度。为地方经济社会宏观态势研究、发展经验研究、案例分析提供数据服务。

中国文化传媒数据库（下设 18 个子库）

汇聚文化传媒领域专家观点、热点资讯，梳理国内外中国文化发展相关学术研究成果、一手统计数据，涵盖文化产业、新闻传播、电影娱乐、文学艺术、群众文化等 18 个重点研究领域。为文化传媒研究提供相关数据、研究报告和综合分析服务。

世界经济与国际关系数据库（下设 6 个子库）

立足"皮书系列"世界经济、国际关系相关学术资源，整合世界经济、国际政治、世界文化与科技、全球性问题、国际组织与国际法、区域研究 6 大领域研究成果，为世界经济与国际关系研究提供全方位数据分析，为决策和形势研判提供参考。

法律声明